plurall

CB137817

Parabéns!
Agora você faz parte do **Plurall**, a plataforma digital do seu livro didático!
Acesse e conheça todos os recursos e funcionalidades disponíveis para as suas aulas digitais.

Baixe o aplicativo do **Plurall** para Android e IOS ou acesse **www.plurall.net** e cadastre-se utilizando o seu código de acesso exclusivo:

AASJVZ2XA

Este é o seu código de acesso Plurall.
Cadastre-se e ative-o para ter acesso aos conteúdos relacionados a esta obra.

@plurallnet

@plurallnetoficial

SOMOS EDUCAÇÃO

História.doc - 9º ano - 3a edição - Mercado 2020 - 648202 - Aluno 11953946 44

7980477

Ronaldo Vainfas
Doutor em História Social pela Universidade de São Paulo
Professor do Departamento de História da Universidade Federal Fluminense

Jorge Ferreira
Doutor em História Social pela Universidade de São Paulo
Professor do Departamento de História da Universidade Federal Fluminense

Sheila de Castro Faria
Doutora em História pela Universidade Federal Fluminense
Professora do Departamento de História da Universidade Federal Fluminense

Daniela Buono Calainho
Doutora em História pela Universidade Federal Fluminense
Professora do Departamento de Ciências Humanas da Universidade do Estado do Rio de Janeiro

HISTÓRIA .doc

9

Editora Saraiva

Editora Saraiva

Direção Presidência: Mario Ghio Júnior
Direção de Conteúdo e Operações: Wilson Troque
Direção editorial: Luiz Tonolli e Lidiane Vivaldini Olo
Gestão de projeto editorial: Mirian Senra
Gestão de área: Wagner Nicaretta
Coordenação: Eduardo Guimarães
Edição: Aline dos Reis Neves e Carolina Leite de Souza
Assistência editorial: Lígia Torres Figueiredo
Planejamento e controle de produção: Patrícia Eiras e Adjane Queiroz
Revisão: Hélia de Jesus Gonsaga (ger.), Kátia Scaff Marques (coord.), Rosângela Muricy (coord.), Ana Paula C. Malfa, Brenda T. M. Morais, Flavia S. Vênezio, Gabriela M. Andrade, Maura Loria, Paula T. de Jesus, Sandra Fernandez, Sueli Bossi; Amanda T. Silva e Bárbara de M. Genereze (estagiárias)
Arte: Daniela Amaral (ger.), Claudio Faustino (coord.), Eber Alexandre de Souza (edição de arte)
Diagramação: Typegraphic
Iconografia e tratamento de imagem: Sílvio Kligin (ger.), Denise Durand Kremer (coord.) e Paula Dias (pesquisa iconográfica), Cesar Wolf e Fernanda Crevin (tratamento)
Licenciamento de conteúdos de terceiros: Thiago Fontana (coord.) e Luciana Sposito (licenciamento de textos); Erika Ramires, Luciana Pedrosa Bierbauer, Luciana Cardoso e Claudia Rodrigues (analistas adm.)
Cartografia: Eric Fuzii (coord.), Mouses Sagiorato Prado (edit. arte) e Ericson G. Luciano
Design: Gláucia Koller (ger.), Thais Ometto (proj. gráfico), Adilson Casarotti e Flávia Dutra (capa), Gustavo Vanini e Tatiane Porusselli (assist. arte)
Ilustração de capa: Luminos Criativo

Avenida das Nações Unidas, 7221, 1º andar, Setor A – Espaço 2 – Pinheiros – SP – CEP 05425-902
SAC 0800 011 7875
www.editorasaraiva.com.br

Dados Internacionais de Catalogação na Publicação (CIP)

História.doc 9º ano / Ronaldo Vainfas ... [et al.]. - 3. ed. - São Paulo : Saraiva, 2019.

Outros autores: Jorge Ferreira, Sheila de Castro Faria, Daniela Buono Calainho
Suplementado pelo manual do professor.
Bibliografia.
ISBN: 978-85-472-3677-9 (aluno)
ISBN: 978-85-472-3678-6 (professor)

1. História (Ensino fundamental). I. Vainfas, Ronaldo. II. Ferreira, Jorge. III. Faria, Sheila de Castro. IV. Calainho, Daniela Buono.

2019-0060 CDD: 372.89

Julia do Nascimento - Bibliotecária - CRB-8/010142

2024
Código da obra CL 800970
CAE 648202 (AL) / 648201 (PR)
3ª edição
6ª impressão
De acordo com a BNCC.

Impressão e acabamento: Vox Gráfica / OP: 247426

Uma publicação SOMOS EDUCAÇÃO

APRESENTAÇÃO

Reprodução/Biblioteca Roosevelt, Nova York, EUA.

Caro estudante

Você está convidado a fazer uma viagem no tempo. Uma não, várias viagens! Nesta coleção, você vai conhecer povos e costumes diferentes, modos distintos de governar as sociedades, uma variedade de crenças e religiões. Também percorrerá várias partes do mundo: África, Ásia, América, Europa.

Prepare-se para ampliar seus horizontes, relacionando a rua ou o bairro onde você mora com a História do Brasil e do mundo.

Tais viagens são possíveis por meio do estudo da História. Não apenas com base na leitura do livro, mas pelas atividades que a coleção sugere, pelas imagens de outras épocas que ela oferece.

Procuramos fazer uma coleção que o envolvesse nas tramas da História, evitando contá-la somente a partir das grandes datas e dos nomes famosos. Muitos assuntos são contados do ponto de vista individual, seja de um personagem ilustre, como um rei, seja de uma pessoa comum, como um camponês, um escravo. Outras vezes, colocamos a História em cena a partir de algum episódio, uma trama específica, ou mesmo de algum personagem que só existiu na imaginação de indivíduos que viveram em outras épocas.

Ao longo desta coleção, vocês encontrarão também muitos episódios violentos, guerras e até mesmo atitudes preconceituosas. Revoluções e bombas. Pessoas escravizando outros homens e mulheres. Governos empenhados em exterminar populações inteiras. Conflitos e tragédias provocados pelos interesses materiais e ambições políticas da Humanidade, em vários tempos.

As lutas pela sobrevivência, pela riqueza ou pelo poder marcam a História desde que o ser humano surgiu no planeta até os dias atuais.

Nesse sentido, esta coleção procura estimular a consciência de que todos devem buscar viver com dignidade e respeito aos direitos humanos, sociais, políticos, em defesa dos direitos civis de cada cidadão.

Estudar História é um passo decisivo para despertar a consciência cidadã de cada um, estimular a valorização da liberdade individual, o combate às desigualdades sociais e a luta contra todo tipo de preconceito.

Os autores

CONHEÇA ESTE LIVRO

Esta obra está organizada em unidades e capítulos. Neles, os temas são desenvolvidos ao longo do texto e em diferentes seções e boxes, cada um com uma finalidade. Vamos conhecer essa estrutura?

Gardel Bertrand/Hemis/Agência France-Presse

ABERTURA DE UNIDADE

Apresenta, em uma dupla de páginas, uma imagem representativa do contexto que será estudado, além de um quadro ("Vamos estudar") e um texto que resumem e explicitam os principais conteúdos.

ABERTURA DE CAPÍTULO

Traz um texto de introdução e uma imagem relacionados ao tema desenvolvido ao longo do capítulo.

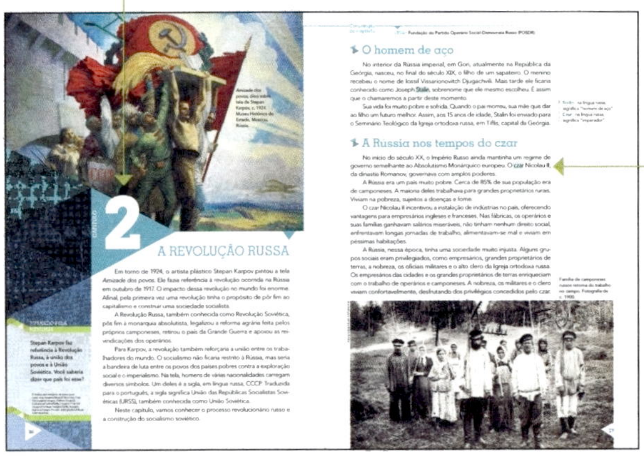

TEXTO PRINCIPAL

Além dos processos e acontecimentos históricos, aborda em cada capítulo um personagem principal (pessoas comuns ou célebres, por vezes um personagem mitológico) ou um evento, articulando a História com episódios particulares.

Puxando pela memória

Boxe no início e no final de cada capítulo com o objetivo de relacionar conhecimentos prévios ao tema em questão.

OUTRAS HISTÓRIAS

Seção que complementa o tema central do capítulo com informações paralelas ao conteúdo ou mais aprofundadas. Há nove subtipos: Artes, Crenças, Personagens, Lugares, Lutas sociais, Modos de viver, Economia, Episódios e Tecnologias.

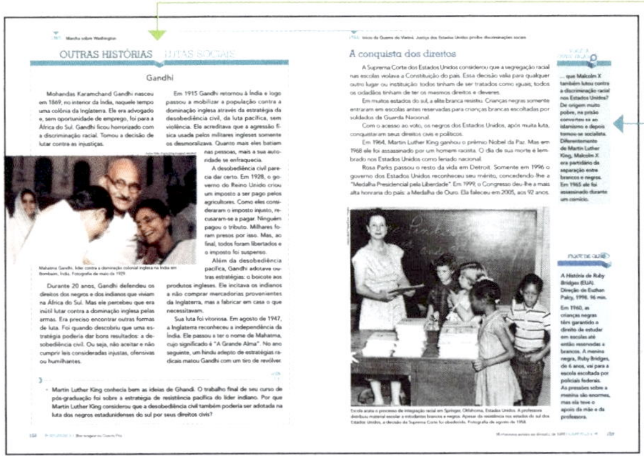

Você já ouviu falar...

Explica conceitos e termos-chave importantes para a compreensão dos assuntos estudados.

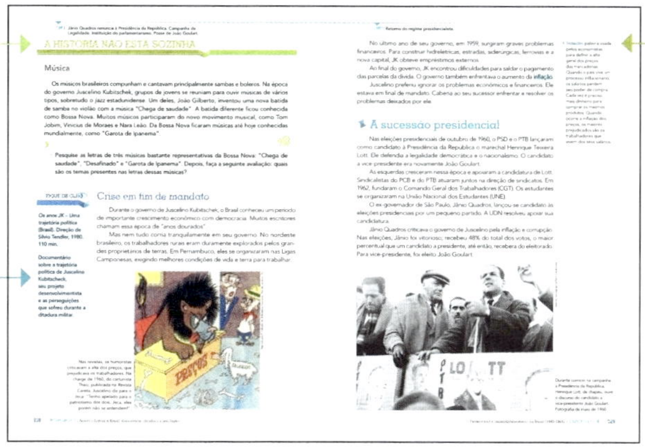

A HISTÓRIA NÃO ESTÁ SOZINHA

Seção que aborda a interdisciplinaridade – a articulação da História com outras disciplinas.

Fique de olho

Sugestões de livros, filmes e *sites*, acompanhadas de breves sinopses.

GLOSSÁRIO

Explicação de palavras ou expressões que aparecem destacadas no texto, facilitando o estudo e a compreensão do tema em questão.

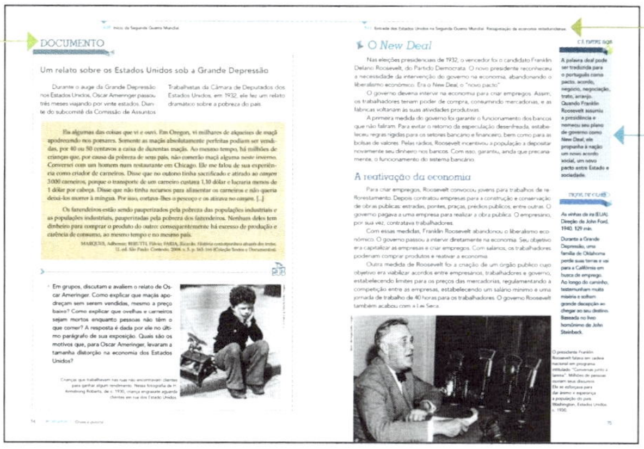

DOCUMENTO

Apresenta fontes documentais escritas ou visuais, complementando e enriquecendo os assuntos desenvolvidos no capítulo.

CRONOLOGIA

Disposta no alto das páginas, apresenta fatos marcantes do período em estudo em cada capítulo, organizados em ordem cronológica.

Cá entre nós

Traz assuntos complementares ao texto principal. Por vezes trabalha os conhecimentos prévios.

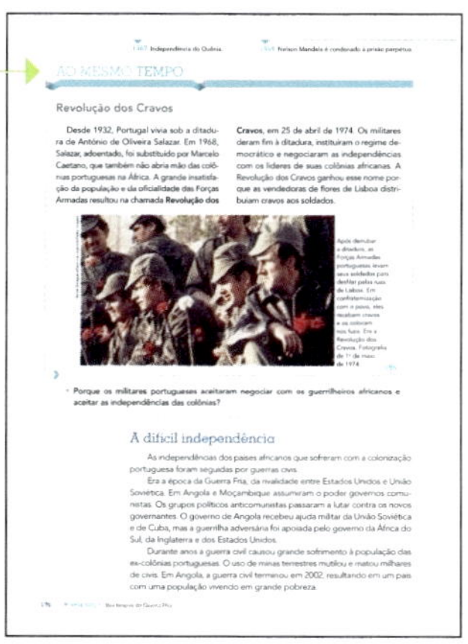

AO MESMO TEMPO

Seção que traça paralelos entre a sociedade ou processo examinado no capítulo e outras sociedades ou processos da mesma época.

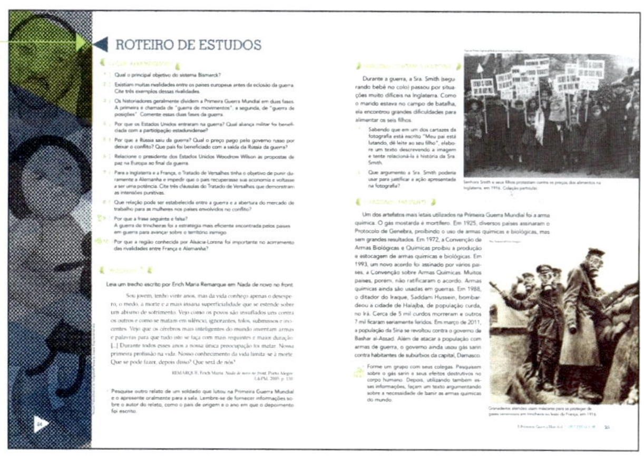

ROTEIRO DE ESTUDOS

Seção que finaliza o estudo de cada capítulo com propostas de atividades diversas, que trabalham as diferentes habilidades e competências relacionadas ao ensino-aprendizagem de História. É dividida em quatro subseções: **O que aprendemos?**, **Pesquisa**, **Imagens contam a história** e **O passado presente**.

O seu lugar na História

Boxe que estimula a pesquisa de campo, articulada à História e às experiências locais.

O que há na imagem/no mapa?

Aprofunda a leitura de uma imagem ou de um mapa, relacionando-a/o ao conteúdo do capítulo ou à realidade vivida.

Você encontrará atividades com os seguintes ícones:

desafio · pesquisa · interdisciplinar · dupla · grupo · individual

SUMÁRIO

Photo Josse/Leemage/Corbis/Getty Images

Capítulo 10

Movimentos de emancipação na África 166

Capítulo 11

Conflitos no Oriente Médio 182

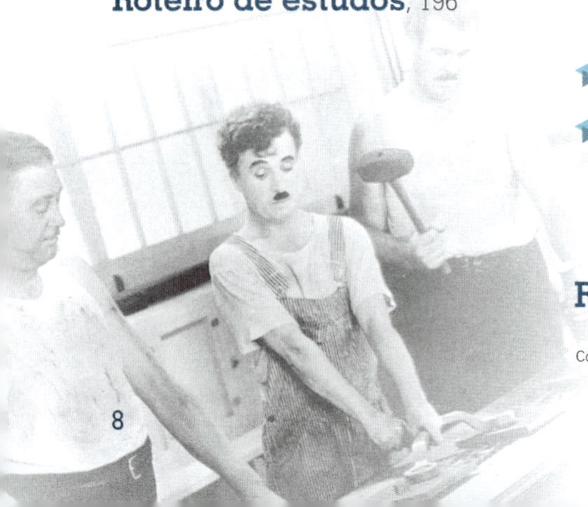

Courtesy Everett Collection/Fotoarena

UNIDADE 4 AMÉRICA LATINA E BRASIL: DEMOCRACIA, DITADURA E REVOLUÇÃO

Capítulo 12

Argentina e Cuba: ditadura e revolução na América Latina 200

Capítulo 13

Democracia e Desenvolvimentismo no Brasil (1946-1964) 220

Capítulo 14

Brasil: a República dos generais 240

UNIDADE 5

PASSAGEM DE SÉCULO: CRISES E MUDANÇAS GLOBAIS

National Archives/Agência France-Presse

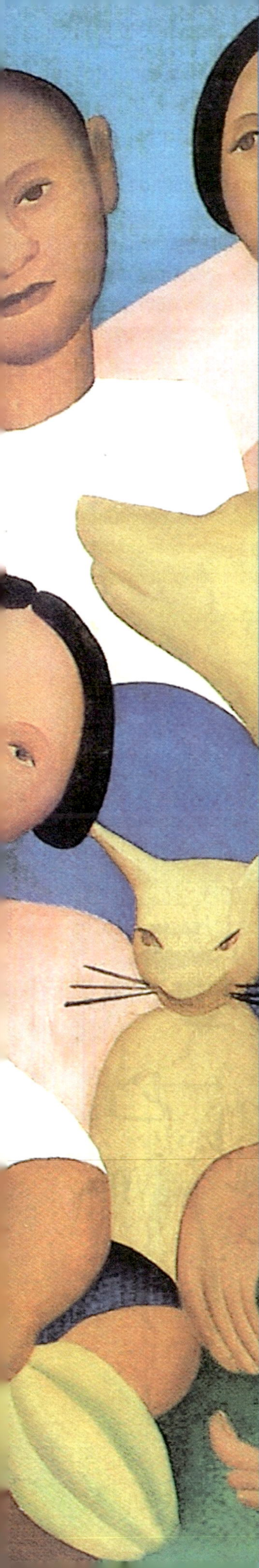

Créditos das imagens de baixo para cima: Reprodução/Fundação Biblioteca Nacional, Rio de Janeiro, RJ.; Fine Art Images/Easypix; Schultz Reinhard/Alamy/Fotoarena

Rômulo Fialdini/Acervo do fotógrafo/© Tarsila do Amaral Empreendimentos

UNIDADE 1

GUERRA E REVOLUÇÃO NO INÍCIO DO SÉCULO XX

VAMOS ESTUDAR

- RIVALIDADES E REVANCHISMOS NA EUROPA DA *BELLE ÉPOQUE*
- A PRIMEIRA GUERRA MUNDIAL
- O TRATADO DE VERSALHES
- A RÚSSIA CZARISTA
- AS REVOLUÇÕES RUSSAS: 1905 E 1917
- A GUERRA CIVIL, O COMUNISMO DE GUERRA E A NEP
- A CONSTRUÇÃO DO SOCIALISMO NA URSS E O TERROR STALINISTA
- BRASIL: A CONSOLIDAÇÃO DA REPÚBLICA E A POLÍTICA OLIGÁRQUICA
- ECONOMIA CAFEEIRA, REFORMAS URBANAS E MOVIMENTO MODERNISTA
- REBELIÕES POPULARES E A LUTA DOS TRABALHADORES POR SEUS DIREITOS
- A CRISE DOS ANOS 1920 E A REVOLUÇÃO DE 1930

Nas primeiras décadas do século XX, artistas plásticos de diferentes nacionalidades expressaram sua maneira de interpretar o mundo em que viviam. A pintora modernista brasileira Tarsila do Amaral preocupou-se com a população de seu país, apresentando uma família brasileira. *A família*, óleo sobre tela de Tarsila do Amaral, 1925. Coleção particular.

Muitos historiadores consideram que o século XX começou em 1914, quando eclodiu a Primeira Guerra Mundial. O conflito, que durou quatro anos, é considerado a primeira "guerra total" da História, mobilizando populações de várias partes do mundo.

Em 1917, na Rússia, operários, camponeses e soldados, insatisfeitos com a opressão política e a pobreza, revoltaram-se. O resultado foi uma revolução que transformou a Rússia no primeiro país socialista do mundo.

Enquanto isso, o Brasil conhecia seus primeiros anos como uma república. Pela primeira vez a Constituição brasileira dizia: "Todos são iguais perante a lei". Era preciso aprender, e sobretudo aceitar, que a lei é igual para todos os brasileiros.

Jean-Pierre Verney/Album/akg-images/Fotoarena

Cartaz francês de autoria de Guy Arnoux, 1916. Coleção particular.

Ullstein Bild/Easypix

Cartaz alemão de autoria de Max Antlers, 1917. Coleção particular.

CAPÍTULO 1

A PRIMEIRA GUERRA MUNDIAL

Durante a Primeira Guerra Mundial, os governos dos países em conflito produziram cartazes a fim de mobilizar as sociedades a apoiar a guerra.

O cartaz à esquerda é francês, de 1916, e nele está escrito: "O bom francês trabalha por nossos soldados". O cartaz à direita, de 1917, é alemão e pede que o povo doe dinheiro para a compra de livros para os soldados. O *slogan* diz: "Nós precisamos de livros, doe dinheiro!".

Nas grandes cidades europeias houve apoio popular à guerra. Amplos setores das sociedades acreditavam na superioridade de seus exércitos e que o conflito não duraria muito tempo. Até mesmo partidos de esquerda apoiaram seus países a entrar na guerra.

A crença era a de que a guerra era necessária, mas seria bastante rápida.

Não foi.

Durou quatro longos anos.

PUXANDO PELA MEMÓRIA

Os dois cartazes ressaltam aspectos importantes da Primeira Guerra Mundial: o nacionalismo e a mobilização social para a guerra. Que elementos dos cartazes nos permitem tecer essa afirmação?

Créditos das imagens de baixo para cima: Rômulo Fialdini/Acervo do fotógrafo/© Tarsila do Amaral Empreendimentos; Photo Josse/Leemage/Corbis/Getty Images; Costa/Leemage/Agência France-Presse; Schultz Reinhard/Alamy/Fotoarena; Bianchetti/Leemage/Agência France-Presse; Rex Features/Glow Images

Um escritor na guerra

Erich Maria Remarque nasceu em 1898 na Alemanha. Ainda muito jovem entrou para a universidade de Münster, mas, com apenas 18 anos, foi convocado pelo exército alemão para lutar como soldado na guerra, iniciada em 1914.

Remarque viveu os horrores da vida nas trincheiras. Sentiu fome, frio e medo. Conseguiu sobreviver aos tiros de canhões, às metralhadoras inimigas e aos ataques de gases venenosos, além de se livrar dos ratos e piolhos. Viu amigos morrerem e outros enlouquecerem. Foi ferido três vezes, uma delas gravemente. Nos hospitais militares, presenciou colegas com membros amputados.

As guerras produzem grandes destruições e marcam a vida das pessoas para sempre. Foi o caso de Erich Maria Remarque, como veremos neste capítulo.

Nos tempos de Bismarck

Os anos que se seguiram na Europa após a Guerra Franco-Prussiana foram de paz e de grande avanço na ciência e na tecnologia. Muitas invenções surpreenderam as pessoas. O avião, o automóvel, o telégrafo foram algumas delas. Inovações ocorreram também nas artes plásticas e na literatura. Os restaurantes e cafés viviam lotados. Os franceses chamaram o período entre o fim da Guerra Franco-Prussiana, em 1871, até a eclosão da Primeira Guerra Mundial, em 1914, de *belle époque* (época bela).

A Alemanha passava por intenso período de crescimento industrial, tornando-se a maior produtora de carvão, ferro e aço da Europa. Nos mais diferentes ramos da indústria, os alemães se destacaram.

O crescimento econômico, no entanto, trouxe problemas, um dos quais era a concorrência com os ingleses. A Inglaterra era considerada a fábrica do mundo, mas, em 1913, foi superada pela Alemanha.

Para o chanceler alemão Otto von Bismarck, uma guerra com os ingleses poderia ser prejudicial para a Alemanha. Empresários e governantes da Inglaterra também não estavam dispostos a entrar em guerra. Além disso, o chanceler alemão sabia que a maior ameaça contra a Alemanha era a França.

Ullstein Bild/Getty Images

O chanceler alemão Otto von Bismarck com uniforme militar em foto de Loescher e Petsch, 1877. Coleção particular.

Chanceler: na Alemanha, equivale a primeiro-ministro.

Photo Josse/Leemage/Corbis/Getty Images

Cartaz francês de 1916 com os dizeres: "Façam! 2º empréstimo da Defesa Nacional. Subscrevam-se". Na França, o governo buscava apoio financeiro da população para o reforço de suas Forças Armadas. Cartazes, panfletos e filmes propagandeavam a necessidade de aumentar a capacidade armamentista do país. Coleção particular.

O revanchismo francês

Com a vitória na guerra, em 1871, os governantes alemães tomaram da França a Alsácia-Lorena, uma região rica em carvão. Os franceses estavam inconformados e ressentidos com aquela perda. Haveria reação, e Bismarck sabia disso. Assim, ele adotou a estratégia de isolar a França de outros países europeus. Por algum tempo, ele conseguiu evitar que a Inglaterra se aliasse à França.

A Tríplice Aliança

A Alemanha estabeleceu acordo militar e diplomático com o Império Austro-Húngaro em 1879. Mas essa aliança elevou as tensões políticas: a Inglaterra, a Rússia e principalmente a França mostraram-se descontentes com tal acordo.

As desconfianças aumentaram quando a Itália também estabeleceu acordos diplomáticos com a Alemanha e o Império Austro-Húngaro em 1882. Os três governos assinaram um tratado conhecido como **Tríplice Aliança**: no caso de um dos países ser atacado, os outros dois teriam a obrigação de apoiar militarmente o aliado.

Bismarck conseguiu esfriar os ânimos de ingleses e franceses três anos depois. Em 1885, na **Conferência de Berlim**, ele comprometeu-se com a Inglaterra e com a França a não disputar colônias na África e na Ásia com esses países.

A política externa de Otto von Bismarck de isolar a França com o objetivo de evitar guerras ficou conhecida como **sistema Bismarck**.

O QUE HÁ NA IMAGEM?

O cartaz ao lado tinha o objetivo de mobilizar a população francesa para a guerra. Por que a moça, residente na Alsácia-Lorena, espera a chegada do exército francês?

White Images/Scala, Florença, Itália.

No cartaz produzido pelo governo da França, uma jovem com trajes típicos da região da Alsácia-Lorena sonha com a chegada do exército francês, c. 1918. Ela diz: "Finalmente estão aqui". Coleção particular.

Muitas rivalidades

Além da rivalidade entre os governos, havia também forte sentimento nacionalista, que gerava ódio entre os povos. Grupos nacionalistas de um país consideravam os outros povos inferiores.

O patriotismo e o sentimento de superioridade provocavam fortes rivalidades. Na Rússia predominavam povos da etnia eslava. O governo russo defendia a união de todos os povos eslavos na Europa, o chamado **pan-eslavismo**. Ocorre que muitos eslavos viviam no Império Austro-Húngaro, como eslovacos, poloneses, tchecos, sérvios, entre outros.

A Sérvia também era formada por eslavos. Na região dos Bálcãs, o governo sérvio queria unir outros povos eslavos, formando a Grande Sérvia.

Havia também o **pan-germanismo**, cujo ideal era o de unificar todos os povos de origem germânica na Europa, formando a "Grande Alemanha".

Também é preciso considerar o Império Otomano. Em seu território estavam países que hoje conhecemos como Turquia, Líbano, Síria, Iraque, Jordânia, Arábia Saudita, Kuwait, Israel e o território palestino. O Império Russo era rival do Império Otomano.

Avaliem a grave situação política na Europa nesse momento: a França desejava revanche contra a Alemanha. A Inglaterra estava contrariada com o crescimento industrial dos alemães. A Rússia alimentava rivalidades com o Império Otomano e tinha intenções de se apropriar de territórios do Império Austro-Húngaro em que viviam povos eslavos. Além disso, o governo russo também passou a desconfiar da Alemanha por sua aliança com a Áustria-Hungria.

Eslavos: etnia que habitava inicialmente as partes central e oriental da Europa. Depois, grupos deles foram para as regiões dos Bálcãs, da Ásia Central e da Sibéria.

QUE HÁ NAS IMAGENS?

Os cartazes desta página incentivavam a resolução dos problemas políticos por meio de guerras. Justifique essa afirmação com elementos das imagens e, em seguida, compare o ponto de vista daqueles que produziram cada um dos dois cartazes.

The Bridgeman Art Library/Easypix

Cartaz russo de c. 1914 representando um soldado dando uma surra em Guilherme II, *Kaiser* da Alemanha. Com o pé, ele prende Francisco José I, imperador da Áustria-Hungria. Coleção particular.

Reprodução/Museu Histórico Alemão, Berlim, Alemanha.

Cartaz de propaganda alemã de 1914 representando três soldados: um francês (uniforme azul), um inglês (uniforme vermelho) e um russo (uniforme verde). A legenda diz: "Com estas coisas nós fecharemos suas bocas mentirosas". Museu Histórico Alemão, Berlim, Alemanha.

FIQUE DE OLHO

HOWARD, Michael. *Primeira Guerra Mundial*. Porto Alegre: L&PM, 2013.

Neste livro, é possível ter uma visão abrangente da Primeira Guerra Mundial, conhecendo as políticas de alianças que levaram ao conflito, as principais inovações tecnológicas, quais foram as principais batalhas e os impactos do conflito na História do século XX.

Entente: acordo, em francês.

Avançando para a guerra

A Europa caminhou para a guerra quando, em 1889, Guilherme II assumiu o trono da Alemanha. Bismarck renunciou ao cargo de chanceler no ano seguinte. O novo imperador não concordava com a política externa de Bismarck e preferiu o enfrentamento com a França, a Inglaterra e a Rússia.

Em seguida, Guilherme II criou problemas com ingleses no Oriente Médio e com os franceses no Marrocos. Em resposta à postura agressiva de Guilherme II, a Inglaterra se aliou à França. Em 1907, ingleses, franceses e russos formaram um bloco político e militar: a **Tríplice Entente**.

Observem que, no início do século XX, dois blocos políticos e militares estavam formados: Alemanha, Itália e Império Austro-Húngaro com a Tríplice Aliança; Inglaterra, França e Rússia com a Tríplice Entente. Considerem, também, as rivalidades e ressentimentos entre os países, além dos movimentos patrióticos. A guerra estava próxima.

A Paz Armada

Nessa época, a Europa viveu algo que foi chamado de **Paz Armada**. Os países não estavam em guerra, mas se armavam cada vez mais à espera do conflito. Os governos encomendavam aos empresários a fabricação de navios de guerra, armas, munições, granadas, uniformes. Milhões de jovens eram convocados para o alistamento militar e o tempo de serviço militar aumentou. Mas, afinal, o que faltava para a guerra?

LA DOMENICA DEL CORRIERE

Si pubblica a Milano ogni Domenica

Supplemento illustrato del "Corriere della Sera"

Uffici del giornale: Via Solferino, N. 28 MILANO

Per tutti gli articoli e illustrazioni è riservata la proprietà letteraria e artistica, secondo le leggi e i trattati internazionali.

Anno XVI. — Num. 27. 5 - 12 Luglio 1914. Centesimi 10 il numero.

L'assassinio a Serajevo dell'arciduca Francesco Ferdinando erede del trono d'Austria, e di sua moglie.

(Disegno di A. Beltrame)

Bianchetti/Leemage/Agência France-Presse

Primeira página do jornal *La Domenica del Corriere*, de 12 de julho de 1914, com ilustração representando o assassinato do arquiduque Francisco Ferdinando. Coleção particular.

Começa a Grande Guerra

A eclosão da guerra necessitava apenas de um motivo. Isso ocorreu quando o herdeiro do trono do Império Austro-Húngaro, o arquiduque Francisco Ferdinando, junto com sua esposa, foi assassinado a tiros por um nacionalista sérvio. Um mês depois, em 28 de julho de 1914, o Império Austro-Húngaro declarou guerra à Sérvia.

A partir daí, uma declaração de guerra provocou outra. A Rússia saiu em defesa da Sérvia e mobilizou tropas para atacar o Império Austro-Húngaro. Como a Alemanha tinha tratado de defesa com os austro-húngaros, declarou guerra à Rússia e à França.

A Europa dividida (1914)

Ericson G. Luciano/Arquivo da editora

Fontes: elaborado com base em ARRUDA, José Jobson de. *Atlas histórico básico*. São Paulo: Ática, 2009. p. 27.

A Inglaterra honrou os acordos da Tríplice Entente e declarou guerra à Alemanha em apoio à França. O Império Otomano aproveitou o conflito e declarou guerra à Rússia. A Itália não honrou os acordos da Tríplice Aliança e declarou-se neutra. Em 1915, com promessas de ganhar colônias na África, trocou de lado e aderiu à Tríplice Entente.

A guerra foi longa

A primeira fase da guerra ocorreu entre 1914 e 1915, e é conhecida como **guerra de movimentos**. O exército alemão teve de lutar em duas frentes: a ocidental, contra a França, e a oriental, contra a Rússia.

Na frente ocidental, os militares alemães puseram em ação o **Plano Schlieffen**, que consistia em invadir a França pelo norte, atravessando a Bélgica. A estratégia pegou os franceses de surpresa, permitindo que as tropas alemãs avançassem pelo território francês até as proximidades da capital, Paris. Os franceses só conseguiram barrar o avanço alemão com a ajuda dos soldados ingleses.

Sem conseguir avançar, mas sem recuar, os exércitos inimigos não saíram de suas posições. Começava a segunda fase da guerra, conhecida como **guerra de posições** ou **guerra de trincheiras**. Essa fase da guerra durou até o início de 1918.

VOCÊ JÁ OUVIU FALAR

... que a Primeira Guerra era conhecida como a Grande Guerra? Até aquele momento, era a primeira vez na história da humanidade que uma guerra envolvia países em várias partes do mundo. Anos mais tarde, quando ocorreu outra guerra também mundial e ainda mais destrutiva, é que surgiram as atuais expressões Primeira Guerra Mundial (1914-1918) e Segunda Guerra Mundial (1939-1945).

OUTRAS HISTÓRIAS MODOS DE VIVER

A vida nas trincheiras

Os relatos dos soldados que viveram a guerra nas trincheiras são dramáticos. Viviam sob o frio e repletos de piolhos. Os cadáveres apodreciam nas trincheiras. As explosões de bombas e granadas os deixavam momentaneamente surdos. Além disso, havia situações em que era impossível abastecê-los com alimentos e água. Em determinadas épocas, dormiam apenas duas horas por dia e tinham de lutar contra o inimigo e o sono.

Costa/Leemage/Agência France-Presse

Trincheira das forças da Entente na região de Verdun, na França, c. 1916.

- **Quando as batalhas cessavam por dias seguidos, os soldados jogavam cartas, esculpiam aviões com cartuchos usados ou riam vendo gravuras que ridicularizavam o inimigo. Eles também dormiam ou cuidavam dos amigos feridos. Explique por que eles faziam isso.**

FIQUE DE OLHO

Sem novidade no front (EUA). Direção de Lewis Milestone, 1930. 136 min.

Baseado no livro de Erich Maria Remarque, o filme transmite mensagem pacifista ao mostrar os horrores que os soldados viviam nas trincheiras alemãs.

A frente ocidental

Longas trincheiras, com centenas de quilômetros, foram cavadas pelos exércitos em luta. As trincheiras das tropas alemãs ficavam na frente das trincheiras dos franceses e ingleses. Sair da trincheira era morte certa.

Com a situação indefinida nos campos de batalha, os países em conflito ampliaram o combate no mar. Navios franceses e ingleses cercaram o litoral alemão. Os alemães tiveram enorme dificuldade de importar mercadorias e alimentos para abastecer sua população.

A Alemanha revidou com sua frota de submarinos. Mesmo assim, cálculos falam em 5 mil navios ingleses e franceses afundados. A Inglaterra perdeu cerca de um terço de sua frota. Alimentos também chegavam com dificuldade na Inglaterra e na França.

DOCUMENTO

O combate nas trincheiras

Em seu livro *Nada de novo no front*, Erich Maria Remarque narra sua vida como soldado. No trecho a seguir, ele nos leva para dentro de uma trincheira no momento de um ataque.

> Uma campainha soa entre as explosões: gongos e matracas de metal avisam em todo lugar: "Gás... Gáas... Gáaaaas". [...] Os primeiros minutos com a máscara decidem sobre a vida ou a morte: toda a questão reside em saber se será impermeável. Evoco as imagens terríveis do hospital: homens atingidos pelo gás que, durante dias seguidos, vomitam, pouco a pouco, os pulmões queimados. [...] Bombardeio, fogo cerrado, fogo de barragem, gás, minas, tanques, metralhadoras, granadas de mão... são apenas palavras, mas encerram todo o horror do mundo. Nossos rostos estão cobertos por uma crosta, nosso pensamento aniquilado; estamos exaustos. Quanto tempo se passou? Semanas? Meses? Anos? Dias, são apenas dias.
>
> REMARQUE, Erich Maria. *Nada de novo no front*. Porto Alegre: L&PM, 2005. p. 34-35, 39, 69-70.

- **Realize uma pesquisa sobre os danos causados pelos gases tóxicos utilizados na Primeira Guerra Mundial. Em seguida, escreva um texto relacionando-os à seguinte frase: "Bombardeio, fogo cerrado, fogo de barragem, gás, minas, tanques, metralhadoras, granadas de mão... são apenas palavras, mas encerram todo o horror do mundo".**

A virada da guerra

A terceira fase da guerra começou em 1917. A Alemanha demonstrava que poderia vencer. Foi nesse momento que os Estados Unidos entraram no conflito ao lado da Entente.

Durante os três primeiros anos da guerra, os Estados Unidos mantiveram-se neutros, embora tenham lucrado vendendo navios, aviões, armas, remédios, uniformes, entre outros produtos, para a França e para a Inglaterra.

O governo estadunidense percebeu que a vitória da Alemanha resultaria em sérios prejuízos ao país. Assim, em abril de 1917, os Estados Unidos entraram na guerra, enviando tropas, armamentos, medicamentos e alimentos.

A Alemanha foi prejudicada com o apoio estadunidense aos seus inimigos, mas foi beneficiada com a vitória da revolução liderada pelo Partido Bolchevique na Rússia. O governo revolucionário russo retirou o país da guerra. Alemanha e Rússia assinaram, em 3 de março de 1918, o **Tratado de Brest-Litovsk**. Segundo ele, os russos saíam da guerra, mas foram obrigados a ceder para a Alemanha muitos territórios.

Schultz Reinhard/Alamy/Fotoarena

Cartaz de propaganda britânico saúda o alistamento de soldados dos Estados Unidos na guerra, c. 1917. Coleção particular.

AO MESMO TEMPO

O Brasil e a Primeira Guerra Mundial

Quando a guerra começou, o presidente do Brasil, Hermes da Fonseca, declarou a neutralidade do país. Contudo, navios de guerra alemães impediam que navios cargueiros brasileiros exportassem café para a França e a Inglaterra, causando prejuízos para a economia brasileira.

Os alemães não respeitaram a neutralidade brasileira e três navios mercantes brasileiros foram afundados. Nas ruas, os brasileiros exigiram atitude enérgica do governo. Assim, o então presidente Wenceslau Brás, em 26 de outubro de 1917, declarou guerra à Alemanha.

Uma pequena frota brasileira foi enviada para o norte da África; quando chegou ao estreito de Gibraltar, a guerra havia terminado.

- Após a declaração de guerra, o governo brasileiro enviou algum apoio militar para a Europa?

A capitulação da Alemanha

Em 1917, a guerra era insuportável para a população europeia. Fome, racionamento, doenças, alta dos preços das mercadorias, entre outros problemas, provocaram grandes protestos nas cidades europeias. Exigia-se o fim da guerra.

Em julho de 1918, o exército alemão ainda tentou a última grande ofensiva, mas sem sucesso. A partir daí sofreu derrotas sucessivas. Além disso, enquanto na Alemanha a população passava fome, os Estados Unidos forneciam alimentos para franceses e ingleses.

No final de 1918, revoltas populares na Alemanha obrigaram o imperador Guilherme II a abdicar. Em 11 de novembro desse mesmo ano, o governo alemão assinou o armistício.

Armistício: suspensão ou fim da guerra.

Os tratados do fim da guerra

Ao final da guerra, o presidente dos Estados Unidos, Woodrow Wilson, propôs que os países europeus chegassem a acordos de paz. A proposta conhecida como Quatorze Pontos de Wilson tinha por objetivo uma paz sem vencedores ou vencidos.

Entre os pontos constavam a autodeterminação dos povos que viviam nas colônias africanas e asiáticas; a liberdade de comércio entre as nações; a redução da capacidade armamentista dos países; um tratado de paz sem indenizações exageradas e a formação de um órgão mundial que evitasse futuros conflitos.

1919: Conferência de Paris e assinatura do Tratado de Versalhes.

O Tratado de Versalhes

Os governos da França e da Inglaterra queriam a revanche contra a Alemanha e por isso rejeitaram a proposta de Wilson. Em janeiro de 1919, representantes de países que participaram do conflito reuniram-se em Paris. Da reunião surgiu o Tratado de Versalhes, a ser aplicado à Alemanha. As exigências eram duríssimas, com severas punições e altíssimas indenizações.

Os vencedores ocuparam dois terços das minas de ferro e um sexto das terras alemãs, além das colônias na África. Também confiscaram a maior parte dos seus navios mercantes, locomotivas e gado. A Alemanha foi obrigada a devolver a região da Alsácia-Lorena para a França. Parte do território alemão foi cedido à Polônia. Além disso, a Alemanha não poderia possuir armas, navios e aviões de guerra. Ainda deveria pagar enormes indenizações em dinheiro.

O surgimento de novos países

Outros tratados mudaram o mapa da Europa. O Império Austro-Húngaro deixou de existir e novos países surgiram, como Áustria, Hungria, Tchecoslováquia, Iugoslávia. A Polônia voltou a existir como país independente.

O Império Otomano também foi desmantelado, surgindo o Iraque, a Síria, o Líbano, a Palestina e a Transjordânia – territórios que passaram a ser controlados pela Inglaterra e pela França. O Império Otomano foi reduzido à atual Turquia.

O SEU LUGAR NA HISTÓRIA

O ano de 2014 marcou os 100 anos do início da Primeira Guerra Mundial. Você tomou conhecimento de algum encontro de historiadores com o objetivo de analisar e discutir aquela guerra? Busque em *sites* da internet congressos, seminários ou encontros sobre o tema e procure neles algo que chame sua atenção, como a vida nas trincheiras, os armamentos, o sofrimento dos moradores das cidades e cartazes de propaganda.

A Europa após a Primeira Guerra Mundial (1921)

Ericson G. Luciano/Arquivo da editora

Fontes: elaborado com base em ARRUDA, José Jobson de. *Atlas histórico básico*. São Paulo: Ática, 2009. p. 27.

A Europa após a guerra

Os países europeus envolvidos na guerra saíram destruídos. As perdas humanas foram chocantes. Cálculos apontam entre 8,5 e 10 milhões de soldados mortos nos campos de batalha, além de 20 milhões de feridos. O número de mortos da população civil também é enorme. Somente na Rússia morreram quase 2 milhões de pessoas. Estatísticas apontam para um total de 30 milhões de civis e militares mortos no conflito.

Os soldados que sobreviveram voltaram traumatizados. Cidades foram destruídas e fábricas foram fechadas. Depois disso, a Europa conheceu o declínio econômico.

O país que mais lucrou com a guerra foi os Estados Unidos, tornando-se a maior potência industrial e financeira do mundo.

OUTRAS HISTÓRIAS LUTAS SOCIAIS

As mulheres conquistam seus direitos

Durante a guerra, cresceu o número de mulheres que trabalhavam fora de casa. Com os homens nos campos de batalha, as mulheres tornaram-se operárias nas fábricas, motoristas de ônibus, telefonistas e assumiram muitos cargos nos escritórios. Houve casos, embora raros, de mulheres que atuaram como soldados. Seja como for, com o fim da guerra as mulheres haviam conquistado uma grande vitória na luta por seus direitos: o de trabalhar.

Ernst Häckel/Akg-Images/Fotoarena

Mulheres trabalham em fábrica de munição militar na Alemanha em 1916. Coleção Arquivo para Arte e História, Berlim, Alemanha.

- Podemos considerar que a abertura do mercado de trabalho para as mulheres foi uma conquista de seus direitos de cidadania? Justifique.

A vida após a guerra

Terminada a guerra, Erich Maria Remarque retornou para a Alemanha e sofreu com a crise econômica e social que dominou o país. Trabalhou como pedreiro, professor, motorista, entre outras profissões. Tornou-se jornalista especializado em teatro e esportes. Em 1929, publicou o livro *Nada de novo no front*, narrando o que viveu na guerra.

O livro foi grande sucesso na Alemanha e no mundo, com adaptação para o cinema. Erich Maria Remarque relata os horrores vividos nas trincheiras e como as guerras produzem homens sofridos e amargurados. O livro tem mensagem profundamente pacifista. Tanto é assim que em 1933, ao assumir o poder na Alemanha, Hitler proibiu a exibição do filme e determinou a queima dos livros.

Erich Maria Remarque foi obrigado a se exilar nos Estados Unidos. Morreu em 1970, aos 72 anos.

Nada de novo no front foi publicado em 58 idiomas.

A HISTÓRIA NÃO ESTÁ SOZINHA

Ciências da Natureza

O historiador pode recorrer às Ciências da Natureza para compreender como doenças interferiram e mesmo alteraram a vida das sociedades. É o caso da pandemia de *influenza*, ou "gripe espanhola".

A primeira onda da gripe começou em março de 1918 nos Estados Unidos, e no mês seguinte atingiu os soldados estadunidenses que estavam na França. Em agosto, toda a Europa ocidental sofria com a doença.

Extremamente infecciosa, a gripe, de maneira rápida, evoluía para pneumonia.

Nos primeiros meses de 1919 a *influenza* matou milhões de europeus enfraquecidos pela falta de alimentos. Estima-se que metade da população do mundo tenha sofrido com a "gripe espanhola", sendo que 40 milhões de pessoas morreram.

Pandemia: epidemia de doença infecciosa que afeta a população de uma grande região, até mesmo de continentes.

- A gripe espanhola atingiu o Brasil? Pesquise sobre o tema.

PUXANDO PELA MEMÓRIA

Após o estudo do capítulo, você manteria sua resposta à pergunta da página 12?

Créditos das imagens de baixo para cima: Rômulo Fialdini/Acervo do fotógrafo/© Tarsila do Amaral Empreendimentos; Photo Josse/Leemage/Corbis/Getty Images; Costa/Leemage/Agência France-Presse; Schultz Reinhard/Alamy/Fotoarena; Bianchetti/Leemage/Agência France-Presse; Rex Features/Glow Images; Ullstein Bild/Easypix; Jean-Pierre Verney/Album/akg-images/Fotoarena

Rômulo Fialdini/Acervo do fotógrafo/© Tarsila do Amaral Empreendimentos

ROTEIRO DE ESTUDOS

O QUE APRENDEMOS?

1 | Qual o principal objetivo do sistema Bismarck?

2 | Existiam muitas rivalidades entre os países europeus antes da eclosão da guerra. Cite três exemplos dessas rivalidades.

3 | Os historiadores geralmente dividem a Primeira Guerra Mundial em duas fases. A primeira é chamada de "guerra de movimentos"; a segunda, de "guerra de posições". Comente essas duas fases da guerra.

4 | Por que os Estados Unidos entraram na guerra? Qual aliança militar foi beneficiada com a participação estadunidense?

5 | Por que a Rússia saiu da guerra? Qual o preço pago pelo governo russo por deixar o conflito? Que país foi beneficiado com a saída da Rússia da guerra?

6 | Relacione o presidente dos Estados Unidos Woodrow Wilson às propostas de paz na Europa ao final da guerra.

7 | Para a Inglaterra e a França, o Tratado de Versalhes tinha o objetivo de punir duramente a Alemanha e impedir que o país recuperasse sua economia e voltasse a ser uma potência. Cite três cláusulas do Tratado de Versalhes que demonstram as intensões punitivas.

8 | Que relação pode ser estabelecida entre a guerra e a abertura do mercado de trabalho para as mulheres nos países envolvidos no conflito?

9 | Por que a frase seguinte é falsa?
A guerra de trincheiras foi a estratégia mais eficiente encontrada pelos países em guerra para avançar sobre o território inimigo.

10 | Por que a região conhecida por Alsácia-Lorena foi importante no acirramento das rivalidades entre França e Alemanha?

PESQUISA

Leia um trecho escrito por Erich Maria Remarque em *Nada de novo no front*.

> Sou jovem, tenho vinte anos, mas da vida conheço apenas o desespero, o medo, a morte e a mais insana superficialidade que se estende sobre um abismo de sofrimento. Vejo como os povos são insuflados uns contra os outros e como se matam em silêncio, ignorantes, tolos, submissos e inocentes. Vejo que os cérebros mais inteligentes do mundo inventam armas e palavras para que tudo isto se faça com mais requintes e maior duração. [...] Durante todos esses anos a nossa única preocupação foi matar. Nossa primeira profissão na vida. Nosso conhecimento da vida limita-se à morte. Que se pode fazer, depois disso? Que será de nós?

REMARQUE, Erich Maria. *Nada de novo no front*. Porto Alegre: L&PM, 2005. p. 130.

- Pesquise outro relato de um soldado que lutou na Primeira Guerra Mundial e o apresente oralmente para a sala. Lembre-se de fornecer informações sobre o autor do relato, como o país de origem e o ano em que o depoimento foi escrito.

IMAGENS CONTAM A HISTÓRIA

Durante a guerra, a Sra. Smith (segurando bebê no colo) passou por situações muito difíceis na Inglaterra. Como o marido estava no campo de batalha, ela encontrou grandes dificuldades para alimentar os seis filhos.

1 | Sabendo que em um dos cartazes da fotografia está escrito "Meu pai está lutando, dê leite ao seu filho", elabore um texto descrevendo a imagem e tente relacioná-la à história da Sra. Smith.

2 | Que argumento a Sra. Smith poderia usar para justificar a ação apresentada na fotografia?

Topical Press Agency/Hulton Archive/Getty Images

Senhora Smith e seus filhos protestam contra os preços dos alimentos na Inglaterra, em 1916. Coleção particular.

O PASSADO PRESENTE

Um dos artefatos mais letais utilizados na Primeira Guerra Mundial foi a arma química. O gás mostarda é mortífero. Em 1925, diversos países assinaram o Protocolo de Genebra, proibindo o uso de armas químicas e biológicas, mas sem grandes resultados. Em 1972, a Convenção de Armas Biológicas e Químicas proibiu a produção e estocagem de armas químicas e biológicas. Em 1993, um novo acordo foi assinado por vários países, a Convenção sobre Armas Químicas. Muitos países, porém, não ratificaram o acordo. Armas químicas ainda são usadas em guerras. Em 1988, o ditador do Iraque, Saddam Hussein, bombardeou a cidade de Halajba, de população curda, no Irã. Cerca de 5 mil curdos morreram e outros 7 mil ficaram seriamente feridos. Em março de 2011, a população da Síria se revoltou contra o governo de Bashar al-Assad. Além de atacar a população com armas de guerra, o governo ainda usou gás sarin contra habitantes de subúrbios da capital, Damasco.

- Forme um grupo com seus colegas. Pesquisem sobre o gás sarin e seus efeitos destrutivos no corpo humano. Depois, utilizando também essas informações, façam um texto argumentando sobre a necessidade de banir as armas químicas do mundo.

Rex Features/Glow Images

Granadeiros alemães usam máscaras para se proteger de gases venenosos em trincheira no leste da França, em 1916.

AKG-images/Album/Fotoarena

Amizade dos povos, óleo sobre tela de Stepan Karpov, c. 1924. Museu Histórico do Estado, Moscou, Rússia.

CAPÍTULO 2

A REVOLUÇÃO RUSSA

Em torno de 1924, o artista plástico Stepan Karpov pintou a tela *Amizade dos povos*. Ele fazia referência à revolução ocorrida na Rússia em outubro de 1917. O impacto dessa revolução no mundo foi enorme. Afinal, pela primeira vez uma revolução tinha o propósito de pôr fim ao capitalismo e construir uma sociedade socialista.

A Revolução Russa, também conhecida como Revolução Soviética, pôs fim à monarquia absolutista, legalizou a reforma agrária feita pelos próprios camponeses, retirou o país da Grande Guerra e apoiou as reivindicações dos operários.

Para Karpov, a revolução também reforçaria a união entre os trabalhadores do mundo. O socialismo não ficaria restrito à Rússia, mas seria a bandeira de luta entre os povos dos países pobres contra a exploração social e o imperialismo. Na tela, homens de várias nacionalidades carregam diversos símbolos. Um deles é a sigla, em língua russa, CCCP. Traduzida para o português, a sigla significa União das Repúblicas Socialistas Soviéticas (URSS), também conhecida como União Soviética.

Neste capítulo, vamos conhecer o processo revolucionário russo e a construção do socialismo soviético.

PUXANDO PELA MEMÓRIA

Stepan Karpov faz referência à Revolução Russa, à união dos povos e à União Soviética. Você saberia dizer que país foi esse?

Créditos das imagens de baixo para cima: akg-images/Album/Fotoarena; Fine Art Images/Easypix; Hulton-Deutsch Collection/Corbis/Getty Images; Fine Art Images/Heritage Images/Getty Images; Agência France-Presse; adoc-photos/Album Art/Fotoarena

O homem de aço

No interior da Rússia imperial, em Gori, atualmente na República da Geórgia, nasceu, no final do século XIX, o filho de um sapateiro. O menino recebeu o nome de Iossif Vissarionovitch Djugachvili. Mais tarde ele ficaria conhecido como Joseph Stalin, sobrenome que ele mesmo escolheu. É assim que o chamaremos a partir deste momento.

Sua vida foi muito pobre e sofrida. Quando o pai morreu, sua mãe quis dar ao filho um futuro melhor. Assim, aos 15 anos de idade, Stalin foi enviado para o Seminário Teológico da Igreja ortodoxa russa, em Tiflis, capital da Geórgia.

Stalin: na língua russa, significa "homem de aço".
Czar: na língua russa, significa "imperador".

A Rússia nos tempos do czar

No início do século XX, o Império Russo ainda mantinha um regime de governo semelhante ao Absolutismo Monárquico europeu. O czar Nicolau II, da dinastia Romanov, governava com amplos poderes.

A Rússia era um país muito pobre. Cerca de 85% de sua população era de camponeses. A maioria deles trabalhava para grandes proprietários rurais. Viviam na pobreza, sujeitos a doenças e fome.

O czar Nicolau II incentivou a instalação de indústrias no país, oferecendo vantagens para empresários ingleses e franceses. Nas fábricas, os operários e suas famílias ganhavam salários miseráveis, não tinham nenhum direito social, enfrentavam longas jornadas de trabalho, alimentavam-se mal e viviam em péssimas habitações.

A Rússia, nessa época, tinha uma sociedade muito injusta. Alguns grupos sociais eram privilegiados, como empresários, grandes proprietários de terras, a nobreza, os oficiais militares e o alto clero da Igreja ortodoxa russa. Os empresários das cidades e os grandes proprietários de terras enriqueciam com o trabalho de operários e camponeses. A nobreza, os militares e o clero viviam confortavelmente, desfrutando dos privilégios concedidos pelo czar.

Adoc-photos/Album Art/Fotoarena

Família de camponeses russos retorna do trabalho no campo. Fotografia de c. 1900.

O Partido Operário Social-Democrata Russo

As injustiças sociais eram muitas e revoltaram o jovem Stalin, que aderiu aos ideais socialistas aos 19 anos.

O maior movimento político de esquerda era o Partido Operário Social-Democrata Russo (POSDR). Vários intelectuais, influenciados pelas ideias de Karl Marx e Friedrich Engels, fundaram o partido em 1898. Entre eles destacava-se Vladimir Ilitch Ulianov, mais conhecido como Lenin.

Nessa época, Stalin foi expulso do seminário por propagar a doutrina marxista, e entrou para o Partido Operário Social-Democrata Russo. No partido, ele participou de greves, manifestações de rua, comícios, reuniões secretas com operários, distribuição de panfletos em portas de fábricas, entre outras atividades.

Bolchevique: em russo, significa "maioria".
Menchevique: expressão russa que pode ser traduzida como "minoria".

No entanto, a partir de 1903, o POSDR se dividiu em dois grupos: os bolcheviques e os mencheviques. Os bolcheviques, liderados por Lenin, queriam militantes dedicados exclusivamente ao partido. Os mencheviques defendiam que qualquer pessoa poderia aderir ao POSDR. Stalin concordou com os bolcheviques. Mas um destacado militante, Leon Trotski, preferiu a proposta dos mencheviques. O partido ficou dividido e, em 1912, rompeu-se definitivamente, formando o Partido Bolchevique e o Partido Menchevique.

CÁ ENTRE NÓS

Além do POSDR, existiam duas outras importantes organizações de esquerda na Rússia: os narodniks, palavra que foi traduzida para o português como "populista", defendiam que os camponeses fariam a revolução socialista; e o Partido Socialista-Revolucionário (SR), que conquistou o apoio dos camponeses por defender a reforma agrária.

The Bridgeman Art Library/Easypix

Trabalhadores almoçam sopa de repolho com peixe na Rússia. Nas cidades, os operários viviam na pobreza. Coleção Staperton. Fotografia do final do século XIX.

A revolução de 1905

Em 1905, a Rússia foi derrotada na guerra contra o Japão – o que aumentou o descontentamento da população com Nicolau II.

Em janeiro de 1905, cerca de 200 mil operários declararam greve geral na cidade de São Petersburgo, então capital do país.

Liderados por um padre, milhares de operários marcharam em direção ao palácio do czar. Muitos deles carregavam imagens de santos e retratos de Nicolau II. Inesperadamente, a polícia atirou nos manifestantes, matando 92 pessoas e ferindo milhares de operários. O episódio ficou conhecido como "Domingo Sangrento".

Domingo sangrento, óleo sobre tela de Ivan Vladimirov, 1905. Muitos anos depois do episódio conhecido como "Domingo Sangrento", o artista plástico soviético Ivan Vladimirov elaborou uma representação do evento de acordo com as regras do Realismo socialista, estilo artístico oficial na União Soviética. Museu da Revolução, Moscou, Rússia.

Sovfoto/UIG/Getty Images

Os operários ficaram desiludidos com o czar. Greves eclodiram em várias cidades do país. Os camponeses se rebelaram exigindo terras. Em junho, marinheiros tomaram o encouraçado Potemkin, exigindo melhor alimentação e o fim dos castigos físicos.

Encouraçado: navio de guerra.

FIQUE DE OLHO

O encouraçado Potemkin (URSS). Direção de Sergei Eisenstein, 1925. 74 min.

O filme trata da revolta dos marinheiros do encouraçado Potemkin durante a Revolução de 1905. Tornou-se um clássico do cinema mundial.

A convocação da Duma

Diante de tantas pressões políticas, Nicolau II admitiu a convocação de eleições, a formação de uma Duma (parlamento, em russo) e a adoção de uma Constituição para o país. O czar garantiu que o país se tornaria uma monarquia constitucional, como ocorria na maioria dos países europeus. Mas ele não cumpriu com sua promessa.

Stalin, na época, era militante bolchevique na distante região do Cáucaso. Ele vivia exclusivamente para o partido. Eram militantes assim que Lenin queria para o Partido Bolchevique. Por indicação dele, Stalin assumiu cargo no Comitê Central do partido. A partir daí ele não atuaria como simples militante em região distante dos principais centros, mas faria parte da direção do partido em Moscou.

Comitê Central: órgão decisório máximo do partido.

A Rússia na Primeira Guerra Mundial

Nicolau II cometeu um erro grave ao decidir que a Rússia entraria na Primeira Guerra Mundial, em 1914. Não havia armas e munições suficientes para os soldados lutarem. Havia até mesmo dificuldade de alimentá-los. As derrotas para os exércitos alemães eram sucessivas durante a Grande Guerra. Quase 2 milhões de homens morreram nos campos de batalha.

Em 1916, greves ocorreram em várias cidades e milhares de soldados abandonaram os campos de batalha. A alta dos preços e a falta de mercadorias levaram a Rússia ao colapso econômico.

VOCÊ JÁ OUVIU FALAR...

... que durante as greves de 1905 operários criaram um conselho (soviete em língua russa) que os representaria. Os membros desse conselho eram eleitos, mas não tinham mandato fixo e executariam as decisões dos próprios operários. A partir daí, surgiram centenas de sovietes na Rússia.

A Revolução de Fevereiro de 1917

Diante da grave crise vivida pelo país, a oposição liberal-democrata liderou uma revolução que derrubou o czar do poder, em fevereiro de 1917. A Revolução de Fevereiro instituiu na Rússia a forma de governo republicana com um regime parlamentar liberal-democrático. O poder executivo passou a ser exercido pelo primeiro-ministro eleito pela Duma.

Na capital, Petrogrado, os operários e os soldados criaram um soviete, liderado por Leon Trotski. Nessa época, Trotski, com o apoio de Lenin, aderiu ao Partido Bolchevique.

A Duma e o soviete de Petrogrado estavam constantemente em conflito. Os deputados da Duma queriam que a Rússia continuasse na guerra, lutando ao lado dos ingleses e franceses. Também queriam elaborar uma Constituição para o país e consolidar o sistema de governo liberal-democrático.

O soviete de Petrogrado tinha outros objetivos: o fim da guerra, melhorar a vida dos operários e distribuir terras para os camponeses.

As mulheres participaram da Revolução de Fevereiro de 1917. Em um protesto na avenida Nevsky, em Petrogrado, seus cartazes exigiam o direito de votar. Museu Estatal de História Política da Rússia, São Petersburgo, Rússia.

Fine Art Images/Easypix

DOCUMENTO

O soviete de Petrogrado, o povo e a democracia (27 de fevereiro de 1917)

O antigo regime conduziu o país à ruína e a população à fome. Era impossível suportá-lo por mais tempo e os habitantes de Petrogrado saíram às ruas para demonstrar seu descontentamento. Foram recebidos a tiro. [...]

Mas os soldados não quiseram agir contra o povo e se voltaram contra o governo. Reunidos, apoderaram-se dos arsenais, dos fuzis e de importantes órgãos do poder. [...]

A fim de ganhar esta luta pela democracia, o povo deve criar seus próprios órgãos de governo. Ontem, 27 de fevereiro, formou-se um *Soviet* de deputados operários composto dos representantes das fábricas, das oficinas, dos partidos e organizações democráticos e socialistas. O *Soviet*, instalado na Duma, impôs-se como tarefa essencial organizar as forças populares e lutar pela consolidação da liberdade política e do governo popular.

FERRO, Marc. *A Revolução Russa de 1917.* São Paulo: Perspectiva, 2011. p. 105-106.

- O documento acima foi redigido por líderes do soviete de Petrogrado logo após a Revolução de Fevereiro de 1917. Eles propunham democratizar a Rússia a partir de duas iniciativas: a participação popular e a reforma eleitoral. Comente as duas propostas do soviete de Petrogrado.

Todo o poder aos sovietes

Em abril, Lenin exigiu o fim do governo da Duma e defendeu o lema: "Todo o poder aos sovietes". Para ele, a revolução socialista deveria ocorrer imediatamente.

Imaginem uma panela de pressão prestes a explodir. Era o que ocorria na Rússia em 1917: os soldados exigiam o fim da guerra e abandonavam os campos de batalha; os camponeses tomavam as terras dos grandes proprietários; nas fábricas, operários grevistas exigiam melhores condições de vida.

O primeiro-ministro Alexander Kerensky, um social-democrata, mesmo com apoio da Duma, não conseguia dar solução para tantos problemas. Assim, em outubro daquele ano, a panela de pressão explodiu: outra revolução aconteceu.

Popperfoto/Getty Images

Automóvel com bolcheviques armados patrulham as ruas de Petrogrado, Rússia, durante a Revolução de Outubro. Fotografia de outubro de 1917.

FIQUE DE OLHO

Doutor Jivago (EUA). Direção de David Lean, 1965. 201 min.

Médico russo apaixona-se por uma mulher. Seu amor resiste aos tempos do czar e dos comunistas no poder após a Revolução.

A Revolução de Outubro de 1917

Na noite do dia 24 para o dia 25 de outubro, o Comitê Militar Revolucionário do soviete de Petrogrado, liderado por Trotski, tomou o Palácio de Inverno, sede do governo na Rússia. A Duma foi fechada e o governo de Kerensky deixou de existir. O episódio ficou conhecido como Revolução Soviética, Revolução de Outubro ou Revolução Russa de 1917.

Bolcheviques no caminhão comemoram a tomada do Palácio de Inverno em Petrogrado, Rússia. Coleção particular. Fotografia de 1917.

Ullstein Bild/Easypix

No poder, Lenin emitiu decretos legalizando o que já estava acontecendo na Rússia. Legalizou a posse das terras tomadas pelos camponeses dos grandes proprietários e da Igreja ortodoxa russa; as reivindicações de diversas nacionalidades por seus direitos; a saída do país da guerra; entre outras medidas.

A HISTÓRIA NÃO ESTÁ SOZINHA

Matemática

Por vezes, o historiador necessita recorrer à matemática em seu ofício. Vejam o caso das revoluções que ocorreram na Rússia em 1917: naquela época, a maioria dos países do Ocidente utilizava o calendário gregoriano, o mesmo que usamos hoje. Ele foi instituído em 1582 pelo papa Gregório XIII.

Entretanto, a Rússia ainda adotava o calendário juliano em 1917. Dessa maneira, quando dizemos que a Revolução Soviética ocorreu no dia 25 de outubro, estamos nos referindo ao dia do calendário juliano, porque, no gregoriano, a revolução ocorreu no dia 7 de novembro. Uma diferença de 13 dias.

Em fevereiro de 1918, o governo de Lenin adotou o calendário gregoriano, mas o dia 25 de outubro foi preservado como data oficial da Revolução.

1 | Pelo calendário juliano, a Revolução de Fevereiro iniciou no dia 23. Se considerarmos o calendário gregoriano, qual foi o dia do início dessa revolução?

2 | Com base nas informações acima, podemos afirmar que um calendário é uma construção da sociedade, ou ele representa uma verdade absoluta em termos de periodização do tempo? Justifique sua resposta.

O governo bolchevique

Uma das maiores reivindicações da população era o fim da participação russa na guerra. O acordo de Brest-Litovsk, assinado com a Alemanha, permitiu à Rússia sair da guerra. Contudo, cláusulas do acordo resultaram em muitas críticas ao governo.

Com o decorrer do tempo, os bolcheviques mostraram-se cada vez mais autoritários.

Primeiro, dominaram os sovietes e os sindicatos de trabalhadores, que passaram a apoiar, sem qualquer crítica, o governo de Lenin. O governo também criou uma polícia política, a Tcheka, com a função de vigiar e prender opositores ao regime.

Outra medida autoritária foi dissolver a Assembleia Nacional Constituinte, em janeiro de 1918. Os deputados tinham sido eleitos no ano anterior com a tarefa de escrever uma nova Constituição para o país.

Também em 1918 Lenin mudou o nome do partido, que passou a se chamar Partido Comunista.

O governo bolchevique estatizou grandes empresas, como bancos, empresas de seguros, estradas de ferro, siderúrgicas e empresas de comércio exterior. Pequenos e médios empresários puderam manter seus negócios.

Mesmo antes da revolução, os camponeses tomaram as terras dos grandes proprietários rurais. No ano seguinte, preços dos produtos agrícolas passaram a ser tabelados pelo governo com valores muito baixos. Os camponeses não aceitaram.

A partir daí, militantes do Partido Comunista passaram a invadir as propriedades dos camponeses e tomar os produtos agrícolas à força.

A oposição ao novo regime

Os comunistas na Rússia esperavam que outras revoluções socialistas ocorressem na Europa, principalmente na Alemanha. Assim, eles receberiam apoio político e ajuda econômica para construir o socialismo em seu país.

No entanto, não aconteceram, na Europa, revoluções semelhantes à que ocorreu na Rússia. E, pior, eclodiu uma guerra civil.

Os grupos sociais que perderam o poder com a Revolução de Outubro não se conformaram. Eram ex-empresários e ex-latifundiários, além de membros da nobreza, do clero e militares. Com o apoio de países como Inglaterra, França e Estados Unidos, eles criaram o chamado Exército Branco. O governo comunista, por sua vez, criou o Exército Vermelho, comandado por Trotski.

Receosos de que o Exército Branco restituísse o poder ao czar, os comunistas ordenaram que Nicolau II e sua família fossem fuzilados.

O SEU LUGAR NA HISTÓRIA

O Programa das Nações Unidas para o Desenvolvimento (PNUD) defende que o desenvolvimento econômico não é sinônimo de desenvolvimento humano.

No Brasil, há o Índice de Desenvolvimento Humano Municipal (IDHM). Esse índice está disponível em: <http://atlasbrasil.org.br/2013/>. Acesso em: 21 jun. 2018. Nele você encontra o *ranking* de todos os municípios brasileiros de acordo com o IDHM, com dados do Censo de 2010.

O IDHM considera três questões para avaliar o desenvolvimento humano: a longevidade, a educação e a renda dos moradores do município. O índice varia de 0 a 1 e, quanto mais próximo de 1, maior é o IDHM.

Consulte no *site* o IDHM do município em que você mora. Em seguida, discuta com os colegas se o índice é satisfatório e o que pode ser feito para melhorá-lo.

1918: Bolcheviques dissolvem a Assembleia Nacional Constituinte. Assinatura do Tratado de Brest-Litovsk. Partido Bolchevique muda nome para Partido Comunista. Início da guerra civil na Rússia.

Ullstein Bild/Easypix

Cartaz de propaganda do governo comunista incentivando as tropas do Exército Vermelho a derrotar o Exército Branco, liderado pelo general Wrangel. No cartaz, de c. 1920, está escrito: "Wrangel ainda está vivo. Bata nele sem piedade!". Arquivo Gerstenberg.

O comunismo de guerra

Para enfrentar a guerra civil, o governo russo implantou medidas drásticas, conhecidas como **comunismo de guerra**. As empresas comerciais, industriais e de serviços tornaram-se propriedades do governo e todos passaram a ganhar o mesmo salário. Os preços passaram a ser determinados pelo governo. Com a guerra civil e a desestruturação econômica, a alta dos preços foi tão grande que já não se usava dinheiro nas transações comerciais.

A guerra civil chegou ao fim em 1921 com a vitória do Exército Vermelho. Mas a Rússia estava destruída.

Com a vitória dos comunistas na guerra civil, Lenin instituiu o regime de partido único. Somente o Partido Comunista poderia atuar legalmente, proibindo também a existência de oposições dentro do próprio partido.

A Nova Política Econômica – NEP

Após a guerra civil, o país estava destruído: desemprego, alta dos preços, desorganização da economia, queda da produção industrial e agrícola. A insatisfação de operários e camponeses era enorme.

Para recuperar a economia do país, em 1921, Lenin propôs ao Partido Comunista suspender a economia do comunismo de guerra e adotar algumas medidas capitalistas. A esse conjunto de medidas ele deu o nome de Nova Política Econômica (NEP).

Nesse retorno limitado à economia de mercado, os camponeses podiam vender seus produtos livremente nas feiras. Algumas empresas estatizadas foram devolvidas aos seus donos. Lenin também quis atrair empresas estrangeiras, mas elas não investiram na Rússia. O resultado da NEP foi a elevação da produção agrícola, embora a recuperação industrial fosse pequena.

Em 1922, Stalin foi indicado por Lenin para o cargo de secretário-geral do Partido Comunista da União Soviética. No cargo, Stalin se tornou muito conhecido no Partido Comunista e em todo o país.

Lenin morreu em 1924. Na sua ausência, era o secretário-geral quem realmente governava o país. E quem estava no poder era Stalin. A outra liderança expressiva no Partido Comunista era Leon Trotski, que passou a liderar a oposição.

A maioria no Partido Comunista apoiou Stalin e, em 1929, Trotski foi expulso do país.

Rodshenko/Fine Art Images/Glow Images

Neste cartaz de propaganda de 1923, o governo comunista, durante a NEP, incentivava a população a comprar ações de empresa de aviação. Uma das frases diz: "Crie vergonha. Seu nome ainda não está na lista de acionistas do Dobroliot. O país inteiro acompanha esta lista". Coleção particular.

OUTRAS HISTÓRIAS PERSONAGENS

Lenin

De família de classe média, Lenin (Vladimir Ilitch Ulianov) nasceu em 1870. Estudou Direito e, na universidade, tomou conhecimento das ideias marxistas. Ele se envolveu em atividades revolucionárias e foi condenado à prisão na Sibéria, em 1897, o que o levou ao exílio em 1900.

Lenin participou do II Congresso do Partido Operário Social-Democrata Russo em 1903, quando o partido se dividiu; tornou-se líder da ala bolchevique. Depois das revoltas de 1905, Lenin continuou exilado na Europa.

Lenin retornou à Rússia em 1917 e liderou a revolução que ocorreu em outubro. Assumiu a presidência do Conselho de Comissários do Povo e, consequentemente, o poder no país. Foi o responsável pelo comunismo de guerra e pela Nova Política Econômica. Decretou o regime de partido único no país e proibiu as facções e os debates internos dentro do Partido Comunista, criando uma estrutura partidária rigidamente disciplinada.

A partir de maio de 1922, Lenin sofreu vários acidentes vasculares cerebrais (AVC) e faleceu em 1924. Para homenageá-lo, o governo soviético embalsamou seu corpo e o expôs à visitação em um mausoléu construído em Moscou.

Sputnik/Agência France-Presse

Na praça Vermelha, em 1º de maio de 1919, Lenin participa das comemorações do Dia do Trabalho junto com o povo. Instituto de Marxismo--Leninismo, Moscou, Rússia.

- Discuta com seus colegas por que, em sua opinião, o corpo de Lenin foi preservado e posto em exibição. Qual é o significado desse ato?

A construção do socialismo soviético

Para Stalin e os militantes do Partido Comunista, a "construção do socialismo" no país exigia duas medidas: acabar com a propriedade camponesa da terra e industrializar o país. Os recursos para investir na industrialização viriam da exportação de alimentos e de impostos cobrados sobre os camponeses. A formação de fazendas coletivas e a industrialização faziam parte do Plano Quinquenal, anunciado por Stalin em 1929.

Plano Quinquenal: plano político definido para um prazo de 5 anos. O primeiro plano quinquenal implantado na Rússia foi formulado a partir de metas para a industrialização do país e a coletivização do campo entre os anos 1928 e 1932.

No início de 1930, começou a primeira fase da "construção do socialismo": a coletivização do campo. As terras dos camponeses foram tomadas à força. Quem resistisse era mandado para as regiões geladas da Sibéria ou era fuzilado.

Cerca de 100 milhões de camponeses passaram a viver em *kolkhozes* (em russo, fazendas coletivas), que eram, em suma, fazendas do Estado. Em 1935, cerca de 98% dos camponeses trabalhavam nos *kolkhozes*.

Nas fazendas coletivizadas, os camponeses eram empregados do Estado e recebiam salários baixos. A produção agrícola pertencia ao governo e o lucro da sua venda seria utilizado para financiar a industrialização. Os camponeses viviam desestimulados, o que resultou na queda da produção agrícola.

O QUE HÁ NA IMAGEM?

Elabore um texto que descreva com detalhes o pôster do governo de Stalin apresentado abaixo. Em seguida, discuta com seus colegas: de que maneira essa imagem apresenta a coletivização no campo?

Fine Art Images/Heritage Images/Getty Images

Pôster de propaganda política do governo, de 1930, dizendo: "Dia da colheita e da coletivização". Biblioteca Nacional Russa, Moscou, Rússia.

VOCÊ JÁ OUVIU FALAR

... em URSS? Em 1922, os comunistas mudaram o nome do país para União das Repúblicas Socialistas Soviéticas (URSS). Tratava-se do reconhecimento das múltiplas nacionalidades reunidas no país. Na prática, havia o domínio da República da Rússia sobre todas as outras.

A industrialização soviética

Terminada a coletivização do campo, começou a segunda fase da "construção do socialismo": a industrialização do país. O governo de Stalin contratou técnicos e engenheiros ingleses e estadunidenses e importou máquinas e tecnologia.

Stalin privilegiou a indústria pesada – petróleo, aço, hidrelétricas, aviões, turbinas, tratores, etc. A indústria de bens de consumo popular era muito pequena. Assim, o mesmo país que fabricava toneladas de aço, tinha dificuldades de produzir sapatos e botões para camisas.

Apesar do fracasso na produção agrícola e dos poucos investimentos em bens de consumo, no final dos anos 1930, a União Soviética se tornou um país industrializado.

Produção industrial na URSS: 1900-1940 (em milhões de toneladas)

	1900	1913	1929	1938	1940
Carvão	16,0	36,0	40,1	132,9	164,9
Ferro	2,7	4,8	8,0	26,3	14,9
Aço	2,5	5,2	4,9	18,0	18,4

Produção de grãos na URSS: 1913-1937

Colheita real de grãos (em milhões de toneladas)									
1913	1928	1929	1930	1931	1932	1933	1934	1936	1937
80,1	73,3	71,7	83,5	69,5	69,6	68,4	67,6	56,1	97,4

Fonte: LOWE, Norman. *História do mundo contemporâneo.* Porto Alegre: Penso, 2011. p. 383 e 387.

O Grande Terror Stalinista

Stalin alcançou grande prestígio no Partido Comunista. Mas muitos militantes o criticavam pelas brutalidades que ocorreram durante a coletivização do campo.

Diante das críticas, Stalin, em 1935, denunciou a presença de inimigos e sabotadores dentro do Partido Comunista.

Em 1936, começaram as perseguições da polícia política, que passou a prender pessoas inocentes. Por meio de torturas, admitiram culpas por crimes que não cometeram. Milhões de pessoas foram fuziladas ou presas em campos de concentração.

O stalinismo

Durante o Grande Terror Stalinista ninguém ousava criticar Stalin. Em 1938, as perseguições em massa acabaram, mas qualquer um que manifestasse oposição poderia ser preso.

Ao mesmo tempo, o Estado começou a produzir propaganda política elogiosa a Stalin. Em filmes, cartazes, panfletos e outros meios de comunicação, ele era apresentado como líder infalível que deveria ser amado pelo povo. Entre os títulos dados a Stalin estavam: "Guia genial dos povos", "Locomotiva da História", "Guia do proletariado mundial" e "Construtor do socialismo".

FIQUE DE OLHO

ORWELL, George. *A revolução dos bichos.* São Paulo: Companhia das Letras, 2007.

Os animais se revoltam contra a exploração pelo proprietário da fazenda e tomam o poder. O autor do livro utiliza a fábula para criticar o regime comunista sob o domínio de Stalin.

OUTRAS HISTÓRIAS ARTES

Realismo socialista

O Realismo socialista foi uma expressão artística que surgiu nos anos 1920 na União Soviética. Tornou-se arte oficial a partir de 1934, no governo de Stalin. Na pintura, escultura, literatura, teatro, poesia, música, entre outras manifestações no campo da arte, determinadas regras deveriam ser obedecidas. Inovações eram proibidas.

Os artistas deveriam ser associados a organizações vinculadas ao Partido Comunista, ou não poderiam exercer a profissão. As obras deveriam ser acessíveis à compreensão do povo e com mensagens que elogiassem o regime soviético e o socialismo. Os personagens das obras deveriam ser operários, camponeses, soldados ou homens do povo, sempre fortes, felizes e saudáveis. Todos deveriam ser representados dedicando-se à construção do socialismo, nas fábricas, fazendas e campos de batalha.

Na literatura, por exemplo, os personagens não tinham dúvidas, incertezas, dilemas ou ambiguidades.

Todos estavam empenhados na construção do socialismo e, via de regra, um "inimigo do povo" tentava sabotar o trabalho de todos, mas logo era descoberto por membros do Partido Comunista. Ao final, todos ficavam felizes.

AKG-images/Album/Fotoarena

Setor de tecelagem, óleo sobre tela de Aleksandr Samochvalov, 1929. Museu Russo, São Petersburgo, Rússia.

- Em dupla, descrevam a imagem acima. Em seguida, justifiquem o motivo pelo qual ela pode ser relacionada ao Realismo socialista.

O socialismo soviético

A palavra **socialismo** tem muitos significados. A proposta mais conhecida no mundo foi o socialismo construído na União Soviética na época de Stalin, chamado de **socialismo soviético**.

Os fundamentos do socialismo soviético foram estabelecidos na época do **comunismo de guerra**: a estatização da economia, a suspensão da economia de mercado, o planejamento econômico estatal, o sistema de partido único, a perseguição policial a qualquer oposição ao regime e o controle dos meios de comunicação pelo Estado. Stalin acrescentou outras práticas, como a coletivização da agricultura, a ênfase na indústria pesada e o culto ao líder, visto como pessoa infalível.

O socialismo soviético na época de Stalin conjugou a repressão política, o crescimento industrial e a melhoria de vida da população. Milhões de camponeses que foram para as cidades ascenderam socialmente. As mulheres tiveram seus direitos reconhecidos, acesso a emprego e se libertaram da opressão de pais e maridos. Um dos grandes avanços do regime foi na área da educação. O analfabetismo caiu drasticamente. O Estado criou sistemas de educação, saúde, assistência médica e habitação básica para todos.

O poder de Stalin, portanto, não se explica apenas pela repressão política. Não se deve esquecer de que milhões de pessoas sofreram com a coletivização dos campos e com as perseguições políticas. Mas outros milhões de pessoas, que foram beneficiadas pela industrialização acelerada e pelas políticas sociais, apoiaram o regime soviético e o próprio Stalin.

Fine Art Images/Glowimages

Cartaz soviético de autoria de Gustav Klutsis, 1930. O cartaz convoca a população a cumprir as metas do Plano Quinquenal. Nele, pode-se ler: "Vamos executar este grande projeto!". Coleção particular.

PUXANDO PELA MEMÓRIA

Após o estudo do capítulo, você manteria sua resposta à pergunta da página 26?

Créditos das imagens de baixo para cima: Fine Art Images/Easypix; Communist Leader Leon Trotsky; Fine Art Images/Heritage Images/Getty Images; akg-images/Album/Fotoarena; adoc-photos/Album Art/Fotoarena; Sputnik/Agência France-Presse; Agência France-Presse

Rômulo Fialdini/Acervo do fotógrafo/© Tarsila do Amaral Empreendimentos

ROTEIRO DE ESTUDOS

O QUE APRENDEMOS?

1 | Descreva a situação econômica e social da Rússia na época do czar Nicolau II.

2 | Diferencie as três grandes revoluções que ocorreram na Rússia: a de 1905, a de fevereiro e a de outubro de 1917.

3 | Durante a guerra civil, o governo bolchevique instituiu a política econômica conhecida como "comunismo de guerra". Descreva essa política.

4 | Ao final da guerra civil, Lenin adotou um conjunto de iniciativas conhecidas como Nova Política Econômica (NEP). O que foi a NEP e por que Lenin implantou tais medidas?

5 | Para Stalin e a maioria dos militantes do Partido Comunista, a "construção do socialismo" exigia o cumprimento de duas fases. Quais são essas fases e como elas ocorreram?

6 | Quais foram os principais fundamentos do socialismo soviético?

7 | Relacione a atuação de Stalin ao Grande Terror.

8 | Contextualize o surgimento dos sovietes na Revolução de 1905 na Rússia.

9 | Por que a frase seguinte é falsa?
Ao final do Plano Quinquenal, a União Soviética estava dotada de indústrias devido ao sucesso da coletivização da terra.

10 | Por que a cidade de Petrogrado foi importante na história da Revolução de Outubro de 1917?

PESQUISA

Em fevereiro de 1917 ocorreu uma revolução liberal-democrática na Rússia. Em outubro do mesmo ano, o país viveu outra revolução, a socialista. Essas revoluções instituíram diferentes sistemas políticos: no primeiro caso, o regime de democracia liberal, também chamado de democracia representativa; no segundo caso, o regime socialista.

Realize uma pesquisa sobre esses dois tipos de regimes políticos.

1 | Como se organiza o sistema político e partidário?

2 | Como é a organização econômica?

3 | Qual a importância dada, nesses regimes, aos temas da liberdade e da igualdade?

Lee/leemage/Agência France-Presse

Em 1914, nove anos após a Revolução de 1905, o jornal italiano *La Domenica del Corriere* noticiou na primeira página que cerca de 100 mil manifestantes tomaram a cidade de São Petersburgo para homenagear os mortos do Domingo Sangrento. Coleção particular.

IMAGENS CONTAM A HISTÓRIA

Na União Soviética, muitos pôsteres faziam propaganda política positiva de Stalin, ressaltando suas qualidades como governante e líder político. Esses pôsteres associavam a imagem de Lenin à de Stalin.

- Interprete as mensagens contidas no pôster ao lado.

Fine Art Images/Easypix

Pôster de propaganda política soviética de autoria de Naum Karnovsky, 1948. Nele, estão os dizeres "Vida longa ao *Komsomol*" (juventude comunista). Biblioteca Russa, Moscou, Rússia.

O PASSADO PRESENTE

Atualmente, apenas quatro países no mundo se declaram comunistas: China, Vietnã, Cuba e Coreia do Norte. A China manteve as instituições do comunismo soviético, como o partido único, a intolerância com opositores ao regime e o controle dos meios de comunicação. Mas, em termos econômicos, o governo chinês estimulou o crescimento do capitalismo, inserindo o país no processo de globalização. As privatizações de empresas estatais, o apoio à livre iniciativa e os baixos salários dos trabalhadores são exemplos da alternativa chinesa – misto de comunismo na política e capitalismo na economia. O Vietnã seguiu modelo similar.

Em Cuba, o governo manteve o partido único, a estatização de empresas e o controle dos meios de comunicação. O embargo econômico imposto pelos Estados Unidos prejudicou sua economia, mas o governo cubano, atualmente, atrai capital estrangeiro, sobretudo no setor de turismo, e estabelece acordos comerciais com países da América Latina e da União Europeia e com a China.

O mais fechado desses regimes é o da Coreia do Norte. Alegando praticar o "verdadeiro" comunismo, o regime norte-coreano isolou-se do mundo e revive o período mais repressivo da época de Stalin na União Soviética.

1 | Faça uma pesquisa sobre a atual Coreia do Norte. Procure saber: quem é seu governante; como é o regime político imposto ao país; como é o nível de vida da população; por que o governo comunista isola o país do resto do mundo; quais os motivos para desenvolver mísseis e armas nucleares. Outras questões podem surgir durante a pesquisa.

2 | Com essa pesquisa elaborada, formem grupos e preparem três pequenos artigos de jornal, cada um sobre um tema investigado, os quais devem ter relação com as características da atual Coreia do Norte. Posteriormente, combinem um dia com o professor para que todos os artigos sejam reunidos em um só jornal, cujo assunto será esse país comunista nos dias de hoje. Não se esqueçam de pesquisar fotos do país.

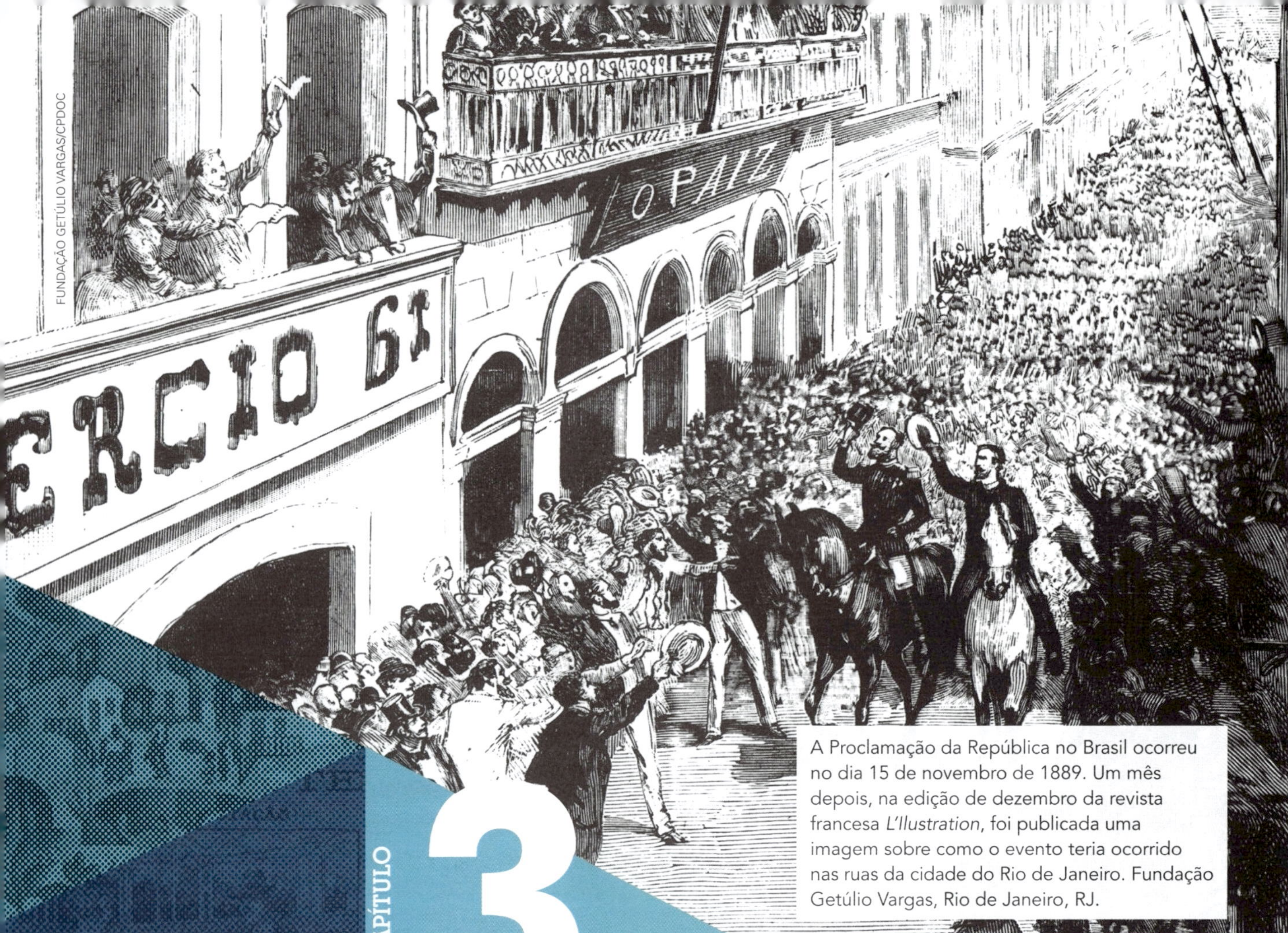

FUNDAÇÃO GETÚLIO VARGAS/CPDOC

A Proclamação da República no Brasil ocorreu no dia 15 de novembro de 1889. Um mês depois, na edição de dezembro da revista francesa *L'Illustration*, foi publicada uma imagem sobre como o evento teria ocorrido nas ruas da cidade do Rio de Janeiro. Fundação Getúlio Vargas, Rio de Janeiro, RJ.

CAPÍTULO 3

A PRIMEIRA REPÚBLICA BRASILEIRA

Em 15 de novembro de 1889, militares, com apoio de importantes grupos políticos, proclamaram que o Brasil era uma República. No ano anterior, em 1888, a escravidão tinha sido abolida.

A abolição da escravidão e a adoção do regime republicano implicavam uma novidade para a sociedade brasileira: todos eram iguais perante a lei. Era algo que precisava ser aprendido.

A luta para fazer valer na prática os valores republicanos não foi fácil. Sobretudo porque a vida política do país era dominada por oligarquias, e os "coronéis" nos municípios controlavam o voto da população. No entanto, a sociedade brasileira vivenciou revoltas populares, rebeliões militares e greves de trabalhadores. A economia cresceu com a produção do café e a vida urbana se desenvolveu, mas as injustiças sociais permaneceram.

Ao longo dos anos 1920 ocorreram crises políticas e movimentos de oposição. Em 1930, um movimento civil e militar – chamado de Revolução de 1930 – pôs fim à Primeira República brasileira.

PUXANDO PELA MEMÓRIA

O marechal Deodoro da Fonseca foi indicado pela Assembleia Constituinte como o primeiro presidente da República. Hoje em dia, no Brasil, como um presidente é escolhido? Quantos anos dura seu mandato? Quem tem o direito ao voto?

Créditos das imagens de baixo para cima: Rômulo Fialdini/Acervo do fotógrafo/© Tarsila do Amaral Empreendimentos; Acervo do autor/Arquivo da editora; Reprodução/Fundação Biblioteca Nacional, Rio de Janeiro, RJ.; Reprodução/Fundação Biblioteca Nacional, Rio de Janeiro, RJ.; Reprodução/Fundação Biblioteca Nacional, Rio de Janeiro, RJ.; Reprodução/Coleção particular

1889: Proclamação da República. Deodoro da Fonseca assume o governo provisório.

Maria decidida

Maria Lacerda de Moura, desde jovem, era crítica da sociedade em que vivia. Ela nasceu em 1887 na cidade de Manhuaçu, Minas Gerais. Em casa, ouvia seus pais conversarem sobre as injustiças sociais no Brasil. Aos 16 anos de idade formou-se na Escola Normal e passou a trabalhar como professora na cidade de Barbacena.

Comprometida com a educação, ela fundou na cidade a Liga Contra o Analfabetismo e incentivou mulheres da região a construírem casas no sistema de mutirão. Casou-se aos 17 anos.

Retrato de Maria Lacerda de Moura, que, desde jovem, lutou pelos direitos das mulheres. Fotografia da década de 1920. Coleção particular.

Construindo a República

No dia 15 de novembro de 1889, o marechal Deodoro da Fonseca proclamou a República no Brasil, pondo fim ao regime imperial. Deodoro teve o apoio do Exército e da oligarquia cafeeira de São Paulo e convocou uma Assembleia Nacional Constituinte para redigir uma nova Constituição.

Mas como seria organizada a República? As oligarquias de São Paulo, Minas Gerais e outros estados defendiam o modelo federalista, como o dos Estados Unidos, em que os estados têm grande autonomia. Se fosse adotado o federalismo, as oligarquias teriam amplo poder para governar seus estados. Não interessava a elas o poder centralizado na capital do país, como ocorria nos tempos do Império.

Em 24 de fevereiro de 1891, a nova Constituição do Brasil foi promulgada. O país se tornou uma República federativa com os poderes divididos em Executivo, Legislativo e Judiciário. Deodoro da Fonseca foi eleito pelos constituintes como primeiro presidente da República.

Escola Normal: equivalente ao atual Ensino Médio profissionalizante, formava professores para o ensino primário, equivalente aos primeiros anos do Ensino Fundamental em nossos dias.
Oligarquia: grupo de pessoas que domina a política ou a economia de uma região (cidade, estado ou país).

Nesta caricatura da *Revista Illustrada*, de 1891, Deodoro da Fonseca e Floriano Peixoto saem de uma urna colocada sobre a Constituição. Cada um segura uma cédula eleitoral. Na de Deodoro está escrito: presidente; na de Floriano, vice-presidente. Fundação Biblioteca Nacional, Rio de Janeiro, RJ.

CÁ ENTRE NÓS

A Constituição estabelecia que, caso o presidente renunciasse antes de cumprir dois anos de mandato, o vice-presidente assumiria interinamente e convocaria eleições presidenciais. Floriano não obedeceu à Constituição e se recusou a deixar o cargo.

Governo Deodoro: muitos conflitos

O Brasil era um país basicamente agrário e o principal produto de exportação era o café. O ministro da Fazenda, Rui Barbosa, criou um plano para industrializar o país. Em 1890, ele permitiu que bancos emitissem dinheiro e o emprestassem a pessoas que se comprometessem a abrir uma empresa. Se o empréstimo não fosse pago, o governo federal assumiria a dívida com o banco. Rui Barbosa acreditava que dessa maneira muitas indústrias surgiriam no Brasil.

Os resultados foram desastrosos para a economia brasileira. Muitas pessoas tomaram empréstimos, abriram empresas que só existiam no papel e colocaram as ações delas para serem negociadas na Bolsa de Valores. No final, descobertas as fraudes, quem comprou as ações perdeu tudo.

A política econômica do governo de Deodoro ficou conhecida como Encilhamento e resultou em grave crise econômica e na chamada inflação, ou seja, a alta constante e acelerada dos preços das mercadorias. Os trabalhadores foram os mais prejudicados.

Encilhamento: expressão usada entre os adeptos do hipismo. Encilhar é equipar o cavalo para a corrida. Na época, a expressão foi usada, entre outras razões, porque a política econômica de Rui Barbosa deu início a uma corrida especulativa na Bolsa de Valores.

Floriano Peixoto: a República pela espada

Na capa da *Revista Illustrada* de novembro de 1891, a posse de Floriano Peixoto na Presidência foi chamada de "Despontar do sol da legalidade". Fundação Biblioteca Nacional, Rio de Janeiro, RJ.

Em 3 novembro de 1891, oito meses depois de ser eleito, Deodoro tentou impor uma ditadura no país. Ele não soube lidar com as críticas dos parlamentares e jornalistas. A manobra não teve apoio do seu vice-presidente, o marechal Floriano Peixoto, do Exército e da Marinha.

Em 22 de novembro, Deodoro da Fonseca renunciou à Presidência da República. O vice-presidente Floriano Peixoto assumiu seu lugar.

O novo presidente estava determinado a consolidar a República no Brasil. Para isso, ele contava com o apoio do Exército e das oligarquias de São Paulo organizadas no Partido Republicano Paulista (PRP). Grupos de republicanos radicais do Rio de Janeiro também o apoiaram.

Desse modo, ele pôde enfrentar duas grandes revoltas, a crise econômica gerada pelo Encilhamento, além de grupos republicanos de oposição e monarquistas que queriam a volta do Império.

Revoltas no mar e na terra

A primeira revolta do período republicano ficou conhecida como **Revolta da Armada**. No início de setembro de 1893, almirantes amotinados exigiram a convocação de eleições presidenciais. Eles levaram os navios de guerra para a Baía de Guanabara e apontaram os canhões contra as cidades do Rio de Janeiro e Niterói.

Nesse mesmo ano, ocorreu no Rio Grande do Sul a **Revolução Federalista**. Republicanos e federalistas travaram luta sangrenta pelo controle político do estado. Contando com a ajuda de Floriano Peixoto, o Partido Republicano Rio-Grandense saiu vitorioso.

Floriano Peixoto encerrou seu governo com a República consolidada. Ganhou de seus admiradores o apelido de "Marechal de Ferro".

As eleições presidenciais de 1894 deram vitória a Prudente de Morais, do PRP. Em 15 de novembro desse ano, o militar Floriano Peixoto passou a faixa presidencial para o civil Prudente de Morais.

A República das oligarquias

No Brasil da Primeira República, os fazendeiros dominavam a política no país. Eles formavam as oligarquias estaduais. Naquela época, as oligarquias mais poderosas eram as de São Paulo e Minas Gerais.

A nova Constituição, promulgada em 1891, garantiu aos brasileiros direitos políticos, como o de votar e ser votado, embora mulheres, analfabetos, entre outros, fossem excluídos desse direito.

É preciso observar algo muito importante: o sistema político não garantia que o voto representasse a vontade dos eleitores. O Brasil ainda não contava com uma Justiça Eleitoral e as eleições eram organizadas pelos políticos poderosos, chamados de coronéis em seus municípios.

Coronelismo e oligarquia

O voto não era secreto. O coronel organizava as eleições no município e exigia que os eleitores votassem nos candidatos indicados por ele: era o chamado **voto de cabresto**. O coronel também fazia a ata da eleição. As fraudes eleitorais eram frequentes e era muito difícil um candidato de oposição ser eleito. Se algum candidato de oposição às oligarquias conseguisse se eleger, a Comissão Verificadora de Poderes não lhe dava o diploma de posse.

Embora o voto fosse de cabresto, o coronel ainda precisava ter prestígio político junto ao eleitorado. Para isso, ele contava com o apoio financeiro do **governador do estado**, chamado na época de presidente do estado, para realizar obras públicas – construir estradas, pontes, etc.

Criou-se, assim, uma relação de dependência entre o presidente de cada estado e os coronéis dos municípios: o coronel apoiava os candidatos indicados pelas oligarquias nas eleições e, em contrapartida, o presidente do estado liberava verbas para a construção de obras nos municípios.

CÁ ENTRE NÓS

Com a abolição da escravidão, homens e mulheres negros estavam livres. Na luta por seus direitos, eles fundaram clubes e associações assistencialistas, culturais e recreativas. Também deram início à formação de sindicatos. Uma novidade foi a chamada "imprensa negra", com jornais publicados em diversos estados, como São Paulo, Rio de Janeiro, Rio Grande do Sul e Pernambuco. Esses jornais discutiam temas relacionados ao preconceito racial, à precária situação econômica e social, à intolerância e à violência que sofriam, além de matérias elogiosas aos líderes abolicionistas.
Os jornais da imprensa negra sobreviviam com muitas dificuldades devido à escassez de recursos financeiros.

Cabresto: espécie de arreio feito de corda ou couro que serve para controlar a marcha de animais de montaria, como o cavalo e a mula.

1893: Revolta da Armada. Revolução Federalista no Rio Grande do Sul. Fundação do arraial de Canudos.

QUE HÁ NA IMAGEM?

Na capa da revista *D. Quixote* de março de 1922, ao lado, a mulher representa a imprensa; a urna, a política; e o homem de terno, o personagem Zé Eleitor. Leia com atenção o diálogo entre os dois e analise como a charge interpreta as eleições daquela época no Brasil.

IMPRENSA – Deixa ficar a urna; preciso ainda dela para recolher os votos dos concursos carnavalescos.

ZÉ ELEITOR – Mas esta é da política...

IMPRENSA – É a mesma coisa!

Acervo do autor/Arquivo da editora

Capa da revista *D. Quixote* de março de 1922. A imprensa criticava os políticos e as fraudes eleitorais. Coleção particular.

Política dos governadores, café e leite

O presidente Campos Sales, eleito em 1898, propôs um grande acordo com as oligarquias estaduais: por um lado, o presidente não iria interferir na política dos estados; por outro, os presidentes dos estados, por meio de suas bancadas de deputados federais e senadores, deveriam apoiar politicamente o presidente da República.

O resultado é que, durante a Primeira República, as oligarquias estabeleceram apoios mútuos: coronéis, presidentes dos estados e presidente da República. O presidente Campos Sales chamou esse sistema político de **política dos governadores** ou, ainda, de **política dos estados**.

Quando era chegado o momento de escolher o candidato a presidente da República, os dois partidos políticos mais fortes do país, o Partido Republicano Paulista (PRP) e Partido Republicano Mineiro (PRM), entravam em acordo e lançavam um nome para disputar a eleição. O domínio nas eleições presidenciais por esses dois partidos ficou conhecido como **política do café com leite**.

QUE HÁ NA IMAGEM?

1. Por que os rolos compressores têm o título de S. Paulo e Minas?

2. Que personagem está representada pela mulher à esquerda e por que ela aparenta tristeza?

Em janeiro de 1929, a capa da revista *Careta* ironizava as eleições presidenciais que ocorreriam em março de 1930. Na época, os políticos paulistas ainda eram aliados dos mineiros. Fundação Biblioteca Nacional, Rio de Janeiro, RJ.

VOCÊ JÁ OUVIU FALAR

... que coronel, fora do Exército, era o nome dado ao mais alto oficial da Guarda Nacional, instituição militar criada durante o período regencial? Após a Guerra do Paraguai, a Guarda Nacional começou a perder sua importância, mas, nos municípios do interior, a expressão permaneceu. O coronel não era mais o militar, mas o chefe político local e, na maioria das vezes, um grande fazendeiro. O seu poder se baseava no controle dos votos da população dos eleitores do município. Essa prática política ficou conhecida na Primeira República como coronelismo.

O café e outros produtos de exportação

A economia cafeeira estimulou o crescimento de outras atividades econômicas.

Para escoar a produção do interior do estado de São Paulo para o porto de Santos, foi necessário construir ferrovias e estradas. Foram fundadas empresas de navegação, casas de câmbio, bancos, moinhos, entre outros, nos setores de atividades comerciais, financeiras e de serviços.

Outra atividade importante gerada pela produção e exportação de café foi a indústria de bens de consumo popular. Eram produtos baratos, mas necessários para os trabalhadores nas fazendas e nas cidades: chapéus, móveis, velas, calçados, bebidas, tecidos, etc. A economia cafeeira também estimulou o crescimento das cidades que, por seu lado, exigiam serviços públicos tipicamente urbanos, como transportes e iluminação das ruas.

Mulheres tratam dos pés de café em fazenda no Oeste paulista em c. 1910, enquanto são vigiadas pelo capataz. Museu da Imigração do Estado de São Paulo, São Paulo, SP.

A borracha na Amazônia

Vulcanização: processo químico, com adição de enxofre e catalisadores, por meio do qual a borracha se torna mais dura e resistente.

A descoberta do processo de vulcanização tornou a borracha mais resistente ao calor e ao atrito, viabilizando seu uso nas rodas de bicicletas e automóveis. A invenção provocou grande aumento na extração do látex retirado dos seringais na região amazônica entre 1890 e 1910.

Em seu auge, cerca de 26% das exportações brasileiras eram de borracha. As cidades de Belém e Manaus cresceram e se modernizaram.

A partir de 1910, regiões na Ásia dominadas por ingleses e franceses também passaram a exportar borracha. A partir daí, a riqueza produzida pela borracha amazônica decaiu

Ricardo Oliveira/Tyba

Vista do interior do Teatro Amazonas, inaugurado em 1896 na cidade de Manaus, Amazonas, no auge da produção da borracha. É um dos mais belos e imponentes teatros do país. Fotografia de 2015.

O *funding loan*

Campos Sales herdou grave crise financeira provocada pelo Encilhamento. Para superar a crise econômica, o governo fechou um grande acordo financeiro com o banco britânico Rothschild em 1898, conhecido como *funding loan*.

O acordo consistia em um empréstimo de 10 milhões de libras esterlinas, pelo qual o governo deu como garantia as rendas de suas exportações e se comprometeu a equilibrar as contas públicas. Para cumprir o acordo, o governo de Campos Sales diminuiu o ritmo da produção econômica, gerando falência de empresas e desemprego dos trabalhadores.

O convênio de Taubaté

Os lucros com a exportação de café eram altos, os fazendeiros plantavam cada vez mais. A produção do café para exportação tornou-se bem maior que seu consumo, o que fez o preço dessa mercadoria cair.

Diante desse problema, os cafeicultores reuniram-se, em 1906, na cidade de Taubaté, em São Paulo. O acordo entre eles ficou conhecido pelo nome de **Convênio de Taubaté** e uma das medidas foi nomeada **política de valorização do café**.

Pelo acordo, os estados recorreriam a empréstimos externos para comprar o excedente da produção de café. A política de valorização do café garantia os lucros dos fazendeiros, sobretudo de São Paulo, mas toda a sociedade brasileira pagaria a conta dos empréstimos externos.

1897: Destruição do arraial de Canudos. 1898: Acordo financeiro conhecido como *funding loan*.

Rio de Janeiro: a vitrine do Brasil

O Rio de Janeiro era a capital da República e a porta de entrada para o Brasil. Mas os estrangeiros tinham medo da cidade. Era chamada de "cidade morte". Periodicamente havia surtos de varíola, febre amarela, malária, tuberculose, cólera, peste bubônica, entre outras doenças.

O centro da cidade era formado por um emaranhado de ruas estreitas e sinuosas, sem calçamento, sem rede de esgoto e água. As ruas eram abafadas e escuras. Milhares de pessoas moravam em cortiços e trabalhavam na região central da cidade.

Rodrigues Alves assumiu a Presidência da República em 1902 determinado a mudar o Rio de Janeiro. Convocou o engenheiro Francisco Pereira Passos para governar e reformar a cidade.

A reforma de Pereira Passos

A intervenção mais radical na cidade foi a construção da avenida Central, atual avenida Rio Branco. Centenas de pequenos prédios e casas foram derrubados para a construção da moderna avenida. Ruas no centro da cidade foram alargadas, exigindo mais demolições. Pereira Passos foi apelidado pelo povo de "Prefeito Bota-abaixo".

Pereira Passos queria modernizar a cidade. Ele proibiu a venda de carne, leite e bilhetes de loterias nas calçadas. Proibiu também a criação de animais nos quintais, soltar balões e urinar nas ruas. Vocês devem imaginar como o povo ficou contrariado com as determinações do prefeito.

FIQUE DE OLHO

TV Brasil, Programa *De lá pra cá: Pereira Passos – 100 anos de morte*

De lá pra cá é um programa apresentado pelos jornalistas Anselmo Góes e Vera Barroso. Utilizando imagens de época e com apoio de profissionais do urbanismo, da economia e da história, o programa analisa as reformas urbanas promovidas pelo prefeito Pereira Passos na cidade do Rio de Janeiro. Disponível em: <http://tvbrasil.ebc.com.br/delapraca/episodio/pereira-passos-100-anos-de-morte>. Acesso em: 4 jun. 2018.

Reprodução/Coleção particular

Cartão-postal de 1910 mostra a avenida Central, hoje avenida Rio Branco, a mais importante avenida do Rio de Janeiro até os dias atuais. Coleção particular.

1902: Rodrigues Alves assume a Presidência da República. Pereira Passos é nomeado prefeito do Rio de Janeiro.

A Revolta da Vacina

Nas últimas décadas do século XIX, cientistas europeus descobriram a existência de vírus e bactérias na propagação de doenças. Durante a gestão de Pereira Passos, o médico Oswaldo Cruz foi convocado para livrar o Rio de Janeiro das epidemias que assolavam a cidade.

Para eliminar os mosquitos e ratos que transmitiam doenças, Oswaldo Cruz criou Brigadas de Sanitaristas. Os funcionários da prefeitura entravam na casa das pessoas com a possibilidade de interditá-las. Vocês devem deduzir que isso causava muitas contrariedades.

A questão mais polêmica foi quando o governo federal tornou obrigatória a vacinação contra a varíola. O que hoje é algo muito normal, naquela época não era. Não houve esclarecimento algum. O povo ficou com medo: afinal, que líquidos seriam introduzidos em seus corpos?

A população da cidade já estava muito insatisfeita com o "bota-abaixo" das reformas urbanas de Pereira Passos. A obrigatoriedade da vacina acirrou ainda mais os ânimos da população, que reagiu violentamente.

A revolta popular começou no dia 10 de novembro e se espalhou pela cidade. No dia 14, o presidente Rodrigues Alves convocou o Exército e a Marinha para reprimir a rebelião. Ao final, a vacinação obrigatória foi suspensa. Sem a proteção da vacina, a população do Rio de Janeiro sofreu com outra epidemia de varíola quatro anos depois e 6400 pessoas morreram.

FIQUE DE OLHO

TV Brasil, Programa *De lá pra cá: Oswaldo Cruz – os 140 anos de nascimento do maior símbolo de médico e cientista brasileiro*

Utilizando imagens de época e com apoio de historiadores, geógrafos e pesquisadores-médicos, o programa analisa as iniciativas de Oswaldo Cruz na saúde pública. Disponível em: <http://tvbrasil.ebc.com.br/delapraca/episodio/oswaldo-cruz-os-140-anos-de-nascimento-do-maior-simbolo-de-medico-e-cientista>. Acesso em: 4 jun. 2018.

O QUE HÁ NA IMAGEM?

Por que, nesta charge, a revista *O Malho* ironiza o médico Oswaldo Cruz, chamando-o de "Napoleão da seringa", e compara a vacinação obrigatória a uma guerra?

Os editores da revista *O Malho* foram contra a vacinação obrigatória e apoiaram a revolta do povo contra o médico Oswaldo Cruz. Charge de Leônidas, 1904. Fundação Biblioteca Nacional, Rio de Janeiro, RJ.

A Revolta da Chibata

Durante os primeiros anos do século XX, as condições de trabalho dos marinheiros eram péssimas: alimentação ruim e soldos baixíssimos. Além disso, quando cometiam faltas disciplinares, eram punidos com a chibata: um bastão que, na ponta, tinha uma lingueta de couro.

Quando um marinheiro foi condenado a receber como castigo 250 chibatadas, seus colegas do encouraçado Minas Gerais se revoltaram. Em 22 de novembro de 1910, eles tomaram o navio, matando alguns oficiais. O líder da revolta era o marinheiro negro João Cândido. As exigências eram melhorias nas condições de trabalho e o fim dos castigos físicos. Marujos do encouraçado São Paulo e de outros navios de guerra aderiram à revolta.

O Congresso Nacional se comprometeu a atender às exigências dos marinheiros e a anistiá-los em troca do fim da revolta. Pouco tempo depois, os oficiais da Marinha tentaram aplicar novos castigos, provocando outra revolta. Dessa vez, muitos marinheiros foram presos e poucos sobreviveram às penas impostas pelos oficiais.

Marinheiros revoltosos no encouraçado São Paulo durante a Revolta da Chibata, em 1910. Fundação Biblioteca Nacional, Rio de Janeiro, RJ.

OUTRAS HISTÓRIAS MODOS DE VIVER

Os povos indígenas e a Primeira República

Em 1908, um congresso internacional acusou o governo brasileiro de tentar exterminar a população indígena do país. A resposta veio em 1910 com a criação do Serviço de Proteção aos Índios (SPI). Iniciativas foram tomadas para garantir a eles a posse da terra em que viviam. Contatos eram feitos de forma amigável com as tribos. Depois, os funcionários do SPI demarcavam as terras e cuidavam da saúde da comunidade. Além disso, ensinavam técnicas agrícolas e informavam que eles faziam parte de um país.

Contudo, a mentalidade predominante no SPI era a de que existiriam culturas humanas "superiores" e "inferiores" e que os indígenas deveriam ser integrados na sociedade até alcançarem o "estágio cultural superior" – como o da Europa.

- É possível afirmar que o SPI respeitava integralmente a cultura dos povos indígenas? Justifique.

Revoltas no campo

Até a Proclamação da República, o cristianismo da Igreja católica era a religião oficial do Império brasileiro. A Constituição de 1891 tornou o Brasil um país laico. Você deve considerar as vantagens disso: havia liberdade religiosa para todos os cidadãos, mas o governo brasileiro não tinha mais religião oficial. Para a Igreja católica foi, inclusive, algo positivo: ela deixou de ser controlada pelo governo.

Contudo, muitos católicos não entenderam o que estava acontecendo. A separação entre o Estado e a Igreja foi compreendida como se a República fosse contra a religião, sobretudo nas regiões do interior do país. As injustiças sociais e a fé religiosa resultaram em revoltas populares contra a República.

FIQUE DE OLHO

JANOTTI, Maria de Lourdes M. *Sociedade e política na Primeira República*. São Paulo: Atual, 1999.

O livro trata da primeira experiência republicana do Brasil, com detalhes sobre as principais revoltas do período, como eram forjadas as alianças políticas e quais as causas que levaram à Revolução de 1930.

Guerra de Canudos (Brasil). Direção de Sérgio Resende, 1997. 205 min.

O filme reconstitui a construção do arraial de Canudos, a liderança de Antônio Conselheiro, a vida de uma família e a destruição da comunidade por forças do Exército.

Canudos: massacre no sertão

Naquela época, no Nordeste brasileiro, existiam os chamados "beatos". Eram homens que vagavam pelos sertões pregando uma versão popular do cristianismo. Um deles era conhecido como Antônio Conselheiro.

Muitas famílias deixavam as fazendas onde eram exploradas pelos proprietários e seguiam o Conselheiro. No interior da Bahia, chegaram a uma fazenda abandonada, à beira do rio Vaza Barris. Ali eles fundaram o arraial de Canudos em 1893. O arraial cresceu rapidamente. Calcula-se que Canudos alcançou, em poucos anos, uma população de 20 a 30 mil pessoas.

As casas no arraial eram de pau a pique. Todos eram muito pobres, mas tinham um pedaço de terra para cultivar e criar animais. Apesar das dificuldades, viviam melhor do que antes.

A guerra de Canudos

Antônio Conselheiro governava o arraial de acordo com o seu entendimento do cristianismo católico. Os pobres deveriam se resignar com sua condição social e esperar a recompensa divina. Ele não fazia profecias nem se dizia capaz de realizar milagres. Também não se apresentava como o "salvador" do povo. Ele era contra a República e acreditava no "direito divino dos reis". Para ele, a República era contra a religião.

O governo do estado da Bahia enviou duas tropas de soldados para atacar o arraial. Os jagunços, que conheciam bem o terreno, derrotaram as tropas facilmente.

No Rio de Janeiro chegaram notícias afirmando que Canudos fazia parte de uma conspiração para restaurar a monarquia no Brasil. Jornalistas, escritores, estudantes, entre outros, exigiram a destruição do arraial.

A terceira expedição do Exército brasileiro também foi derrotada. Somente a quarta expedição, com 10 mil homens e equipada com canhões, venceu a resistência dos sertanejos. Em outubro de 1897, o arraial foi destruído e os habitantes foram assassinados.

Contestado: guerra santa contra a República

Se no Nordeste brasileiro existiam os beatos, no Sul do país eles eram chamados de monges. Na região da divisa entre o Paraná e Santa Catarina ocorreu um grande conflito, conhecido como **Guerra do Contestado**.

Em 1912, o governo do estado do Paraná doou terras a uma empresa estadunidense para terminar a construção de uma estrada de ferro que ligaria São Paulo ao Rio Grande do Sul. Muitos camponeses foram expulsos de suas terras. Pouco tempo antes, um monge chamado José Maria já circulava na região. Várias famílias se juntaram ao monge e formaram uma comunidade armada em um local chamado Taquaruçu. Defensores do catolicismo, eles não aceitavam a República e estavam dispostos a promover uma "guerra santa" contra o governo. Atacados pela polícia do estado, eles se dispersaram e José Maria foi morto.

Em 1912, os rebelados se reagruparam. Armados, eles esperavam a chegada de um exército espiritual, liderado por José Maria para atacar o governo. Calcula-se que cerca de 12 mil homens e mulheres tenham participado da Guerra do Contestado. Em 1916, o Exército atacou a comunidade. Milhares de pessoas morreram e o movimento revoltoso teve fim.

Contestado: o conflito recebeu esse nome porque a região onde ocorreu a rebelião popular era disputada entre os estados do Paraná e de Santa Catarina.

A HISTÓRIA NÃO ESTÁ SOZINHA

Língua Portuguesa

O anúncio ao lado foi publicado no jornal *D. Quixote*, em março de 1922. Nessa época, os jornais apoiavam o carnaval no Rio de Janeiro e os desfiles de fantasia de clubes conhecidos como Grandes Sociedades. Observe que a grafia daquele período é diferente da atual. Conhecendo as regras da língua portuguesa, o historiador compreende como a linguagem escrita muda ao longo do tempo.

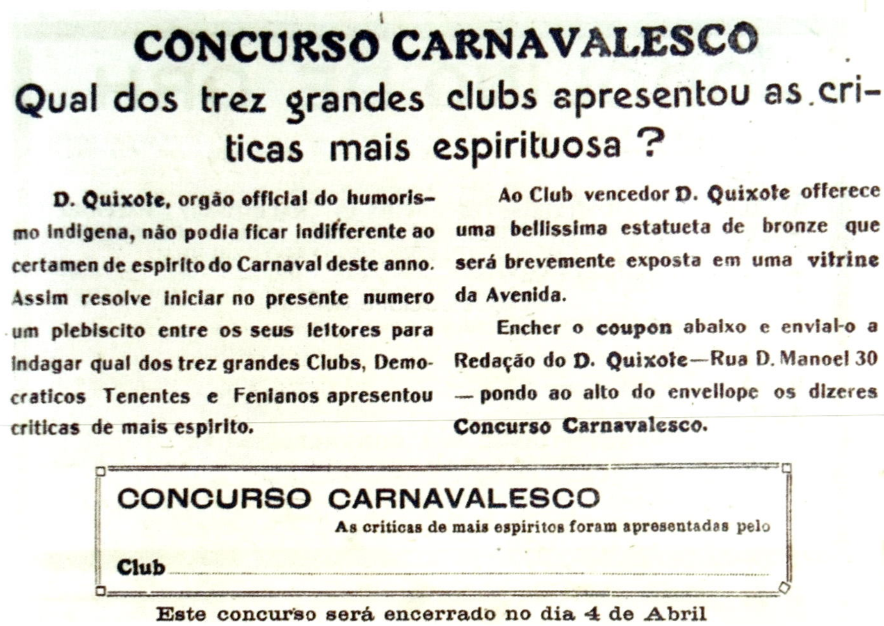

CONCURSO CARNAVALESCO

Qual dos trez grandes clubs apresentou as criticas mais espirituosa ?

D. Quixote, orgão official do humorismo indigena, não podia ficar indifferente ao certamen de espirito do Carnaval deste anno. Assim resolve iniciar no presente numero um plebiscito entre os seus leitores para indagar qual dos trez grandes Clubs, Democraticos Tenentes e Fenianos apresentou criticas de mais espirito.

Ao Club vencedor D. Quixote offerece uma bellissima estatueta de bronze que será brevemente exposta em uma vitrine da Avenida.

Encher o coupon abaixo e envial-o a Redação do D. Quixote—Rua D. Manoel 30 — pondo ao alto do envellope os dizeres Concurso Carnavalesco.

CONCURSO CARNAVALESCO
As criticas de mais espiritos foram apresentadas pelo
Club ....

Este concurso será encerrado no dia 4 de Abril

Acervo do autor/Arquivo da editora

Anúncio publicado na revista *D. Quixote* em 1922. Coleção particular.

- Identifique as palavras cuja grafia em 1922 era diferente da dos dias atuais e aponte as diferenças.

As lutas dos trabalhadores

Voltemos a falar de Maria Lacerda de Moura. Como vocês perceberam até agora, ela cresceu em uma República em que a política era dominada por oligarquias e as revoltas populares eram reprimidas.

Em 1921, ela deixou o município de Barbacena e se mudou com a família para a cidade de São Paulo. Ela trabalhou como professora particular. Convivendo com os trabalhadores, ela presenciou as suas péssimas condições de vida e de trabalho.

A Constituição de 1891 não fazia qualquer referência a leis sociais ou trabalhistas. O liberalismo vigente na época não admitia leis que protegessem os trabalhadores da exploração dos patrões.

A jornada de trabalho era longa, de cerca de 12 horas, e muitos homens e mulheres não contavam com descanso semanal. Não havia direito a férias, salário mínimo, sistema de aposentadoria e pensões por acidentes de trabalho. O operário não tinha nenhuma garantia na fábrica.

No Brasil do começo do século XX, o trabalho que exigia força física não era valorizado, pois o esforço ainda era associado à escravidão. Os trabalhadores, assim, tinham de lutar em várias frentes: melhores salários, leis sociais e valorização do trabalho.

DOCUMENTO

Lembranças do menino operário Jacob Penteado, em 1910

Jacob Penteado era um menino que morava no bairro do Belenzinho, no município de São Paulo. Cedo, teve que trabalhar numa fábrica de vidro. Seus colegas de trabalho tinham entre 7 e 14 anos. Ganhavam salários baixíssimos, alimentavam-se mal e levavam surras dos capatazes quando cometiam algum erro.

> Minha família, de parcos recursos, não poderia manter-me em estabelecimentos de ensino secundário [...]. E assim, fui continuar meus "estudos" na "Fabriquinha". [...] Trabalhava-se [...] nove horas por dia, inclusive aos sábados. E, quando havia muitas encomendas, também aos domingos, das seis às doze. O ambiente era o pior possível. Calor intolerável, dentro de um barracão coberto de zinco, sem janelas nem ventilação. [...] Acrescentem-se a isso os maus-tratos dos vidreiros, muito comuns naquele tempo.
>
> Citado em CARONE, Edgard. *O movimento operário no Brasil (1877-1944)*. São Paulo: Difel, 1984. p. 53-54.

- De acordo com o depoimento de Jacob Penteado, como era trabalhar em uma época em que não havia leis trabalhistas?

Em defesa dos trabalhadores

Um dos meios que os trabalhadores encontraram para amenizar as péssimas condições de vida foram as Associações de Ajuda Mútua, fenômeno conhecido como **mutualismo**. Nelas, os trabalhadores filiados pagavam uma mensalidade. Em casos de desemprego ou de doença na família, a organização mutualista apoiava financeiramente o associado. Essas associações não se interessavam por política partidária nem propunham greves. O objetivo era auxiliar os operários em caso de necessidade.

Outra forma de organização dos trabalhadores era a fundação de **partidos socialistas**. O objetivo inicial dos socialistas era o de eleger representantes no Congresso Nacional, para que eles apresentassem projetos de leis sociais voltadas para o bem-estar dos trabalhadores.

Já os anarquistas tinham propostas diferentes. Eles queriam derrubar o capitalismo e criar uma sociedade igualitária, sem patrões e empregados.

O auge dos anarquistas foi em 1917, ano em que estiveram à frente de uma grande greve na cidade de São Paulo. Nesse episódio a repressão policial sobre eles foi intensa. E assim continuou nos anos seguintes.

Em 1922 foi fundado um partido político que também tinha o propósito de acabar com o capitalismo e criar uma sociedade igualitária: o **Partido Comunista do Brasil**. O movimento comunista no Brasil foi impulsionado pela vitória da Revolução de Outubro, ocorrida na Rússia em 1917.

Anarquismo: palavra de origem grega que significa "sem governantes". A proposta anarquista era a de criar uma sociedade em que não houvesse a dominação de um indivíduo sobre o outro. Por esse motivo, os anarquistas eram contra a existência de governos, não se organizavam em partidos políticos nem participavam de eleições.

CÁ ENTRE NÓS

Com a abolição da escravidão, os negros continuaram trabalhando na condição de libertos. Eles exerceram muitas atividades ao lado de trabalhadores brancos brasileiros e imigrantes que vieram da Europa. Livres da escravidão, trabalharam nas fábricas, nos portos, nas ferrovias, nos navios, no comércio, fundaram sindicatos e realizaram greves.

Manifestação de trabalhadores durante a greve geral em São Paulo, SP. Fotografia de 1917.

Acervo Iconographia/Reminiscências

1922: Fundação do Partido Comunista do Brasil. Semana de Arte Moderna em São Paulo. Revolta dos 18 do Forte.

CÁ ENTRE NÓS

Já havia no Brasil movimentos feministas que lutavam pelo direito ao voto. Uma líder importante foi **Bertha Lutz**. Com o apoio de várias mulheres, ela fundou, em 1922, a Federação Brasileira pelo Progresso Feminino. A luta era para que mulheres tivessem garantidos seus direitos políticos.

Maria Lacerda de Moura e a condição da mulher

Maria Lacerda de Moura aderiu ao anarquismo e trabalhou como professora em sindicatos e grupos de teatro. Depois passou a escrever artigos na imprensa anarquista, como no jornal *A Plebe*. Seus temas eram voltados para a questão da educação e da prática pedagógica.

Ela percebeu, ao longo do tempo, que só o anarquismo não contemplava as questões próprias das mulheres. Passou, então, a se dedicar também à defesa dos direitos das mulheres, ajudando a fundar a Federação Internacional Feminina, instituição que presidiu.

Maria Lacerda de Moura defendia que o direito ao voto não era suficiente para melhorar a condição feminina no Brasil. Ela fazia conferências questionando a rígida moral da época que oprimia as mulheres. Sua luta era pela defesa dos trabalhadores, dos direitos das mulheres, contra o fascismo e contra o militarismo. Por suas lutas, ela se tornou conhecida no exterior.

Tenentes em armas

Durante a década de 1920, os governos republicanos começaram a sofrer inúmeras críticas. Os trabalhadores lutavam por melhores condições de vida e de trabalho. Intelectuais e escritores criticavam as oligarquias, a economia dependente da exportação do café e o predomínio do latifúndio.

Latifúndio: grande propriedade rural pertencente a um indivíduo ou família. Em geral, são terras mal aproveitadas para a produção agrícola e com emprego de trabalhadores mal remunerados.

Nessa época, surgiu no Exército uma forte oposição ao governo, o movimento tenentista. No Exército, oficiais como tenentes e capitães passaram a criticar o sistema político da Primeira República. Eles recusavam as eleições fraudulentas e tinham desprezo pelas oligarquias.

Em julho de 1922, um grupo de militares tomou o Forte de Copacabana, na capital federal, na esperança de que outros quartéis aderissem para derrubar o governo. Cercados, 17 deles pegaram seus fuzis e marcharam pelo calçadão de Copacabana acompanhados de um civil. Atacados a tiros por tropas federais leais ao governo, somente dois deles escaparam vivos: Eduardo Gomes e Siqueira Campos. O episódio ficou conhecido como **Revolta dos 18 do Forte**.

Os tenentes e o civil envolvidos na Revolta dos 18 do Forte caminham pela praia de Copacabana, Rio de Janeiro, RJ, em direção ao Palácio do Governo, em julho de 1922.

Acervo Iconographia/Reminiscências

A Coluna Prestes

Em 1924, na cidade de São Paulo, eclodiu outra revolta tenentista liderada pelo comandante Miguel Costa. A seguir, os revoltosos foram para Foz do Iguaçu. Ao mesmo tempo, o jovem capitão Luiz Carlos Prestes sublevou-se com um grupo de militares na cidade de Santo Ângelo, no Rio Grande do Sul, e partiu para encontrar-se com Miguel Costa.

Do encontro entre as tropas surgiu a Coluna Prestes. O objetivo era marchar pelo interior do país incentivando a população rural a lutar contra o governo federal. O que eles fizeram foi surpreendente. A Coluna caminhou pelo interior do Nordeste e Centro-Oeste brasileiros de 1925 a 1927, percorrendo cerca de 25 mil quilômetros. Perseguidos pelo Exército, a Coluna Prestes nunca sofreu uma derrota. No fim, a maior parte dos membros da coluna, inclusive seu comandante, refugiou-se na Bolívia.

O SEU LUGAR NA HISTÓRIA

No Brasil, durante a Primeira República, as mulheres tinham poucos direitos. Mesmo assim, enfrentando dificuldades e preconceitos, várias delas se destacaram. Maria Lacerda de Moura dedicou-se à educação, à luta dos operários por melhores condições de vida e das mulheres contra a opressão. Bertha Lutz mobilizou as mulheres para que elas tivessem direitos políticos. Tarsila do Amaral destacou-se no campo das artes plásticas.

Pesquise, na sua cidade, a história de uma mulher que, no presente ou no passado, tenha se destacado na sua profissão ou na luta pelos direitos da população local. Em seguida, combinem um dia com o professor para que todos compartilhem as suas descobertas, fazendo cartazes das personagens que foram investigadas pelos estudantes e elaborando um criativo mural sobre as mulheres na história da sua cidade.

Movimento modernista

Ao final da Primeira Guerra Mundial, em 1918, a Europa perdeu o prestígio artístico e intelectual que tinha no mundo. Sem negar a importância da cultura europeia, jovens artistas brasileiros queriam conhecer o seu próprio país, seus valores e as crenças da população. O objetivo era elaborar uma arte nacional e descobrir, afinal, o que era "ser brasileiro". Esse movimento artístico e cultural ficou conhecido como **Modernismo**.

Para os artistas, ser moderno era produzir arte inspirada nas músicas, lendas e manifestações populares. No Rio de Janeiro, jovens artistas e intelectuais de classe média passaram a frequentar festas populares. Também frequentavam rodas de samba e aprendiam a dançar o maxixe e o lundu. Para ser moderno, portanto, era necessário conhecer a arte e a cultura produzidas pelo próprio povo.

O QUE HÁ NA IMAGEM?

Tarsila do Amaral foi uma das mais criativas artistas plásticas do movimento modernista. Identifique características do movimento modernista no quadro *Morro da Favela*.

Rômulo Fialdini/Acervo do fotógrafo/© Tarsila do Amaral Empreendimentos

Morro da Favela, óleo sobre tela de Tarsila do Amaral, 1924. Coleção particular.

FIQUE DE OLHO

Revolução de 1930 (Brasil). Direção de Sylvio Back, 1980. 118 min.

Documentário sobre a Revolução de 1930. O diretor utiliza imagens de época, fotografias, músicas e depoimentos de historiadores.

Em São Paulo, o movimento foi explosivo. Entre os dias 13 e 17 de fevereiro de 1922, um grupo de jovens artistas realizou no Teatro Municipal da cidade a Semana de Arte Moderna. Eles mostraram suas pinturas e esculturas, leram trechos de seus livros, apresentaram concertos musicais. Entre alguns artistas que se destacaram estavam Oswald de Andrade e Mário de Andrade, na literatura; Tarsila do Amaral e Anita Malfatti, na pintura; Villa-Lobos, na música clássica; Vitor Brecheret, na escultura.

A Revolução de 1930

O predomínio de paulistas e mineiros causou insatisfação nas oligarquias de diversos estados. Essas **oligarquias dissidentes** estavam em desacordo com a política do governo federal de beneficiar principalmente os cafeicultores de São Paulo, enquanto a produção agropecuária de estados do Sul e do Nordeste ficavam em segundo plano.

A crise política chegou ao auge na sucessão presidencial de Washington Luís, em 1929. Ele pertencia ao Partido Republicano Paulista. Na sucessão, o Partido Republicano Mineiro reivindicou para si a candidatura para presidente da República. O PRP não aceitou, lançando seu próprio candidato, o paulista Júlio Prestes.

Surgiu então a **Aliança Liberal**, unindo mineiros, gaúchos e paraibanos para disputar as eleições com o PRP. Quebrava-se assim a tradicional aliança política mineiro-paulista. A insatisfação era tanta que o segundo maior partido político de São Paulo, o Partido Democrático, apoiou a Aliança Liberal. A candidatura a presidente coube ao gaúcho Getúlio Vargas e a de vice-presidente, ao paraibano João Pessoa.

Passeata da Aliança Liberal exigia eleições livres, Rio de Janeiro, RJ. Fotografia de setembro de 1929.

Acervo Iconographia/Reminiscências

O fim da Primeira República

Em outubro de 1929, ocorreu a quebra da Bolsa de Valores de Nova York. Tinha início a mais grave crise econômica mundial até então. Os preços do café despencaram no mercado internacional e o Brasil conheceu profunda crise econômica. Ainda assim, nas eleições de março de 1930, Júlio Prestes venceu as eleições com mais de 1 milhão de votos contra pouco mais de 700 mil de Vargas.

Os políticos gaúchos e mineiros, alegando fraude, não aceitaram o resultado das eleições e se aproximaram dos militares que participaram do movimento tenentista. Assim, políticos das oligarquias dissidentes e tenentes se uniram para a tomada do poder. A conspiração crescia. Em julho de 1930, João Pessoa, candidato a vice-presidente na Aliança Liberal, foi assassinado. Sua morte nada teve a ver com a política, mas causou grande comoção no país.

O movimento civil e militar eclodiu no dia 3 de outubro de 1930. Forças militares partiram do Rio Grande do Sul, de Minas Gerais e do Nordeste em direção ao Rio de Janeiro. Para evitar a guerra civil, os ministros militares destituíram Washington Luís da presidência em 24 de outubro. O episódio ficou conhecido como **Revolução de 1930**. Dias depois, Getúlio Vargas tomava posse como chefe do Governo Provisório.

Começava, no Brasil, outra fase de sua história republicana, a chamada Era Vargas.

A luta continuou

Maria Lacerda de Moura continuou sua luta pela causa dos operários e contra a opressão sobre a mulher. Publicou vários livros. Em 1928, foi morar em uma fazenda onde existia uma comunidade anarquista. Em 1934, devido a uma doença, ela mudou-se para o Rio de Janeiro, mas foi impedida de exercer sua profissão de professora: foi considerada pelo governo uma "perigosa comunista". Maria Lacerda de Moura faleceu em 1944.

Vargas caminha vitorioso com o comando militar da Revolução de 1930, Ponta Grossa, Paraná. Fotografia de outubro de 1930.

Acervo Iconographia/Reminiscências

PUXANDO PELA MEMÓRIA

Após o estudo do capítulo, você manteria sua resposta à pergunta da página 42?

Créditos das imagens de baixo para cima: Rômulo Fialdini/Acervo do fotógrafo/© Tarsila do Amaral Empreendimentos; Acervo do autor/Arquivo da editora; Reprodução/Fundação Biblioteca Nacional, Rio de Janeiro, RJ.; Reprodução/Fundação Biblioteca Nacional, Rio de Janeiro, RJ.; Reprodução/Fundação Biblioteca Nacional, Rio de Janeiro, RJ.; Reprodução/Coleção particular; Acervo do autor/Arquivo da editora; Reprodução/Fundação Biblioteca Nacional, Rio de Janeiro, RJ.

Rômulo Fialdini/Acervo do fotógrafo/© Tarsila do Amaral Empreendimentos

ROTEIRO DE ESTUDOS

O QUE APRENDEMOS?

1 | Por que podemos afirmar que na Primeira República as eleições eram controladas pelos coronéis?

2 | Explique como as expressões políticas dos governadores e a política do café com leite descrevem as práticas de governo da Primeira República.

3 | Qual a importância do café para a economia brasileira e quais acordos resultaram da política de valorização do café?

4 | Quem foi Antônio Conselheiro e por que o arraial que ele fundou, chamado de Canudos, terminou em grande tragédia?

5 | Por que a população do Rio de Janeiro se revoltou contra a vacinação obrigatória contra a varíola em 1904?

6 | Como eram as condições de trabalho dos operários durante a Primeira República?

7 | Descreva a atuação de Luiz Carlos Prestes junto à coluna militar que recebeu seu nome.

8 | Estabeleça a relação entre a Aliança Liberal e a Revolução de 1930.

9 | Por que esta frase é falsa?
A Revolta da Chibata ocorreu quando os marinheiros tomaram o comando dos navios de guerra e exigiram a convocação de eleições presidenciais para a escolha do sucessor do marechal Deodoro da Fonseca.

10 | Por que a Amazônia foi importante para o crescimento do consumo da borracha no mundo?

PESQUISA

Atualmente, 15 quilômetros distante do arraial destruído pelo Exército, está situada a cidade de Canudos. Na região está localizado o Parque Histórico de Canudos, também conhecido como Parque Estadual de Canudos. Trata-se de uma reserva ecológica, militar e arqueológica, considerada um "museu a céu aberto".

- Em parceria com um colega de turma, pesquisem sobre o município de Canudos e o Parque Histórico de Canudos. Quais são as principais atividades econômicas, qual é o desempenho de Canudos no Índice de Desenvolvimento Humano e por que o Parque é considerado um "museu a céu aberto" são questões importantes que devem ser exploradas na pesquisa. Você poderá encontrar informações atuais sobre Canudos nos *sites*:

  – Prefeitura de Canudos: <www.canudos.ba.gov.br>.

  – IBGE Cidades: <https://cidades.ibge.gov.br/brasil/ba/canudos/panorama>.

  – Governo do estado da Bahia: <http://bahia.com.br/roteiros/parque-historico-de-canudos/>.

  – Projeto Canudos da Universidade Estadual da Bahia: <www.uneb.br/canudos/parque-estadual-de-canudos-pec/>.

  – Índice de Desenvolvimento Humano – Municípios: <http://atlasbrasil.org.br/2013/>.

  Acesso em: 4 jun. 2018.

IMAGENS CONTAM A HISTÓRIA

Na edição de setembro de 1922, a revista *D. Quixote* criticava as elites do país.

Nesta charge, sobre as comemorações dos cem anos da independência do Brasil, um indígena é impedido de participar da festa.

Acervo do autor/Arquivo da editora

Charge publicada na revista *D. Quixote* em 1922 com os dizeres: *"– Então, como é isto, seu Protocollo, nós, os verdadeiros filhos da terra, não entramos na festa?*

– De acordo com a d. Pragmática vocês serão expostos como tipos... exóticos.". Coleção particular.

- Analise a charge e o diálogo entre o indígena e o "Sr. Protocollo".

O PASSADO PRESENTE

Em 2013, o governo federal divulgou um plano de vacinação contra o vírus HPV. O vírus é adquirido por relações sexuais e é o principal causador de câncer de colo de útero na mulher. Médicos avaliam que o HPV é responsável por 80% a 90% desse tipo de câncer. Atualmente 53 países já adotam a vacinação, como os Estados Unidos, o Canadá, a Inglaterra, entre outros.

No Brasil, a estratégia do Sistema Único de Saúde (SUS) é a aplicação da vacina em três doses. A primeira deve ser aplicada em adolescentes entre 11 e 12 anos; a segunda dose só poderá ser aplicada seis meses após a primeira. A terceira e última dose, cinco anos depois da primeira.

- Em 1904, no Rio de Janeiro, houve grande reação diante da vacinação obrigatória contra a varíola. Não houve, como nos dias atuais, campanhas governamentais alertando a população sobre a importância das vacinas. No entanto, atualmente, surgem resistências à imunização contra o vírus HPV. Você identifica alguma relação entre um caso e outro?

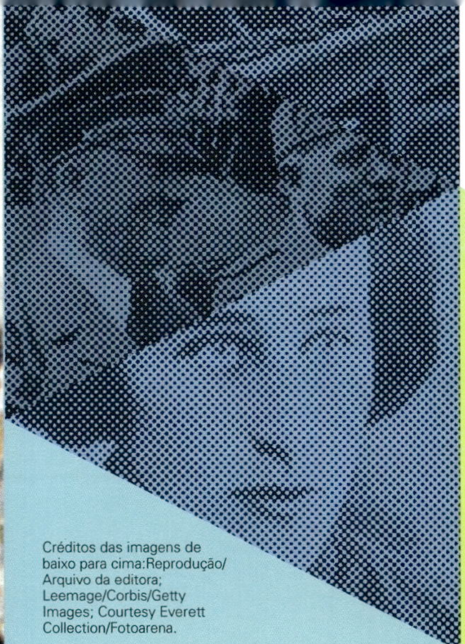

Créditos das imagens de baixo para cima: Reprodução/Arquivo da editora; Leemage/Corbis/Getty Images; Courtesy Everett Collection/Fotoarena.

Reprodução/Biblioteca Roosevelt, Nova York, EUA.

VAMOS ESTUDAR

- EUROPA E ESTADOS UNIDOS NOS ANOS 1920
- A QUEBRA DA BOLSA DE NOVA YORK
- A GRANDE DEPRESSÃO
- O *NEW DEAL*
- ITÁLIA FASCISTA
- O NAZISMO ALEMÃO
- ANTISSEMITISMO NAZISTA
- A SEGUNDA GUERRA MUNDIAL
- A BOMBA ATÔMICA
- O GOVERNO VARGAS: REFORMAS SOCIAIS E INDUSTRIALIZAÇÃO
- CONSTITUCIONALISTAS, COMUNISTAS E INTEGRALISTAS
- A DITADURA DO ESTADO NOVO

Visita de Franklin Delano Roosevelt ao Brasil, pintura de Raymond Moore, década de 1940.
Roosevelt está ao lado do motorista e o presidente brasileiro Getúlio Vargas está atrás, com uma bengala. Biblioteca Roosevelt, Nova York, EUA.

2 UNIDADE

CRISES E GUERRAS

Em 28 de janeiro de 1943, o presidente dos Estados Unidos, Franklin Delano Roosevelt, e o presidente brasileiro, Getúlio Vargas, se encontraram em Natal, no Rio Grande do Norte.

O mundo vivia uma fase muito conturbada. Em 1929, eclodiu a mais grave crise econômica conhecida até então, provocando o desemprego e a miséria dos trabalhadores. Na Europa, os fascismos e o nazismo avançaram pelo continente. O nazismo alemão deu início a uma guerra de proporções mundiais.

O Brasil não ficou afastado dos conflitos que abalavam o mundo. Liberais, comunistas e integralistas entraram em conflitos. O governo Vargas, embora autoritário, industrializou o país e promulgou leis trabalhistas, além de enviar tropas para lutar ao lado dos regimes democráticos contra as forças fascistas e nazistas. Foi um período muito conturbado no Brasil e no mundo.

Família estadunidense empobrecida, sem trabalho ou rendimentos em suas terras no estado de Oklahoma, viaja para a Califórnia em 1936 à procura de emprego.

Dorothea Lange/Granger/Fotoarena

CAPÍTULO 4

A CRISE DE 1929 E O *NEW DEAL*

Em 1929, os Estados Unidos viveram uma crise econômica muito grave.

Desemprego dos trabalhadores, pobreza generalizada, falências de empresas e bancos, além da falta de rendimentos na agricultura, criaram desesperanças entre milhões de cidadãos estadunidenses.

Um economista muito conceituado, John Kenneth Galbraith, explica o que aconteceu naquele país em 1930, 1931 e 1932. Segundo seu relato, nesses anos

> [...] havia pessoas passando fome. Outras eram torturadas pelo medo de virem a passar fome. Outros ainda sofriam a agonia da perda da honra e da respeitabilidade que, junto com a riqueza, haviam se afundado na pobreza. E outros enfim temiam ser os próximos. Todos sofriam um sentimento de desesperança extrema. A impressão é que nada podia ser feito.

GALBRAITH, John Kenneth. *1929*: a grande crise. São Paulo: Larousse do Brasil, 2010. p. 177.

PUXANDO PELA MEMÓRIA

Este capítulo trata da maior crise econômica da história dos Estados Unidos, com graves repercussões em todo o mundo. Você saberia dizer qual sistema econômico entrou em colapso naquela época?

Créditos das imagens de cima para baixo: Reprodução/Biblioteca Roosevelt, Nova York, EUA; H. Armstrong Roberts/Getty Images; Otto Soglow/Granger/Fotoarena; Courtesy Everett Collection/Fotoarena; Courtesy Everett Collection/Fotoarena; Stock Montage/Getty Images.

1913: Início da produção em massa do Ford Modelo T.

O adorável vagabundo

Charles Chaplin nasceu em Londres, em 1889. Sua infância foi pobre e sofrida. Seu pai era alcoólatra e cedo abandonou a família. Sua mãe era cantora, mas, muito doente, foi internada em uma clínica psiquiátrica. O garoto Charles foi viver em uma escola para órfãos.

Apesar da vida sofrida, ele mostrava talento como ator. Ainda jovem, entrou para um grupo teatral. Em 1910, o grupo se apresentou nos Estados Unidos e Charles Chaplin foi contratado por um estúdio de cinema de Hollywood em 1913.

Naquela época, existia somente o chamado cinema mudo. Algumas falas dos personagens apareciam escritas na tela e músicos, ao vivo, tocavam melodias de acordo com o desenrolar das cenas. Os filmes, na maioria, eram de comédias "pastelão". Como havia milhões de imigrantes nos Estados Unidos que não falavam inglês, o cinema mudo era muito bem aceito.

Charles Chaplin participou de vários filmes, mas ganhava pouco. Certo dia, ele inventou um personagem ao vestir peças que havia no estúdio da companhia em que trabalhava: calça larga, sapatos grandes, paletó justo, bengala e um chapéu-coco. O conjunto era contraditório: a calça era grande, mas o paletó apertado; o chapéu pequeno, mas os sapatos, além da medida. Como ele era muito jovem, pôs um bigode para parecer mais velho.

Charles Chaplin não sabia, mas tinha criado um personagem que ficaria conhecido por milhões de pessoas no mundo inteiro, capaz de fazer rir e chorar: Carlitos, o vagabundo.

Cena do filme *Luzes da cidade*, de 1931, em que Charles Chaplin, interpretando Carlitos, ajuda a florista deficiente visual, personagem de Virginia Cherrill.

Courtesy Everett Collection/Fotoarena

FIQUE DE OLHO

As sufragistas (Reino Unido). Direção de Sarah Gavron, 2015. 106 min.

No Reino Unido do início do século XX, as mulheres ainda não tinham direito ao voto. Esse filme conta a história da luta pela igualdade de direitos.

Fim da guerra: a ascensão dos Estados Unidos e o retorno do liberalismo

Após a Primeira Guerra Mundial (1914-1918), os Estados Unidos tornaram-se o país mais rico do mundo. A guerra foi muito destrutiva na Europa.

Os países europeus deviam bilhões de dólares aos Estados Unidos e ainda necessitavam importar mercadorias e alimentos. Assim, os Estados Unidos saíram da guerra como credores dos países europeus e exportador de mercadorias.

O liberalismo voltou a comandar a economia. Segundo o liberalismo econômico, o mercado capitalista regularia a economia, e as divergências entre patrões e empregados deveriam ser resolvidas entre eles – sem a intervenção do governo.

OUTRAS HISTÓRIAS LUTAS SOCIAIS

Sufragismo e direitos sociais para as mulheres

Na Europa, a Primeira Guerra Mundial ampliou o mercado de trabalho para as mulheres. Um grande número delas foi trabalhar nas indústrias, substituindo os homens que estavam nos campos de batalha. Com o fim da guerra, elas também conquistaram mais lugares nos escritórios, no setor de serviços e como profissionais liberais.

Com a independência financeira, as mulheres se sentiram livres para enfrentar os rígidos costumes da época. Elas também lutaram por seus direitos políticos, como o direito de votar e de serem votadas.

Lideranças femininas organizaram movimentos sufragistas e, depois de muitas lutas, conquistaram o direito ao voto na Grã-Bretanha e na Alemanha em 1918, nos Estados Unidos em 1920 e na França somente em 1944! No Brasil, as mulheres conquistaram seus direitos políticos em 1932.

Buyenlarge/Getty Images

Em Washington, capital dos Estados Unidos, mulheres sufragistas, na parte superior de um pequeno ônibus, fazem comício exigindo o direito ao voto. Fotografia de c. 1900.

- Na frase escrita no ônibus, lemos o seguinte: "8 000 000 de trabalhadoras precisam do voto para [ter direito a] salário igual para o mesmo trabalho e [lutar por] uma legislação trabalhista [para todos]". Por que as mulheres vinculavam o direito ao voto a outros direitos, como salário igual ao dos homens e uma legislação trabalhista inclusiva?

A repressão aos trabalhadores

Granger/Fotoarena

Na fotografia acima, Elizabeth Gurley Flynn discursa durante a greve de trabalhadores da indústria têxtil na cidade de Lawrence, Massachusetts, Estados Unidos, em 1912. Imigrante irlandesa, ela atuou como líder sindical na organização anarquista Trabalhadores Industriais do Mundo e posteriormente no Partido Comunista dos Estados Unidos. Também lutou pelos direitos das mulheres, como o direito ao voto, tendo fundado a União Americana para as Liberdades Civis.

Desde meados do século XIX, a indústria estadunidense se beneficiou da farta mão de obra decorrente da chegada de milhões de imigrantes europeus. Entre 1865 e 1915, entraram no país cerca de 25 milhões de pessoas.

As greves operárias eram tratadas com extrema violência policial. Empresários demitiam operários que participassem de sindicatos. Anarquistas, comunistas e socialistas eram considerados criminosos pelos patrões.

Perseguições aos trabalhadores negros

Os operários negros eram reprimidos em suas reivindicações trabalhistas e discriminados. Em 1919, trabalhadores realizaram muitas greves reivindicando aumentos salariais. A repressão policial foi violenta contra as greves e a população negra foi bastante perseguida, assim como os imigrantes.

Em 1915 ressurgiu uma organização tenebrosa: a Ku Klux Klan (KKK). Era uma entidade que pregava o ódio contra as pessoas negras. O objetivo era aterrorizar as pessoas negras que viviam nos estados do sul, impedindo-as de votar, de ter terras e de reivindicar direitos de cidadania. Os membros da KKK praticaram assassinatos, linchamentos e enforcamentos de pessoas inocentes.

A Lei Seca

Em 1919, o governo proibiu a fabricação e a venda de bebidas alcoólicas. Era a chamada **Lei Seca**. O resultado foi a fabricação por empresas clandestinas pertencentes aos chamados "gângsteres" e que tinham o apoio de policiais corruptos. O mais famoso gângster foi Al Capone, na cidade de Chicago. Bares clandestinos continuaram a vender bebidas alcoólicas.

FIQUE DE OLHO

Os intocáveis (EUA). Direção de Brian de Palma, 1987. 119 min.

Grupo de policiais federais incorruptíveis é indicado para combater gângsteres de Chicago e prender Al Capone.

OUTRAS HISTÓRIAS PERSONAGENS

Sacco e Vanzetti

As greves de 1919, a fundação de partidos comunistas nos Estados Unidos e os atentados com bombas feitos por pequenos grupos anarquistas provocaram forte reação contra o movimento sindical.

Em abril de 1920, uma loja de sapatos foi assaltada e dois funcionários acabaram mortos. No mês seguinte, a polícia prendeu dois suspeitos: Nicolau Sacco e Bartolomeu Vanzetti. Eles eram operários, estrangeiros e anarquistas, o que bastou para serem acusados do assalto e das mortes. Mesmo sem provas, eles foram condenados à morte.

O julgamento foi uma farsa. A confissão de um homem que, em 1925, admitiu ter sido o assaltante e assassino não foi considerada pelos promotores do estado de Massachusetts.

Nos Estados Unidos e em diversos países, inclusive no Brasil, ocorreram manifestações contra a condenação. Mesmo assim, em 1927, Sacco e Vanzetti morreram na cadeira elétrica.

MARTELLO

Settimanale di battaglia diretto da CARLO TRESCA

LA TRAGEDIA E' TERMINATA

...Addio o mia compagna,
o miei figli o miei amici!
...Addio mamma!...
...Viva l'Anarchia!...
N. SACCO

Desidero ripetere a voi che io sono innocente...
Giammai mi macchiai di alcun delitto...
Grazie a voi per tutto quello che avete fatto per me.
Perdono a quegli uomini per cio' che in questo momento mi si fa...
B. VANZETTI

La statua della Liberta' nel Massachusetts

UNA PLUTOCRAZIA INFAME
UN GIUDICE ASSASSINO
UN POPOLO INCOSCIENTE
LI DANNARONO A MORIRE SULLA SEDIA ELETTRICA
REI SOLTANTO D'ESSERE ANARCHICI

MA IL LORO SANGUE E IL LORO MARTIRIO
LA FERMEZZA DEL CARATTERE
IL LORO SACRIFICIO
SONO AUREOLA DI LUCE SPLENDENTE
CH'E' LORO GLORIA E VITTORIA

O SACCO E VANZETTI
O FULGIDI MARTIRI
O COMPAGNI
L'ANARCHIA — VOSTRA VITA E VOSTRO CALVARIO —
E' VIVA E VIVRA'
ETERNAMENTE

Granger/Fotoarena

Primeira página do jornal *Il Martello*, publicado em língua italiana na cidade de Nova York, noticiando a execução de Sacco e Vanzetti, em 23 de agosto de 1927. Coleção particular.

- A manchete da primeira página de *Il Martello* é "A tragédia está terminada", referindo-se à execução de Sacco e Vanzetti. Logo abaixo, os editores do jornal criticam o sistema judicial dos Estados Unidos com uma charge: sobre a base da Estátua da Liberdade, há uma cadeira elétrica. Abaixo, uma frase diz: "A estátua da Liberdade em Massachusetts". Interprete a crítica do jornal.

Os anos 1920: prosperidade

Nos primeiros anos da década de 1920, a produção industrial estadunidense aumentou 60%. As inovações tecnológicas abriram mercados para novos investimentos. Foi nessa época que, nos Estados Unidos, o rádio, o telefone e os alimentos industrializados se popularizaram.

A chegada da energia elétrica nas casas transformou o modo de vida das pessoas: geladeiras, máquinas de lavar, gramofones e outros eletrodomésticos passaram a estar presentes nas residências. O que chamamos de "sociedade de consumo" teve seu início nos anos 1920, nos Estados Unidos.

Essa também foi a época da expansão da publicidade e das lojas de departamento. As compras podiam ser realizadas a crédito – uma novidade nessa época. Outro setor que cresceu enormemente foi o cinema, tornando-se a grande diversão nos Estados Unidos. Os artistas de Hollywood passaram a ser cultuados como verdadeiros ídolos. Já em 1917, Charles Chaplin ganhava cerca de 1 milhão de dólares por ano interpretando Carlitos. Dois anos depois, com alguns sócios, ele fundou sua própria empresa cinematográfica, a United Artists. Em 1921 lançou um filme que obteve grande popularidade: *O garoto* (*The Kid*). Foi um dos maiores sucessos do cinema.

VOCÊ JÁ OUVIU FALAR...

... de Surrealismo? Após a Primeira Guerra Mundial, artistas e intelectuais expressaram descrença nos valores dominantes e passaram a criticá-los. O Surrealismo foi um movimento artístico que surgiu na França, em 1924. Seus artistas expressavam os sonhos e as fantasias. Os nomes mais conhecidos do Surrealismo são Salvador Dalí e Joan Miró.

Aumentando a produção: o taylorismo

A expressão **taylorismo** tem origem no nome do engenheiro estadunidense Frederick Taylor. Ele formulou métodos de trabalho nas fábricas para que os operários produzissem mais em menor tempo. Para Taylor, o operário deveria ser especializado em uma única função, como apertar determinado parafuso de uma peça.

Os operários se revoltaram contra os métodos tayloristas. Eles se recusaram a perder sua capacidade profissional. Mas os métodos de Taylor foram incorporados pelas indústrias, não retornando às antigas formas de trabalho.

FIQUE DE OLHO

Tempos modernos (EUA). Direção de Charles Chaplin, 1936. 87 min.

Operário é massacrado pela linha de montagem de uma fábrica e depois confundido pela polícia como um líder comunista. Mesmo assim, ele assume a responsabilidade de cuidar de órfãs.

Courtesy Everett Collection/Fotoarena

Cena do filme *Tempos modernos*, de 1936, em que Charles Chaplin critica os métodos tayloristas de trabalho e a exploração dos trabalhadores.

O fordismo

Um dos industriais que adotou o método taylorista foi Henry Ford, dono de uma indústria de automóveis. Adaptando as ideias de Taylor, Ford criou uma longa esteira rolante com operários dispostos ao longo dela. A peça passava pelos operários sobre a esteira e cada um tinha sua função. Ao final da esteira, o automóvel estava pronto. Ford havia inventado a linha de montagem e, como resultado, sua fábrica passou a produzir mais automóveis em tempo muito menor.

A alta produtividade nas indústrias com a adoção do taylorismo e do fordismo tornou o automóvel acessível para as famílias. Em 1929, um em cada cinco cidadãos estadunidenses tinha seu automóvel.

Cartel: acordo secreto entre as empresas para impor preços aos produtos, seja na produção, seja na comercialização. Todavia, as empresas mantêm sua autonomia.

Monopólio: quando a concorrência deixa de existir. Uma empresa, ou várias delas reunidas, domina a produção ou a comercialização e impõe assim o preço das mercadorias.

Euforia e problemas

A prosperidade dos anos 1920 era crescente. Havia grande euforia na sociedade estadunidense, mas problemas graves na economia não foram percebidos.

O primeiro problema era a má distribuição da renda. Os ricos concentravam as riquezas e as classes médias melhoravam cada vez mais seu padrão de vida. Enquanto isso, os trabalhadores, a grande maioria, ganhavam cada vez menos.

O segundo grande problema na economia dos Estados Unidos era que muitos ramos da indústria e do comércio eram controlados por poucas empresas.

As empresas formavam um cartel, cujo objetivo era ter o monopólio de um setor da produção ou da comercialização. Desse modo, sem concorrência, as empresas monopolistas aumentavam os preços das suas mercadorias e conseguiam enfraquecer os sindicatos de trabalhadores. O resultado era a grande concentração da riqueza no país. Poucos ganhavam muito, mas muitos ganhavam pouco.

Homens, mulheres e crianças trabalhavam em péssimas condições nas fábricas, ganhando salários insuficientes para viver, e sem direitos sociais e trabalhistas. Na imagem, trabalhadoras fazem flores artificiais em fábrica nos Estados Unidos. Fotografia de Lewis Hine, c. 1910. Biblioteca Pública de Nova York, Nova York, Estados Unidos.

Lewis W. Hine/George Eastman House/Getty Images

Os trabalhadores da cidade e do campo

Com as inovações tecnológicas, a produtividade dos trabalhadores e o lucro das empresas aumentaram. Todavia, os salários permaneceram baixos: entre 1919 e 1929, o lucro das empresas cresceu 62%, enquanto os salários dos operários subiram apenas 17%. Os operários viviam em muitas dificuldades e a riqueza do país se concentrava em um número restrito de pessoas.

Os pequenos e médios fazendeiros também viviam em dificuldades. O uso de máquinas e colheitadeiras fez a produção agrícola aumentar nos anos 1920, resultando na queda dos preços das mercadorias. Quanto mais colhiam, menos ganhavam. Os fazendeiros, da mesma forma que os operários das cidades, tinham baixos rendimentos e não podiam comprar produtos industriais.

A febre especulativa

Ao longo dos anos 1920, as fábricas estadunidenses produziam cada vez mais produtos, bem acima da capacidade de consumo da sociedade. Esse processo, conhecido pelo nome de "crise de superprodução", é perigoso para a economia. Em fins da década de 1920 já era possível ver os pátios das empresas de automóveis lotados. Não havia compradores.

Nesse período, a Bolsa de Valores de Nova York, a mais importante do país, tornou-se o centro das atenções. Quem tinha algum dinheiro investia em ações, porque elas não paravam de subir. E como elas subiam, os investidores continuavam a comprá-las.

A febre especulativa começou a partir de 1926 e tomou o país. Investir na Bolsa de Valores tornou-se um meio de enriquecimento rápido. Pessoas comuns e grandes empresários passaram a investir em ações.

Será que o preço do conjunto de todas as ações correspondia ao valor da empresa? A resposta é não. Tratava-se de especulação desenfreada, e o governo dos Estados Unidos, seguindo as regras do liberalismo econômico, não regulamentou nem interveio no mercado de ações.

Transcendental Graphics/Getty Images

Na propaganda comercial, de 1920, mulheres passeiam em rica loja de departamentos. A concentração da renda nos Estados Unidos aumentou rapidamente nos anos 1920. Nesse cenário, os ricos e as classes médias gastavam dinheiro com produtos de luxo.

OUTRAS HISTÓRIAS ECONOMIA

Mercado de ações

Ações são títulos emitidos por uma empresa que representam uma pequena parte do seu patrimônio. Ao comprar suas ações, o investidor torna-se sócio dela. A empresa ganha porque, ao vender suas ações, obtém capital para novos investimentos. O investidor, por sua vez, pode ganhar ou perder.

Se a empresa crescer, em decorrência do aumento da produção e/ou comercialização, as ações vão se valorizar e ele terá participação nos lucros. Mas, se a empresa tiver prejuízos, as ações perderão parte de seu valor e ele terá prejuízos. As ações das empresas são compradas e vendidas em Bolsas de Valores.

- Você conhece o significado da palavra **especulação**? Procure conhecer qual é seu significado. A seguir, cite exemplos de como pode ocorrer **especulação** no **mercado de ações**.

A quebra da Bolsa de Nova York

O que ocorria na Bolsa de Valores de Nova York não poderia continuar. As desconfianças começaram em setembro de 1929 com a falência de uma grande empresa. Semanas depois, no dia 24 de outubro, uma quinta-feira, os investidores resolveram vender suas ações.

Como a maioria queria vender e poucos queriam comprar, o valor das ações despencou. O episódio ficou conhecido como a **quebra** da Bolsa de Nova York.

Em poucas horas, as classes médias viram suas economias desaparecer e até mesmo pessoas ricas empobreceram. De um momento para outro, as pessoas que investiram todas as suas economias na Bolsa ficaram sem nada – nem sequer tinham dinheiro para comer. O pânico se espalhou pelo país.

VOCÊ JÁ OUVIU FALAR

... de recessão e de depressão econômica? Recessão é quando há declínio da taxa de crescimento econômico. Os empresários diminuem a produção de suas fábricas, o desemprego aumenta, os juros sobem e o consumo das famílias diminui. A depressão econômica é o aprofundamento e o agravamento da recessão. As repercussões da depressão são graves e de difícil recuperação.

A Grande Depressão

A crise nos Estados Unidos se espalhou pela Europa e América Latina. Nos Estados Unidos, a quebra da Bolsa foi seguida pela falência de milhares de empresas, desemprego em massa e queda nos preços das mercadorias. Em pânico, a população retirou seu dinheiro dos bancos, resultando na falência de muitos deles.

Os fazendeiros já vinham enfrentando dificuldades com a queda dos preços dos produtos agrícolas antes da quebra da Bolsa de Nova York. Após a crise, os preços caíram ainda mais e eles não tinham como pagar suas dívidas com os bancos. Cerca de um terço dos proprietários rurais perderam suas terras para os banqueiros.

Os Estados Unidos mergulham na depressão econômica

O presidente dos Estados Unidos, Herbert Hoover, era adepto do liberalismo econômico e negou-se a intervir na economia. Ele acreditava que as leis de mercado resolveriam o problema. Ao nada fazer, a crise econômica se agravou. O país mergulhou na depressão econômica.

A produção industrial recuou 46% e os preços caíram pela metade, prejudicando ainda mais as empresas e gerando mais falências e desemprego. Cerca de 15 milhões de trabalhadores perderam o emprego. A população negra foi a mais atingida pelo desemprego, em especial as mulheres.

Sem rendimentos, os desempregados não podiam comprar e os que tinham emprego guardavam seu dinheiro. Sem consumo, as empresas não vendiam suas mercadorias. Para reduzir os custos de produção, elas diminuíam o número de empregados, o que piorava a situação e resultava em mais desemprego.

A Grande Depressão foi como o descarrilhamento de um grande trem. O trem era o capitalismo e a locomotiva eram os Estados Unidos. Como fazer o trem voltar aos trilhos e a locomotiva se mover novamente? A doutrina econômica liberal, da qual o presidente Herbert Hoover era radical seguidor, não tinha soluções.

O SEU LUGAR NA HISTÓRIA

Com as crises econômicas, as empresas diminuem a produção e podem, inclusive, declarar falência. O resultado é o desemprego dos trabalhadores.

Você conhece situação igual a essa que tenha ocorrido no seu bairro ou na sua cidade?

Busque informações com seus professores e familiares. Procure conhecer os motivos que levaram a empresa a demitir os funcionários e quais foram as consequências do desemprego para eles e para a economia da região.

Compare as consequências da crise econômica ocorrida na cidade onde você mora com aquelas causadas pela crise de 1929 nos Estados Unidos. Embora o tempo esteja distante e os lugares sejam diferentes, há semelhanças e diferenças que possam ser comparadas?

Gamma-Keystone/Getty Images

Em 24 de outubro de 1929, quando a Bolsa de Nova York quebrou, milhares de investidores reuniram-se em Wall Street e arredores à espera de notícias, Nova York, Estados Unidos.

DOCUMENTO

Um relato sobre os Estados Unidos sob a Grande Depressão

Durante o auge da Grande Depressão nos Estados Unidos, Oscar Ameringer passou três meses viajando por vinte estados. Diante do subcomitê da Comissão de Assuntos Trabalhistas da Câmara de Deputados dos Estados Unidos, em 1932, ele fez um relato dramático sobre a pobreza do país.

Eis algumas das coisas que vi e ouvi. Em Oregon, vi milhares de alqueires de maçã apodrecendo nos pomares. Somente as maçãs absolutamente perfeitas podiam ser vendidas, por 40 ou 50 centavos a caixa de duzentas maçãs. Ao mesmo tempo, há milhões de crianças que, por causa da pobreza de seus pais, não comerão maçã alguma neste inverno. Conversei com um homem num restaurante em Chicago. Ele me falou de sua experiência como criador de carneiros. Disse que no outono tinha sacrificado e atirado ao *canyon* 3 000 carneiros, porque o transporte de um carneiro custava 1,10 dólar e lucraria menos de 1 dólar por cabeça. Disse que não tinha recursos para alimentar os carneiros e não queria deixá-los morrer à míngua. Por isso, cortava-lhes o pescoço e os atirava no *canyon*. [...]

Os fazendeiros estão sendo pauperizados pela pobreza das populações industriais e as populações industriais, pauperizadas pela pobreza dos fazendeiros. Nenhum deles tem dinheiro para comprar o produto do outro: consequentemente há excesso de produção e carência de consumo, ao mesmo tempo e no mesmo país.

MARQUES, Adhemar; BERUTTI, Flávio; FARIA, Ricardo. *História contemporânea através dos textos*. 11. ed. São Paulo: Contexto, 2008. v. 5. p. 165-166 (Coleção Textos e Documentos).

- Em grupos, discutam e avaliem o relato de Oscar Ameringer. Como explicar que maçãs apodreçam sem serem vendidas, mesmo a preço baixo? Como explicar que ovelhas e carneiros sejam mortos enquanto pessoas não têm o que comer? A resposta é dada por ele no último parágrafo de sua exposição. Quais são os motivos que, para Oscar Ameringer, levaram a tamanha distorção na economia dos Estados Unidos?

H. Armstrong Roberts/Getty Images

Crianças que trabalhavam nas ruas não encontravam clientes para ganhar algum rendimento. Nessa fotografia de H. Armstrong Roberts, de c. 1930, criança engraxate aguarda clientes em rua dos Estado Unidos.

O *New Deal*

Nas eleições presidenciais de 1932, o vencedor foi o candidato Franklin Delano Roosevelt, do Partido Democrata. O novo presidente reconheceu a necessidade da intervenção do governo na economia, abandonando o liberalismo econômico. Era o *New Deal*, o "novo pacto".

O governo deveria intervir na economia para criar empregos. Assim, os trabalhadores teriam poder de compra, consumindo mercadorias, e as fábricas voltariam às suas atividades produtivas.

A primeira medida do governo foi garantir o funcionamento dos bancos que não faliram. Para evitar o retorno da especulação desenfreada, estabeleceu regras rígidas para os setores bancário e financeiro, bem como para as bolsas de valores. Pelas rádios, Roosevelt incentivou a população a depositar novamente seu dinheiro nos bancos. Com isso, garantiu, ainda que precariamente, o funcionamento do sistema bancário.

CÁ ENTRE NÓS

A palavra *deal* pode ser traduzida para o português como pacto, acordo, negócio, negociação, trato, arranjo. Quando Franklin Roosevelt assumiu a presidência e nomeou seu plano de governo como *New Deal*, ele propunha à nação um novo acordo social, um novo pacto entre Estado e sociedade.

A reativação da economia

Para criar empregos, Roosevelt convocou jovens para trabalhos de reflorestamento. Depois contratou empresas para a construção e conservação de obras públicas: estradas, pontes, praças, prédios públicos, entre outras. O governo pagava a uma empresa para realizar a obra pública. O empresário, por sua vez, contratava trabalhadores.

Com essas medidas, Franklin Roosevelt abandonou o liberalismo econômico. O governo passou a intervir diretamente na economia. Seu objetivo era capitalizar as empresas e criar empregos. Com salários, os trabalhadores poderiam comprar produtos e reativar a economia.

Outra medida de Roosevelt foi a criação de um órgão público cujo objetivo era viabilizar acordos entre empresários, trabalhadores e governo, estabelecendo limites para os preços das mercadorias, regulamentando a competição entre as empresas, estabelecendo um salário mínimo e uma jornada de trabalho de 40 horas para os trabalhadores. O governo Roosevelt também acabou com a Lei Seca.

FIQUE DE OLHO

As vinhas da ira (EUA). Direção de John Ford, 1940. 129 min.

Durante a Grande Depressão, uma família de Oklahoma perde suas terras e vai para a Califórnia em busca de emprego. Ao longo do caminho, testemunham muita miséria e sofrem grande decepção ao chegar ao seu destino. Baseada no livro homônimo de John Steinbeck.

Stock Montage/Getty Images

O presidente Franklin Roosevelt falava em cadeia nacional em programa intitulado "Conversas junto à lareira". Milhões de pessoas ouviam seus discursos. Ele se esforçava para dar ânimo e esperança à população do país. Washington, Estados Unidos, c. 1930.

FIQUE DE OLHO

A rosa púrpura do Cairo (EUA). Direção de Woody Allen, 1985. 82 min.

Durante a Grande Depressão, uma garçonete tenta fugir da dura realidade frequentando cinemas. No momento em que ela assiste a um filme, o ator sai da tela e lhe dá o amor que tanto espera.

Na área rural

O governo apoiou fazendeiros em dificuldades. O agricultor receberia um subsídio – ajuda em dinheiro – para produzir menos. Pode parecer contraditório, mas, reduzindo-se a área de plantação e criando-se menos gado, os preços dessas mercadorias aumentariam, o que permitiria a recuperação financeira dos fazendeiros.

Outra novidade foi a criação de uma empresa estatal, algo inédito nos Estados Unidos: a Autarquia do Vale do Tennessee. A empresa construiu uma série de represas no rio Tennessee para gerar energia elétrica.

As críticas ao *New Deal*

Durante os dois primeiros anos de sua aplicação, entre 1933 e 1935, o *New Deal* apenas amenizou os efeitos da Grande Depressão. O desemprego diminuiu um pouco e os preços subiram, beneficiando as empresas. Roosevelt continuava a investir na criação de empregos e na contratação de empresas. O governo gastava mais dinheiro do que arrecadava em impostos. Para Roosevelt, o desequilíbrio no orçamento do governo seria provisório e momentâneo, o suficiente para tirar o país da crise.

O presidente foi muito criticado pelos economistas liberais. Para eles, o governo deveria equilibrar as contas públicas. Não deveria gastar mais do que arrecadava. Os empresários e políticos conservadores chegaram mesmo a chamar Roosevelt de "comunista".

Trabalhadores contratados pelo governo para reconstituir floresta no estado da Virgínia, Estados Unidos, em 1933. Cerca de 3 milhões de jovens foram contratados entre 1933 e 1942, ganhando 1 dólar por dia.

New York Times Co./Getty Images

O segundo *New Deal*

Em 1935, o governo retomou o *New Deal*. Nessa segunda fase, foram contratados músicos, pintores, escritores, fotógrafos, coreógrafos, atores e artistas para levar sua arte ao povo. Orquestras sinfônicas receberam patrocínio. Museus foram construídos. O objetivo era criar mais empregos.

Outra medida importante foi a Lei de Previdência Social. Ao contrário de países europeus, e inclusive do Brasil, não havia previdência social nos Estados Unidos. Com a nova lei, os trabalhadores passaram a ter direito a aposentadoria, seguro por invalidez, salário mínimo, limitação da jornada de trabalho, entre outros benefícios sociais. Foi nessa época que os cidadãos estadunidenses alcançaram seus direitos sociais.

Bettmann/Getty Images

Em 1936, cartaz anuncia a criação da previdência social para os trabalhadores.

A HISTÓRIA NÃO ESTÁ SOZINHA

Ciências da Natureza

A poliomielite é uma doença causada pelo poliovírus e pode ser transmitida pelo contato com a saliva ou fezes. Ao entrar no sistema nervoso, o poliovírus pode matar a pessoa infectada ou provocar paralisia nos membros inferiores. A doença ficou conhecida como "paralisia infantil", por afetar mais as crianças. No entanto, adultos também podem ser atingidos. Foi o caso de Franklin Delano Roosevelt.

Aos 39 anos de idade, Roosevelt adquiriu a poliomielite, perdendo a capacidade de andar. Tornou-se cadeirante. Sem se deixar abater, ele continuou sua carreira política e foi eleito presidente da República em 1932, com 51 anos de idade. Foi reeleito presidente nas eleições de 1936, 1940 e 1944, vencendo quatro eleições consecutivas.

Em uma cadeira de rodas, Roosevelt enfrentou a Grande Depressão e liderou os Estados Unidos durante a Segunda Guerra Mundial. A vacina contra a poliomielite foi desenvolvida entre 1948 e 1954. Nos anos 1960 começou a vacinação sistemática de crianças em todo o mundo e hoje a poliomielite está quase erradicada do planeta. No Brasil, o último caso ocorreu em 1989.

- O que significa uma doença ser erradicada do planeta? Em sua opinião, podemos afirmar que nesse caso ocorreu realmente um sucesso devido ao avanço científico? Justifique a sua resposta.

AO MESMO TEMPO

As reações à Grande Depressão

Para enfrentar a crise econômica, diversos países abandonaram o liberalismo econômico e adotaram a intervenção governamental na economia, disciplinando as empresas e regulamentando o mercado.

Governos aumentaram os gastos para financiar indústrias e obras públicas, além de criar empresas estatais e estabelecer leis sociais.

Entre alguns desses governos estão o do Reino Unido, o da França com a Frente Popular de esquerda, o da Alemanha com Hitler e o do Brasil com Getúlio Vargas. O México e a Turquia abandonaram o liberalismo econômico e adotaram políticas intervencionistas ainda antes da crise de 1929. Diversos países europeus e da América Latina fizeram o mesmo após o fim da Segunda Guerra Mundial, em 1945.

- Para enfrentar a crise econômica de 1929 e os problemas gerados pela guerra, por que diversos governos abandonaram os preceitos do liberalismo econômico?

A recuperação

Os economistas do governo compreenderam que eram os gastos em investimentos e obras públicas e a criação de empregos que estavam recuperando a economia do país. Os gastos públicos aumentaram consideravelmente. Mesmo assim, em 1938 havia 10 milhões de pessoas desempregadas.

Granger/Fotoarena

Em acampamento para refugiados em Forrest City, no estado de Arkansas, Estados Unidos, pessoas esperavam na fila para receber o almoço do dia. A crise econômica ainda era grave nessa época, apesar das iniciativas do governo com o *New Deal*. Fotografia de Edwin Locke, 1937.

Os Estados Unidos somente superaram a Grande Depressão com a eclosão da Segunda Guerra Mundial, em 1939. As fábricas estadunidenses passaram a produzir e vender tanques, aviões, armamentos e munições para o Reino Unido e a França.

A entrada dos Estados Unidos na guerra, em 1941, ampliou ainda mais os gastos governamentais com armas, alojamentos, combustíveis, carros de combate, entre outros materiais bélicos.

Se em 1940 ainda havia 8 milhões de desempregados, dois anos depois o país vivia em situação semelhante à anterior a da crise de 1929.

Os gastos do governo com a Segunda Guerra Mundial retiraram os Estados Unidos da pior crise econômica de toda a sua história.

A crítica social de Chaplin

Voltemos a Charles Chaplin.

Ao longo dos anos 1930, ele produziu filmes com intensa crítica social. *Luzes da cidade*, de 1931, foi um deles. O filme, o último do personagem Carlitos, foi um enorme sucesso. Em 1936, lançou *Tempos modernos*, denunciando a exploração dos trabalhadores nas fábricas. Em 1940, em plena Segunda Guerra Mundial, Chaplin voltou às telas com seu primeiro filme falado: *O grande ditador*, satirizando Adolf Hitler.

Contudo, ao final da Segunda Guerra, Charles Chaplin foi acusado de ser simpatizante do comunismo. Em 1952, o governo dos Estados Unidos suspendeu seu visto de permanência no país e Chaplin foi viver na Suíça com sua esposa. Somente retornou aos Estados Unidos em 1972, por poucos dias, para receber um Oscar pelo conjunto de sua obra. Aos 83 anos de idade, ele foi aplaudido durante 10 minutos seguidos. Retornou para a Suíça, onde faleceu em 1977.

Gamma-Keystone/Getty Images

Charles Chaplin na 44ª cerimônia do Oscar, com estatueta que recebeu pelo conjunto de sua obra, Los Angeles, Estados Unidos. Fotografia de 1972.

PUXANDO PELA MEMÓRIA

Após o estudo do capítulo, você manteria sua resposta à pergunta da página 64?

Créditos das imagens de cima para baixo: Reprodução/Biblioteca Roosevelt, Nova York, EUA; H. Armstrong Roberts/Getty Images; Otto Soglow/Granger/Fotoarena; Courtesy Everett Collection/Fotoarena; Courtesy Everett Collection/Fotoarena; Stock Montage/Getty Images; Dorothea Lange/Granger/Fotoarena; Granger/Fotoarena

Acervo Iconographia/Reminiscências

ROTEIRO DE ESTUDOS

O QUE APRENDEMOS?

1 | Por que, ao final da Primeira Guerra Mundial, os Estados Unidos tornaram-se o país mais rico do mundo?

2 | Que motivos nos levam a afirmar que a "sociedade de consumo" começou nos anos 1920 nos Estados Unidos?

3 | Explique as razões que provocaram a quebra da Bolsa de Valores de Nova York em outubro de 1929.

4 | Quais as consequências da Grande Depressão para a sociedade estadunidense nos anos 1930?

5 | Por que a principal meta do *New Deal* era combater o desemprego?

6 | Além do combate ao desemprego, quais outras medidas Roosevelt tomou para reanimar a economia estadunidense?

7 | Relacione as ideias de Frederick Taylor ao fordismo.

8 | Qual é a relação entre a concentração da renda e a formação de empresas monopolistas com a crise de superprodução?

9 | Por que a frase seguinte é falsa?

A entrada dos Estados Unidos na Segunda Guerra Mundial agravou a Grande Depressão porque os gastos militares geraram inflação dos preços.

10 | Por que o rio Tennessee foi importante no processo de recuperação da economia dos Estados Unidos na época da Grande Depressão?

PESQUISA

O uso de eletrodomésticos tornou-se comum nos lares dos Estados Unidos nos anos 1920.

No Brasil, os eletrodomésticos começaram a ser fabricados nos anos 1950, no governo do presidente Juscelino Kubitschek, mas eles só se popularizaram na década de 1970.

- Até então, como os alimentos eram conservados? E como as roupas eram passadas? Entreviste um idoso e procure saber como era o cotidiano em sua casa sem eletrodomésticos.

GraphicaArtis/Getty Images

Propaganda comercial estadunidense, de 1925, mostrando as vantagens do uso da geladeira.

IMAGENS CONTAM A HISTÓRIA

Pessoas de diferentes classes sociais vendem maçãs (*apples*) a preço muito baixo: 5 centavos de dólar. Na caixa do meio há um aviso: desempregados (*unemployed*). O título da charge é *Democracia* (*Democracy*).

- Interprete a mensagem crítica contida na charge.

DEMOCRACY

Democracia, charge de Otto Soglow produzida no auge da Grande Depressão, em 1932.

Otto Soglow/Granger/Fotoarena

O PASSADO PRESENTE

Desde o início dos anos 1980, o governo dos Estados Unidos deixou de regulamentar o mercado, de acordo com a doutrina do neoliberalismo. O resultado foi grande especulação financeira no mercado imobiliário. Quando os juros subiram, as pessoas não puderam pagar o financiamento aos bancos.

Quando a crise eclodiu em 2007, o mundo foi surpreendido por grave crise econômica e, no ano seguinte, pela queda violenta na Bolsa de Valores de Nova York. Bancos e empresas imobiliárias não tinham como receber o dinheiro emprestado e faliram. A seguir, foi a vez de indústrias falirem. Milhões de trabalhadores perderam seus empregos. A crise rapidamente chegou à União Europeia e se tornou globalizada. Crédito fácil, especulação, falências e desemprego. A crise de 2007 lembrava a de 1929.

Em 2011, deputados do Congresso dos Estados Unidos formaram a Comissão de Inquérito da Crise Financeira e apresentaram relatório avaliando as causas do desastre econômico de 2007. Eles concluíram que a crise foi provocada pela imprudência de várias instituições financeiras e que o governo poderia tê-la evitado. Segundo os deputados:

> Nós concluímos que a falha generalizada na regulação e supervisão financeira se demonstrou devastadora para a estabilidade do sistema financeiro nacional. Não aceitamos a ideia de que os reguladores não dispunham de poder para conter o sistema financeiro. Eles tinham amplos poderes em muitos cargos e, em muitos casos, escolheram não usá-los.

ROCHA, Marcela; FERNANDES, Bob. Em relatório sobre Crise, Congresso crava: Faltou escrúpulo. *Terra Magazine*, 23 fev. 2011. Disponível em: <http://terramagazine.terra.com.br/interna/0,,OI4958688-EI6579,00.html>. Acesso em: 9 jun. 2018.

- Há elementos comuns que permitam comparar a crise de 1929 com a de 2007? No trecho do relatório da Comissão de Inquérito sobre a crise existem afirmações que poderiam ser utilizadas para avaliar a de 1929?

Bob Thomas/Popperfoto/Getty Images

Na charge de c. 1942, os líderes do fascismo e do nazismo apertam as mãos, selando aliança entre eles. Mas um deles afirma que, quando se aperta a mão de um amigo, deve-se ir até o fundo. O outro aparenta contrariedade, porque trata-se do fundo do oceano.

CAPÍTULO 5

ASCENSÃO DO FASCISMO E DO NAZISMO

A democracia liberal europeia entrou em crise após a Primeira Guerra Mundial, especialmente nos países derrotados e insatisfeitos com os acordos de paz.

Na Itália, na década de 1920, o fascismo alcançou o poder, liderado por Benito Mussolini. Instalou-se um Estado autoritário e nacionalista que perseguiu liberais, sindicalistas e socialistas. Impondo o regime de partido único, os fascistas praticavam violências contra todos que discordassem deles.

Na Alemanha, o nazismo triunfou nos anos 1930, liderado por Adolf Hitler, ex-cabo do exército alemão. Adotando também o regime de partido único, os nazistas praticaram violências e assassinatos, especialmente contra os judeus.

Nesses regimes de extrema-direita, houve recuperação da economia, mas com o fim das liberdades democráticas.

Mesmo assim, os dois líderes tiveram apoio popular.

PUXANDO PELA MEMÓRIA

Quem era o líder fascista e quem era o líder nazista? Você consegue resolver essa charada?

Créditos das imagens de cima para baixo: Leemage/Corbis/Getty Images; Album/akg-images/Fotoarena; Costa/Leemage/Agência France-Presse; Hulton-Deutsch Collection/Corbis/Getty Images; The Bridgeman Art Library/Easypix; Mary Evans Picture Library/Easypix; De Agostini/Getty Images.

Mussolini e Hitler

Roma, 3 de maio de 1938. Um visitante ilustre chegou à capital: Adolf Hitler, líder do governo alemão. Hitler chegou de trem, com grande comitiva, incluindo ministros e oficiais das Forças Armadas.

Foi recebido na estação por anfitriões ilustres: o chefe do governo italiano, Benito Mussolini, acompanhado pelo rei Vítor Emanuel III, que reinava, mas não governava. Quem mandava na Itália era Mussolini, chamado de *Duce*, isto é, líder. Hitler era chamado assim, só que em alemão: *Führer*.

Fascismo e nazismo, irmãos de sangue

Mussolini e Hitler governavam as duas principais ditaduras da Europa ocidental. Mussolini chegou ao poder em 1922; Hitler, em 1933. Na Itália, o regime era chamado de **fascismo**; na Alemanha, de **nazismo**. Eles tinham dois traços em comum:

» estavam empenhados em barrar o comunismo na Europa (o bolchevismo russo), perseguindo os partidos comunistas;

» estavam convencidos de que a democracia era um regime decadente, incapaz de manter a ordem e resolver as desigualdades sociais.

Tais regimes apostavam em um Estado forte, capaz de promover a união nacional e acabar com os conflitos de classe. Nada de lutas de operários contra patrões, greves ou revoluções à moda bolchevique. Nada de exploração implacável dos trabalhadores, como no capitalismo liberal, pois estes deviam merecer a proteção do Estado, salários dignos, educação e saúde.

Para tanto, qualquer recurso era válido, até mesmo a opressão e a violação de direitos humanos. Para fascistas e nazistas, as liberdades democráticas eram um obstáculo à grandeza da *nação* e, por isso, não podiam mais ser toleradas.

Bettmann/Getty Images

Mussolini e o rei da Itália Vítor Emanuel III recepcionam o ditador alemão Adolf Hitler durante sua visita à Itália, em Roma, 1938.

CÁ ENTRE NÓS

A revolução de direita modifica radicalmente as instituições de um país para conservar ou ampliar a posição das classes dominantes, sem desprezar os interesses imediatos da classe trabalhadora. Tudo em nome da grandeza e da unidade nacional. É o contrário das revoluções de esquerda (tipo bolchevique), que derrubam as classes dominantes em nome das classes trabalhadoras.

O encontro dos ditadores

Voltemos a maio de 1938.

Em Roma, foi montada uma grande festa para receber Hitler. Bandeiras da Itália e da Alemanha foram desfraldadas em cada esquina. Um desfile militar celebrou o encontro.

Milhares de pessoas saíram às ruas para assistir ao espetáculo e festejar os ditadores. Na Itália, o povo saudava Mussolini: *Duce, Duce, Duce!* Na Alemanha, o *Führer* recebia saudação parecida: *Heil Hitler!* (Salve, Hitler!).

O comércio fechou. As aulas foram suspensas. Meninos e meninas marcharam pelas ruas vestidos com a camisa preta das milícias fascistas.

Os ditadores antes da ditatura

Quem eram esses homens que revolucionaram a Europa com regimes autoritários de direita? Homens comuns.

Ninguém poderia imaginar o que eles fariam. Os dois tinham origem modesta. Mussolini era filho de um ferreiro anarquista; Hitler, de um funcionário público.

Na mocidade, Mussolini chegou a integrar o partido socialista italiano no tempo em que este pregava uma revolução operária.

Hitler era um pintor frustrado, pois tinha sido reprovado no exame para ingressar na Academia de Belas-Artes de Viena, na Áustria.

Ambos lutaram na Primeira Guerra e foram feridos: Mussolini como sargento, Hitler como cabo.

Leemage/Corbis/Getty Images

Benito Mussolini, primeiro-ministro da Itália, e Adolf Hitler, ditador da Alemanha, desfilam em carro aberto em Munique, Alemanha. Fotografia de 1941.

1920: Partido dos Trabalhadores Alemães muda seu nome para Partido Nacional-Socialista dos Trabalhadores Alemães.

A ascensão do fascismo

O fascismo e o nazismo eram irmãos. Os movimentos começaram em 1919 em países em que a população acreditava ter sido lesada pelos tratados realizados após a Primeira Guerra. A Alemanha, derrotada, passava por dificuldades econômicas e lutas sociais. A Itália, embora vencedora, ficou de mãos vazias, sem nenhuma vantagem.

Conflitos italianos

Terminada a guerra, em 1918, os socialistas revolucionários ganharam prestígio entre os trabalhadores. A vitória da revolução bolchevique na Rússia em 1917 era sinal de crescimento das esquerdas.

Mussolini era inimigo dos partidos de esquerda. Crítico da democracia liberal, tornou-se líder de pessoas desiludidas, como desempregados, ex-soldados, jovens de classe média sem esperança.

Ele fundou o movimento fascista em março de 1919. Os fascistas atacavam socialistas, anarquistas e operários de esquerda invadindo sindicatos, destruindo sedes de jornais, espancando militantes.

OUTRAS HISTÓRIAS MODOS DE VIVER

Vida comum

O fascismo adotou mecanismos que permitiam ao governo o controle total da sociedade. Na educação, eram combinados conteúdos tradicionais com o ensino da doutrina fascista.

As crianças de 4 a 8 anos integravam os **Filhos da Loba**, nome dado para recordar a lenda de fundação de Roma.

Entre 8 e 14 anos, os jovens ingressavam na **Balilla**, nome de um menino tido como herói nacional por ter jogado pedra nos invasores austríacos, no século XVIII. Entre os 14 e os 18 anos, tornavam-se **Vanguardistas**, aprimorando o treinamento militar.

Mussolini dizia que os meninos seriam os soldados de um futuro império fascista, tão ou mais poderoso quanto o antigo Império Romano. As meninas também recebiam educação parecida, com classes de idade, mas com o objetivo de formar mulheres e mães para a nova Itália fascista.

The Bridgeman Art Library/Easypix

Na imagem, o próprio *Duce* abraça um *balilla*, menino da Juventude Fascista. Capa de caderno escolar italiano de 1939. Coleção particular.

- A propaganda fascista buscava convencer a sociedade italiana de suas virtudes – até as crianças. Em grupos, descrevam a ilustração, indicando como ela se prestava à propaganda fascista.

A criação do Partido Nacional Fascista Italiano

No final da Primeira Guerra Mundial, a Itália entrou em crise. Embora do lado vencedor, não obteve nenhuma compensação pelo seu esforço na guerra. Os operários realizavam as greves e os partidos de esquerda – socialista e comunista – se fortaleciam.

Mussolini percebeu que precisava do apoio dos empresários – a burguesia italiana, preocupada com o avanço dos partidos de esquerda. Os socialistas tinham vencido as eleições de 1919 e os comunistas estavam crescendo.

Em 1921, Mussolini transformou sua milícia no **Partido Nacional Fascista Italiano**. Passou a contar com recursos dos capitalistas e apoio dos latifundiários. A classe média urbana apoiou a aliança. O partido fascista logo chegou aos 200 mil filiados, elegendo 35 deputados para o parlamento.

OUTRAS HISTÓRIAS PERSONAGENS

O *Duce* dos italianos

Benito Mussolini nasceu em 1883. Desde jovem admirava as ideias do pai, adepto do anarquismo. Aos 20 anos, passou a viver na Suíça, onde conheceu intelectuais socialistas. Entre eles, Vladimir Lenin, futuro líder da revolução bolchevista na Rússia.

Voltou para a Itália socialista convicto. Dirigiu o principal jornal partidário. Com a Primeira Guerra Mundial, defendeu a participação da Itália ao lado da França e da Inglaterra. Mas o partido socialista pregava a neutralidade, julgando que a guerra era movida por interesses capitalistas. Mussolini foi expulso do partido.

Em 1914 fundou um jornal, *O Povo da Itália*, no qual escrevia artigos a favor da guerra. Alistou-se no exército e foi promovido a sargento. Ferido em 1917, dois anos depois começou a organizar o movimento fascista.

De Agostini/Getty Images

O fascismo se apropriou de símbolos do Império Romano da Antiguidade na tentativa de mostrar a continuidade entre o passado e o presente. Moeda italiana de 5 liras, 1928. A águia, por exemplo, era o símbolo usado pelas legiões do Império Romano. Museu Bottacin, Pádua, Itália.

Os socialistas italianos consideravam a então chamada Grande Guerra (1914-1918) uma disputa entre países imperialistas, e por isso defendiam a neutralidade do país. Por discordar dessa orientação, Mussolini foi expulso do partido socialista.

- Discutam, em grupos, até que ponto a controvérsia entre os socialistas sobre a Grande Guerra foi decisiva para a ascensão do fascismo na Itália, uma vez que foi o próprio Mussolini quem organizou o movimento fascista.

Mussolini chega ao poder

Em outubro de 1922, em Nápoles, no sul do país, os fascistas decidiram fazer um grande ato público, para mostrar a grandeza e a força do movimento. Como? Marchar sobre Roma e ocupar prédios públicos, tudo para mostrar que estavam preparados para tomar o poder.

A **Marcha sobre Roma** foi um sucesso para os fascistas. A polícia não impediu a marcha. O que mais surpreendeu foi a decisão do rei Vítor Emanuel III: convidou Mussolini para ser o primeiro-ministro, o chefe do governo italiano. É claro que as classes dirigentes do país estavam de acordo, empenhadas em defender o capitalismo contra o avanço dos partidos de esquerda.

CÁ ENTRE NÓS

A Marcha sobre Roma ocorreu entre 24 e 28 de outubro de 1922 e levou Mussolini ao poder. Um conselho fascista passou a assessorar o *Duce*. Porém, a monarquia não foi abolida.

Mussolini destrói as oposições

Nos primeiros anos, os fascistas conviveram com partidos de oposição. Nas eleições de 1924, obtiveram 65% dos votos para o parlamento. A violência dos camisas-negras foi enorme. O líder socialista Giacomo Matteotti denunciou a violência fascista. Foi assassinado pouco depois.

A repercussão do crime foi enorme. Mussolini foi pressionado, alguns apelaram ao rei. Mussolini quase caiu, mas o rei pôs panos quentes e alguns fascistas suspeitos foram punidos. Depois desse ocorrido, o fascismo saiu fortalecido.

Em 1925, todos os partidos foram proibidos, com exceção do fascista. No mesmo ano, o direito de greve foi abolido e os sindicatos livres foram fechados. A partir daquele momento, somente aqueles reconhecidos pelo Estado poderiam negociar os salários. Sindicatos de patrões, de um lado, e de trabalhadores, de outro, tendo o Estado como juiz das decisões. Esse sistema ficou conhecido como **corporativismo**. A *Carta del Lavoro* (Carta do Trabalho), datada de 1927, consagrou o sistema.

Mussolini definiu o fascismo como o que havia de mais avançado no ocidente: "tudo no Estado, nada fora do Estado, nada contra o Estado".

Mussolini, ao centro, discursa na praça do Povo, em Roma, Itália, durante a comemoração da fundação de Roma, em abril de 1932.

Gamma-Keystone/Getty Images

CÁ ENTRE NÓS

Muitos autores definem os regimes fascista e nazista como totalitários: regimes que não estabelecem limites ao poder de governar do Estado. Totalitarismo, portanto, é um conceito usado para designar o regime em que o Estado se propõe a regular todos os aspectos da vida econômica, política, social e cultural do país, incluindo a vida particular dos cidadãos.

Apogeu do fascismo

Durante quase vinte anos, o fascismo governou a Itália sem oposição. Os grupos contrários à política fascista foram liquidados, presos ou exilados em outros países.

Mussolini governou de mãos livres, atropelando um rei fraco e contando com forte apoio da população em geral. Em 1929, submeteu seu governo a um plebiscito: 98% dos votos foram favoráveis ao fascismo!

O regime ganhou fama internacional no Ocidente, não só porque barrou o comunismo, mas também porque a Itália foi um dos países europeus que menos sofreu os efeitos da crise econômica de 1929. As democracias europeias, como a Inglaterra e a França, ficaram admiradas com a estabilidade italiana em meio à Grande Depressão.

Entre as políticas adotadas pelo Estado fascista vale destacar:

» criação do Instituto para a Reconstrução Industrial (1933), que deu grande impulso à siderurgia e à construção naval, reduzindo o desemprego;

» elevação dos impostos sobre os bens importados (protecionismo), estimulando a indústria nacional e o mercado interno;

» estímulo às pequenas propriedades rurais e aos sistemas de parceria para evitar o êxodo rural;

» incentivo à produção de alimentos, em especial a Batalha do Trigo, campanha que tornou a Itália autossuficiente na produção de grãos.

Os grupos que mais lucraram com o fascismo foram os grandes empresários e os proprietários rurais. As classes trabalhadoras, embora se beneficiassem do progresso econômico e do controle do desemprego, continuaram com salários baixos. O salário de um trabalhador italiano valia 1/3 do salário de um inglês e metade do salário de um francês.

A política externa fascista

Uma decisão de grande impacto foi a **Concordata de Latrão**, assinada entre o governo fascista e o papa Pio XI, em 1929. Por meio dela, o papa reconheceu pela primeira vez o Estado italiano, unificado em 1870, recebendo em troca a soberania do território do Vaticano. Em uma sociedade católica como a italiana, o acordo com o papa caiu muito bem para o fascismo.

Em 1935, Mussolini resolveu dar uma demonstração de força para o mundo. Ordenou a invasão da Etiópia, um país africano, com o objetivo de transformá-la em uma colônia. Os etíopes usaram lanças para enfrentar tanques...

As democracias europeias protestaram contra aquela covardia, mas evitaram qualquer reação, pois reconheciam o fascismo como barreira importante contra o comunismo.

Alemanha nazista

Hitler bem que tentou seguir os passos de Mussolini.

Em 1923, tentou dar um golpe, em Munique, com sua milícia e alguns veteranos da Primeira Guerra. Sonhou com uma Marcha sobre Berlim, mas o resultado foi desastroso. Hitler foi preso e condenado a cinco anos de prisão.

O movimento nazista ainda era muito fraco, a burguesia alemã ainda não estava convencida de que aquele ex-cabo do exército era capaz de deter os comunistas. Hitler, por sua vez, ficou apenas alguns meses preso. Seu anticomunismo e seu nacionalismo fervoroso fizeram com que ele fosse condenado à pena mínima.

Livre, Hitler teve paciência. Organizou o partido, estimulou adesões e atraiu o dinheiro de empresários com a promessa de combater os comunistas alemães. O jornal do partido, *Observador do Povo*, batia sempre na mesma tecla, condenando comunistas e judeus pelos males do país.

OUTRAS HISTÓRIAS PERSONAGENS

Adolf Hitler, o *Führer* dos alemães

Hitler nasceu na Áustria, em uma região próxima à Alemanha, no ano de 1889. Dos cinco irmãos, restaram Adolf e Paula, a caçula. Gostava de pintar e queria ser artista, irritando o pai, que desejava vê-lo como funcionário público.

Quando estourou a Primeira Guerra, Hitler alistou-se no exército alemão. Foi promovido a cabo e atuava como mensageiro, correndo entre as trincheiras sob fogo cerrado. Foi ferido em 1917 e recebeu uma importante condecoração: a Cruz de Ferro. Estava no hospital quando soube da rendição alemã, em 1918. Ficou indignado. Não entendia por que o poderoso exército alemão havia perdido.

Ullstein Bild/Getty Images

Militantes nazistas marcham no centro de Munique, Alemanha, durante a tentativa de golpe de Estado em 1923.

Adolf só tinha uma ideia: tentar renovar a Alemanha, vingá-la dos traidores que, na sua opinião, tinham desistido da guerra. Em 1919, ingressou no **Partido dos Trabalhadores Alemães**, um pequeno partido operário nacionalista que rejeitava o comunismo. Em 1920, assumiu a liderança do partido e mudou o seu nome para **Partido Nacional-Socialista dos Trabalhadores Alemães**.

- Compare as trajetórias de Mussolini e Hitler até o fim da Primeira Guerra Mundial. Quais semelhanças e diferenças podem ser destacadas?

FIQUE DE OLHO

RIBEIRO JR., João. *O que é nazismo*. São Paulo: Brasiliense, 1991.

Este livro explica a ascensão meteórica de Adolf Hitler à condição de chefe supremo da nação alemã.

O grande ditador (EUA). Direção de Charles Chaplin, 1940. 125 min.

Nesse filme, Chaplin satiriza o comportamento de Hitler e Mussolini em um tempo em que a guerra estava só começando.

Um país derrotado

A situação da Alemanha após a Primeira Guerra era ainda pior do que a da Itália.

Em novembro de 1918, o *Kaiser* (imperador) alemão abdicou e o país mergulhou em um caos.

Surgiu a República de Weimar, que desde cedo se revelou fraca para conter os movimentos contrários à sociedade burguesa.

A crise alemã foi agravada pelos efeitos do Tratado de Versalhes, assinado em 1919 e imposto aos alemães pelos países vencedores da Primeira Guerra. A Alemanha perdeu territórios no leste e no oeste e foi obrigada a pagar uma dívida de bilhões de marcos, a moeda alemã, como indenização.

O resultado a curto prazo foi terrível: desemprego, miséria e inflação. O nazismo se alimentou da tragédia que pesava sobre o povo alemão, prometendo vingança contra seus opressores.

Ascensão do nazismo

Enquanto esteve preso, Hitler escreveu um livro, *Minha luta*, no qual resumia seu grande objetivo político: resgatar a dignidade da Alemanha e transformá-la na maior potência mundial. Para tanto seria preciso aniquilar os inimigos do povo alemão:

» as democracias europeias, em especial a França, país que mais se "beneficiava" do Tratado de Versalhes;

» o comunismo soviético, que quase tinha tomado o poder no país em 1919 e ainda o ameaçava sob a orientação de Moscou;

» os judeus, considerados por Hitler os maiores inimigos da "raça alemã".

O nazismo foi definido por Hitler como a única saída para a Alemanha resgatar sua dignidade e sua força como país. Também foi visto como a única saída para a sobrevivência da **raça ariana**: homens e mulheres germânicos, louros, altos e de olhos claros. Hitler acusava os judeus de contaminar a raça ariana ao se casar com alemães.

O nazismo custou a emplacar na Alemanha. Quando Hitler saiu da cadeia, a economia começava a dar sinais de recuperação. A inflação caiu entre 1924 e 1928, e muitos achavam que o nazismo era fogo de palha.

Enquanto isso, Hitler cuidava pessoalmente de todos os assuntos do partido, desde as fichas de cada membro até os desenhos de cada camisa ou bandeira. Foi dele a escolha da cruz suástica como emblema principal do partido nazista.

A suástica é um símbolo muito antigo, presente em inúmeras culturas. Na Índia, por exemplo, significava "boa sorte" ou "felicidade". Em nossos dias, a associação entre a suástica e os crimes nazistas ainda é muito forte.

Os nazistas disputam as eleições

Os nazistas perceberam, com a lição de 1923, que não deviam tentar outro golpe. O melhor seria disputar as eleições e fazer o partido crescer aos poucos. Mas o desempenho eleitoral dos nazistas foi fraco até 1929. Nesse ano, a crise econômica internacional provocou uma nova onda de desemprego, miséria e inflação.

Nesse cenário, comunistas e nazistas ganharam força e bateram de frente. Foi então que a burguesia alemã escolheu o nazismo para enfrentar os comunistas, fazendo uma aliança semelhante à da Itália cerca de dez anos antes. Nas eleições de 1930, o número de deputados nazistas saltou de 12 para 107.

Em 1932, os nazistas lançaram Hitler para disputar a presidência da República. Mas quem ganhou a eleição foi o marechal Hindenburg, herói da Primeira Guerra Mundial. Em todo caso, os nazistas saíram muito fortalecidos dessa eleição. O Partido Nacional-Socialista tinha o apoio das massas e muitos deputados no parlamento.

FIQUE DE OLHO

O triunfo da vontade (Alemanha). Direção de Leni Riefenstahl, 1935. 114 min.

Produzido pela cineasta Leni Riefenstahl, é um excelente documento visual sobre a propaganda nazista. Recomenda-se assistir ao trecho do discurso de Hitler para a juventude alemã, em 1934.

Hitler no poder

O governo eleito percebeu, porém, que não seria possível governar sem o apoio dos nazistas. Os deputados do partido inviabilizavam os debates, virando de costas para a mesa diretora nas sessões parlamentares ou gritando em coro os lemas nazistas. O desprezo pela democracia entre os nazistas era evidente. A solução encontrada pelo presidente Hindenburg foi convidar Hitler para chefiar o governo no posto de chanceler da República, equivalente na Alemanha ao cargo de primeiro-ministro. O objetivo era usar os nazistas para abater os comunistas e depois desbancar o próprio Hitler.

Desfile da SA na Alemanha, década de 1930. Os membros da milícia nazista levam uma bandeira com o símbolo do partido e as pessoas na rua fazem a saudação a Hitler.

Photo12/UIG/Getty Images

CÁ ENTRE NÓS

Os campos de concentração eram locais destinados ao trabalho forçado de diversos tipos de prisioneiros, principalmente políticos. Mas muitos prisioneiros foram executados nesses campos. Não confundir com os campos de extermínio que os nazistas espalharam pela Europa durante a guerra visando ao assassinato em massa, principalmente dos judeus. Mas também nos campos de extermínio, parte dos prisioneiros era obrigada ao trabalho forçado.

Essa manobra política de Hindenburg foi um tremendo erro de cálculo. Hitler jamais pretendia deixar o poder.

Um mês depois de alcançar o poder, os nazistas deram uma grande demonstração do que preparavam para a democracia: destruí-la.

Em fevereiro de 1933, um incêndio destruiu o prédio do parlamento – o *Reichstag*. Quem provocou o incêndio? Os nazistas puseram logo a culpa nos comunistas. Seguiu-se uma onda de prisões, incluindo muitos comunistas e alguns democratas que se opunham ao regime. Quase 100 mil pessoas foram presas.

O golpe de Estado nazista

Em agosto de 1934 morreu o presidente Hindenburg, e Hitler não pensou duas vezes: manteve o cargo de chanceler e assumiu o de presidente da República. E quem seria contra ele, se todos os opositores estavam mortos, presos ou amedrontados? Além disso, os capitalistas estavam satisfeitos com a política de rearmamento do Estado, que estimulava a indústria. A grande maioria da sociedade alemã também estava animada com a recuperação econômica do país.

Hitler acumulou os cargos, rasgou a constituição e instaurou a ditadura nazista. Foi por essa época que Mussolini começou a prestar atenção no ditador alemão. Parecia que o aluno superava o mestre! Afinal, na Itália, Mussolini governava com mão forte, mas ainda havia um rei. Na Alemanha, ninguém estava acima do próprio Hitler.

A perseguição aos judeus

Pouco tempo após a tomada do poder, o governo nazista iniciou a construção dos **campos de concentração**, então destinados aos prisioneiros políticos. Esses locais faziam parte da instalação de um **Estado policial** para eliminar os comunistas, os democratas e os sindicatos independentes. Para isso, foram concedidos amplos poderes à polícia secreta, a temida Gestapo. O nazismo seguia a receita do fascismo italiano: "nada fora do Estado, nada contra o Estado!".

Com o prestígio em alta, os nazistas passaram a cumprir a grande meta de seu programa racial: perseguir os judeus e excluí-los da sociedade alemã. Como vimos, os judeus foram o bode expiatório da Alemanha nazista.

Bode expiatório: expressão que designa alguém escolhido para expiar, sofrer a culpa de outro por algum delito cometido.

Já em 1933, os judeus foram proibidos de exercer profissões liberais, como a de médico, advogado, professor, engenheiro, etc. Em pouco tempo seriam impedidos de entrar nas universidades ou escolas alemãs. Os professores e cientistas judeus foram demitidos de seus empregos. Nenhum judeu seria admitido no serviço público. Foram proibidos de frequentar restaurantes, cinemas e teatros.

As leis de Nuremberg, publicadas em 1935, consolidaram a segregação racial dos judeus em toda a Alemanha. Mas este foi só o começo; o pior viria mais tarde para quase todos os judeus da Europa.

1933: Hitler chanceler: os nazistas assumem o poder na Alemanha. Incêndio no parlamento alemão.

DOCUMENTO

As Leis de Nuremberg

As Leis de Nuremberg avançaram muito na discriminação dos judeus alemães. Deram prova completa de que o nazismo, assim como o fascismo, pretendia controlar a vida privada das pessoas. Leia as leis abaixo e, em seguida, responda às questões em grupo.

Artigo 1º

1. São proibidos os casamentos entre judeus e cidadãos de sangue alemão ou aparentado. Os casamentos celebrados a despeito dessa proibição são nulos e de nenhum efeito, mesmo que tenham sido contraídos no estrangeiro para iludir a aplicação desta lei.
2. Somente o Procurador Público pode iniciar os procedimentos para a anulação.

Artigo 2º

As relações extramatrimoniais entre judeus e cidadãos de sangue alemão ou aparentado são proibidas.

Artigo 3º

Os judeus não serão autorizados a ter em sua casa mulheres com menos de 45 anos de idade e de sangue alemão ou aparentado.

Artigo 4º

1. Os judeus ficam proibidos de hastear a bandeira nacional do *Reich* e de envergar as cores nacionais.
2. Em contrapartida, são autorizados a exibir as cores judaicas. O exercício desse direito é protegido pelo Estado.

Artigo 5º

1. Quem infringir o artigo 1º será condenado a trabalhos forçados.
2. Quem infringir o artigo 2º será condenado à prisão ou a trabalhos forçados.
3. Quem infringir os artigos 3º e 4º será condenado à prisão, que poderá ir até um ano e multa, ou a uma ou outra destas duas penas.

Artigo 6º

O Ministro do Interior do *Reich*, com o assentimento do representante do *Führer* e do Ministro da Justiça, publicará as disposições jurídicas e administrativas necessárias à aplicação desta lei.

LEIS de Nuremberg. Lei para a Proteção do Sangue e da Honra Germânicos. *Reichsgesetzblatt I*, 1935. p. 1146-1147.

1 | Com base nos artigos 1º e 2º, é possível afirmar que a sociedade alemã discriminava os judeus ou, pelo contrário, mal se distinguia, nas relações entre os alemães, a origem judaica ou cristã dos indivíduos?

2 | É possível afirmar, com base no artigo 4º, que o nazismo respeitava alguns direitos dos judeus como cidadãos alemães?

Da fuga ao exílio

De acordo com as leis nazistas, bastava ter um avô ou avó judeus para ser considerado judeu, mesmo que o indivíduo não praticasse a religião judaica. Alguns alemães nem sabiam de sua origem judaica, mas mesmo assim foram enquadrados pelo nazismo.

Muitos judeus não tiveram outra saída senão abandonar a Alemanha, vendendo seus bens a qualquer preço. Os nazistas também limitaram as quantias que os judeus podiam levar ao deixarem o país. Alguns judeus mais ricos conseguiram asilo em países democráticos, como os Estados Unidos ou a Inglaterra.

Cientistas importantes foram acolhidos no estrangeiro, a exemplo de Albert Einstein, grande físico alemão, e do austríaco Sigmund Freud, fundador da psicanálise. A maioria dos judeus, porém, perdeu seus bens e seus direitos políticos e civis.

Album/akg-images/Fotoarena

Família judaica usando a estrela discriminatória imposta pelo nazismo, em 1943.

CÁ ENTRE NÓS

A perseguição nazista fez outras vítimas além dos judeus. Os homossexuais foram considerados ameaça ao fortalecimento da "raça ariana". Cerca de 50 mil foram presos. Eram identificados com um triângulo rosa na roupa. Os ciganos eram perseguidos e considerados indesejáveis. Estima-se que ao menos 5 mil ciganos foram presos em campos de concentração. Já os Testemunhas de Jeová eram perseguidos porque se opunham a qualquer ideologia política. Eram identificados com um triângulo roxo nas roupas.

Voltando ao encontro dos ditadores

Vamos terminar o capítulo voltando ao encontro de Hitler com Mussolini em Roma, em maio de 1938. Nessa altura dos acontecimentos, a Alemanha nazista tinha superado o modelo fascista de Mussolini. Mas, como vimos no início, os dois regimes eram irmãos de sangue.

Aproximando os regimes

Faltavam apenas dois detalhes para selar esse casamento entre o nazismo e o fascismo:

» Hitler não admitia que o fascismo fosse tolerante com os judeus, como de fato era. A Itália deveria copiar a política antissemita da Alemanha. As coisas pareciam se inverter: Hitler, que havia copiado o modelo criado por Mussolini, agora exigia que Mussolini copiasse o seu modelo nazista de discriminação racial.

FIQUE DE OLHO

A vida é bela (Itália). Direção de Roberto Benigni, 1999. 117 min.

Levado a um campo de concentração nazista com seu filho por sua origem judaica, Guido recorre ao humor para proteger o menino dos horrores da prisão, convencendo-o de que se trata de um jogo.

1938: Itália invade Etiópia. Proclamação das Leis de Nuremberg.

1939: Alemanha e Itália assinam o Pacto de Aço.

» Hitler desejava uma aliança militar com a Itália. Exigia que a Itália auxiliasse a Alemanha no caso de uma guerra na Europa. Nova complicação, porque a Itália não estava preparada militarmente. Mas os alemães não queriam saber das limitações italianas. Queriam a guerra, arrastando os italianos para o seu lado.

Hitler conseguiu atingir os dois objetivos. Em 14 de julho de 1938, Mussolini iniciou sua campanha contra os judeus italianos. Foi publicado o **Manifesto da Raça**, assinado por professores fascistas, no qual a Itália se declarava tão racista quanto a Alemanha. Mussolini logo convenceu o rei a assinar as leis antissemitas.

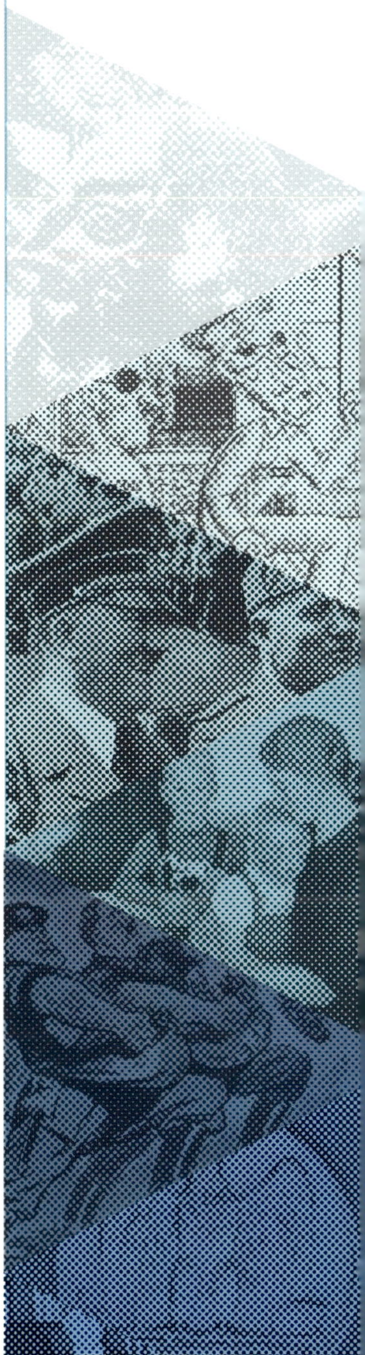

AO MESMO TEMPO

Militarismo japonês em ascensão

Enquanto Hitler e Mussolini se encontravam em Roma, em 1938, o Japão estava a um passo de instituir um regime autoritário e militarista. O expansionismo japonês vinha desde o início do século XX, após a rápida industrialização promovida pela Revolução Meiji, em 1868.

Em 1936, Japão e Alemanha firmaram um pacto contra a expansão do comunismo soviético no mundo. Em 1937, o Japão invadiu a China e dominou parte do país. A ascensão do primeiro-ministro Fumimaro Konoe, em 1940, ultranacionalista de direita, consolidou o militarismo no poder. No mesmo ano, já iniciada a Segunda Guerra Mundial, firmou o Pacto do Eixo com a Alemanha nazista e a Itália fascista.

Hulton-Deutsch Collection/Corbis/Getty Images

Assinatura do pacto anticomunista entre Japão e Alemanha em Berlim, Alemanha, 1936.

- Cite algumas características do regime político japonês comuns ao fascismo italiano e ao nazismo alemão.

PUXANDO PELA MEMÓRIA

Após o estudo do capítulo, você manteria sua resposta à pergunta da página 82?

Créditos das imagens de cima para baixo: Costa/Leemage/Agência France-Presse; The Bridgeman Art Library/Easypix; Leemage/Corbis/Getty Images; Album/akg-images/Fotoarena; Mary Evans Picture Library/Easypix; De Agostini/Getty Images; Hulton-Deutsch Collection/Corbis/Getty Images; Album/akg-images/Fotoarena.

Acervo Iconografia/Reminiscências

ROTEIRO DE ESTUDOS

O QUE APRENDEMOS?

1 | É possível dizer que a ascensão do fascismo, na Itália, e do nazismo, na Alemanha, foram resultados da Primeira Guerra Mundial?

2 | Qual foi o impacto da crise econômica de 1929 na expansão do fascismo e do nazismo?

3 | Qual era a posição dos regimes fascista e nazista diante dos valores democráticos e da existência de diversos partidos políticos?

4 | Nos anos 1920, Mussolini desprezava Hitler, líder do movimento que procurava copiar o fascismo, adaptando-o à situação alemã. No final dos anos 1930, isso se inverteu: foi o fascismo que passou a adotar práticas nazistas. Comente.

5 | Por que a ascensão do fascismo na Itália foi menos radical do que a ascensão do nazismo em relação aos regimes políticos vigentes nos dois países?

6 | As ditaduras fascista e nazista produziram uma cultura nacionalista extremada, valorizando certas tradições de seus países de origem. Qual dos regimes dava maior importância ao passado e qual regime destacava a preservação da raça? Justifique sua resposta.

7 | O que o deputado italiano Giacomo Matteotti tem a ver com a história do fascismo?

8 | Qual é a relação entre antissemitismo e nazismo?

9 | Por que a frase seguinte é falsa?

Apesar de a palavra **nazismo** ser uma abreviatura de nacional-socialismo, os nazistas nunca foram socialistas, pois desde o início combateram o bolchevismo russo.

10 | Por que a Etiópia, um país da África oriental, localizado ao sul do Egito, foi importante para o fascismo italiano?

PESQUISA

As Leis de Nuremberg, promulgadas pelo governo nazista em 1935, segregaram os judeus do restante da população alemã, suprimindo a sua cidadania e proibindo que se misturassem com os alemães considerados arianos puros.

A *Lei para a Proteção do Sangue e da Honra Germânicas*, nome oficial dessa legislação, foi logo aplicada a outros grupos não judeus.

- Além dos judeus, quais grupos os nazistas incluíram entre as raças inferiores? Pesquise.

IMAGENS CONTAM A HISTÓRIA

O nazismo moveu campanhas de todo tipo contra formas de expressão cultural que não se encaixavam nos ideais de um Estado forte, amante da guerra e inimigo dos judeus.

Em 1933, o ministro da Propaganda, Joseph Goebbels, organizou uma grande queima de livros, em várias universidades e praças, escritos por judeus ou defensores de valores considerados antigermânicos.

Em 1937, o mesmo ministro patrocinou exposições de pinturas consideradas "arte degenerada", isto é, arte decadente, contrária à beleza, ao espírito guerreiro e aos valores do povo alemão.

- Analisem, em grupos, os dois quadros abaixo e identifiquem qual deles exprime a arte valorizada pelo nazismo e qual representa o que os nazistas chamavam de "arte degenerada". Justifiquem a resposta.

Album/AKG-Images/Fotoarena

Família camponesa de Kalenberg, óleo sobre tela de Adolf Wissel, 1939. Governo da República Federal da Alemanha.

The Bridgeman Art Library/Easypix

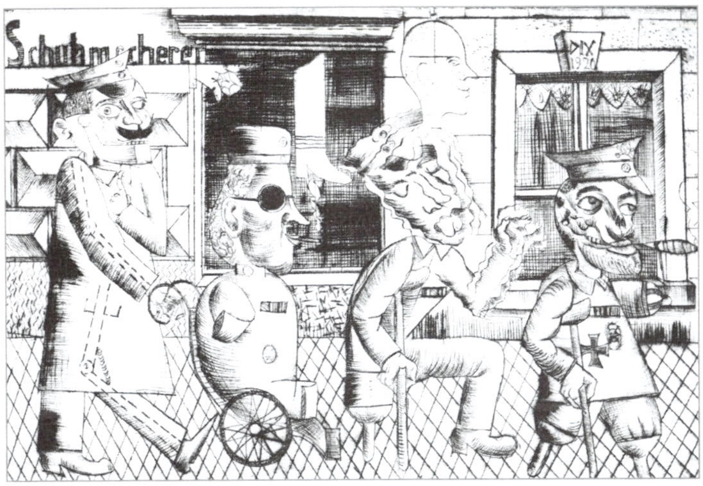

Mutilados de guerra, gravura de Otto Dix, 1920. Coleção particular.

O PASSADO PRESENTE

Entre os anos 1960 e 1970 surgiram diversos movimentos considerados neonazistas. Muitos autores concordam que a Inglaterra foi o berço desses movimentos, relacionando-os com facções como os *skinheads*, que raspavam a cabeça para dificultar a identificação policial. Grupos neonazistas do mundo inteiro adotaram a cabeça raspada como marca.

O primeiro partido considerado neonazista foi a *Frente Nacional*, criado na Inglaterra em 1967 para defender brancos anglo-saxões contra a imigração.

A expansão do neonazismo incorporou, em alguns casos, a adoção de símbolos (suástica) e elementos da doutrina nazista, como a homofobia, a xenofobia e o antissemitismo.

No caso do Brasil, o neonazismo surgiu na década de 1980 nos estados da região Sul e espalhou-se pelo Sudeste. Diversos movimentos urbanos adotaram o nome de *Carecas*.

A antropóloga Adriana Dias fez estudo para mapear os neonazistas do Brasil e estimou que eram, em 2013, cerca de 100 mil. Esse número corresponde a menos de 0,05% da população brasileira.

Diversos crimes de ódio cometidos no Brasil têm ligação com gangues neonazistas. As vítimas mais visadas são os homossexuais e os afrodescendentes. Tais grupos também hostilizam os brasileiros que migraram do Nordeste para trabalhar no Sul e no Sudeste.

Xenofobia: ódio ou aversão aos estrangeiros.

Crime de ódio: crime movido pelo preconceito de raça, religião, orientação sexual ou nacionalidade.

- Considerando as características do nazismo original, discutam, em grupos, até que ponto é correto definir como neonazista esse tipo de movimento.

Após derrotarem tropas alemãs na cidade de Cassino, na Itália, em 1º de maio de 1943, soldados britânicos e sul-africanos mostram a bandeira nazista como troféu de guerra.

Carl Mydans/Time Life Inc/Getty Images

CAPÍTULO 6

A SEGUNDA GUERRA MUNDIAL

A Segunda Guerra Mundial foi o maior conflito de todos os tempos. Envolveu mais de 70 países, 100 milhões de soldados e cerca de um trilhão de dólares.

Países liberais-democráticos, como Estados Unidos e Reino Unido, países comunistas, como a União Soviética, e países de regimes autoritários, como o Brasil, uniram-se para enfrentar o militarismo e o expansionismo do nazismo alemão, do fascismo italiano e do Japão imperial.

Estima-se que o número de mortos esteja entre 50 milhões e 60 milhões de indivíduos. Boa parte dessas pessoas não morreu em campo de batalha. Eram civis de várias idades, desde bebês até idosos.

Milhões morreram em bombardeios aéreos, fuzilados por tropas de ocupação, asfixiados em câmaras de gás ou pulverizados, como no Japão, por uma das mais poderosas armas já inventadas no planeta: a bomba nuclear.

PUXANDO PELA MEMÓRIA

Você sabe que bomba foi essa mencionada no texto ao lado? Quem a lançou? Onde exatamente foi jogada?

Créditos das imagens de cima para baixo: Rue des Archives/Granger/Fotarena; Culture Club/Getty Images; Coleção Shlomo Perel, Museu Memorial do Holocausto, Colúmbia, EUA; Granger/Fotoarena; Photo12/UIG/Getty Images; Reprodução/Museu Nacional Centro de Arte Rainha Sofia, Madri.

1935: Komintern aprova frentes populares no mundo contra a ascensão dos regimes fascistas.

Dois personagens (in)comuns

Vamos iniciar este capítulo com dois rapazes que sofreram muito na Segunda Guerra Mundial. Um era italiano e o outro, alemão. Ambos judeus. Nenhum deles figura com destaque nos livros sobre a história da Segunda Guerra Mundial. Eles foram pessoas comuns que se tornaram exemplos das tragédias que marcaram o conflito.

Primo e Solomon

Primo Levi nasceu em Turim, cidade industrial italiana, em 1919, mesmo ano em que Mussolini fundou o Partido Fascista. Era de família judia, mas seus pais não eram religiosos. Primo mal conhecia o judaísmo. Estudou química e se formou em 1941, apesar das leis antissemitas aprovadas na Itália em 1938. Seu diploma foi carimbado com uma indicação: judeu.

Já Solomon Perel nasceu em Peine, Alemanha, no ano de 1925. Era de família de classe média alemã que seguia o judaísmo. Em 1935, a família se mudou para a Polônia, fugindo das leis antissemitas do nazismo. Mas a Polônia acabou invadida pelos alemães em 1939. Solomon fugiu outra vez. Sua família não conseguiu.

A guerra provocou uma tremenda reviravolta na vida desses rapazes. Embora ela tenha afetado a todos, cada um sofreu de maneira própria. Vamos ver como ela começou?

Rue des Archives/Granger/Fotarena

Retrato do jovem Primo Levi em Turim, na Itália, em 1940. Coleção particular.

Fotografia de Solomon Perel quando jovem em Brunsvique, na Alemanha, em 1943. Museu Memorial do Holocausto, Washington, Estados Unidos.

Coleção Shlomo Perel, Museu Memorial do Holocausto, Colúmbia, EUA.

CÁ ENTRE NÓS

A Alemanha assinou com o Japão, em 1936, o **Pacto Anti--Komintern**. A Itália fascista só aderiu no ano seguinte. O Komintern reunia as lideranças dos partidos comunistas de todo o mundo e estava sob forte influência da URSS. O Pacto foi uma reação ao VII Congresso da Internacional Comunista realizado em 1935 na capital soviética, Moscou, que recomendou a formação de frentes populares agregando socialistas e democratas contra os regimes fascistas.

Os nazistas começam a guerra

A Alemanha nazista queria guerra. Desde que assumiu o governo, Hitler estimulou o rearmamento do país. Inglaterra e França preferiram ignorar as intenções alemãs, pois viam nos regimes fascista e nazista uma barreira contra o expansionismo soviético na Europa.

As democracias da Europa não perceberam que aquelas ditaduras, sobretudo a alemã, também poderiam se voltar contra elas. Hitler e Mussolini detestavam tanto o comunismo quanto a democracia. Os líderes das democracias ocidentais erraram o cálculo.

Ensaio da guerra

Entre 1936 e 1938 a Alemanha jogou uma "guerra diplomática". Avançava sem disparar um tiro. Os governos da Inglaterra e da França foram tolerantes com as reivindicações territoriais alemãs. Hitler defendia que a Alemanha precisava de um *espaço vital* para crescer, a começar pelos territórios com a população de maioria alemã pertencentes a outros países europeus.

O primeiro passo foi ocupar a região da Renânia, na fronteira com a França, em 1936. Ninguém reclamou, nem os franceses. Em março de 1938, os alemães anexaram a Áustria, depois de grande polêmica.

Na **Conferência de Munique**, que também ocorreu em 1938, Hitler contou com o apoio de Mussolini para convencer os franceses e ingleses a aceitar a ocupação dos Sudetos, região da Tchecoslováquia habitada por alemães.

O ministro inglês, Neville Chamberlain, voltou de Munique para Londres proclamando que a paz estava garantida. Errou feio! Em março de 1939, a Alemanha ocupou a Boêmia e a Morávia. Inglaterra e França apenas protestaram. Nem a Liga das Nações impediu.

Anexações territoriais da Alemanha (1936-1939)

Ericson G. Luciano/Arquivo da editora

Fonte: elaborado com base em DUBY, Georges. *Atlas historique mondial*. Paris: Larousse, 2006. p. 92.

A Guerra Civil Espanhola

Nas eleições de 1936 na Espanha, as esquerdas participaram do governo republicano. Grupos conservadores que apoiavam o fascismo e o nazismo provocaram uma guerra para restaurar a monarquia.

Liderados pelo general Francisco Franco e apoiados por alemães e italianos, os nacionalistas venceram a guerra civil em 1939. Inglaterra e França não ajudaram o governo republicano espanhol, favorecendo a expansão alemã.

Guernica, óleo sobre tela de Pablo Picasso, 1937. A obra é uma representação do bombardeio alemão na cidade espanhola de Guernica, na época sob domínio dos republicanos. Centro Nacional de Arte Rainha Sofia, Madri, Espanha.

A guerra começa na Polônia

Em agosto de 1939, Alemanha e URSS celebraram um pacto de não agressão. Como assim? A Alemanha nazista não era anticomunista?

Alemães e soviéticos ambicionavam a Polônia. De acordo com uma cláusula secreta do tratado, os nazistas tomariam a maior parte do país, deixando o leste polonês para os soviéticos. Os alemães, então, invadiram a Polônia em 1º de setembro de 1939.

Somente então a Inglaterra e a França resolveram declarar guerra à Alemanha. Assim começou a Segunda Guerra Mundial.

Solomon e Primo em 1939

Quando a guerra começou, em 1939, o menino Solomon Perel, um dos nossos personagens, fugiu com o irmão mais velho, Isaque, para o leste. Na confusão da fuga, Solomon separou-se do irmão e caiu em poder dos soviéticos. Era um jovem de apenas 14 anos, estava só e não falava russo.

O início da guerra foi menos tumultuado para Primo Levi, nosso outro personagem. Ele continuou estudando na Universidade de Turim. As leis antissemitas italianas custaram a pegar... Além disso, a Itália só entrou para valer na guerra em 1940.

O avanço nazista

Os alemães arrasaram a Polônia e logo iniciaram a perseguição aos judeus do país. Confiscaram seus bens e obrigaram todos a se mudar para bairros cercados por muralhas – os guetos. As condições eram péssimas.

O resto da família de Solomon Perel foi obrigado a se mudar para um gueto na cidade de Lodz. Seu pai morreu ali mesmo. Sua mãe e sua irmã foram, mais tarde, eliminadas, como quase todos os judeus dos países ocupados.

Guetos: bairros destinados aos judeus nas cidades conquistadas pela Alemanha.

A queda da França

Em abril de 1940, os alemães ocuparam a Noruega e a Dinamarca e passaram a controlar o mar do Norte. Em maio, eles lançaram a ofensiva na parte ocidental do continente europeu. Tomaram a Holanda e a Bélgica, atropelando a neutralidade desses países. Atravessaram as colinas das Ardenas, que se estendem da Alemanha à França, passando pelos Países Baixos.

Em pouco tempo invadiram a França. A Inglaterra enviou tropas para ajudar os franceses, mas até aquele momento o exército alemão era imbatível. A força aérea alemã, a Luftwaffe, foi decisiva para a nova tática militar alemã: a arrasadora guerra relâmpago (*blitzkrieg*).

Em 14 de junho, os alemães tomaram Paris. O governo francês, chefiado pelo marechal Pétain, fugiu para o sul. Em 22 de junho, França e Alemanha assinaram um tratado humilhante para os franceses: todo o norte do país, inclusive Paris, ficou sob ocupação alemã. O governo francês foi transferido para a cidade de Vichy e ficou com o sul do país, chamado de "zona livre" (que de livre não tinha nada), além de administrar as colônias.

A invasão da França (1940)

Fonte: elaborado com base em KINDER, Hermann; HILGEMANN, Werner. *Atlas histórico mundial*: de la Revolución Francesa a nuestros días. Madri. Istmo, 1985. p. 220.

1939: Alemanha anexa a Áustria e a região dos Sudetos na Tchecoslováquia.

A Itália entra em cena

Foi somente em 10 junho de 1940 que a Itália entrou na guerra ao lado dos alemães. Esperou até o último minuto: quatro dias antes da queda de Paris. Mas o sucesso militar dos alemães fortaleceu a posição de Mussolini contra os que preferiam ver a Itália fora da guerra. A posição do *Duce* era clara: como evitar uma guerra que já estava ganha? Ou a Itália entrava na guerra ou todas as conquistas seriam alemãs!

A Itália foi incumbida de controlar o Mediterrâneo: invadir o norte da África e os países do sul europeu hostis às ditaduras europeias. Os italianos atacaram a Albânia, a Grécia e o norte africano. Na África o objetivo era marchar da Líbia ao Egito para conquistar o Canal de Suez, além de garantir o acesso às reservas de petróleo na região, sobretudo na Líbia.

O desempenho militar dos italianos na guerra foi desastroso. Bem que alguns ministros do fascismo tinham dito que o país não estava preparado. Os italianos não conquistaram nada. Na África, esbarraram nos britânicos. No sul da Europa perderam para exércitos pequenos, como o grego.

Ao longo de 1941, a Alemanha teve que intervir nas regiões onde a Itália fracassou. O exército italiano passou para o comando alemão. Mussolini perdeu prestígio. Foi o início de sua queda como *Duce* da Itália fascista.

Charge representando a situação política da Itália nos primeiros anos da Segunda Guerra Mundial. Biblioteca do Congresso, Washington D.C., Estados Unidos.

Photo12/UIG/Getty Images

DOCUMENTO

Mussolini declara guerra

Em famoso comício em 1940, Mussolini declarou guerra contra França e Inglaterra. Leia a seguir:

> A hora marcada pelo destino soou no céu da nossa pátria. A hora da decisão é irrevogável. A declaração de guerra foi já entregue aos embaixadores da Grã-Bretanha e da França. Defrontamos no campo da batalha a democracia plutocrática e reacionária do Ocidente, que sempre entravou a marcha e muito frequentemente atentou contra a existência do povo italiano [...].
>
> Benito Mussolini, 10 de junho de 1940. *Jornal do Brasil*. n. 135, 11 de junho de 1940. p. 7.

1 | Por que Mussolini caracteriza as democracias do ocidente como "plutocráticas e reacionárias"? Pesquise no dicionário o significado desses termos.

2 | Como interpretar a imagem acima de Mussolini e Hitler juntos? É possível relacioná-la ao documento lido? Justifique.

1940: O exército comandado pelo general Franco vence a guerra civil na Espanha. Pacto Moscou--Berlim de não agressão. Alemanha e URSS invadem a Polônia.

A batalha da Inglaterra

Vencendo a França, a Alemanha consolidou seu domínio sobre a parte continental da Europa ocidental. Os demais países da região eram neutros, como a Suíça e a Suécia, ou simpatizantes dos regimes totalitários. A Turquia, no Mediterrâneo, também ficou neutra, depois da surra levada na Primeira Guerra. A Itália, enfim, era a principal aliada dos alemães.

Somente os britânicos continuaram na guerra contra a Alemanha. Com muito esforço tinham conseguido retirar suas tropas da França, em Dunquerque, em junho de 1940. Até navios pesqueiros foram usados para resgatar os soldados britânicos. Contaram, porém, com grande apoio dos Estados Unidos, que, embora ainda fossem neutros, enviaram armas, alimentos e matérias-primas para a indústria britânica. Os navios estadunidenses foram diversas vezes afundados pelos submarinos alemães no Mar do Norte.

Mas os alemães estavam decididos a invadir a Grã-Bretanha. Como o país está localizado em um arquipélago, a invasão era mais complicada. Os alemães chamaram a operação de *Leão Marinho*, mas o sucesso dela dependia do combate aéreo. A guerra foi travada nos ares entre a *Luftwaffe* alemã e a Força Aérea Real (RAF) britânica. Diversas cidades inglesas foram bombardeadas entre 1940 e 1941, incluindo Londres. Os britânicos resistiram aos ataques alemães e deram o troco bombardeando Berlim. Hitler resolveu adiar a conquista da Inglaterra para dias melhores.

OUTRAS HISTÓRIAS PERSONAGENS

Winston Churchill

O primeiro-ministro Winston Churchill, do Partido Conservador, foi quem liderou a resistência britânica. Antes da guerra ele alertou para o perigo do rearmamento alemão e criticou a política covarde das democracias ocidentais diante de Hitler. Durante a guerra, manteve o moral da população elevado com seus discursos diários na rádio e no Parlamento.

Culture Club/Getty Images

O primeiro-ministro britânico Winston Churchill fazendo o símbolo de vitória com os dedos, Londres, Inglaterra. Fotografia de 1943.

- Em suas *Memórias da Segunda Guerra Mundial*, Churchill afirmou que os britânicos ficaram sozinhos e isolados nessa fase da guerra. Até que ponto essa avaliação é verdadeira?

Invasão da URSS

A invasão da URSS se incluía no projeto de expansão alemã em busca de territórios a leste. Os nazistas desejavam as riquezas naturais do território soviético, sobretudo matérias-primas para a indústria.

Mas o objetivo declarado da campanha alemã contra a URSS era destruir o comunismo soviético. Hitler assinou pacto de não agressão com Stalin sabendo que ele seria rompido. Stalin foi surpreendido pela invasão alemã. Quando começou a invasão à União Soviética, o poderio nazista estava no apogeu.

Em 22 de junho de 1941 teve início a operação *Barbarossa*, que mobilizou mais de 4 milhões de soldados e 600 mil veículos de vários tipos, distribuídos em três frentes de combate (norte, centro e sul).

Os nazistas logo chegaram às portas de Moscou, depois de capturarem milhões de soldados russos. A ordem era matar não só militares, como também os civis que se opusessem aos alemães.

Um documento do exército alemão não deixa dúvida sobre suas intenções:

> O bolchevismo é o inimigo mortal da Alemanha nacional-socialista, e a luta da Alemanha é dirigida contra essa ideologia e seus simpatizantes. A partir de agora, todos os homens operando contra tropas alemãs, mesmo se não estiverem uniformizados, armados ou não, em combate ou em fuga, devem ser aniquilados até o último homem...
>
> Ordem sobre leis marciais na área da Operação Barbarossa e medidas especiais para as tropas. In: *Führer Directives* (Diretivas do Führer), v. I, p. 173-74. Assinada pelo Chefe do Alto-Comando alemão, general Alfred Jodl.

CÁ ENTRE NÓS

A guerra também chegou ao norte da África. Os alemães venceram batalhas seguidas na região e empurraram os ingleses até a fronteira egípcia, em 1941. Assim surgiu a fama do *Afrika Korps* e do seu comandante, o marechal Erwin Rommell. Os alemães só foram detidos em julho de 1942, no Egito.

Solomon Perel, um judeu a serviço da Alemanha nazista

Quando a Alemanha invadiu a URSS, lá estava Solomon Perel, o menino judeu que tinha fugido da Polônia. Entre 1939 e 1941, ele estudou em um orfanato comunista, aprendeu russo e sabia de cor os valores bolcheviques. Transformou-se em um seguidor de Stalin, o grande líder soviético.

Com a chegada dos alemães, Solomon fugiu do orfanato, mas logo caiu prisioneiro dos nazistas. Nascido e criado na Alemanha, falava a língua muito bem e convenceu seus captores de que era um órfão alemão de origem ariana.

Solomon colaborou como intérprete dos alemães. Identificou um filho de Stalin entre os prisioneiros soviéticos e virou herói de guerra. Solomon escondeu sua origem judaica e ninguém duvidou de que era um alemão de "sangue puro".

Solomon foi então enviado para a Alemanha para receber educação nazista e ingressou na juventude da SS. Uma situação absurda, mas real: um rapaz judeu jurou fidelidade a Hitler! Como não possuía documentos, disse que se chamava Josef Perjell. Foi assim que ingressou na Juventude Hitlerista.

FIQUE DE OLHO

Os meninos que enganavam nazistas (França/Canadá/República Tcheca). Direção de Christian Duguay, 2017. 114 min.

Em uma família judaica, o pai decide que a separação da família é a melhor alternativa para escapar da perseguição dos nazistas. Dois filhos, ainda meninos, passam por muitas dificuldades até a família se reencontrar ao final da guerra. Filme baseado em história real.

1942: Inglaterra resiste à ofensiva alemã. Avanço alemão na África. Alemanha ataca a URSS. Japão ataca Pearl Harbour. Estados Unidos entram na guerra.

A guerra no Extremo Oriente

Em dezembro de 1941, o Japão bombardeou, sem aviso, a base naval dos Estados Unidos de Pearl Harbor, no oceano Pacífico. Centenas de pessoas morreram, entre soldados e civis.

O Japão, aliado da Alemanha, conquistou boa parte da China em 1937. O objetivo era dominar o Sudeste Asiático para garantir fontes de alimentos e matérias-primas.

A partir de 1941, o exército japonês conquistou várias ilhas do oceano Pacífico, a Indonésia e Cingapura. Foi por conta da agressão japonesa que os Estados Unidos entraram no conflito.

FIQUE DE OLHO

BERTONHA, J. Fábio. *A Segunda Guerra Mundial*. 3. ed. São Paulo: Atual, 2010.

Aprofunde seus conhecimentos sobre a história do conflito que mobilizou 72 países, 110 milhões de soldados e provocou cerca de 55 milhões de mortes.

A expansão japonesa no Pacífico

Ericson G. Luciano/Arquivo da editora

Fonte: elaborado com base em KINDER, Hermann; HILGEMANN, Werner. *Atlas histórico mundial*: de la Revolución Francesa a nuestros días. Madri. Istmo, 1985. p. 238.

Aliados viram o jogo

Apesar do sucesso inicial, a invasão da União Soviética empacou. Os alemães não tomaram Moscou e foram pegos pelo rigoroso inverno russo de 40 graus celsius negativos.

Hitler mudou de estratégia. Em vez de tomar Moscou, planejou invadir a região do rio Volga, no centro da Rússia, para conquistar as reservas de petróleo do Cáucaso. Em junho de 1942, um exército gigantesco marchou na URSS. As vitórias alemãs só foram espetaculares no início.

A HISTÓRIA NÃO ESTÁ SOZINHA

Geografia

A Geografia é muito importante para a História, pois permite compreender melhor as estratégias e operações militares em diversos conflitos. A **geografia econômica** permite entender a razão da escolha de certos alvos militares, como o acesso aos recursos minerais, agrícolas e industriais dos países ou regiões.

Durante a Segunda Guerra Mundial, diversas operações militares alemãs foram motivadas pelos recursos econômicos das regiões atacadas. Em outros casos, as operações se deveram a motivos estratégicos, como abrir o caminho para a conquista. Há operações em que esses motivos se combinaram.

Operações militares alemãs entre 1940 e 1943

Ericson G. Luciano/Arquivo da editora

Fontes: elaborado com base em DUBY, Georges. *Atlas historique mondial*. Paris: Larousse, 2006. p. 50-51; CALDINI, Vera; ÍSOLA, Leda. *Atlas geográfico Saraiva*. São Paulo: Saraiva, 2013. p. 117.

(1) Cáucaso, região da Batalha de Stalingrado, em 1942-43 às margens do rio Volga.

(2) Ardenas, nos Países Baixos, utilizada pelos alemães para invadir a França em 1940.

(3) Norte africano, onde alemães e italianos combateram os ingleses desde 1941.

(4) Apeninos, barreira natural utilizada pelos alemães na Itália, em 1943.

- Analisem, em grupos, o mapa acima e, com base nas informações do capítulo, identifiquem quais operações se relacionam sobretudo com as características geográficas das regiões atacadas e quais têm que ver somente com estratégias militares. Justifiquem a resposta.

Stalingrado

O cerco a Stalingrado foi a principal batalha da Segunda Guerra Mundial. Durou meses, com alemães e soviéticos disputando palmo a palmo a cidade. Hitler anunciou várias vezes na rádio que a conquista de Stalingrado era questão de dias.

Nada disso. Nem a força do exército alemão, reforçada por italianos, romenos, húngaros e até espanhóis, conseguiu dobrar os soviéticos. Em janeiro de 1943, cercados, os alemães se renderam. Foi a primeira grande derrota do exército alemão.

Solomon Perel, então com 18 anos, chorou, como a maioria dos alemães, ao ouvir no rádio a notícia da derrota alemã. Embora judeu, torcia pela vitória alemã. Já não sabia mais exatamente quem era, nem qual dos seus nomes era verdadeiro: Solomon Perel ou Josef Perjell?

OUTRAS HISTÓRIAS LUTAS SOCIAIS

O levante do gueto de Varsóvia

Em 1943, percebendo que as deportações para os campos de concentração cresciam, jovens judeus do gueto de Varsóvia, na Polônia, decidiram enfrentar os nazistas. Eles começaram uma guerrilha dentro do gueto, roubando armas dos soldados alemães e fabricando bombas caseiras. O levante durou cerca de um mês.

O gueto foi inaugurado em novembro de 1941, erguendo-se um muro que segregava os judeus do restante dos habitantes da cidade. Chegou a abrigar cerca de 400 mil pessoas vivendo em péssimas condições. Quando a revolta estourou, restavam cerca de 55 mil judeus no gueto. As casas do bairro judeu eram superlotadas. Muitos morreram de doenças, sobretudo tifo, ou de fome.

US National Archives/Alamy/Fotoarena

Judeus são removidos do gueto de Varsóvia por soldados da SS durante revolta de maio de 1943.

- Discuta com os colegas: podemos afirmar que todos os judeus foram submissos com relação às situações impostas pelos nazistas? Justifique a sua opinião.

Itália invadida, Mussolini cai

Com a vitória na África quase garantida, o exército Aliado – que passou a contar com tropas estadunidenses – partiu para a Itália. Primeiro, as tropas invadiram a Sicília, ao sul, e depois a península. Em 1943, já bombardeavam campos e cidades italianas.

Mussolini caiu em desgraça. A população perdeu a paciência com o *Duce* e muitos passaram a odiá-lo. Os ministros contrários à guerra tentaram forçar Mussolini a fazer um pacto de paz com os Aliados, abandonando a Alemanha. O *Duce* se recusou.

Em julho de 1943, o rei demitiu Mussolini. Na saída do palácio, ele foi preso e levado para Abruzos, nos Alpes.

Em quase toda a Itália, estátuas do *Duce* foram derrubadas e seus retratos queimados em praça pública. Os italianos saíram da guerra. A Alemanha reagiu, invadiu a Itália, tomou Roma e montou a defesa nos Apeninos: a **Linha Gótica**.

FIQUE DE OLHO

ANGLADA, Maria Angels. *O violino de Auschwitz*. Rio de Janeiro: Globo, 2009.

Esse romance conta a história de Daniel, um judeu prisioneiro de um campo de concentração nazista obrigado a fazer o melhor violino de todos os tempos, sem saber que sua vida dependia da tarefa.

Fototeca Gilardi/Hulton Archive/Getty Images

Na cidade italiana de Turim, em 25 julho 1943, o povo arrasta o busto de Mussolini pelas ruas.

A resistência italiana ao nazismo

A participação dos guerrilheiros italianos foi, então, sensacional. Ficaram conhecidos como *partigiani*, isto é, partidários da Itália livre. Eram todos antifascistas, com destaque para os comunistas. Nosso personagem, Primo Levi, então com 23 anos, ingressou na brigada Movimento Justiça e Liberdade. Esse grupo atacava trens alemães e destruía seus arsenais.

Ainda em 1943, a brigada de guerrilheiros onde servia Primo Levi caiu prisioneira dos alemães. Descoberta sua origem judaica, Primo foi enviado ao mais terrível campo de concentração nazista: Auschwitz, na Polônia.

Estranho destino o de nossos personagens. Solomon Perel, criado como judeu, agora servia à SS. Primo Levi, que nunca se sentiu judeu, foi assim considerado pelos alemães e penava em um campo de concentração.

O Dia D na Normandia

A situação alemã piorou de vez quando um enorme exército, comandado por britânicos e estadunidenses, invadiu o norte da França. Foi o famoso **Dia D**, em 6 de junho de 1944.

Comandada pelo general estadunidense Dwight Eisenhower, foi a maior operação militar de desembarque de tropas na história europeia. Adiada do dia 5 para a manhã seguinte, em razão do mau tempo, mais de 150 mil soldados e cerca de 50 mil veículos foram transportados para a nova frente. O exército alemão, composto de 50 mil soldados naquela região, não resistiu.

Meses depois, em 25 de agosto, os Aliados tomaram Paris. A abertura da nova frente de guerra foi fatal para os alemães, que ainda combatiam na Itália e no Leste Europeu. A derrota deles era uma questão de tempo.

A guerra no Pacífico

No primeiro ano após sua entrada na guerra, os Estados Unidos sofreram várias derrotas, mas também reagiram na guerra contra o Japão. A virada começou na batalha naval de Midway, em junho de 1942, na qual boa parte da marinha japonesa foi destruída. Em 1944, os EUA invadiram locais estratégicos da defesa japonesa, como as ilhas de Guadalcanal (no Arquipélago das Ilhas Salomão) e Iwo Jima.

A ofensiva estadunidense no Pacífico (no Arquipélago das Ilhas Salomão)

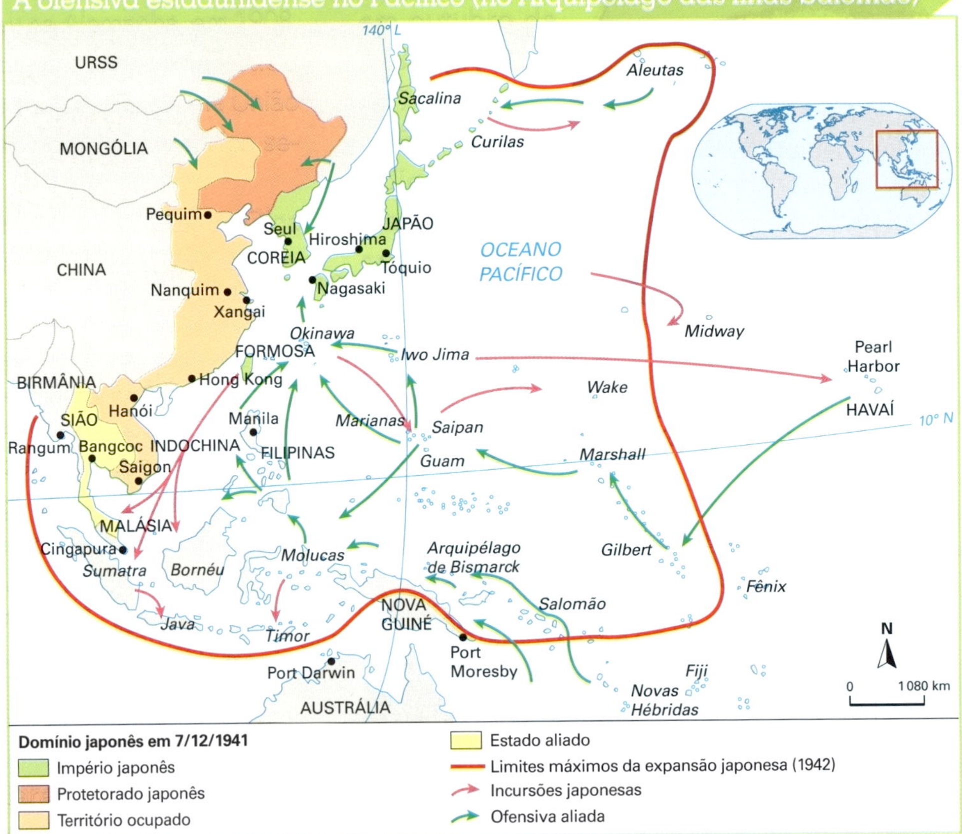

Ericson G. Luciano/Arquivo da editora

Fonte: elaborado com base em ARRUDA, José Jobson de. *Atlas histórico básico*. São Paulo: Ática, 2009. p. 31; KINDER, Hermann; HILGEMANN, Werner. *Atlas histórico mundial*. Madrid: Istmo, 1982. p. 238.

Holocausto

Desde que chegaram ao poder, em 1933, os nazistas transformaram a propaganda antijudaica do partido em política de Estado. As Leis de Nuremberg, decretadas em 1935, dão exemplo dessa segregação, quando foram proibidos os casamentos e as relações extraconjugais entre judeus alemães e alemães de "sangue ariano".

Iniciada a guerra, foram comuns os massacres de judeus, sobretudo no Leste Europeu. Na URSS, por vezes comunidades inteiras eram fuziladas à medida que os alemães avançavam no território. No entanto, considerando ser necessário um sistema de eliminação em grande escala, o poder nazista resolveu pôr em prática uma política mais ambiciosa e de extermínio. O primeiro passo para o extermínio sistemático dos judeus foi tomado em uma reunião secreta em janeiro de 1942, quando foi decidida a Solução Final para o problema judaico.

Desde meados de 1942, cresceram as deportações de judeus para os campos da morte, onde eram eliminados em câmaras de gás e depois cremados. Essa política foi praticada não só no Leste Europeu, como também nos países ocidentais invadidos pelos nazistas, como a França, a Holanda e Itália, antes aliada.

Ao perceberem que perderiam a guerra, os nazistas endureceram contra os judeus. Estavam dispostos a vencer, pelo menos, a sua "guerra racial". Em 1944, a máquina de genocídio nazista chegou ao apogeu.

No final de 1944, quando a derrota militar era certa, a matança era diária. O principal campo foi em Auschwitz, na Polônia, que hoje abriga um memorial visitado por milhares de pessoas anualmente.

Cerca de seis milhões de judeus morreram nas mãos dos nazistas. Os judeus chamaram essa tragédia de holocausto, *shoah* (em hebraico) ou genocídio.

Primo Levi escapou por pouco de ser assassinado na câmara de gás. Ficou trabalhando como "escravo" em Auschwitz. Os soviéticos libertaram Auschwitz em janeiro de 1945. Primo sobreviveu? Suspense...

CÁ ENTRE NÓS

Assim que desembarcavam dos trens, os judeus eram submetidos a uma triagem. Os mais fortes eram destinados a trabalhos forçados. Idosos, crianças e doentes eram logo enviados às câmaras de gás. Casos excepcionais eram enviados para experiências médicas, como gêmeos e anões. Quase sempre morriam.

Em 1945, terminada a guerra, foram divulgadas notícias e imagens aterradoras sobre os campos nazistas de extermínio, que alguns definiram como "fábricas de morte".

Homofóbico: pessoa que tem aversão à homossexualidade (homofobia).

O QUE HÁ NA IMAGEM?

Como vimos no capítulo anterior, os homossexuais também foram muito perseguidos pelos nazistas, pois eram considerados uma ameaça ao "fortalecimento da raça alemã". Cerca de 50 mil foram presos e parte deles foi assassinada nos campos da morte nazistas. É possível afirmar que a perseguição aos homossexuais indica atitudes homofóbicas do regime nazista?

Anthony Potter Collection/Getty Images

Homossexuais com triângulo rosa na roupa em campo de concentração próximo a Berlim. Fotografia de Anthony Potter, 1938.

CÁ ENTRE NÓS

Quando a derrota nazista na URSS parecia certa, as três grandes potências Aliadas se reuniram para desenhar o mundo pós-guerra. Churchill, Stalin e Roosevelt realizaram a Conferência de Teerã, no Irã, no fim de 1943. Suas principais decisões foram: invadir a França pela Normandia, ao norte, e reconhecer o direito soviético de ocupar algumas regiões do leste europeu.

As **Conferências de Yalta**, na Crimeia, URSS, e **Potsdam**, na Alemanha, ambas em 1945, dividiram a Alemanha em zonas de controle inglês, estadunidense, francês e soviético. O mesmo foi decidido para Berlim. Foram também aprovadas a desmilitarização e a democratização da Alemanha.

A vitória dos Aliados

Meses após a grande derrota de Stalingrado, os alemães tentaram um contra-ataque que mobilizou a maior parte de recursos humanos e materiais da máquina militar do país: a operação Cidadela.

Derrotados novamente, os alemães passaram a uma posição defensiva cada vez mais difícil de sustentar. Em 1943, perderam várias posições na URSS. Em 1944, os soviéticos tomaram a iniciativa, libertaram seu território e partiram para conquistar a Alemanha.

No sul da Europa, os Aliados seguiam firme na retomada da Itália, desde 1943, auxiliados pelos guerrilheiros italianos. Ultrapassaram a Linha Gótica e tomaram Roma em junho de 1944.

Na frente ocidental, após a invasão da Normandia, em junho de 1944, os alemães recuaram. Tentaram uma contraofensiva em grande escala nos Países Baixos, no inverno de 1945, mas foram derrotados. A guerra estava perdida para os alemães, o nazismo agonizava.

A invasão de Berlim

Em abril de 1945, a Alemanha estava cercada. O exército nazista não resistiu a tantas frentes de combate e foi recuando. O leste do país foi invadido pelos soviéticos, e o oeste pelos Aliados ocidentais.

Os soviéticos invadiram Berlim em 25 de abril de 1945. Hitler se recusou a fugir. Cometeu suicídio cinco dias depois, junto com Eva Braum, com quem havia se casado no dia anterior. Ordenou que seu corpo fosse cremado. Em 7 de maio, a Alemanha se rendeu aos Aliados.

Em 27 de abril de 1945, Mussolini tentou fugir da Itália, mas foi capturado. Preso com sua amante, Clara Petacci, ambos foram fuzilados e tiveram seus corpos expostos em uma praça de Milão.

A vitória dos Aliados teve dois grandes vencedores: de um lado, as democracias ocidentais; de outro, o comunismo soviético. O palco da Guerra Fria estava pronto.

Solomon (ou Josef) lutou na defesa de Berlim. Escondendo sua identidade judaica, lutou como soldado alemão. O que aconteceu com ele? Suspense...

Bomba no Japão

O fim da guerra no Japão foi o mais trágico possível.

Inconformados com a ação dos *kamikaze*, e temerosos de que a URSS invadisse o Japão, os EUA radicalizaram. Resolveram usar uma arma que vinham construindo há tempos: uma bomba nuclear de destruição em massa.

Em 6 de agosto de 1945, lançaram a bomba sobre a cidade de Hiroshima. Cerca de 150 mil pessoas morreram. Os EUA lançaram, então, outra bomba atômica sobre Nagasaki, em 8 de agosto: 80 mil mortos. Temendo outra tragédia, o Japão se rendeu.

QUE HÁ NA IMAGEM?

Discutam em grupos em que medida o lançamento das bombas atômicas sobre as cidades japonesas de Hiroshima e Nagasaki pode ser considerado crime contra a humanidade.

Hulton Archive/Getty Images

Ruínas da cidade de Hiroshima, no Japão, após a detonação da bomba atômica, em agosto de 1945.

Sobreviventes?

Voltemos a Primo Levi e Solomon Perel para acabar com o suspense. Ambos sobreviveram à guerra.

Primo, muito doente, quase morreu depois de libertado de Auschwitz. Quando voltou à Itália, mais tarde, retomou a carreira de químico e escreveu livros sobre os horrores de Auschwitz.

Solomon Perel foi capturado pelos estadunidenses após a queda de Berlim. Deu sorte, pois, se caísse em mãos soviéticas, seria fuzilado. Reencontrou o irmão Isaque em Munique. Migrou para Israel e lutou no exército israelense. Tornou-se escritor.

Solomon completou 93 anos em 2018. Primo Levi morreu em 1987, aos 68 anos. Caiu do terceiro andar do edifício onde morava, em Turim. Muitos acham que foi suicídio.

Associated Press/Glow Images

Primo Levi, escritor já consagrado, em 1984.

Drescher/Ullstein Bild/Getty Images

Solomon, acima, em fotografia recente, publicou suas memórias: *Eu fui Solomon, da Juventude Hitlerista.*

PUXANDO PELA MEMÓRIA

Após o estudo do capítulo, você manteria sua resposta à pergunta da página 98?

Créditos das imagens de cima para baixo: Coleção Shlomo Perel, Museu Memorial do Holocausto, Colúmbia, EUA; Photo12/UIG/Getty Images; Culture Club/Getty Images; Rue des Archives/Granger/Fotarena; Granger/Fotoarena; Reprodução/Museu Nacional Centro de Arte Rainha Sofia, Madri; SPL/Fotoarena; Drescher/Ullstein Bild/Getty Images.

ROTEIRO DE ESTUDOS

O QUE APRENDEMOS?

1 | Por que os governos britânico e francês foram omissos diante da investida do exército franquista na guerra civil espanhola, iniciada em 1936?

2 | Qual foi o episódio que marcou o início da Segunda Guerra Mundial?

3 | Qual foi a principal consequência do ataque japonês à base estadunidense de Pearl Harbour, no Oceano Pacífico?

4 | É possível afirmar que a expansão militar do Japão foi movida por razões econômicas? Justifique.

5 | Até janeiro de 1943, julgava-se o exército alemão invencível. Qual batalha mudou essa percepção sobre o poderio militar nazista?

6 | O exército italiano fracassou em todas as frentes de combate na Segunda Guerra Mundial, sendo obrigado a pedir o apoio alemão. Cite um exemplo do fracasso italiano na guerra.

7 | Como o primeiro-ministro Winston Churchill contribuiu para a resistência britânica e para a derrota alemã na guerra?

8 | Qual é a relação entre a região polonesa de Auschwitz e o holocausto judeu?

9 | Por que a frase a seguir é falsa?

A Alemanha nazista sempre hostilizou o bolchevismo da URSS, razão pela qual a invadiu, em 1941.

10 | Por que a região do Cáucaso, na URSS, era importante para a economia de guerra alemã?

PESQUISA

Os alemães esperavam que o ataque Aliado na Europa ocidental fosse em Calais, na França. Grande parte da defesa alemã foi concentrada ali. Mas, na manhã de 6 de junho de 1944, o comando alemão na França pediu o deslocamento urgente dos tanques para a Normandia. Nada feito. O ministro da Guerra disse que o *Führer* estava dormindo e não convinha acordá-lo... Quando Hitler soube do fato, achou que se tratava de uma ação para distrair os alemães, insistindo em que a invasão seria em Calais. Erro fatal.

Um grupo de oficiais e civis descontentes com o rumo da guerra resolveu matar Hitler, para conseguir uma paz em separado com as democracias ocidentais. O atentado ocorreu em julho de 1944, cerca de um mês depois do Dia D.

- Descubra qual foi o resultado desse atentado contra Hitler em 1944.

Soldados alemães presos horas depois do desembarque dos Aliados na Normandia, em 6 de junho de 1944.

Dite-Usis/Leemage/Agência France-Presse

Acervo Iconographia/Reminiscências

IMAGENS CONTAM A HISTÓRIA

A fotografia abaixo foi escolhida pelo governo soviético como símbolo da vitória sobre a Alemanha nazista. Mas há grande controvérsia sobre essa imagem, a começar pela data, passando pelas diferentes versões dela. A data oficial da fotografia é 2 de maio, mas tudo indica que foi retocada por ordem das autoridades soviéticas. A versão abaixo é considerada a original, e nela vemos que o soldado que ajuda a desfraldar a bandeira tem um relógio em cada pulso. Quando a foto foi retocada, um dos relógios foi apagado.

Yevgeny Khaldei/Agência France-Presse

Fotografia de Yevgeny Khaldei mostrando o momento em que um soldado russo coloca a bandeira soviética no topo do prédio do *Reichstag*, em Berlim, Alemanha, no dia 2 de maio de 1945.

- Discuta, em grupos, por que, na sua opinião, a URSS apagou um dos relógios usados pelo soldado da fotografia.

O PASSADO PRESENTE

A partir da década de 1960, diversos simpatizantes do nazismo negaram a existência do genocídio dos judeus pelos nazistas. Essa opinião foi definida como **negacionismo**.

No Brasil também houve um autor negacionista. Siegfried Ellwanger (1928-2010), gaúcho de origem alemã, publicou o livro *Holocausto: judeu ou alemão?*. Siegfried negou o extermínio dos judeus e defendeu que os alemães, além de injustiçados pela mídia, foram as principais vítimas da guerra. Depois de várias denúncias, condenações e recursos, o Supremo Tribunal Federal brasileiro decidiu, por 8 votos a 3, que **a propagação de ideias discriminatórias ao povo judeu é crime de racismo**, mantendo a condenação de dois anos de reclusão para o autor. Em um de seus recursos, Siegfried alegou que os judeus não eram uma raça, mas uma etnia, de modo que o antissemitismo não poderia ser considerado racismo.

- Discutam, em grupos:
  a) A diferença que o autor antissemita fez entre os conceitos de raça e etnia.
  b) A interpretação do Supremo Tribunal Federal ao decidir que a discriminação dos judeus é crime de racismo.

Reprodução/Museu da República, Rio de Janeiro, RJ.

Getúlio Vargas em visita à aldeia dos indígenas Karajá, na ilha do Bananal, localizada no atual Parque Nacional do Araguaia, Tocantins. Fotografia de 1940. Museu da República, Rio de Janeiro, RJ.

CAPÍTULO 7

GOVERNO VARGAS E REFORMAS SOCIAIS NO BRASIL

Em 1930, um grupo político liderado por Getúlio Vargas assumiu o poder no Brasil. Muitos foram os problemas que esse grupo precisou enfrentar. Superar a crise econômica e dar uma resposta satisfatória às reinvindicações dos trabalhadores por leis sociais foram alguns dos desafios impostos ao governo.

Os primeiros anos do novo governo foram de muitos conflitos políticos, sobretudo as rivalidades entre liberais, comunistas e integralistas. Ao final, foi vitorioso o grupo governista. Em 1937, as disputas políticas foram substituídas por uma ditadura, que impôs um regime autoritário, mas também incentivou a industrialização e estabeleceu leis sociais para os trabalhadores.

Em 1945, o Brasil era muito diferente do de 1930. As bases para a industrialização estavam lançadas, enquanto os trabalhadores alcançaram mais consciência de seus direitos sociais. A luta, a seguir, seria pelos direitos políticos.

PUXANDO PELA MEMÓRIA

Em 1940, Getúlio Vargas visitou a aldeia dos indígenas Karajá, na ilha do Bananal. Você saberia dizer quem foi Getúlio Vargas na história do Brasil?

Créditos das imagens de baixo para cima: Courtesy Everett Collection/Fotoarena; Reprodução/Museu da República, Rio de Janeiro, RJ.; Acervo do autor/Arquivo da editora; Acervo Iconographia/Reminiscências; Reprodução/AIB/Arquivo Público do Estado do Rio de Janeiro, RJ.; Fundação Getúlio Vargas/CPDOC

Cronologia do capítulo

1930: Getúlio Vargas assume o cargo de chefe do Governo Provisório.

Abdias vai à luta

Em 1914, na cidade de Franca, no estado de São Paulo, nasceu o segundo filho de Dona Georgina, conhecida na cidade pelo talento como doceira. O pai, seu José, era sapateiro. O menino recebeu o nome de Abdias Nascimento.

A família não tinha muitos recursos, mas o jovem Abdias teve condições de estudar. Com 15 anos de idade, foi morar na cidade de São Paulo. Abdias era mais um jovem negro, de origem pobre, que lutava para ganhar a vida. Logo sentiu a discriminação racial existente na sociedade brasileira, mas não se conformou.

Coleção Abdias Nascimento/Acervo IPEAFRO

Abdias Nascimento (à esquerda) e Orlando Macedo em cena da peça *Onde está marcada a cruz*, de Eugene O'Neill, no Teatro Dulcina, Rio de Janeiro, RJ. Fotografia de 1954.

Em São Paulo, ele participou de uma organização chamada Frente Negra Brasileira (FNB). A FNB era um lugar para discutir política. Seus dirigentes ofereciam serviços médicos e cursos de música e línguas estrangeiras. Também fundaram grupos de teatro e escolas para crianças negras.

Abdias Nascimento vivia em um período de grandes mudanças no Brasil. Nos anos 1930, ele conheceu uma época em que os trabalhadores alcançaram seus direitos sociais e trabalhistas, inclusive o direito de organização para lutar contra o racismo.

O Governo Provisório (1930-1934)

Desde a Revolução de 1930, ocorrida em outubro daquele ano, o Brasil era governado por Getúlio Vargas. O Congresso Nacional foi fechado.

O novo governo recebeu o nome de Governo Provisório, pois seria exercido somente até que uma nova Constituição fosse elaborada e, por eleições, fosse formado um governo constitucional.

Crise econômica

Durante o Governo Provisório, a situação econômica do Brasil era muito difícil. A crise econômica mundial, que havia ocorrido no ano anterior, 1929, atingiu diretamente o país.

As exportações brasileiras de café caíram drasticamente e Vargas enfrentou uma grave crise econômica. Fazendeiros de café entravam em falência, indústrias e bancos eram fechados, as cidades eram afetadas pelo desemprego e faltavam recursos para pagar a dívida externa.

Na tentativa de resolver a crise, o governo Vargas comprou dos fazendeiros boa parte das safras de café e as queimou. Com isso, provocou a alta dos preços do café nos mercados internacionais, permitindo a retomada das exportações.

FIQUE DE OLHO

Instituto de Pesquisas e Estudos Afro-Brasileiros, no Rio de Janeiro. Disponível em: <http://ipeafro.org.br/personalidades/abdias-nascimento/>. Acesso em: 20 jun. 2018.

Biografia e informações sobre um dos mais importantes ativistas brasileiros que lutaram pelos direitos humanos, particularmente em defesa da igualdade das populações afrodescendentes.

Época de reformas sociais

Direitos sociais: direitos que garantem o bem-estar da vida em sociedade, como o direito à saúde, à educação, à moradia, à alimentação e ao saneamento básico.
Direitos trabalhistas: incluídos entre os direitos sociais, referem-se mais especificamente aos benefícios e às garantias dos trabalhadores.

Nas primeiras décadas do século XX, ocorriam mudanças em vários países do mundo.

Em muitos países da Europa, os governos reconheceram os direitos sociais dos trabalhadores e, depois de muitas lutas, os operários conquistaram seus direitos trabalhistas.

No Brasil, ainda na Primeira República, o governo federal sofria pressões para realizar reformas sociais. Os trabalhadores lutavam por leis trabalhistas que melhorassem suas condições de vida e de trabalho. Políticos reformistas e "tenentes", que apoiavam o governo Vargas, queriam mudanças econômicas e sociais para o país.

O QUE HÁ NA IMAGEM?

A fotografia retrata uma família pobre nos anos 1930. Observe as características que marcam a condição social dessa família: a casa, o número de filhos, as roupas e os calçados. Procure outros aspectos que possam dar indícios das condições de vida dos trabalhadores pobres daquele período.

Acervo do autor/Arquivo da editora

Família reunida para fotografia nos anos 1930. Arquivo Nacional, Rio de Janeiro, RJ.

Leis trabalhistas

Para responder às pressões dos trabalhadores, o Governo Provisório decretou uma série de leis sociais e trabalhistas, como férias, licença-maternidade, pagamento de horas extras, pensões, aposentadorias e limitação da jornada de trabalho do homem, da mulher e da criança.

As leis trabalhistas foram bem recebidas pelos operários. Afinal, eles haviam lutado muito para obtê-las. Já os empresários reagiram contrariados, alegando que teriam prejuízo com as novas leis.

Diante da resistência dos patrões em cumprir a legislação trabalhista, o governo criou a Justiça do Trabalho. O trabalhador, assim, podia reivindicar seus direitos.

1932: Código Eleitoral garante o direito ao voto para as mulheres. Fundação da Ação Integralista Brasileira. Revolução Constitucionalista.

Educação e saúde

O Governo Provisório também criou o Ministério da Educação e Saúde. Muitos hospitais públicos foram construídos e médicos e funcionários do Ministério foram atuar no interior do país. O governo também criou um sistema de saúde para combater doenças, como a febre amarela e a tuberculose.

Por meio do Ministério da Educação e Saúde, o Governo Provisório também investiu na educação. O objetivo era que as crianças cursassem pelo menos o equivalente ao atual Ensino Fundamental I. Para isso, o Governo Provisório criou uma rede de escolas públicas, escolas de formação de professores e escolas técnicas.

CÁ ENTRE NÓS

No início dos anos 1940, havia muitas leis sociais e trabalhistas decretadas desde o início do governo Vargas. Em 1º de maio de 1943, por meio de um decreto-lei, o governo juntou essas leis e as organizou em um código geral. Surgiu, assim, a Consolidação das Leis do Trabalho (CLT), que está em vigor até os dias atuais.

Avanços e retrocessos

O Governo Provisório de Vargas seguia a tendência mundial de valorizar o trabalhador com leis sociais e com políticas públicas de saúde e de educação. Os trabalhadores alcançaram ganhos com as leis trabalhistas, mas também tiveram perdas.

A principal perda sofrida pelos trabalhadores foi o fim da liberdade dos sindicatos. Para atuar legalmente, os sindicatos deveriam ser reconhecidos oficialmente pelo Ministério do Trabalho, que podia fiscalizar suas atividades e, inclusive, destituir a diretoria. Além disso, os sindicatos foram proibidos de fazer propaganda política.

Reprodução/Museu da Imigração do Estado de São Paulo, São Paulo.

Mulheres operárias de uma fábrica de tecido de juta, em São Paulo, em 1931. Desde a década de 1910, os trabalhadores lutavam por leis sociais. Museu da Imigração do Estado de São Paulo, SP.

A crise do liberalismo econômico

Desde a crise econômica de 1929, economistas dos Estados Unidos e de diversos países da Europa afirmavam a necessidade de regulamentar a economia para evitar crises. Os governantes passaram a controlar a economia, a criar regras para o funcionamento do capitalismo e a fundar empresas estatais.

O Brasil acompanhou a tendência mundial. O governo Vargas abandonou o liberalismo econômico, que caracterizou a Primeira República, e passou a intervir na economia, adotando políticas nacionalistas.

Nos anos 1930, na Europa, a crítica ao liberalismo econômico foi acompanhada da descrença na democracia liberal. Muitos europeus preferiam regimes autoritários de direita, como o fascismo, ou apoiavam o comunismo.

No Brasil, Vargas e o grupo reformista no Governo Provisório criticavam o liberalismo da Primeira República, regime político que permitiu o domínio da oligarquia cafeeira sobre o país. Diziam que somente um governo autoritário poderia dar fim ao poder das oligarquias regionais e criar um projeto nacional.

Tensões e conflitos

Muitos políticos ficaram descontentes com as reformas promovidas pelo Governo Provisório, como as leis sociais aos trabalhadores, o nacionalismo e as políticas de intervenção na economia. No estado de São Paulo, a insatisfação das elites políticas era grande. O Governo Provisório era acusado de ser uma ditadura.

O Partido Republicano Paulista e o Partido Democrático formaram a Frente Única Paulista (FUP). As exigências eram: o retorno da autonomia dos estados, o fim do Governo Provisório e a constitucionalização do país, com uma nova Constituição.

Na praça da Sé, cidade de São Paulo, comício realizado em 25 de janeiro de 1932 pela reconstitucionalização do país.

Acervo Iconographia/Reminiscências

Percebendo que a revolta em São Paulo poderia resultar em grave conflito, Getúlio Vargas, no início de 1932, criou a Justiça Eleitoral, tornou o voto secreto, estendeu às mulheres o direito ao voto e marcou eleições para maio de 1933. Os eleitos formariam a Assembleia Nacional Constituinte para redigir uma nova Constituição para o país.

A Guerra Civil de 1932

As reivindicações da FUP foram atendidas, mas isso não evitou que em 9 de julho de 1932 as elites políticas paulistas rompessem com o governo Vargas. Empresários, fazendeiros de café e setores das classes médias formaram um exército para derrubar Getúlio Vargas do poder. O movimento ficou conhecido como Revolução Constitucionalista e gerou a guerra civil no país.

Após três meses de luta, as tropas paulistas foram derrotadas pelo Governo Provisório, mas a reivindicação dos líderes políticos de São Paulo foi alcançada. Nas eleições de 1933, os deputados eleitos para a Assembleia Nacional Constituinte elaborariam uma nova Constituição para o país.

QUE HÁ NA IMAGEM?

Desde meados do século XIX, as mulheres inglesas e estadunidenses lutavam pelo direito ao voto através do "movimento sufragista". No Brasil, as mulheres alcançaram seus direitos políticos em 1932. Procure saber quando as mulheres do Reino Unido, Estados Unidos, Alemanha, Canadá, Suíça, México e Índia conquistaram o direito de votar e serem votadas e compare com o caso brasileiro.

Acervo Iconographia/Reminiscências

Nas eleições para a formação da Assembleia Nacional Constituinte, em maio de 1933, as mulheres votaram pela primeira vez no Brasil. Na fotografia, grupo de mulheres faz propaganda política de sua candidata a deputada federal.

O Governo Constitucional (1934-1937)

No dia 16 de julho de 1934, os integrantes da Assembleia Nacional Constituinte promulgaram a nova Constituição, que definia a democracia liberal ou democracia representativa como o novo regime político do Brasil. A nova Constituição garantiu os direitos políticos dos brasileiros, como o de votar e ser votado e formar partidos políticos. Também garantiu a liberdade de imprensa e de todos expressarem livremente sua opinião e se organizar. As leis trabalhistas foram mantidas.

A instituição do voto secreto e da Justiça Eleitoral dificultaram a ocorrência de fraudes eleitorais e as mulheres conquistaram o direito ao voto. As eleições eram para todos os níveis, inclusive para presidente da República, mas a primeira eleição presidencial ficou restrita ao Congresso Nacional. Getúlio Vargas foi eleito presidente da República pelos quatro anos seguintes. O Governo Provisório havia chegado ao fim e era iniciado outro governo de Vargas: o Governo Constitucional.

1935: Fundação da Aliança Nacional Libertadora. Decretação da ilegalidade da ANL. Insurreição comunista.

Sigma: letra grega equivalente ao nosso S. Os integralistas tinham o S inicial da palavra soma. O significado, portanto, era "somar" todos os brasileiros em um único projeto nacional.
Anauê: na língua tupi-guarani, significa "você é meu irmão". A palavra foi adotada porque os integralistas afirmavam que formavam a Grande Família dos Camisas Verdes.

Disputa pelo poder

Com a instituição do regime democrático, grupos políticos passaram a disputar o poder. Dentro do próprio governo, tenentes e políticos reformistas desejavam um regime ditatorial liderado por Vargas.

Os conflitos se estendiam para fora do governo. Muitos liberais pretendiam retornar ao sistema político oligárquico da Primeira República. A Ação Integralista Brasileira (AIB) tinha o objetivo de instaurar um regime autoritário de direita. O Partido Comunista do Brasil (PCB) lutava pela revolução socialista.

Inimigos da democracia: a Ação Integralista Brasileira

A Ação Integralista Brasileira, fundada em 1932 por Plínio Salgado, era fortemente influenciada pelo fascismo europeu. Os integralistas eram contra o regime democrático, as liberdades individuais e o direito à livre opinião. Autoritários, os integralistas eram inimigos dos comunistas, defendiam o nacionalismo radical, a ditadura e a obediência às ordens de seu líder Plínio Salgado.

A AIB conseguiu muitos adeptos no Brasil. Os integralistas chamavam a atenção das pessoas ao marchar pelas ruas com uniforme. Alguns símbolos integralistas eram muito conhecidos: a camisa verde e a letra grega sigma. Eles se cumprimentavam com a palavra anauê.

Acima, cartaz integralista de 1937 que exaltava o nacionalismo. Ao lado, casamento integralista na cidade de Resende, estado do Rio de Janeiro. O cartaz e a fotografia fazem parte do acervo do Arquivo Público do Estado do Rio de Janeiro, Rio de Janeiro.

A união pela democracia: a Aliança Nacional Libertadora

Na Europa, o fascismo avançava. No Brasil, o crescimento da Ação Integralista Brasileira crescia. Esses eventos preocupavam os brasileiros que defendiam o regime democrático.

Em 1935, partidos de esquerda, sindicalistas, políticos, militares e organizações estudantis, anti-imperialistas, feministas e culturais fundaram a Aliança Nacional Libertadora (ANL), uma frente contra o fascismo e o imperialismo.

Os aliancistas queriam homenagear o líder comunista Luiz Carlos Prestes pelo seu grande prestígio político. Por isso, indicaram-no como "presidente de honra" da ANL.

A Aliança Nacional Libertadora cresceu, mas não era um partido político e não pretendia derrubar o governo de Vargas. Os objetivos eram combater os integralistas e o imperialismo, impedir que Vargas tomasse medidas autoritárias e lutar por reformas sociais e econômicas.

A situação mudou quando, em junho, o PCB aderiu à ANL e Luiz Carlos Prestes tornou público um manifesto, em que defendia a seguinte proposta: "Todo poder à ANL". O governo Vargas usou a proposta de Prestes como argumento para acusar a ANL de querer tomar o poder pela força. Assim, por meio de um decreto governamental, Vargas declarou que a ANL era ilegal.

CÁ ENTRE NÓS

O lema "Todo poder à ANL" deu oportunidade para que os adversários da ANL lembrassem de Lenin durante a Revolução Russa. Em abril de 1917, o líder bolchevique lançou manifesto que dizia: "Todo poder aos sovietes".

Os comunistas e a revolta de 1935

Em 1931, Prestes rompeu com os amigos tenentes e tornou-se comunista. Ele e os dirigentes do Partido Comunista acreditavam que poderiam derrubar o governo Vargas e assumir o poder no país. Em 1934, assessores comunistas estrangeiros vieram para o Rio de Janeiro colaborar com Prestes.

Ocorreram duas rebeliões não planejadas por Prestes. A primeira aconteceu na cidade de Natal no dia 23 de novembro de 1935, quando comunistas e sargentos tomaram o poder na cidade. No dia 25, os comunistas da cidade do Recife, também com o apoio de sargentos, tomaram a decisão de fazer o mesmo. Os dois movimentos revolucionários fracassaram.

Acervo Iconographia/Reminiscências

Em julho de 1935, integrantes da Aliança Nacional Libertadora participam de comício no Rio de Janeiro, RJ.

Acervo Iconographia/Reminiscências

Luiz Carlos Prestes, preso por liderar a insurreição comunista, depõe no Tribunal de Segurança Nacional, Rio de Janeiro, em 1936.

Derrota e repressão

Em 27 de novembro, diante das rebeliões em Natal e no Recife, Prestes convocou seus amigos militares para tomar o poder na capital federal, o Rio de Janeiro. O objetivo era derrubar o governo Vargas. No entanto, como somente um pequeno grupo de militares apoiou Prestes, as tropas do Exército rapidamente dominaram a rebelião.

Com a derrota da insurreição comunista, o governo promoveu grande repressão policial. Não apenas aos comunistas, mas também a outros partidos de esquerda e a sindicatos de trabalhadores. A insurreição comunista de novembro de 1935 assustou muitos setores da elite. Políticos que faziam oposição a Vargas passaram a apoiá-lo.

OUTRAS HISTÓRIAS PERSONAGENS

Olga Benário

Reprodução/Arquivo da editora

Olga Benário, presa em 1936 pelo governo brasileiro. Fotografia de 1930.

Olga Benário nasceu na Alemanha, em 1908. Aos 15 anos de idade já atuava no Partido Comunista Alemão. Em 1928, foi viver na União Soviética, tornando-se agente do serviço secreto militar.

A Internacional Comunista decidiu que Olga acompanharia Luiz Carlos Prestes em sua viagem de Moscou para o Rio de Janeiro, em fins de 1934.

Durante a viagem, eles se apaixonaram. A insurreição comunista fracassou, e, em março de 1936, eles foram descobertos pela polícia. Nesse momento, Olga estava grávida.

O governo nazista da Alemanha pediu a extradição de Olga, que foi confirmada pelo Supremo Tribunal Federal. Vargas não lhe concedeu indulto. Olga chegou à Alemanha em outubro de 1936, grávida de 7 meses.

Em um presídio, nasceu sua filha, que foi entregue para a avó, mãe de Luiz Carlos Prestes, aos 14 meses de idade.

Em 1938, Olga foi levada para um campo de concentração. Tudo indica que foi assassinada em 1942, em uma câmara de gás venenoso, aos 34 anos de idade.

- Os nazistas mataram Olga Benário em um campo de concentração. Eles alegaram dois motivos para condená-la à morte. Quais foram esses motivos? Justifique a sua resposta.

A ditadura do Estado Novo (1937-1945)

A radicalização política entre a AIB e a ANL e a tentativa de golpe dos comunistas em 1935 fortaleceram o grupo político que defendia um regime autoritário. Em 10 de novembro de 1937, Vargas pôs fim ao regime de democracia liberal e instituiu a ditadura no país. Era o início do chamado Estado Novo.

O Congresso Nacional foi fechado. Não haveria mais eleições. A imprensa e os demais meios de comunicação sofreram com a censura. Uma nova Constituição, a de 1937, foi imposta ao país.

Abdias Nascimento viveu todos esses acontecimentos. Dois anos depois da promulgação da Constituição de 1934, deixou a cidade de São Paulo e mudou-se para o Rio de Janeiro. Em 1937, foi preso por protestar contra a ditadura. Ficou um ano detido em penitenciária no Rio de Janeiro. Em 1938, formou-se em Ciências Econômicas.

FIQUE DE OLHO

Olga (Brasil). Direção de Jayme Monjardim, 2004. 141 min.

O filme narra a vida de Olga Benário, segurança de Luiz Carlos Prestes, o envolvimento amoroso entre eles, sua prisão e deportação para a Alemanha nazista.

O QUE HÁ NA IMAGEM?

A cerimônia registrada na fotografia abaixo ocorreu dezessete dias após a instauração da ditadura do Estado Novo. Qual foi o significado da queima das bandeiras dos estados e do destaque dado à Bandeira Nacional?

Acervo Iconographia/Reminiscências

No dia 27 de novembro de 1937, com a presença de milhares de pessoas, ocorreu a cerimônia de queima das bandeiras estaduais. Diante de todos, pairava uma imensa bandeira nacional.

VOCÊ JÁ OUVIU FALAR

... do Departamento de Imprensa e Propaganda, o DIP? O DIP foi criado pelo governo Vargas em 1938 com o objetivo de censurar o teatro, o cinema, o rádio, a literatura e a imprensa. Seu objetivo também era o de produzir propaganda política do governo por meio de filmes, cartazes, livros, documentários, entre outros. O DIP apresentava Vargas como "guia" dos brasileiros, "amigo" das crianças e "pai dos pobres" por "doar" benefícios sociais ao povo.

FIQUE DE OLHO

For all – O trampolim da vitória (Brasil). Direção de Buza Ferraz/Luiz Carlos Lacerda, 1997. 95 min.

Durante a Segunda Guerra Mundial, soldados dos Estados Unidos instalam bases militares em Natal. A chegada dos estadunidenses influi no cotidiano da cidade.

A industrialização do Brasil

O governo Vargas tomou medidas para industrializar o país:

» construção da Companhia Hidrelétrica do São Francisco, primeira hidrelétrica do país;

» criação do Conselho Nacional do Petróleo, responsável pela prospecção, controle e fiscalização das atividades de exploração e comercialização do petróleo;

» criação da Companhia Vale do Rio Doce, empresa estatal mineradora;

» aumento dos impostos sobre os produtos importados e redução dos impostos sobre os produtos nacionais, incentivando os empresários brasileiros;

» inauguração da Companhia Siderúrgica Nacional (CSN), primeira empresa siderúrgica do país.

Os índices de crescimento da economia brasileira mostram que a indústria cresceu mais do que a agricultura. Entre 1933 e 1939, a produção agrícola cresceu apenas 1,6%, enquanto a industrial aumentou 11,2%.

Estavam lançadas as bases para o Brasil se tornar um país moderno e industrializado.

AO MESMO TEMPO

Segunda Guerra Mundial

Em 1939, eclodiu a Segunda Guerra Mundial. O governo Vargas preservou a neutralidade do Brasil, mas procurou tirar proveito do conflito, mantendo o comércio tanto com os Estados Unidos como com a Alemanha.

Quando os Estados Unidos entraram na guerra, em 1941, o Brasil rompeu relações com os países do Eixo. Submarinos alemães atacaram e afundaram navios brasileiros, causando centenas de mortes.

Em agosto de 1942, o governo brasileiro declarou guerra à Alemanha e criou a Força Expedicionária Brasileira (FEB), composta de mais de 25 mil soldados que foram lutar contra as tropas alemãs na Itália.

Os presidentes Getúlio Vargas e Franklin Delano Roosevelt chegaram a acordos: os Estados Unidos cederiam tecnologia e financiariam a construção da usina siderúrgica, a CSN, e reequipariam o Exército brasileiro. O Brasil cederia bases militares nas cidades de Natal e Recife e na ilha de Fernando de Noronha.

- Os soldados brasileiros da FEB criaram um símbolo próprio: uma cobra fumando cachimbo. Também inventaram o seu lema: "A cobra vai fumar".
  Pesquise por que eles adotaram esse lema.

Brasil: mostra a tua cara

Getúlio Vargas e os políticos reformistas que o apoiavam tinham também o objetivo de valorizar a cultura nacional. Para eles, a Europa não seria mais o padrão cultural a ser seguido pelo Brasil. Muitos artistas e intelectuais do movimento modernista dos anos 1920 apoiaram a política cultural do governo Vargas.

A cultura negra foi valorizada. O samba foi reconhecido como autêntica música brasileira, a capoeira foi elevada à categoria de arte marcial do Brasil e o carnaval carioca entrou para o calendário turístico da cidade do Rio de Janeiro.

O governo incentivou, com financiamento, o teatro, o cinema e a publicação de livros. Muitos escritores importantes tiveram suas obras publicadas nessa época, como Jorge Amado e José Lins do Rego. Eles falavam do Brasil, de seus problemas e da cultura popular.

Acervo do autor/Arquivo da editora

No carnaval do Rio de Janeiro, desfilavam as Grandes Sociedades Carnavalescas com seus carros alegóricos. As maiores eram os Democráticos, os Fenianos e os Tenentes do Diabo. Nessa fotografia, durante o carnaval de 1937, os Tenentes do Diabo aguardam o momento do desfile em um de seus carros alegóricos. Arquivo Nacional, Rio de Janeiro, RJ.

O negro e o teatro

Abdias Nascimento participou do processo de renovação cultural. Viajando aos Estados Unidos, assistiu a uma peça teatral em que um ator branco interpretava um personagem negro. Para isso, o ator se pintou com tinta negra. Abdias ficou indignado com o que viu.

Ao retornar ao Brasil, planejou criar o Teatro do Negro Brasileiro, mas foi novamente preso em 1941, pois havia resistido a agressões racistas. Na prisão do Carandiru, em São Paulo, ele criou o Teatro do Sentenciado, cujos atores eram os próprios presos.

Libertado, Abdias retornou ao Rio de Janeiro. Com o apoio da União Nacional dos Estudantes (UNE), fundou o Teatro Experimental do Negro (TEN), que funcionou até 1968.

A HISTÓRIA NÃO ESTÁ SOZINHA

Arte

Canções podem ser utilizadas pelos historiadores para compreender o passado das sociedades. Vejam, por exemplo, a canção "Aquarela do Brasil", do compositor Ary Barroso. Ela foi tocada nas rádios pela primeira vez em 1939 e tornou-se uma das canções brasileiras mais conhecidas no mundo.

A mensagem da canção, produzida na época do governo Vargas, exalta o Brasil, valorizando seu povo e sua natureza.

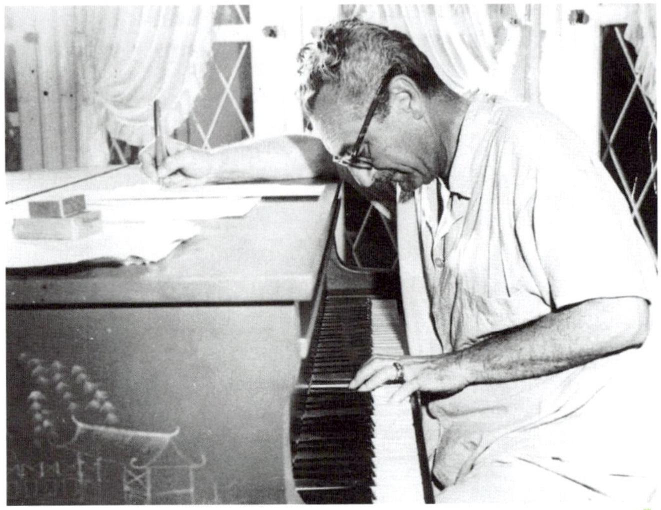

Acervo Iconographia/Reminiscências

Ary Barroso compondo música, em fotografia da década de 1950.

- Pesquise e copie a letra da canção "Aquarela do Brasil". Procure identificar três temas: a exaltação do Brasil, o elogio à cultura negra e à miscigenação do povo brasileiro, a admiração pela natureza do país e como esses temas fazem parte do contexto político e cultural dos anos 1920 e 1930.
  A letra apresenta palavras pouco usadas hoje, como **inzoneiro**, **bamboleio**, **merencória** e **sestrosa**. Use o dicionário para conhecer o significado delas.

Nos tempos de Vargas: autoritarismo, modernização e direitos sociais

Em 1945, Vargas chegou a quinze anos de governo. O Brasil tinha mudado bastante. Na economia, deixou de ser um país de base agrícola e exportador de café. O governo lançou os fundamentos da industrialização e da modernização do país.

Na área social, as leis trabalhistas repercutiram entre os trabalhadores de maneira positiva. É preciso considerar, ainda, os ganhos com os sistemas públicos de educação e saúde, bem como o reconhecimento dos valores da cultura popular da época.

A partir de 1937, contudo, o Brasil também conheceu um período ditatorial. A ditadura veio acompanhada da suspensão dos direitos políticos, da perseguição às oposições, da violência policial, da censura à imprensa e da propaganda política favorável ao governo.

FIQUE DE OLHO

Xingu (Brasil). Direção de Cao Hamburger, 2012. 102 min.

Os irmãos Villas Boas se alistam na Marcha para o Oeste e se tornam especialistas no contato com os indígenas. Suas ações resultaram na criação do Parque Nacional do Xingu.

OUTRAS HISTÓRIAS LUTAS SOCIAIS

Os indígenas e o governo Vargas

Somente nos anos 1930 os governantes reconheceram que os indígenas tinham uma cultura própria que deveria ser respeitada. A política governamental era a de proteger as comunidades indígenas e integrá-las à sociedade brasileira.

O governo Vargas considerou os povos indígenas a autêntica origem do povo brasileiro. Mas a valorização dos indígenas e de sua cultura entrou em conflito com o projeto governamental chamado de Marcha para o Oeste. O objetivo era povoar o Centro-Oeste do país, o que atingiria centenas de grupos indígenas.

Cada comunidade reagiu ao seu modo: os xavantes se recusaram a apoiar, enquanto os xerentes e karajás aceitaram desde que tivessem assistência governamental; os tembés também aceitaram, mas com críticas.

Em 1943 o governo patrocinou a Expedição Roncador-Xingu. Os irmãos Claudio, Leonardo e Orlando Villas Boas propuseram a criação de reservas fechadas para os indígenas, permitindo que eles preservassem seu modo de vida e sua cultura. Nessas reservas, somente entrariam funcionários e médicos do governo.

Fotografia dos irmãos Claudio e Orlando Villas Boas em um acampamento da Expedição Roncador-Xingu, 1948. Arquivo Nacional, Rio de Janeiro, RJ.

- Os indígenas no Brasil não formam um grupo homogêneo. Suas reações às políticas governamentais também são diferentes. Como xavantes, xerentes, karajás e tembés reagiram à Marcha para o Oeste?

Trabalhismo

Nesse contexto surgiu, entre 1942 e 1945, o projeto conhecido como **trabalhismo**. O governo Vargas associou os direitos de cidadania com os direitos sociais. Ser cidadão era o mesmo que ter direitos trabalhistas.

A legislação social era apresentada aos trabalhadores como uma "doação" do presidente. O trabalhismo também foi associado à valorização do trabalhador, ao reconhecimento da cultura nacional, ao nacionalismo, à criação de empresas estatais e ao desenvolvimento econômico.

O QUE HÁ NAS IMAGENS?

Observe os dois cartazes produzidos pelo DIP na época do Estado Novo.
O texto do primeiro cartaz faz referência às leis sociais. O segundo utiliza a palavra **trabalhista**. A associação das leis sociais ao projeto trabalhista não era casual. Analise os cartazes a partir da associação das duas expressões.

Acervo Iconographia/Reminiscências

Cartaz de propaganda do governo Vargas. Fundação Getúlio Vargas/CPDOC.

Cartaz do governo Vargas convocando trabalhadores para o desfile de 1º de maio. Fundação Getúlio Vargas/CPDOC.

Acervo Iconographia/Reminiscências

O SEU LUGAR NA HISTÓRIA

Entre 1930 e 1945, os trabalhadores conquistaram seus direitos sociais e trabalhistas. Um desses direitos é a restrição ao trabalho infantil. Atualmente o trabalho da criança e do adolescente com menos de 14 anos é considerado crime.

Na sua cidade, você tem notícias sobre trabalho de crianças e adolescentes contrariando a legislação? Busque na internet e em jornais informações relacionadas à sua cidade. Em seguida, combine com o professor para que o tema seja apresentado em classe, permitindo que todos possam discutir sobre o problema do seu município.

Rumo à democracia

Em fins de 1944, o governo Vargas vivia situação contraditória: era um governo autoritário, mas tropas brasileiras lutavam ao lado de soldados de países democráticos contra o fascismo na Europa.

No início de 1945, Vargas anistiou os presos políticos e convocou eleições para presidente da República, deputados federais e senadores. Novos partidos políticos foram formados.

Um deles foi o Partido Social Democrático (PSD), criado pelos interventores dos estados. Sua base política estava localizada nas cidades do interior. O PSD defendia os princípios da democracia liberal e a obra de Vargas, mas era formado por políticos conservadores. Outro partido criado foi a União Democrática Nacional (UDN). Os udenistas defendiam o liberalismo econômico, mas também eram antigetulistas, antitrabalhistas e anticomunistas.

Dois partidos representavam os trabalhadores. O Partido Trabalhista Brasileiro (PTB), identificado com Vargas, defendia os direitos sociais e trabalhistas. Também ressurgia o Partido Comunista do Brasil (PCB).

O fim do Estado Novo

A UDN lançou seu candidato à presidência da República, o brigadeiro Eduardo Gomes, um dos sobreviventes da "Revolta dos 18 do Forte". O PSD, contando com o PTB, apoiou a candidatura do ex-ministro de Vargas, o general Eurico Gaspar Dutra.

Em plena campanha eleitoral, surgiu um grande movimento popular chamado de "queremismo", expressão que vem da frase "Nós queremos Getúlio". Inúmeros trabalhadores e líderes sindicais queriam que Vargas permanecesse no cargo ou concorresse à presidência da República.

O movimento queremista cresceu tanto que os políticos da UDN e comandantes do próprio Exército ficaram preocupados. Assim, em 29 de outubro de 1945, um golpe militar tirou Vargas do poder.

Tudo indicava que o brigadeiro Eduardo Gomes venceria as eleições, mas Vargas divulgou um documento que ficou conhecido como "Ele disse", apoiando Eurico Gaspar Dutra, que venceu as eleições presidenciais.

Entre a política e o teatro

A política brasileira continuou contando com a participação ativa de Abdias Nascimento. Foi um dos fundadores do Partido Trabalhista Brasileiro e um dos organizadores da Convenção Nacional do Negro. A Convenção apresentou projeto na Assembleia Nacional Constituinte propondo que o racismo fosse considerado crime contra a pátria. Em 1950, Abdias participou da organização do Congresso do Negro Brasileiro.

Abdias Nascimento continuou acreditando na capacidade transformadora do teatro. Atuou no Teatro Experimental do Negro até 1968. Perseguido pela ditadura militar (1964-1985), foi para os Estados Unidos, onde lecionou em várias universidades. Somente em 1979, com a anistia, ele pôde voltar ao Brasil e continuar sua luta contra o racismo.

Tuca Vieira/Folhapress

Abdias durante a cerimônia da II Conferência de Intelectuais da África e da Diáspora, em 2006.

PUXANDO PELA MEMÓRIA

Após o estudo do capítulo, você manteria sua resposta à pergunta da página 116?

Créditos das imagens de baixo para cima: Courtesy Everett Collection/Fotoarena; Reprodução/Museu da República, Rio de Janeiro, RJ.; Acervo do autor/Arquivo da editora; Acervo Iconographia/Reminiscências; Reprodução/AIB/Arquivo Público do Estado do Rio de Janeiro, RJ.; Acervo Iconographia/Reminiscências; Fundação Getúlio Vargas/CPDOC; Reprodução/Arquivo da editora

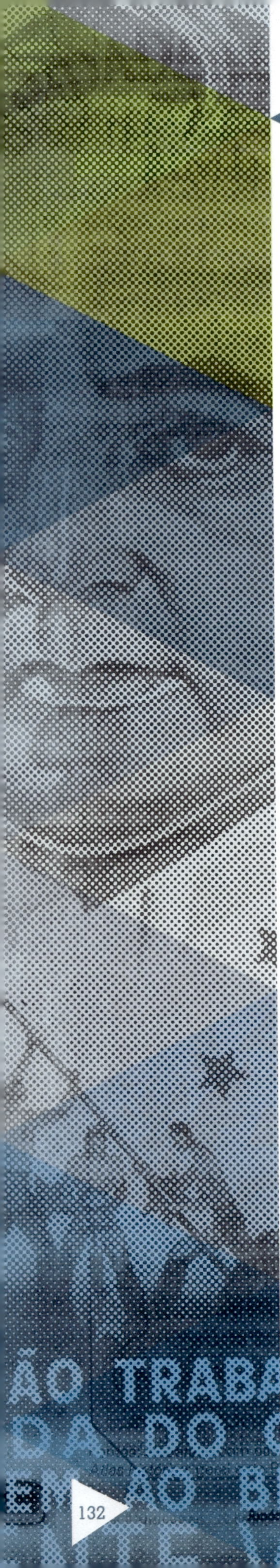

Acervo Iconografia/Reminiscências

ROTEIRO DE ESTUDOS

O QUE APRENDEMOS?

1 | Cite as principais iniciativas do Governo Provisório para enfrentar a crise econômica e para atender antigas reivindicações dos trabalhadores.

2 | Comente as diferenças entre a Ação Integralista Brasileira e a Aliança Nacional Libertadora.

3 | Quais são as principais características do Estado Novo?

4 | Que medidas o governo Vargas tomou para industrializar o país?

5 | Como o governo Vargas atuou na área cultural?

6 | Por que a ditadura do Estado Novo chegou ao fim em 1945?

7 | O que Luiz Carlos Prestes tem a ver com a insurreição comunista de 1935?

8 | Qual é a relação estabelecida nessa época entre cidadania e direitos do trabalho?

9 | Por que a frase a seguir é falsa?

A Ação Integralista Brasileira era um movimento democrático e defendia a tolerância na convivência com outros grupos políticos e sociais.

10 | Por que as cidades de Natal e Recife e o arquipélago de Fernando de Noronha foram importantes para os Estados Unidos durante a Segunda Guerra Mundial?

PESQUISA

Realize uma entrevista com seus avós ou com uma pessoa idosa que você conheça. Procure saber como era o cotidiano na época em que eles eram crianças. Também pode perguntar como era a alimentação e que aparelhos domésticos eram comuns naquela época.

Antes de realizar a entrevista, faça um roteiro de temas e perguntas. Você pode, por exemplo, perguntar como as crianças brincavam ou como era a educação em casa e na escola.

Muitas outras perguntas podem ser formuladas no seu roteiro. Registre a entrevista, gravando-a em áudio ou em vídeo ou, ainda, anotando tudo o que ouvir. Você terá um importante relato sobre como as pessoas viviam no passado. Com o apoio do professor, você pode apresentar o trabalho em sala de aula. Mas, para isso, é necessário que o entrevistado dê permissão.

John Phillips/Time Life Inc./Getty Images

Professora e alunos em uma sala de aula. Fotografia de John Phillips, 1939.

IMAGENS CONTAM A HISTÓRIA

O filme *Alô Amigos* (*Saludos Amigos*, em espanhol, e *Hello Friends*, em inglês) foi lançado pelos estúdios Walt Disney em 1942. A imagem abaixo, copiada de uma das cenas da animação, expressa a maneira como os desenhistas estadunidenses da empresa de Walt Disney imaginavam que era o Brasil. Observe a imagem e responda às questões.

Courtesy Everett Collection/Fotoarena

Cena da animação *Alô Amigos*, de 1942.

1 | O personagem Zé Carioca, à direita, foi inventado por Disney para representar o Brasil. Segundo a interpretação de Disney, que características fazem de Zé Carioca um personagem brasileiro?

2 | Em sua opinião, por que Pato Donald, personagem que representa os Estados Unidos, aparece se divertindo com Zé Carioca justamente no ano de 1942?

O PASSADO PRESENTE

Em 2007, o jornal *Folha de S.Paulo* promoveu eleição para conhecer o "Maior Brasileiro de Todos os Tempos". Foram consultadas 200 pessoas, cada uma delas reconhecida em sua área de atuação: políticos, intelectuais, religiosos, artistas, publicitários, empresários, jornalistas, militares e esportistas. Getúlio Vargas foi eleito em primeiro lugar.

Mesmo tendo passado mais de cinquenta anos de sua morte, ocorrida em 1954, Getúlio Vargas foi considerado o mais importante brasileiro de todos os tempos.

- Em sua opinião, quais são as razões para que seu nome seja lembrado dessa maneira?

Henry Diltz/Corbis Premium Historical/Getty Images

Créditos das imagens de baixo para cima: Wikipedia/ Wikimedia Commons/Museu Metropolitano de Arte, Nova York, EUA; Granger/ Fotoarena; Fine Art Images/ Album/Fotoarena

3

UNIDADE

NOS TEMPOS DA GUERRA FRIA

VAMOS ESTUDAR

- CONFLITOS ENTRE ESTADOS UNIDOS E UNIÃO SOVIÉTICA APÓS 1945
- DOUTRINA TRUMAN
- PLANO MARSHALL
- A FORMAÇÃO DOS PAÍSES SOCIALISTAS NA EUROPA ORIENTAL
- O MURO DE BERLIM
- TERROR ATÔMICO
- REVOLUÇÃO CHINESA
- GUERRA DA COREIA
- LUTAS DE NEGROS E MULHERES POR DIREITOS
- CONTRACULTURA E REVOLTAS DE MAIO DE 1968
- GUERRA DO VIETNÃ
- O *APARTHEID* NA ÁFRICA DO SUL
- PAN-AFRICANISMO
- ÁFRICA: DIVERSIDADE CULTURAL E POLÍTICA
- A INDEPENDÊNCIA DOS POVOS AFRICANOS
- AS GUERRAS ENTRE ÁRABES E ISRAELENSES
- A REVOLUÇÃO IRANIANA
- A PRIMEIRA GUERRA DO GOLFO

Vista do palco de *show* do Festival de Woodstock, realizado na cidade de Bethel, Nova York, Estados Unidos, em 1969.

Nos tempos da Guerra Fria, o mundo estava dividido em dois modos de vida: o capitalista e o comunista. As tensões entre Estados Unidos e União Soviética resultaram no medo de uma guerra nuclear. O mundo conheceu o terror atômico. Na cidade de Berlim, um muro dividiu não apenas a cidade, mas o mundo.

Milhares de pessoas morreram em guerras e outras participaram de revoluções. Jovens de vários países, insatisfeitos com as guerras e antigas tradições, tinham como lema "paz e amor".

Essa época foi também de luta das mulheres e dos negros pelos seus direitos. Todos deveriam ser tratados como iguais. Na África, surgiram novos países independentes, mas a superação da pobreza e o direito de viver em paz são lutas que continuam.

Corbis Historical/Getty Images

Durante a Guerra Fria, a Defesa Civil dos Estados Unidos produziu textos e filmes que orientavam a população a se defender de uma guerra nuclear. Um dos mais conhecidos é o filme *Duck and Cover* (Ocultar e proteger), produzido em 1951. O objetivo era mostrar, sobretudo para as crianças, como se proteger da explosão de uma bomba nuclear: abaixando-se e procurando algo para se cobrir, seja na escola, seja em casa. O cartaz dizia que a tartaruga Bert tinha seu abrigo nas costas. Era preciso que cada um encontrasse seu próprio abrigo.

CAPÍTULO 8

A GUERRA FRIA

A Segunda Guerra Mundial chegou ao fim em 1945.

Mas o ato final dessa guerra ocorreu com a explosão de duas bombas atômicas no Japão.

O mundo, a partir daí, não seria mais o mesmo.

Dos escombros da Segunda Guerra, surgiram dois poderosos países, Estados Unidos e União Soviética.

Com diferentes regimes políticos – capitalista e comunista, respectivamente – e em constantes conflitos, ambos os países estavam armados com artefatos nucleares de enorme capacidade destrutiva. Surgiram também dois blocos de países alinhados com essas grandes potências.

Em uma guerra convencional, seus arsenais atômicos destruiriam o planeta. Embora rivais e com vários enfrentamentos, a guerra entre eles tornou-se fria. Uma Guerra Fria.

Vários foram os episódios dessa guerra de ameaças: o muro de Berlim, a conquista do espaço, a revolução na China e a guerra na Coreia foram alguns deles.

A Guerra Fria tornou o mundo muito perigoso.

PUXANDO PELA MEMÓRIA

Com os conhecimentos que temos hoje sobre os possíveis efeitos de uma guerra nuclear, é correto afirmar que basta se cobrir com algum objeto para escapar ileso de uma explosão atômica e dos efeitos da radiação?

Créditos das imagens de baixo para cima: Fine Art Images/Album/Fotoarena; Associated Press/Glow Images; R. Sandens/Associated Press/Glow Images; NASA/Newsmakers/Hulton Archive/Getty Images; Sputink/Agência France-Presse; Peter Probst/Alamy/Fotoarena

O jovem Gagarin em um mundo atômico

Em 1934, em uma fazenda coletiva a oeste de Moscou, na União Soviética, nasceu um garoto. Ele recebeu o nome de Yuri Gagarin. Sua família era muito pobre. Ele tinha três irmãos homens, mas, como seus pais trabalhavam, quem cuidou dele foi a única irmã.

Quando a Segunda Guerra Mundial começou, em 1939, ele tinha 5 anos de idade. Sua família sofreu muito e Gagarin perdeu dois irmãos nas batalhas.

Com o fim do conflito, em 1945, o jovem Yuri Gagarin entrou para a escola. Ele tinha um professor de Matemática que, possivelmente, o influenciou pelo gosto por aviões. Por causa de sua origem pobre, o sonho de ser piloto foi deixado de lado e o jovem Yuri formou-se metalúrgico.

No entanto, quando cursava o ensino técnico, Gagarin ingressou em um aeroclube e logo estava pilotando pequenos aviões. Sua vocação era a aviação.

Enquanto isso, o governo dos Estados Unidos decidiu realizar testes com bombas nucleares. O lugar escolhido foi o atol de Bikini, ou Pikini, formado por 23 ilhas na Micronésia, no oceano Pacífico.

No início de 1946, militares estadunidenses convenceram os 176 habitantes das ilhas a deixá-las. Eles alegaram que testes com bombas nucleares seriam realizados no local. Para os militares, Bikini era o lugar ideal para explodir bombas porque estava longe das rotas marítimas.

A seguir, começaram os testes nucleares. Entre 1946 e 1958, das 66 bombas detonadas na região, 23 foram em Bikini.

Mas por que tantas bombas nucleares foram detonadas a partir de 1946 naquele lugar? E qual a relação entre o jovem Yuri Gagarin e os testes nucleares realizados pelos Estados Unidos?

VOCÊ JÁ OUVIU FALAR

... que o biquíni foi inventado por um francês? Em julho de 1946, o estilista francês Louis Réard inventou um modelo que constava de apenas duas peças, deixando a barriga à mostra. A ousadia foi tamanha que ele mesmo comparou sua invenção a uma explosão nuclear, como as que ocorriam no atol de Bikini.

Atol: grupo de ilhas dispostas de forma fechada, uma ao lado da outra. Ao centro delas, forma-se uma lagoa.

Bikini: na língua nativa dos habitantes daquele atol, significa "gente plantando coco".

Teste com bomba nuclear realizado no atol de Bikini, em 1946.

Bettmann/Getty Images

Acordos rompidos

CÁ ENTRE NÓS

Ao final da Segunda Guerra Mundial, os países que apoiavam os Estados Unidos concordaram que era necessário estabelecer normas para o comércio mundial que evitassem novas guerras e controlassem a circulação de capitais pelo mundo. Em julho de 1944, na cidade estadunidense de Bretton Woods, 43 países – entre eles o Brasil – participaram do encontro que definiu a nova ordem econômica mundial. Foram criados o Fundo Monetário Internacional (FMI) e o Banco Mundial, e definiu-se que a moeda dos Estados Unidos, o dólar, seria adotada para as transações comerciais e financeiras internacionais.

Durante a Segunda Guerra Mundial, os Estados Unidos e a Inglaterra tiveram um aliado muito importante na luta contra a Alemanha: o governo comunista da União Soviética.

Os governos dos Estados Unidos e da Inglaterra repudiavam o comunismo. Mas, para vencer a Alemanha, eles necessitavam das forças militares soviéticas – o Exército Vermelho. Assim, durante a guerra, os três países tornaram-se aliados.

Em 1943, na **Conferência de Teerã** (no Irã), e no início de 1945, na **Conferência de Yalta** (na URSS), o presidente dos Estados Unidos, Franklin Roosevelt, o primeiro-ministro da Inglaterra, Winston Churchill, e o líder da União Soviética, Joseph Stalin, conversaram sobre o futuro da Europa após a guerra. Nas duas reuniões, eles chegaram a vários acordos, como a criação da Organização das Nações Unidas (ONU) e a divisão da Alemanha em quatro áreas: a soviética, a inglesa, a francesa e a estadunidense.

Stalin exigiu que os países do Leste Europeu – Bulgária, Romênia, Polônia, Hungria e Tchecoslováquia – tivessem governos favoráveis à União Soviética. Roosevelt e Churchill concordaram.

Associated Press/Glow Images

Em 4 de fevereiro de 1945, o primeiro-ministro britânico Winston Churchill (à esquerda), o presidente estadunidense Franklin Roosevelt (no centro) e o líder soviético Joseph Stalin (à direita) se reuniram na cidade de Yalta, na União Soviética.

Ao final da guerra na Europa, ocorreu uma terceira reunião, a **Conferência de Potsdam**, na Alemanha. O primeiro-ministro inglês, Winston Churchill, e o novo presidente dos Estados Unidos, Harry Truman, não se mostravam dispostos a cumprir os acordos anteriores. Eles não queriam que os países do Leste Europeu ficassem sob a influência soviética.

Dias depois do encontro em Potsdam, os Estados Unidos lançaram uma bomba nuclear sobre a cidade de Hiroshima, no Japão.

Stalin compreendeu que milhões de soldados do Exército Vermelho pouco valiam diante do poder avassalador das bombas atômicas. Mesmo assim, ele não cedeu. O Exército Vermelho já ocupava o Leste Europeu e a parte oriental da Alemanha. Toda a região permaneceria sob o controle da União Soviética.

A Segunda Guerra Mundial terminara, mas outra começava: a Guerra Fria.

Declarações de guerra

Winston Churchill, em 1946, usou uma expressão que ficou muito conhecida: "Uma cortina de ferro abateu-se sobre o continente.".

Nessa referência à Europa, ele criticava a dominação soviética sobre o Leste Europeu e os países aprisionados em uma "cortina de ferro". Também era uma crítica ao comunismo.

Mas o discurso mais duro contra a União Soviética e o comunismo foi proferido pelo presidente dos Estados Unidos, Harry Truman, um ano depois. O discurso ficou conhecido como **Doutrina Truman**. Para ele, o mundo estava dividido em dois sistemas que abrangiam aspectos políticos, econômicos, sociais e ideológicos.

Foi nesse contexto internacional que teve início a chamada **Guerra Fria**. Era uma guerra política e ideológica, mas sem o calor das armas. Cada lado se autoelogiava e criticava o outro.

A Europa e os países do bloco soviético

Eric G. Luciano/Arquivo da editora

Fonte: elaborado com base em VICENTINO, Cláudio. *Atlas histórico*: geral e do Brasil. São Paulo: Scipione, 2011. p. 149.

VOCÊ JÁ OUVIU FALAR

... da Organização das Nações Unidas (ONU)? Para evitar uma nova guerra mundial, os governos dos Estados Unidos e da União Soviética concordaram em fundar, em 24 de abril de 1945, a ONU. A Assembleia Geral, formada por todos os países, formula recomendações, enquanto as decisões são tomadas pelo Conselho de Segurança. Cinco países são membros permanentes: Estados Unidos, Rússia, China, Reino Unido e França. Os outros dez são temporários. Hoje a organização agrega 193 países. Entre as várias atribuições, como a de promover a paz mundial, a ONU atua na defesa dos direitos humanos. Em 1948 a Assembleia Geral incorporou aos seus estatutos a *Declaração Universal dos Direitos Humanos*. Nela estão contidos os direitos básicos dos seres humanos, como os direitos civis, políticos e sociais. A Declaração afirma: "Todos os seres humanos nascem livres e iguais em dignidade e em direitos".

DOCUMENTO

Harry Truman fala ao Congresso dos Estados Unidos em março de 1947

Para Harry Truman, o mundo estava dividido em dois sistemas políticos. Observe como o presidente estadunidense se posicionou diante do Congresso dos Estados Unidos, em discurso proferido em 12 de março de 1947.

> No presente momento da história mundial é provável que cada nação tenha de escolher entre modos alternativos de vida. E tal escolha tem sido bem frequente.
>
> Um modo de vida é baseado na vontade da maioria e é caracterizado por instituições livres, governo representativo, eleições livres, garantias de liberdade para os indivíduos, liberdade de expressão e de religião e liberdade para evitar a opressão política.
>
> O segundo sistema de vida se baseia na vontade de uma minoria que se opõe à maioria pela força. Ela implica em terror e opressão, controle da imprensa e do rádio, eleições fabricadas e supressão de liberdade pessoal.
>
> MARQUES, Adhemar; BERUTTI, Flávio; FARIA, Ricardo. *História do tempo presente*. 2. ed. São Paulo: Contexto, 2007. p. 19. (Col. Textos e Documentos, 7).

1 | Forme um grupo com seus colegas. Juntos, analisem o trecho do discurso do presidente estadunidense e qualifiquem os dois modos de vida em que ele afirmou estar o mundo dividido. Justifiquem sua resposta com palavras do texto.

2 | Discutam também outra questão: Truman tinha isenção para fazer essas avaliações? Justifiquem a resposta.

DPA/Picture Alliance/Associated Press/Glow Images

Crianças alemãs brincam entre as ruínas de uma cidade ao final da década de 1940.

A reconstrução do capitalismo

Em 1945, os países europeus que participaram da guerra estavam destruídos: fábricas se encontravam paradas e milhões de homens e mulheres sofriam com o desemprego e a fome. O Japão também estava arruinado.

Somente os Estados Unidos saíram fortalecidos da guerra, tornando-se a maior potência econômica e militar do planeta.

O Plano Marshall

O governo dos Estados Unidos queria manter como aliado um conjunto de países capitalistas na Europa. Assim, em junho de 1947, o governo estadunidense anunciou o **Plano Marshall**, um plano de ajuda financeira. Bilhões de dólares foram emprestados a 16 países da Europa ocidental: Inglaterra, França, Itália, Holanda, Luxemburgo, Portugal, Bélgica, Grécia, Áustria, Turquia, Noruega, Islândia, Suécia, Suíça, Dinamarca e a futura Alemanha ocidental.

O Plano Marshall tinha o objetivo de reconstruir as economias capitalistas. Com os empréstimos recebidos, os países europeus poderiam importar produtos das indústrias dos Estados Unidos. O Japão também recebeu financiamento para recuperar sua economia. Observe que isso beneficiaria a própria economia estadunidense.

Mas o grande objetivo do governo dos Estados Unidos com o Plano Marshall era impedir a expansão do comunismo em sua área de influência: a Europa ocidental.

Os Estados Unidos, desse modo, formaram um sólido bloco de aliados contra a União Soviética e o comunismo: os países capitalistas da Europa ocidental, o Japão e a América Latina.

Em 1949, os Estados Unidos, o Canadá e países da Europa ocidental fundaram a **Organização do Tratado do Atlântico Norte (Otan)**. Tratava-se de um pacto militar: se um dos países da Otan fosse atacado por um país inimigo, todos os outros deveriam defender o aliado. A Guerra Fria tornava-se cada vez mais quente.

CÁ ENTRE NÓS

É importante observar que a Doutrina Truman, o Plano Marshall e a criação da Otan fizeram parte de uma mesma estratégia do governo dos Estados Unidos: o enfrentamento com a União Soviética no contexto da Guerra Fria.

Inauguração do Euro Trem, na estação ferroviária de Munique, Alemanha, em 1951. Esse trem passava por várias cidades europeias. Com o financiamento do Plano Marshall, a malha ferroviária europeia foi reconstruída.

R. Sandens/Associated Press/Glow Images

A consolidação do bloco socialista

A União Soviética foi o país que mais sofreu com a Segunda Guerra. Os campos foram devastados e as indústrias foram destruídas.

Com a reconstrução do país, os investimentos foram na indústria pesada: siderurgia, energia elétrica, petróleo, carvão, turbinas, aviões, etc. O setor de bens de consumo recebeu investimentos mínimos.

O modelo de socialismo soviético inaugurado nos anos 1930 continuou após 1945: sistema de partido único, controle estatal dos meios de comunicação, perseguição policial aos opositores, estatização de todas as empresas, controle do Estado sobre a economia do país e poder pessoal de uma única liderança – Joseph Stalin. Houve, também, grandes investimentos nas áreas de educação, saúde e habitação.

O governo soviético impôs aos países da Europa oriental o mesmo modelo econômico e político.

Assim, formou-se o chamado **bloco soviético**, composto da União Soviética e dos países chamados **democracias populares**. As forças militares dos países do bloco soviético se uniram com a fundação do **Pacto de Varsóvia**, em 1955.

A guerra é fria

A Guerra Fria tem origem na ambição dos Estados Unidos e da União Soviética de manterem suas áreas de influência no mundo.

Os Estados Unidos tinham como aliados os países da Europa ocidental, como a Inglaterra, a França e a Itália, entre outros. Tinham também como aliados o Japão e os países da América Latina.

A União Soviética, por sua vez, exercia domínio sobre os países da Europa oriental.

O mundo, a partir de 1947, conheceu uma ordem mundial bipolar, com dois poderosos países exercendo domínio econômico, político e ideológico em suas áreas de influência. Durante 40 anos, Estados Unidos e União Soviética viveram em antagonismo e conflitos periódicos.

Antagonismo: forte oposição.

Na época da Guerra Fria, o debate político e ideológico entre os defensores do capitalismo e do socialismo soviético foi intenso. Os partidários do sistema capitalista apoiavam a propriedade privada, a liberdade de iniciativa dos empresários, o livre mercado e as liberdades individuais. Na política, defendiam a democracia liberal, embora muitos países capitalistas vivessem sob ditaduras.

Os que apoiavam o modelo de socialismo existente na União Soviética – também chamado de comunismo – afirmavam que o Estado investia fortemente em saúde, educação e habitação, além de garantir o igualitarismo social.

OUTRAS HISTÓRIAS CRENÇAS

Anticomunismo

Na época da Guerra Fria, uma das crenças mais divulgadas nos países capitalistas foi o anticomunismo. Escritores, jornalistas, políticos, religiosos, entre outros, descreveram os regimes comunistas de maneira extremamente negativa. Para eles, o comunismo era contra a família e a religião. Tratava-se de um regime político autoritário, antidemocrático e que não aceitava oposição. Também se dizia que não havia liberdade de imprensa e que ninguém poderia expressar livremente sua opinião.

The Picture Desk/Glow Images

O pôster produzido pelo Exército dos Estados Unidos, em 1956, faz propaganda anticomunista: "A lealdade de um americano... Mais forte que a traição comunista!". Arquivos Nacionais e Administração de Registros, Washington D.C., EUA.

- O pôster tem o objetivo de desqualificar e criticar o comunismo. Para isso, o desenhista usou como recurso a imagem de dois homens. Cite algumas características positivas e negativas de ambos contidas no desenho.

CÁ ENTRE NÓS

Berlim ocidental recebia alimentos, combustíveis e mercadorias por caminhões e trens. Em julho de 1948, Stalin bloqueou a cidade. Seu objetivo era forçar a população de Berlim ocidental a aderir ao bloco soviético. O **Bloqueio de Berlim** foi o primeiro ato da Guerra Fria. O governo dos Estados Unidos levou os produtos por aviões. Dez meses depois o bloqueio foi suspenso.

A divisão da Alemanha

A Alemanha chegou ao final da guerra destruída. O país foi dividido em quatro setores de ocupação militar: o soviético, o estadunidense, o francês e o inglês.

A cidade de Berlim tinha um estatuto especial. Ela também foi dividida em quatro setores, mas estava no território sob controle da União Soviética. Assim, a parte ocidental da cidade era administrada pelos países ocidentais, embora estivesse localizada no setor soviético.

O território alemão ocupado por estadunidenses, franceses e ingleses foi unificado e, em maio de 1949, surgiu um novo país: a República Federal da Alemanha, também conhecida como Alemanha ocidental. Tratava-se de um país capitalista, de regime liberal-democrático e alinhado com os Estados Unidos.

O governo de Stalin reagiu e o setor da Alemanha ocupado pela União Soviética tornou-se outro país: a República Democrática da Alemanha, também chamada de Alemanha oriental, com regime comunista e aliado da União Soviética.

Um muro separa o mundo

A divisão da Alemanha (1945)

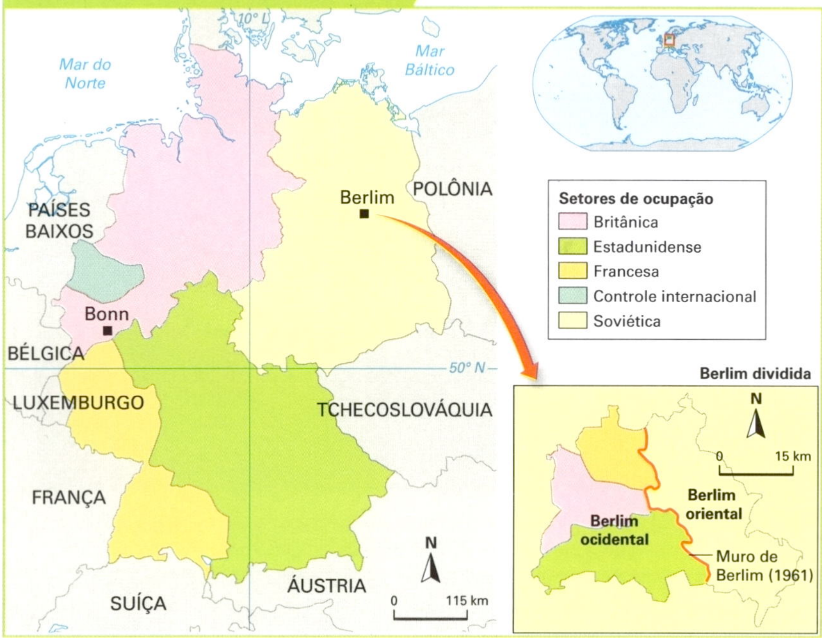

Fonte: elaborado com base em DUBY, Georges. *Atlas Historique*: toute l'histoire du monde en 300 cartes. Paris: Larousse, 2016. p. 299.

Berlim estava dividida em duas partes: ocidental e oriental. Isso se tornou um problema para a Alemanha oriental e para a própria União Soviética, pois a parte oriental da cidade era a capital do país. Enquanto isso, na parte ocidental, a população vivia sob regime capitalista e protegida pelos Estados Unidos.

Não havia fronteiras rígidas entre as partes ocidental e oriental de Berlim. Ruas separavam os dois lados da cidade. Amigos e parentes que viviam nas partes oriental e ocidental se encontravam facilmente.

A partir de 1949, muitos cidadãos de Berlim sob o domínio comunista se mudaram para a parte capitalista da cidade, onde encontravam bons empregos e melhores condições de vida. Calcula-se que, desse ano até 1961, cerca de 2,6 milhões de alemães cruzaram a fronteira e não voltaram.

Em agosto de 1961, os cidadãos de Berlim acordaram e viram soldados da Alemanha oriental construindo um muro que separava a cidade. Ninguém podia mais atravessar a fronteira. A construção, de 37 quilômetros, ficou conhecida como **Muro de Berlim**. Soldados armados com fuzis tinham ordens de atirar se alguém tentasse pular o muro. Depois, minas terrestres e armadilhas foram colocadas ao longo da fronteira.

A cidade foi separada. Nenhum cidadão da Alemanha oriental poderia sair do país. Em Berlim, amigos e parentes ficaram impedidos de se ver. Você seria capaz de imaginar uma situação como essa?

O Muro de Berlim foi o maior símbolo da Guerra Fria.

FIQUE DE OLHO

Querido Muro de Berlim (Alemanha). Direção de Peter Timm, 2009. 103 min.

Franzi é uma jovem que aluga apartamento em Berlim ocidental em frente ao Muro. Ela compra mantimentos em Berlim oriental. Franzi se envolve amorosamente com um guarda da fronteira, Sascha. O amor entre eles vira caso de política internacional no contexto da Guerra Fria.

O terror atômico

A Guerra Fria ficava cada vez mais acirrada. No entanto, os Estados Unidos tinham um trunfo: a bomba nuclear. Em 1949, a União Soviética explodiu a sua primeira bomba.

Em 1952, os militares estadunidenses explodiram um novo tipo de bomba nuclear: a de hidrogênio, cujo poder destrutivo era muito mais devastador, mil vezes mais potente que a bomba lançada sobre Hiroshima. A explosão foi no atol de Bikini. Em 1958, os soviéticos também explodiram a sua própria bomba de hidrogênio.

A disputa ficou conhecida como **corrida armamentista**.

Estados Unidos e União Soviética cada vez mais aumentavam seus estoques de bombas nucleares.

O resultado foi o que muitos historiadores chamaram de **equilíbrio do terror**.

Se ocorresse uma guerra entre os dois países, não haveria vencedores. Ambos os países seriam totalmente destruídos. Ou melhor, a vida no planeta Terra seria aniquilada.

O terror atômico resultou no equilíbrio de forças entre Estados Unidos e União Soviética.

As duas potências preferiram evitar o conflito nuclear. Para isso, respeitaram as respectivas áreas de influência: os Estados Unidos deixaram os países do Leste Europeu sob o domínio soviético e a União Soviética, por sua vez, não promoveu revoluções comunistas na Europa ocidental e na América Latina.

FIQUE DE OLHO

Dr. Fantástico (Reino Unido/EUA). Direção de Stanley Kubrick, 1964. 103 min.

General anticomunista ordena que aviões bombardeiros ataquem a União Soviética com bombas nucleares. O presidente dos Estados Unidos e seus auxiliares tentam impedir o início da guerra nuclear.

A HISTÓRIA NÃO ESTÁ SOZINHA

Arte

Muitos filmes produzidos com ideias anticomunistas foram vistos nas telas dos cinemas. Nos anos 1950, por exemplo, Hollywood produziu obras cinematográficas em que marcianos invadiam a Terra. O mais conhecido é *A guerra dos mundos* (EUA, 1953), cuja mensagem era: assim como marcianos poderiam invadir a Terra, a União Soviética poderia invadir os Estados Unidos. Em *Vampiros de almas* (EUA, 1956), um filme de terror, a mensagem era a de que o comunismo poderia dominar a mente dos cidadãos.

As ideias anticomunistas foram muito divulgadas pelos meios de comunicação nos países capitalistas na época da Guerra Fria. Mas filmes com mensagens pacifistas também foram produzidos, alertando para o perigo de destruição da humanidade se ocorresse uma guerra nuclear. Um filme clássico conhecido pela mensagem pacifista é *O dia em que a Terra parou* (EUA, 1951).

- Com um grupo de colegas, assista a um dos filmes produzidos nos Estados Unidos com mensagens anticomunistas. Se vocês gostam do gênero ficção científica, escolham *A guerra dos mundos* (versão de 1953). Se a preferência do grupo for pelo gênero terror, assistam a *Vampiros de almas*. A seguir, assistam ao filme com mensagem pacifista *O dia em que a Terra parou* (versão de 1951). Depois, em uma folha à parte, façam uma **resenha** do filme – um texto pequeno, em que vocês descreverão o enredo. Chamem a atenção para a forma pela qual o filme expressa os receios que as sociedades tinham durante a época da Guerra Fria: comunismo e guerra nuclear. Vocês podem ilustrar as duas resenhas com cenas dos filmes. Ao final da atividade, com o apoio do professor, exponham as resenhas nos murais da escola.

Rumo ao espaço

O mundo tornava-se muito perigoso, mas não para Yuri Gagarin. Em 1955, aos 21 anos de idade, ele se casou e, no mesmo ano, realizou seu grande sonho: foi admitido na Força Aérea Soviética. Com a patente de tenente, tornou-se piloto de teste de avião de caça, o MiG.

Nesse momento, muito secretamente, o governo da União Soviética desenvolvia o programa de exploração espacial. Mas qual o motivo para explorar o espaço sideral?

Estados Unidos e União Soviética possuíam bombas nucleares de grande poder destrutivo. Porém era necessário levá-las até o território inimigo por meio de um avião bombardeiro. Mas os radares poderiam identificar a chegada dos aviões.

Tudo isso mudou quando os soviéticos construíram o primeiro míssil balístico intercontinental. Esse tipo de míssil alcança a órbita terrestre e desce em altíssima velocidade, sendo praticamente impossível abatê-lo.

No dia 4 de outubro de 1957, um míssil colocou na órbita terrestre o primeiro satélite artificial, o Sputnik.

Um mês depois os soviéticos lançaram o Sputnik 2, levando a bordo uma cadela chamada Laika.

O medo se espalhou pela sociedade estadunidense. Os mísseis que levaram o Sputnik e Laika ao espaço também poderiam levar uma bomba atômica até os Estados Unidos. Pela primeira vez, os soviéticos se mostraram superiores nas áreas técnica e militar.

A **corrida espacial** tornou-se parte da Guerra Fria.

Os soviéticos, no entanto, queriam realizar outro grande feito. Gagarin foi escolhido para ser o primeiro homem a alcançar o espaço sideral. A nave que o levaria ao espaço, a Vostok 1, era pequeníssima. Ele estava na medida exata para as dimensões da nave.

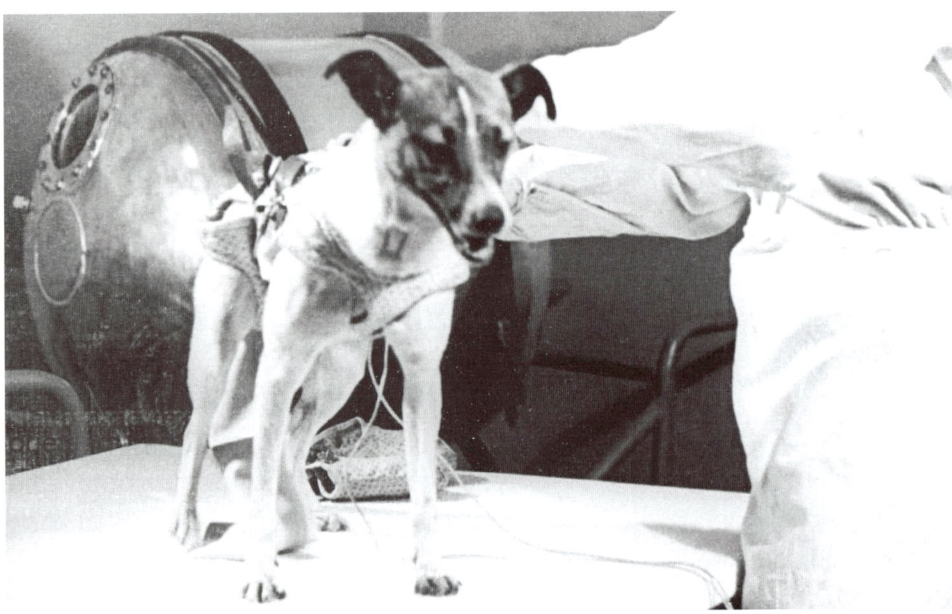

Sputnik/Agência France-Presse

Laika foi o primeiro ser vivo a entrar no espaço sideral. Como os soviéticos ainda não sabiam controlar a entrada da nave na atmosfera terrestre, Laika morreu no espaço. Fotografia de 1957.

A Revolução Chinesa

Os países europeus e os Estados Unidos, desde o século XIX, exploravam as riquezas da China. A miséria do povo era imensa.

A república foi instaurada em 1911, e dois partidos políticos disputaram o poder. O Kuomintang e o Partido Comunista Chinês (PCC).

Os camponeses eram explorados pelos grandes proprietários de terra, e o líder comunista Mao Tsé-tung percebeu que eles poderiam se juntar à luta revolucionária.

Em 1949, o Partido Comunista venceu o Kuomintang. Em 1º de outubro de 1949, Mao Tsé-tung fundou a República Popular da China.

A China procura seus caminhos

Após a vitória da Revolução Chinesa, em 1949, o Partido Comunista Chinês e seu líder, Mao Tsé-tung, adotaram o modelo de socialismo soviético. As empresas foram estatizadas e foram criadas fazendas coletivas. O novo governo investiu fortemente na educação popular.

O governo comunista chinês recebeu apoio da União Soviética, mas os camponeses resistiam a trabalhar nas fazendas coletivas. A produção agrícola caiu drasticamente. Nas cidades, os operários declararam greves por melhores condições de vida.

Em 1958, Mao Tsé-tung lançou o movimento chamado **Grande Salto para a Frente**. Novamente houve grande resistência dos camponeses. A situação piorou quando Mao rompeu com a União Soviética.

Com a resistência dos camponeses e sem a ajuda financeira e técnica da União Soviética, a produção industrial caiu e a agricultura ficou paralisada. Entre 1960 e 1961, cálculos apontam a morte de 20 milhões de pessoas devido à fome.

A Revolução Cultural

Mao Tsé-tung passou a sofrer fortes críticas. Para derrotar seus adversários, ele mobilizou os estudantes radicais de esquerda e lançou, em 1966, a campanha conhecida como **Grande Revolução Cultural Proletária**. Milhões de jovens estudantes adoradores de Mao formaram a Guarda Vermelha. Todos aqueles que os jovens julgavam ter "costumes da burguesia" foram perseguidos.

O medo se apoderou da sociedade e a ação da Guarda Vermelha quase levou o país ao caos. Com a morte do líder chinês, em 1976, um novo grupo político do Partido Comunista Chinês deu início a outro rumo político-econômico no país, conhecido como as **Quatro Modernizações**.

Peter Probst/Alamy/Fotoarena

Mao Tsé-tung em pôster chinês de 1966.

Coreia: da Guerra Fria para a "guerra quente"

A península da Coreia (1945)

Eric G. Luciano/Arquivo da editora

Fonte: elaborado com base em ALBUQUERQUE, Manoel M. *Atlas histórico escolar*. Rio de Janeiro: FENAME, 1978. p. 142.

A guerra da Coreia foi o primeiro conflito armado da Guerra Fria.

Nas reuniões de Yalta e de Potsdam, ao final da Segunda Guerra, um dos acordos entre Stalin, Roosevelt e Churchill estabeleceu que a península que formava a Coreia seria dividida ao meio, no paralelo 38.

Acima do paralelo 38 surgiu a República Popular da Coreia. Conhecida como Coreia do Norte, tratava-se de um país comunista apoiado pela União Soviética. Abaixo daquele paralelo, foi instituído outro país: a República da Coreia. Também chamado de Coreia do Sul, era um país de regime capitalista, governado por uma ditadura militar e sob a influência dos Estados Unidos.

Em junho de 1950, tropas militares da Coreia do Norte invadiram a Coreia do Sul. Mas o governo dos Estados Unidos reagiu e obteve o apoio da Organização das Nações Unidas para combater a invasão militar.

Os comunistas coreanos recuaram diante da superioridade militar estadunidense. No entanto, o governo comunista da China entrou na guerra ao lado dos norte-coreanos. O exército dos Estados Unidos recuou até o paralelo 38, o mesmo limite anterior à guerra.

Em 1953, os combates cessaram, mas não houve acordos de paz entre a Coreia do Norte e a Coreia do Sul.

National Archives/Agência France-Presse

Jovem coreana carrega o irmão nas costas. Atrás dela, tanque de guerra M-26, do Exército dos Estados Unidos. Arquivos Nacionais e Administração de Registros, Washington D.C., EUA. Fotografia de 1951.

O capitalismo cresce por trinta anos

O Plano Marshall recuperou as economias das nações da Europa ocidental. Os países europeus, os Estados Unidos e o Japão conquistaram um grande crescimento econômico.

No caso europeu, os governos social-democratas e trabalhistas abandonaram o liberalismo econômico e passaram a intervir fortemente na economia. Na França e na Inglaterra, muitas empresas foram estatizadas. Houve o incentivo ao aumento da produção industrial. Com mais empregos e maiores salários, os trabalhadores tinham acesso a bens de consumo.

Granger/Fotoarena

Propaganda comercial da Associação Americana de Gás, de 1950, mostrando as vantagens do uso de gás na cozinha. Coleção particular.

Ao mesmo tempo, os governos social-democratas e trabalhistas europeus investiram na área social, sobretudo em escolas, hospitais, habitação e sistema previdenciário. Com o chamado **Estado de bem-estar social**, os trabalhadores europeus alcançaram alto padrão de vida.

Os Estados Unidos também conheceram o crescimento econômico nos trinta anos após o final da Segunda Guerra Mundial.

Surgiu nos Estados Unidos uma classe média forte. Muitas famílias compraram casas e automóveis, além de eletrodomésticos. A sociedade estadunidense tornou-se uma sociedade de consumo.

O crescimento do capitalismo nos países da Europa ocidental e nos Estados Unidos, iniciado em 1947, somente foi interrompido em 1973, quando eclodiu a crise do petróleo.

O SEU LUGAR NA HISTÓRIA

Um estilo de comportamento próprio dos Estados Unidos foi exportado para o mundo após a Segunda Guerra Mundial: o chamado *American way of life*. Alimentar-se de *fast-foods*, morar em condomínios ou praticar o consumismo são algumas de suas características. No Brasil, o "modo de vida americano" é bastante conhecido. Muitas lojas, por exemplo, adotam nomes em inglês. Festas típicas dos Estados Unidos, como o *Halloween* (Dia das Bruxas), têm sido adotadas por jovens brasileiros. Avalie quais elementos do "modo de vida americano" estão presentes no cotidiano da cidade onde você vive.

O reformismo comunista

Stalin faleceu em 1953, e Nikita Kruschev assumiu o governo do país em seu lugar. Ele denunciou os crimes de Stalin e tentou reformar o regime socialista soviético. Seu governo investiu em bens de consumo e libertou todos os presos políticos. Seu prestígio aumentou com as naves que alcançaram a órbita terrestre. Krushev também abriu diálogo com o governo dos Estados Unidos, inaugurando o período conhecido como **coexistência pacífica**. Foi deposto do poder em 1964 e substituído por um burocrata, Leonid Brejnev. A elite política soviética não admitia reformas no país.

OUTRAS HISTÓRIAS LUTAS SOCIAIS

Revolta Húngara e Primavera de Praga

As sociedades polonesa, húngara, búlgara, romena, tcheca e alemã do leste não aceitaram facilmente a dominação soviética. Mas, somente após a morte de Stalin, em 1953, é que revoltas aconteceram nas democracias populares. Nesse ano houve uma rebelião de operários alemães orientais e greves ocorreram em vários países da Europa oriental. As duas grandes revoltas ocorreram na Hungria e na Tchecoslováquia.

Na Hungria, em 1956, estudantes e trabalhadores se uniram contra a dominação da União Soviética. Os revoltosos exigiam o estabelecimento do regime democrático e eleições livres. Formaram um novo governo, que libertou todos os presos políticos. A União Soviética invadiu a Hungria e milhares de pessoas foram mortas e presas, enquanto outras milhares fugiam do país.

Na Tchecoslováquia, em 1968, um governo reformista apoiado por estudantes, trabalhadores e intelectuais propôs mudanças políticas e econômicas para criar o **socialismo democrático**, na chamada **Primavera de Praga**. Tropas soviéticas invadiram o país e, após intensa repressão, o movimento reformista foi derrotado.

AFP/Agência France-Presse

Tanques soviéticos são cercados por manifestantes em Praga, Tchecoslováquia, em agosto de 1968.

- Na imagem, vemos uma cena da invasão militar da União Soviética em Praga, capital da Tchecoslováquia. O fotógrafo enquadrou três tanques de guerra enfileirados em uma rua da cidade. Soldados soviéticos estão sentados nos tanques, enquanto manifestantes tchecos os cercam. Com essa imagem, o fotógrafo quis passar uma mensagem sobre a invasão soviética. Você saberia interpretar que mensagem é essa?

1968: Primavera de Praga.

2010: Atol de Bikini é declarado Patrimônio da Humanidade.

Estados Unidos e União Soviética na corrida espacial

Os Estados Unidos tentaram acompanhar os avanços da União Soviética na conquista do espaço. Quatro meses após o lançamento do Sputnik, os estadunidenses colocaram em órbita terrestre seu próprio satélite, o Explorer I.

Até então, os cientistas não acreditavam que um ser humano pudesse viver por muito tempo fora da atmosfera terrestre. Gagarin mostrou que era possível. São várias as versões do que ele disse quando viu a Terra, mas a frase mais famosa dita por ele foi: "A Terra é azul". Até então, ninguém sabia disso.

Yuri Gagarin tornou-se famoso no mundo inteiro. Foi recebido por governos de diversos países e sua presença reunia multidões. Afinal, foi o primeiro ser humano a ir ao espaço sideral. Viajou por vários países como uma espécie de embaixador soviético. Em 1961, visitou o Brasil, recebendo do presidente brasileiro, Jânio Quadros, a Ordem do Cruzeiro do Sul.

Nos Estados Unidos, a notícia do feito de Yuri Gagarin repercutiu com grande impacto. Os soviéticos estavam à frente dos estadunidenses em tecnologia espacial.

A partir daí, o objetivo de Estados Unidos e União Soviética era levar um homem à Lua. Yuri Gagarin alimentou o sonho de pisar no solo lunar. Ele retornou ao seu posto militar como piloto de testes com essa esperança. Mas em março de 1968, aos 34 anos, pilotando um MiG, sofreu um acidente, vindo a falecer.

Yuri Gagarin não pôde assistir no ano seguinte, em julho de 1969, aos dois astronautas estadunidenses caminhando na Lua. A partir daí, os Estados Unidos assumiram a liderança na corrida espacial.

Em 2010, a Organização das Nações Unidas para a Educação, a Ciência e a Cultura (Unesco) proclamou o atol de Bikini Patrimônio da Humanidade. Os filhos, netos e bisnetos dos 167 nativos, no entanto, ainda esperam retornar à terra de seus ancestrais.

Fine Art Images/Album/Fotoarena

Em 12 de abril de 1961, a nave Vostok I, impulsionada por um míssil, pôs na órbita terrestre o cosmonauta Yuri Gagarin. Por quase duas horas ele orbitou o planeta Terra. Foi o primeiro ser humano a ver a Terra do espaço. Museu Histórico do Estado, Moscou, Rússia.

PUXANDO PELA MEMÓRIA

Após o estudo do capítulo, você manteria sua resposta à pergunta da página 136?

Créditos das imagens de baixo para cima: Bettmann/Getty Images; Associated Press/Glow Images; Fine Art Images/Album/Fotoarena; Associated Press/Glow Images; R. Sandens/Associated Press/Glow Images; NASA/Newsmakers/Hulton Archive/Getty Images; Sputnik/Agência France-Presse; Peter Probst/Alamy/Fotoarena

Photo12/Glow Images

ROTEIRO DE ESTUDOS

O QUE APRENDEMOS?

1 | A Guerra Fria tornou o mundo ideológica e economicamente dividido. O mundo conheceu uma ordem bipolar. Comente e desenvolva essa afirmação.

2 | No contexto da Guerra Fria, qual foi a importância da chamada Doutrina Truman?

3 | Por que podemos afirmar que o Plano Marshall contribuiu para a formação de um bloco de países capitalistas aliados aos Estados Unidos no enfrentamento com a União Soviética?

4 | Associe os objetivos e o surgimento das chamadas "democracias populares" com as imposições feitas pela União Soviética.

5 | Por que a cidade de Berlim se tornou um problema de difícil solução no contexto internacional da época e o muro construído na cidade tornou-se um dos símbolos da Guerra Fria?

6 | Estabeleça uma ligação entre o que foram os programas chamados de "Grande Salto para a Frente" e a "Grande Revolução Cultural Proletária" e os motivos do fracasso de ambos.

7 | Para os países da Europa ocidental, após a Segunda Guerra Mundial, o que significou a expressão "Estado de bem-estar social"?

8 | Qual foi a relação entre Guerra Fria e anticomunismo?

9 | Por que a frase a seguir é falsa?

Ao assumir o poder na União Soviética com a morte de Stalin, Nikita Kruschev deu continuidade às práticas políticas de seu antecessor.

10 | Por que podemos destacar o paralelo 38 na Guerra da Coreia?

PESQUISA

Durante este capítulo, você conheceu expressões como **terror atômico**, **equilíbrio do terror** e **corrida armamentista**. A Guerra Fria acabou e as armas nucleares não foram usadas em um enfrentamento direto entre Estados Unidos e União Soviética. Mas fica a pergunta: e se a guerra nuclear tivesse ocorrido? O que teria acontecido à humanidade?

Forme um grupo e, com os colegas, assista ao filme *O dia seguinte* (*The Day After*), de 1983, produzido nos Estados Unidos e dirigido por Nicholas Meyer.

Países, cidades (como Berlim) e instituições (como a Otan) que vimos ao longo do capítulo aparecem no filme. Na obra, Estados Unidos e União Soviética partem para a guerra nuclear. Observem com atenção as cenas dos mísseis sendo disparados e as explosões nucleares. O importante é vocês observarem e avaliarem o que acontece no "dia seguinte".

Depois de assistirem ao filme e anotarem o que ocorre no "dia seguinte", exponham em grupo para a turma como seria o mundo após uma guerra nuclear. Lembrem-se de que *O dia seguinte* é um filme de ficção, mas o que vemos poderia ter acontecido. Ou melhor, ainda pode acontecer porque os arsenais atômicos continuam existindo. Por isso, é importante conhecer e expor aos colegas como seria a vida no "dia seguinte".

IMAGENS CONTAM A HISTÓRIA

Russian Picture Service/Album/akg-images/Fotoarena

Cartaz de propaganda política produzido na União Soviética, anos 1930. Coleção particular.

Rue des Archives/Granger/Fotoarena

Cartaz de propaganda comercial produzido na Inglaterra, 1953. Coleção particular.

- Observe os dois cartazes. O da esquerda é de propaganda política na União Soviética nos anos 1930. O casal de camponeses diz: "Camaradas, juntem-se à nossa fazenda coletiva!". O da direita é uma propaganda comercial na Inglaterra. O anúncio é sobre a qualidade dos casacos impermeáveis. Ambos os cartazes, o soviético e o inglês, valorizam determinadas classes sociais e divulgam maneiras diferentes de viver em sociedade. Você seria capaz de dizer qual é a posição social dos casais e que organização social os cartazes valorizam?

O PASSADO PRESENTE

A Guerra Fria chegou ao fim com a extinção da União Soviética, em 1991. No entanto, atualmente, muitos historiadores chamam a atenção para uma "nova Guerra Fria", agora envolvendo interesses dos Estados Unidos e da Rússia – a mais importante república da antiga União Soviética. O comunismo não existe mais; no entanto, o arsenal atômico russo e o estadunidense continuam os mesmos e os interesses em ter outros países como aliados também permanecem – caso, por exemplo, da Ucrânia.

1 | Avalie a afirmação do ex-líder soviético, Mikhail Gorbachev, em 8 de novembro de 2014, durante a celebração dos 25 anos da queda do Muro de Berlim.

> "O mundo está à beira de uma nova Guerra Fria. Alguns estão até dizendo que ela já começou", disse. "O derramamento de sangue na Europa e no Oriente Médio em contraposição ao fracasso do diálogo entre as grandes potências é de enorme preocupação" [...]. [Para Gorbachev] os Estados Unidos propagam o "triunfalismo" de ter vencido a Guerra Fria no começo dos anos 1990, mas têm fracassado no diálogo para pôr fim a conflitos em lugares como Síria, Iraque e Ucrânia. [...]

COLON, Leandro. "O mundo está à beira de uma nova Guerra Fria", diz Gorbachev em Berlim. *Folha de S.Paulo*, 8 nov. 2014. Disponível em: <www1.folha.uol.com.br/mundo/2014/11/1545406-o-mundo-esta-a-beira-de-uma-nova-guerra-fria-diz-gorbachev-em-berlim.shtml> Acesso em: 13 jun. 2018.

2 | Com quatro ou cinco colegas, realize uma pesquisa sobre os atuais conflitos entre Estados Unidos e Rússia e procure responder a esta questão: vivemos ou não sob uma nova Guerra Fria?

Bill Zygmant/Rex Features/Glow Images

Paul McCartney (na parte inferior da imagem), Ringo Starr (à esquerda), John Lennon (ao centro) e George Harrison (à direita), em fotografia de 1963.

CAPÍTULO 9

MOVIMENTOS SOCIAIS NA DÉCADA DE 1960

O mundo mudou durante os anos 1960.

Foram anos de conquistas sociais, de rebeldia e de guerra.

Nos Estados Unidos, a população negra, até então discriminada, lutou para conquistar seus direitos.

As mulheres também se mobilizaram para ter igualdade em relação aos homens.

Os jovens rebelaram-se em vários países, inventaram o *rock'n'roll* e a arte chamada de *Pop*.

O mês de maio de 1968, na França, ficou conhecido por grandes manifestações.

A Guerra do Vietnã foi desastrosa para os Estados Unidos, mas mobilizou milhões de pessoas no mundo pelo fim do conflito e pela busca da paz.

PUXANDO PELA MEMÓRIA

Paul McCartney, Ringo Starr, John Lennon e George Harrison formaram um conjunto musical de grande sucesso nos anos 1960. Até hoje várias de suas canções são conhecidas. Você sabe qual é o nome do conjunto que eles formaram?

Créditos das imagens de baixo para cima: Bill Hudson/Associated Press/Glow Images; SZ Photo/Scherl/The Bridgeman Art Library/Easypix; Bettmann/Getty Images; Hulton-Deutsch Collection/Corbis/Getty Images; Dirck Halstead/The Life Images Collection/Getty Images; Granger/Fotoarena

Uma Rosa negra

Rosa Louise McCauley, conhecida apenas por Rosa Parks, era uma mulher negra que morava na cidade de Montgomery, capital do estado do Alabama, sul dos Estados Unidos. Trabalhava como costureira.

No dia 1º de dezembro de 1955, aos 42 anos, Rosa entrou em um ônibus e sentou em um lugar vago na parte da frente. Naquela época, pelas leis do município, aos negros era reservada a parte traseira do veículo. Um homem branco aproximou-se e exigiu que ela levantasse do banco para que ele pudesse sentar.

Rosa estava cansada de ser discriminada. Queria ser tratada com respeito, como qualquer outra pessoa. Ela se recusou a sair daquele lugar. Por desobedecer à lei, foi levada a uma delegacia de polícia, fichada, presa e multada.

Sua atitude deu início à luta da população negra dos Estados Unidos por seus direitos de cidadania e igualdade social.

O SEU LUGAR NA HISTÓRIA

Em 1985, o governo federal criou o Conselho Nacional dos Direitos da Mulher (CNDM), cujas atribuições são: combater quaisquer formas de discriminação contra a mulher e garantir sua participação na vida política, econômica e cultural do Brasil. Fazem parte do CNDM representantes da sociedade e do governo. Acesse o *site* da Secretaria de Políticas para as Mulheres, disponível em: <www.spm.gov.br/assuntos/conselho>, acesso em: 2 jul. 2018, para descobrir se na cidade onde você vive há uma sede do CNDM ou qual é a mais próxima.

O movimento por direitos civis

Direitos civis são os direitos básicos do ser humano: à vida e à liberdade. É o direito de ser tratado com igualdade e não sofrer nenhum tipo de discriminação, seja pela cor de sua pele, seja por seu gênero, por sua religião, por sua orientação sexual ou por qualquer outro motivo.

Os direitos civis também incluem a liberdade de expressar opinião e o acesso a informações. Além disso, permitem ao cidadão julgamento justo e amplo direito de defesa, em caso de infração às leis. Os direitos civis garantem que todos são iguais perante a lei.

Granger/Fotoarena

Em 1956, um ano depois do episódio em que foi presa, Rosa Parks foi fotografada em Montgomery, Alabama, no mesmo ônibus onde se recusou a ceder o lugar a um homem branco.

FIQUE DE OLHO

Mississipi em chamas (EUA). Direção de Alan Parker, 1988. 128 min.

Policiais federais são enviados ao estado estadunidense de Mississipi para desvendar o assassinato de um homem negro. Ali, eles se dão conta do grave problema da discriminação racial no sul dos Estados Unidos.

Selma (EUA). Direção de Ava DuVernay, 2014. 127 min.

Biografia de Martin Luther King, centrada no episódio em que milhares de pessoas caminham da cidade de Selma a Montgomery, no estado do Alabama, na luta pelos direitos civis.

A discriminação racial

Os direitos civis não estavam garantidos a todos os cidadãos dos estados do sul dos Estados Unidos até os anos 1960.

Os negros que viviam naqueles estados sofriam com a política de segregação racial: havia restaurantes, bares, transportes, praças, piscinas públicas, lojas, banheiros, entre outros locais, que somente podiam ser frequentados por pessoas brancas. Os negros eram proibidos de entrar. Havia escolas para crianças brancas e escolas para crianças negras. Até mesmo o direito ao voto era negado aos negros.

Além disso, a população negra tinha os piores empregos e seus filhos frequentavam as escolas mais precárias. Os negros ainda sofriam com a violência policial e viviam em extrema pobreza. Era comum o linchamento de pessoas negras acusadas de crimes que não cometeram. Os assassinos, na verdade, eram homens brancos, que nunca eram punidos.

A discriminação racial era a regra nos estados do sul dos Estados Unidos. A Guerra Civil (1861-1865) entre os estados capitalistas do norte e os estados escravistas do sul terminou com a vitória dos primeiros. A escravidão foi abolida. Contudo, os antigos donos de escravos – brancos dos estados do sul – não aceitavam que os negros tivessem os mesmos direitos, e criaram uma série de leis racistas para impedir que os recém-libertos tivessem acesso aos seus direitos civis e políticos.

Foi nessa época que surgiu o temível grupo chamado Ku Klux Klan.

O pastor vai à luta

Diversas organizações e movimentos lutavam pelos direitos dos negros no sul dos Estados Unidos. Mas foi Martin Luther King, pastor de uma igreja batista do estado da Geórgia, quem liderou a luta.

Revoltado com a prisão de Rosa Parks, ele convocou os negros da cidade de Montgomery a não mais usar os ônibus.

O boicote deu certo. As empresas quase foram à falência.

A elite branca dos estados do sul passou a ter Martin Luther King como inimigo. Ele foi preso. Sua casa foi atacada.

Rosa Parks também sofreu com o ódio da elite branca do estado do Alabama. Ela perdeu o emprego e foi ameaçada de morte. Mudou-se para Detroit, cidade no norte dos Estados Unidos.

Em 1956, a Suprema Corte dos Estados Unidos declarou que era ilegal as empresas de ônibus discriminarem as pessoas.

Foi uma grande vitória para o movimento pelos direitos civis.

Desobediência civil

Em 1957, Martin Luther King adotou a estratégia da **desobediência civil**: ninguém deveria obedecer a leis consideradas injustas. Ele seguiu a estratégia do líder indiano **Mahatma Ghandi**: não usar a violência contra o opressor, mas não obedecê-lo. Tratava-se da resistência passiva.

Apesar da repressão policial nos estados do sul, a população negra começou a perder o medo. Nos estados do norte, muitas pessoas brancas apoiavam a luta dos negros.

O ano de 1963 marcou o auge dos protestos. Durante o comício liderado por Martin Luther King na cidade de Birmingham, a polícia agiu de maneira tão violenta que chocou o país, espancando até mesmo crianças e idosos.

Em agosto, Martin Luther King liderou a "Marcha sobre Washington". Cerca de 250 mil pessoas, na capital do país, ouviram o seu discurso intitulado "Eu tenho um sonho".

A polícia reprimiu com violência uma manifestação pacífica dos negros pelos seus direitos, em maio de 1963, na cidade de Birmingham, Alabama, Estados Unidos.

Bill Hudson/Associated Press/Glow Images

Granger/Fotoarena

Martin Luther King denunciou a discriminação racial e social sofrida pelos negros nos Estados Unidos e exigiu o reconhecimento dos direitos de cidadania em frente ao Memorial Lincoln, Washington, D.C., Estados Unidos, em 28 de agosto de 1963. No discurso "Eu tenho um sonho", ele afirmou: "Agora é o tempo para subir do vale das trevas da segregação ao caminho iluminado pelo sol da justiça social".

OUTRAS HISTÓRIAS LUTAS SOCIAIS

Gandhi

Mohandas Karamchand Gandhi nasceu em 1869, no interior da Índia, naquele tempo uma colônia da Inglaterra. Ele era advogado e, sem oportunidade de emprego, foi para a África do Sul. Gandhi ficou horrorizado com a discriminação racial. Tomou a decisão de lutar contra as injustiças.

SZ Photo/Scherl/The Bridgeman Art Library/Easypix

Mahatma Gandhi, líder contra a dominação colonial inglesa na Índia em Bombaim, Índia. Fotografia de maio de 1929.

Durante 20 anos, Gandhi defendeu os direitos dos negros e dos indianos que viviam na África do Sul. Mas ele percebeu que era inútil lutar contra a dominação inglesa pelas armas. Era preciso encontrar outras formas de luta. Foi quando descobriu que uma estratégia poderia dar bons resultados: a desobediência civil. Ou seja, não aceitar e não cumprir leis consideradas injustas, ofensivas ou humilhantes.

Em 1915 Gandhi retornou à Índia e logo passou a mobilizar a população contra a dominação inglesa através da estratégia da desobediência civil, da luta pacífica, sem violência. Ele acreditava que a agressão física usada pelos militares ingleses somente os desmoralizava. Quanto mais eles batiam nas pessoas, mais a sua autoridade se enfraquecia.

A desobediência civil parecia dar certo. Em 1928, o governo do Reino Unido criou um imposto a ser pago pelos agricultores. Como eles consideraram o imposto injusto, recusaram-se a pagar. Ninguém pagou o tributo. Milhares foram presos por isso. Mas, ao final, todos foram libertados e o imposto foi suspenso.

Além da desobediência pacífica, Gandhi adotava outras estratégias: o boicote aos produtos ingleses. Ele incitava os indianos a não comprar mercadorias provenientes da Inglaterra, mas a fabricar em casa o que necessitavam.

Sua luta foi vitoriosa. Em agosto de 1947, a Inglaterra reconheceu a independência da Índia. Ele passou a ter o nome de Mahatma, cujo significado é "A Grande Alma". No ano seguinte, um hindu adepto de estratégias radicais matou Gandhi com um tiro de revólver.

- Martin Luther King conhecia bem as ideias de Ghandi. O trabalho final de seu curso de pós-graduação foi sobre a estratégia de resistência pacífica do líder indiano. Por que Martin Luther King considerou que a desobediência civil também poderia ser adotada na luta dos negros estadunidenses do sul por seus direitos civis?

1964: Início da Guerra do Vietnã. Justiça dos Estados Unidos proíbe discriminações sociais.

A conquista dos direitos

A Suprema Corte dos Estados Unidos considerou que a segregação racial nas escolas violava a Constituição do país. Essa decisão valia para qualquer outro lugar ou instituição: todos tinham de ser tratados como iguais; todos os cidadãos tinham de ter os mesmos direitos e deveres.

Em muitos estados do sul, a elite branca resistiu. Crianças negras somente entraram em escolas antes reservadas para crianças brancas escoltadas por soldados da Guarda Nacional.

Com o acesso ao voto, os negros dos Estados Unidos, após muita luta, conquistaram seus direitos civis e políticos.

Em 1964, Martin Luther King ganhou o prêmio Nobel da Paz. Mas em 1968 ele foi assassinado por um homem racista. O dia de sua morte é lembrado nos Estados Unidos como feriado nacional.

Rosa Parks passou o resto da vida em Detroit. Somente em 1996 o governo dos Estados Unidos reconheceu seu mérito, concedendo-lhe a "Medalha Presidencial pela Liberdade". Em 1999, o Congresso deu-lhe a mais alta honraria do país: a Medalha de Ouro. Ela faleceu em 2005, aos 92 anos.

Associated Press/Glow Images

Escola acata o processo de integração racial em Springer, Oklahoma, Estados Unidos. A professora distribuiu material escolar a estudantes brancos e negros. Apesar da resistência nos estados do sul dos Estados Unidos, a decisão da Suprema Corte foi obedecida. Fotografia de agosto de 1958.

VOCÊ JÁ OUVIU FALAR...

... que Malcolm X também lutou contra a discriminação racial nos Estados Unidos? De origem muito pobre, na prisão converteu-se ao islamismo e depois tornou-se socialista. Diferentemente de Martin Luther King, Malcolm X era partidário da separação entre brancos e negros. Em 1965 ele foi assassinado durante um comício.

FIQUE DE OLHO

A História de Ruby Bridges (EUA). Direção de Euzhan Palcy, 1998. 96 min.

Em 1960, as crianças negras têm garantido o direito de estudar em escolas até então reservadas a brancos. A menina negra, Ruby Bridges, de 6 anos, vai para a escola escoltada por policiais federais. As pressões sobre a menina são enormes, mas ela teve o apoio da mãe e da professora.

CÁ ENTRE NÓS

Betty Friedan tornou-se conhecida nos Estados Unidos quando publicou, em 1963, o polêmico livro *Mística feminina*. O livro foi um sucesso de vendas. Após entrevistar várias mulheres, ela demonstrou a insatisfação feminina com o machismo e o preconceito. Betty Friedan criticou os valores sociais que exigiam perfeição das mulheres como esposas, mães e donas de casa.

A luta das mulheres

Na década de 1960, nos Estados Unidos, os negros lutaram e conquistaram seus direitos civis. Mas as mulheres também lutaram. A discriminação contra a mulher começava na família e continuava no trabalho. Mesmo com funções iguais às do homem, a mulher tinha salário menor. Cargos executivos e de gerência eram exclusivos para homens. Para a mulher, era reservado o papel de esposa e mãe.

Betty Friedan, junto a outras mulheres, fundou a Organização Nacional Feminina. O objetivo era que as mulheres tivessem os mesmos direitos dos homens.

Em 1964, a Suprema Corte dos Estados Unidos proibiu qualquer discriminação de raça ou sexo nos locais de trabalho. A seguir, outras leis garantiram às mulheres seus direitos na sociedade, tornando crime a discriminação feminina.

Contracultura, paz e amor

Nos anos 1950 e 1960 os jovens também se manifestaram contra os padrões conservadores dominantes. Artistas e escritores defenderam uma cultura diferente, uma **contracultura**, pois eram contra o "modo de vida americano" (*American way of life*), o individualismo e o consumismo.

Nos Estados Unidos, muitos jovens não suportavam o autoritarismo dos pais e a opressão da sociedade. Adeptos da contracultura, eles queriam viver em outra sociedade, na qual o compromisso fosse apenas com a paz e o amor. Nos anos 1960, na Califórnia, surgiu o movimento *hippie*.

Muitos foram morar em comunidades ao ar livre. Usando roupas coloridas e cabelos compridos, eles rejeitavam o consumismo e o conservadorismo da sociedade.

Vince Streano/Corbis/Getty Images

Hippies participam de festival de música na cidade de Nova Orleans, Louisiana, Estados Unidos. Fotografia de 1971.

1969: Festival de Woodstock.

É *rock'n'roll*

Nos anos 1950 surgiu um tipo de música que mesclava vários estilos musicais e usava guitarras e bateria. A música, alegre e vibrante, foi chamada de ***rock'n'roll*** ou, simplesmente, ***rock***. Era música para dançar, o que atraía a juventude. Logo, o *rock* tornou-se desafiador dos valores sociais, sendo adotado pelo movimento de contracultura.

Nos anos 1960, o mundo conheceu o *rock* a partir de um conjunto de músicos inovador: The Beatles. A seguir, diversas outras bandas surgiram.

Photo12/Glow Images

Em 1957, ano da fotografia ao lado, Elvis Presley tornou-se muito conhecido pela música *Jailhouse Rock*. Seu jeito de dançar era muito ousado para a época, e influenciou muitos jovens.

OUTRAS HISTÓRIAS ARTES

Arte *Pop*

Na década de 1960 surgiu um movimento artístico que ficou conhecido por Arte *Pop* (ou *Pop Art*, em inglês), uma abreviação de Arte Popular. Os artistas usavam em suas criações temas típicos da cultura de massa, como objetos de consumo, publicidade comercial, artistas de cinema, pessoas famosas, etc. Dois nomes se destacaram nos Estados Unidos: Roy Lichtenstein e Andy Warhol. Os trabalhos mais conhecidos da Arte *Pop* são os de Warhol. A obra intitulada *Latas de Sopas Campbell*, de 1962, refere-se a um produto muito consumido nos Estados Unidos. Em 1962, a atriz Marylin Monroe foi tema de um famoso quadro de Warhol. A Arte *Pop* não criticava a sociedade de consumo, mas tirava dela os seus temas. Suas cores eram fortes e o acrílico era muito usado.

Gardel Bertrand/Hemis/Agência France-Presse/AUTVIS, Brasil, 2018.

Latas de Sopas Campbell, tinta de polímero sintético sobre tela de Andy Warhol, 1962. O uso de objetos de consumo popular como tema e sua repetição caracterizam as obras do artista. Museu de Arte Moderna de Nova York, Nova York, EUA.

Gardel Bertrand/Hemis/Agência France-Presse/AUTVIS, Brasil, 2018.

Marylin Monroe Dourada, serigrafia e tinta sobre tela de Andy Warhol, 1962. O uso de cores fortes e brilhantes era comum entre artistas da Arte *Pop*. Museu de Arte Moderna de Nova York, Nova York, EUA.

- A Arte *Pop* pode ser considerada arte popular? Discuta com seus colegas.

CÁ ENTRE NÓS

Os guerrilheiros da FLN ficaram conhecidos como **vietcongues**, cuja tradução é "vietnamita comunista".

FIQUE DE OLHO

Platoon (EUA). Direção de Oliver Stone, 1986. 120 min.

Jovem se alista no exército para lutar no Vietnã, mas não demora para se dar conta da brutalidade da guerra.

Lutar no Vietnã

Vietnã, Laos e Camboja são países localizados na península da Indochina. Durante a Segunda Guerra Mundial, o líder comunista vietnamita Ho Chi Minh liderou a luta contra os japoneses. Ao final da guerra, os comunistas vietnamitas também derrotaram os franceses que dominavam a região e declararam a independência do Vietnã.

Contudo, o Vietnã foi dividido em dois países: o Vietnã do Norte, de regime comunista, governado por Ho Chi Minh e apoiado pela União Soviética e a China; e o Vietnã do Sul, governado por um ditador, de regime capitalista e apoiado pelos Estados Unidos.

No Vietnã do Sul a oposição se organizou na Frente de Libertação Nacional (FLN). A Frente era liderada por comunistas e tinha grande apoio popular. Ho Chi Minh também forneceu armas e munições.

Um conflito desastroso

O governo dos Estados Unidos, a partir de 1964, enviou mais de 550 mil soldados para combater a FNL no Vietnã do Sul. Aviões jogaram toneladas de bombas no Vietnã do Norte.

No entanto, a FLN tinha o apoio da população. Os soldados estadunidenses ainda tinham de lutar em florestas repletas de armadilhas e ataques surpresa.

Os soldados destruíam aldeias, matavam seus habitantes, bombardeavam florestas e pessoas com armas químicas que causavam queimaduras terríveis, mas nada adiantava.

As pessoas assistiam aos horrores da guerra pela televisão. Soldados estadunidenses retornavam mutilados ou mortos. Os jovens protestaram. Os *hippies* lançaram o lema: "Faça amor, não faça guerra". Grandes manifestações nas cidades exigiam o fim do conflito. Martin Luther King participou dos protestos. Muitos jovens não obedeciam à convocação para o alistamento militar.

A maior potência militar do planeta foi derrotada pelos vietnamitas. Em 1975, tropas do Vietnã do Norte entraram em Saigon, capital do Vietnã do Sul. No ano seguinte, o país foi unificado sob o governo de Ho Chi Minh. Surgia a República do Vietnã.

National Archives/Agência France-Presse

Soldados estadunidenses tentam salvar amigo ferido em batalha contra guerrilheiros da FLN, no Vietnã. Arquivos Nacionais e Administração de Registros, Washington, D.C., EUA. Fotografia de 1967.

Maio de 1968

O ano de 1968 foi o auge dos protestos contra o autoritarismo. Em vários países ocorreram revoltas. Na Tchecoslováquia, uma grande rebelião popular ocorreu contra a dominação da União Soviética. No México, protestos estudantis resultaram em centenas de mortos. No Brasil, ocorreu a Passeata dos 100 Mil contra a ditadura militar. Nas universidades dos Estados Unidos, milhares de estudantes exigiam o fim da Guerra do Vietnã.

Mas foi em Paris, capital da França, que eclodiu uma grande rebelião. Em maio daquele ano estudantes ocuparam a Universidade de Nanterre. A seguir, tomaram o bairro universitário, o Quartier Latin. Em outras universidades francesas também ocorreram manifestações.

Trabalhadores se juntaram aos estudantes e convocaram uma greve geral no país. Barricadas foram levantadas nas ruas e a polícia não tinha como controlar a rebelião, que uniu estudantes e operários.

O presidente Charles de Gaulle convocou eleições. Grande parte da sociedade francesa estava assustada com as manifestações. Com a vitória de seu partido, De Gaulle acionou a polícia. A repressão policial foi grande e o movimento rebelde de 1968 chegou ao fim.

Maio de 1968, na França, foi o auge do movimento de contracultura. Depois desse episódio, as revoltas e protestos estudantis recuaram. O integrante do conjunto The Beatles, John Lennon, definiu bem aquele momento quando, em 1969, disse: "O sonho acabou".

AFP/Agência France-Presse

Conflitos entre estudantes e policiais em Paris, França. Fotografia de 6 de maio de 1968.

PUXANDO PELA MEMÓRIA

Após o estudo do capítulo, você manteria sua resposta à pergunta da página 154?

Créditos das imagens de baixo para cima: Bill Zygmant/Rex Features/Glow Images; Associated Press/Glow Images; Bill Hudson/Associated Press/Glow Images; SZ Photo/Scherl/The Bridgeman Art Library/Easypix; Bettmann/Getty Images; Hulton-Deutsch Collection/Corbis/Getty Images; Dirck Halstead/The Life Images; Collection/Getty Images; Granger/Fotoarena

ROTEIRO DE ESTUDOS

O QUE APRENDEMOS?

1 | Qual a situação social da população negra no sul dos Estados Unidos até o início dos anos 1960?

2 | A estratégia de luta adotada por Martin Luther King foi a "desobediência civil". Como podemos associar a expressão a Mahatma Gandhi?

3 | Assim como os negros, as mulheres também eram discriminadas nos Estados Unidos. Desenvolva, em um parágrafo, essa afirmação, mencionando como elas conquistaram seus direitos.

4 | O movimento de contracultura se manifestava contra os valores culturais conservadores dominantes. Comente e desenvolva essa afirmação, fornecendo, também, exemplos.

5 | Associe a derrota dos Estados Unidos na Guerra do Vietnã com a Frente de Libertação Nacional e a opinião pública estadunidense.

6 | Por que o movimento de maio de 1968 assustou as elites e o governo francês? Como foi derrotado?

7 | Avalie a importância de Martin Luther King na luta pelos direitos civis dos negros nos Estados Unidos.

8 | Qual era a relação entre a contracultura e o modo de vida americano (*American way of life*)?

9 | Por que a frase a seguir é falsa?

O movimento que ocorreu em maio de 1968, na França, era bastante conservador, pois exigia que o governo impusesse ordem no país.

10 | A população do Vietnã viveu conflitos antes e durante a Segunda Guerra, mas também nos anos da Guerra Fria. Comente a afirmação.

PESQUISA

No Brasil, leis foram promulgadas para reprimir a prática do racismo.

A primeira foi em 1951, a Lei n. 1390/51, chamada de Lei Afonso Arinos, parlamentar autor do projeto de lei.

Depois, em 1989, foi promulgada a Lei n. 7716/89, proposta pelo deputado Carlos Alberto Caó Oliveira Santos – por isso conhecida por Lei Caó.

Procure conhecer essas duas leis. Ambas criminalizam o racismo e estabelecem penas contra aquele que discriminar pessoas devido à cor de sua pele.

1 | Veja as diferenças entre a lei que foi aprovada em 1951 e a outra, que entrou em vigor em 1989. No caso desta última, trata-se de legislação que pune com rigor qualquer tipo de preconceito, sobretudo o de racismo.

2 | Anote os casos em que a Lei n. 7716/89 prevê crime de racismo e quais as penalidades previstas para essa prática.

3 | Faça um cartaz expondo esses casos e as penalidades previstas na lei.

4 | Com o apoio do professor, coloque o cartaz no mural da escola, de preferência em lugar bem visível.

Photo12/Glow Images

IMAGENS CONTAM A HISTÓRIA

Jovens estadunidenses, com a bandeira do seu país e com o símbolo da paz pintados em seus rostos, participaram da manifestação contra a Guerra do Vietnã na cidade de Boston, em 15 de abril de 1970. Nessa manifestação, havia mais de 100 mil pessoas. Veja na imagem.

Mulheres em manifestação contra a Guerra do Vietnã em Boston, Massachusetts, Estados Unidos. Milhares de jovens nos Estados Unidos protestaram contra a Guerra do Vietnã. Muitos deles desobedeciam à convocação para o alistamento militar, mesmo correndo risco de punição. Fotografia de 1970.

Bettmann/Getty Images

- As duas jovens que aparecem à esquerda pintaram o rosto com dois símbolos: um deles é a bandeira dos Estados Unidos. O outro, por cima da bandeira, é o símbolo da paz. O que as motivou a pintar no rosto os dois símbolos simultaneamente?

O PASSADO PRESENTE

Em julho de 2014, na cidade de Nova York, policiais cercaram Eric Garner, um homem de 43 anos. Ele estava desarmado e não reagiu. Mesmo assim, os policiais o imobilizaram e aplicaram-lhe uma "gravata". Eric Garner morreu sufocado. Alguém filmou a cena com um celular. Por várias vezes, Eric disse aos policiais: "Eu não consigo respirar".

Um mês depois, em agosto, um policial da cidade de Ferguson, no estado de Missouri, nos Estados Unidos, matou com seis tiros o jovem Michael Brown, de 18 anos. Ele também estava desarmado.

Em novembro, o júri inocentou o policial que matou Michael Brown a tiros. Dez dias depois, o policial que matou Eric Garner por estrangulamento também foi inocentado.

Os policiais inocentados eram brancos e os homens mortos eram negros. A decisão dos dois júris gerou enormes protestos em várias cidades dos Estados Unidos. Os protestos lembraram as manifestações dos negros do sul dos Estados Unidos nos anos 1960, quando lutaram pelos direitos civis.

- Na internet, realize uma pesquisa sobre os protestos contra a violência policial nos Estados Unidos e contra a decisão dos júris sobre as mortes de Eric Garner e Michael Brown. Analise as principais denúncias dos manifestantes. Quais foram as acusações contra os policiais e contra os júris que os inocentaram? Quais foram as exigências dos manifestantes? Como a polícia reagiu aos protestos? Como você interpreta o fato de pessoas brancas protestarem ao lado de pessoas negras?

Crianças angolanas assistem à aula em escola improvisada na cidade de Kuito, Angola. O país conquistou sua independência em 1974. A seguir, os angolanos sofreram com a violenta guerra civil que somente terminou em 2002. A cidade de Kuito foi destruída pelo conflito. Fotografia de 2003.

Picture-Alliance/DPA/Album/Fotoarena

CAPÍTULO 10

MOVIMENTOS DE EMANCIPAÇÃO NA ÁFRICA

Durante séculos, imensas regiões da África foram dominadas por países europeus.

Em meados do século XX, os povos africanos lutaram pela independência. Intelectuais negros formularam ideias sobre o pan-africanismo.

A libertação da dominação europeia não foi fácil. O resultado foi a formação de novos países na África; mas, com eles, surgiram novos problemas – e novas lutas. As fronteiras entre os países foram estabelecidas de acordo com os interesses europeus, resultando em rivalidades internas e, por vezes, guerras civis.

O governo português foi intolerante com as lutas pela independência de suas colônias na África, até a vitória dos guerrilheiros africanos. Na África do Sul foi instaurando um regime racista, provocando lutas pela igualdade, nas quais se destaca o líder negro Nelson Mandela.

PUXANDO PELA MEMÓRIA

Brasil e Angola têm muitos elementos em comum em suas culturas. Você saberia citar apenas um deles partilhado pelas duas sociedades?

Créditos das imagens de baixo para cima: Ludovic Marin/Pool Photo/Associated Press/Glow Images; Herve Gloaguen/Gamma-Legends/Getty Images; Wikipedia/Wikimedia Commons/Museu Metropolitano de Arte, Nova York, EUA.; Seb Oliver/Cultura Exclusive/Getty Images; Coleção particular/Spaarnestad Photo/The Bridgeman Art Library/Easypix; STF/BTA/Agência France-Presse

Na luta por justiça

Em 1918, no sul do continente africano, onde hoje há um país chamado África do Sul, nasceu Nelson Mandela. Ele era de uma família de posses, de uma tribo no interior. Cresceu cuidando do gado da família e havia sido preparado para ser o chefe da tribo.

A África do Sul tinha alcançado a independência da Inglaterra em 1910. Quem tinha todos os privilégios era uma elite formada de brancos de origem holandesa, francesa e alemã, os chamados **bôeres**, que correspondiam a apenas 20% da população. No ano seguinte, em 1911, os bôeres impuseram ao novo país uma série de leis racistas. O conjunto dessas leis recebeu o nome de ***apartheid***. Na língua dos bôeres, a palavra significa "apartar", "separar", "segregar". A reação dos negros veio em 1912. Advogados e religiosos negros fundaram o Congresso Nacional Africano (CNA), cujo objetivo fundamental era lutar contra o *apartheid*.

FIQUE DE OLHO

Mandela: longo caminho para a liberdade (África do Sul/Grã-Bretanha). Direção de Justin Chadwick, 2013. 146 min.

Biografia do líder político Nelson Mandela, desde sua infância e prisão por 27 anos, até se tornar presidente eleito do país.

Nelson Mandela tinha 21 anos quando, em 1939, entrou para a primeira universidade para negros do país. Era nessa universidade que os chefes tribais se formavam. Mas Mandela envolveu-se com as lutas do CNA e com a política estudantil. Foi expulso da universidade.

O chefe da tribo ficou furioso com Mandela. Então, aos 23 anos, ele resolveu partir para a capital do país, Joanesburgo. O jovem Mandela não tinha a menor ideia de que se tornaria um dos mais importantes líderes mundiais do século XX.

Em 1948, o *apartheid* tornou-se política oficial da África do Sul, com total separação entre brancos e negros. Pelo *apartheid*, havia moradias, hospitais, escolas, meios de transporte e lazer exclusivamente para brancos. Havia o mesmo para os negros. Certamente, tudo de melhor qualidade era reservado para os brancos. Uma das medidas mais segregacionistas foi a proibição de casamentos entre brancos e negros. Os negros não podiam votar ou participar da política do país. Para consolidar a segregação e ampliar o desnível socioeconômico, uma lei, aprovada pelo Parlamento sul-africano, reservou quase todas as terras férteis para os brancos. À grande maioria, os negros, restava viver em favelas e receber salários miseráveis.

Spaarnestad Photo/The Bridgeman Art Library/Easypix/Coleção particular

Nelson Mandela lutava contra a discriminação racial em seu país, a África do Sul. Fotografia de 1961.

Ao chegar a Joanesburgo, Mandela era apenas um rapaz negro e pobre. Logo ele sentiu a violência da discriminação racial. Filiou-se ao CNA e passou a lutar sistematicamente contra o *apartheid*. Em 1952, ele liderou o Dia do Protesto, quando todos os negros deveriam desobedecer às leis racistas. Apesar das dificuldades, Mandela formou-se em Direito e passou a defender negros discriminados.

O Congresso Nacional Africano defendia a luta pacífica e não violenta contra o governo racista da África do Sul. Algo que tinha dado bons resultados na Índia e, mais tarde, na luta dos negros do sul dos Estados Unidos. Nelson Mandela concordava com essa estratégia política.

OUTRAS HISTÓRIAS LUTAS SOCIAIS

Massacre de Shaperville

O governo racista da África do Sul instituiu a **Lei do Passe**, que obrigava a população negra a portar uma caderneta com dados pessoais. Sem ela, a pessoa poderia ser presa. Assim, a lei cerceava o direito de livre locomoção dos negros e submetia-os a verdadeiras humilhações.

A lei era tão injusta que provocou enorme protesto. No dia 21 de março de 1960, no bairro de Shaperville, 20 mil negros organizaram um protesto pacífico diante de uma delegacia policial. Mesmo assim, a polícia atirou contra a multidão, matando 69 pessoas e ferindo 180. O episódio, que ficou conhecido como Massacre de Shaperville, recebeu o repúdio de vários países. A Organização das Nações Unidas declarou o dia 21 de março Dia Internacional de Luta pela Eliminação da Discriminação Racial.

Cercear: restringir, limitar.

Dennis Lee Royle/Associated Press/Glow Images

Homem negro sul-africano mostra sua caderneta com dados pessoais. Muitos negros do país queimaram suas cadernetas como forma de protesto. No entanto, foram obrigados a obter outra porque o governo racista determinou que, para conseguir emprego, era necessária a caderneta. Fotografia de 1960.

- Na sua opinião, por que o dia do Massacre de Shaperville foi vinculado à instituição do Dia Internacional de Luta pela Eliminação da Discriminação Racial, declarado pela ONU?

Pegando em armas

Após o Massacre de Shaperville, o CNA mudou sua forma de luta. A violência e a intolerância dos governantes sul-africanos eram tão intensas que o Congresso Nacional Africano abandonou a estratégia de resistência pacífica e adotou a luta armada.

Em 1960, o governo declarou o CNA ilegal e prendeu vários líderes negros, entre eles Nelson Mandela. No ano seguinte, ele foi solto e optou por viver na clandestinidade. Preso novamente, em 1964 ele foi condenado à prisão perpétua pelo "crime" de lutar contra as leis racistas.

O SEU LUGAR NA HISTÓRIA

Visite um museu ou centro de tradições presente em seu município ou, se não houver um, busque o *site* de algum lugar próximo à região onde você vive. Explore as possibilidades de conhecimento relacionadas a esse lugar e, em seguida, escreva um pequeno texto relatando de que maneira você considera esse local interessante. Apresente também as formas pelas quais esse espaço pode auxiliar na preservação da memória das culturas africana e afro-brasileira.

As independências na África

A África entrou no século XX como um continente dominado por europeus, explorado em suas riquezas e com a população nativa submetida à dominação branca europeia.

O pan-africanismo

A África vinha sendo invadida por europeus desde o século XV. Inicialmente, foram os portugueses, mas logo chegaram ingleses, holandeses e franceses. Na segunda metade do século XIX, os países europeus realizaram a partilha da África entre si. Tratava-se do que ficou conhecido como **imperialismo** europeu na África e na Ásia.

Os colonizadores europeus também elaboraram uma série de ideias negativas sobre a África e a população que vivia no continente. Os povos africanos eram qualificados como "primitivos", "inferiores", "preguiçosos". Os europeus também criaram ideias equivocadas: a de que os africanos não tinham organização política nem história própria.

Em fins do século XIX e início do século XX, sociólogos, professores e líderes políticos e religiosos nos Estados Unidos e na Jamaica criticaram o racismo e o colonialismo europeu. O lema deles era "A África para os africanos". Surgia, assim, o **pan-africanismo**.

Inicialmente, o pan-africanismo se baseou na ideia de "raça". Como sabemos, foram os europeus que inventaram expressões como "raça branca", "raça negra", "raça amarela", etc. O objetivo era justificar a superioridade da "raça branca" sobre as outras. Hoje sabemos que não existem "raças". Todas as pessoas, independentemente da cor da pele ou do formato dos olhos, pertencem a uma única espécie: a espécie humana.

Os pan-africanistas, todavia, resolveram usar a ideia de "raça" em proveito próprio e a favor do projeto de independência da África. Assim, eles diziam que havia algo que unia todos os africanos: a raça negra. Os africanos teriam, assim, interesses comuns e, juntos, poderiam lutar contra a colonização e o domínio europeus.

FIQUE DE OLHO

Nova África, um continente, um novo olhar (Brasil). Direção de Mônica Monteiro, 2013. 26 min. Disponível em: <http://tvbrasil.ebc.com.br/novaafrica/episodio/liderancas-que-se-transformaram-em-herois-da-independencia-africana>. Acesso em: 14 jun. 2018.

Este programa conta a história de líderes africanos que motivaram multidões e contribuíram para a expulsão de colonizadores e construção de uma identidade africana, como Léopold Senghor, Kwame Nkrumah e Amílcar Cabral.

Os líderes pan-africanistas publicaram livros e jornais, realizaram conferências e congressos. Eles queriam unir os povos africanos e combater o colonialismo e a exploração europeia na África, negando a ideia de que os africanos eram "inferiores" aos europeus.

Nas décadas de 1920 e 1930, alguns jovens africanos foram estudar em Paris, na França. Eles retomaram as ideias de seus antecessores e defenderam a independência do continente africano dos países europeus. Também combateram as ideias preconceituosas sobre a África e se esforçaram para mostrar que os povos africanos tinham seus próprios valores, uma maneira própria de ser e uma história para contar.

África: diversidade cultural e divisões políticas

A África é um continente imenso. Seu território corresponde a 20% das terras do planeta. A diversidade do continente é enorme. A começar pela geografia: o deserto do Saara ocupa quase toda sua parte norte. Na região, existem vários países cuja população é identificada com a cultura árabe e segue a religião muçulmana. É o caso de Egito, Líbia, Argélia e Marrocos, para citar alguns.

Ao sul do deserto do Saara encontram-se florestas tropicais e savanas onde vivem diversos povos negros. Apesar de um imenso deserto separar a África em duas partes, povos árabes e a população negra não deixaram de manter contato.

A África é muito diversificada em termos culturais. Foram contabilizadas, até agora, 800 etnias e mais de mil línguas.

Ludovic Marin/Pool Photo/Associated Press/Glow Images

Reunião de líderes africanos e da França, Nuaquechote, Mauritânia. Na foto, estão presentes os presidentes da França, de Chade, de Burkina Faso, do Níger e do Mali. Fotografia de 2018.

A HISTÓRIA NÃO ESTÁ SOZINHA

Geografia

A Geografia é a disciplina que muito ajuda o historiador a compreender as sociedades do passado. No caso do continente africano, a imensidão do deserto do Saara distingue dois modos de vida. Ao norte, vive a população branca, que se identifica com a cultura árabe e é adepta da religião muçulmana. Ao sul do deserto, vive a população negra, que se divide em centenas de etnias, com grande diversidade cultural e linguística.

Contudo, não se pode pensar que o deserto do Saara separou completamente essas duas populações. A imensidão do deserto foi vencida por diversos povos, permitindo a comunicação entre os que viviam ao norte e os que viviam ao sul do Saara.

Seb Oliver/Cultura Exclusive/Getty Images

Mulheres no mercado da cidade de Marrakech, Marrocos. O país situa-se no norte da África. Fotografia de 2015.

Borkowska Trippin/Shutterstock

Mulheres do povo Masai no distrito de Monduli, Tanzânia. O país situa-se ao sul do deserto do Saara. A região é conhecida como uma das mais belas do mundo. A riqueza da vegetação permite que milhares de animais nativos da África, como elefantes, zebras, rinocerontes, leões, entre outros, nela vivam livremente. Fotografia de 2018.

1 | Em um computador que tenha conexão com a internet, acesse, se possível, o site do Google Maps disponível em: <www.maps.google.com.br>, acesso em: 31 out. 2018. Em seguida, selecione, na parte inferior esquerda da tela, o modo de exibição "Imagens de Satélite" e digite no campo de busca: "Deserto do Saara, África". Ajuste a imagem para visualizar o continente africano. Avalie a extensão do Saara e observe como o deserto divide a África em duas regiões: os países do norte, no litoral do mar Mediterrâneo, e diversos outros ao sul do deserto. Para visualizar o nome dos países, selecione o modo de exibição "Mapa", também localizado na parte inferior esquerda da tela. Em seguida, discuta com seus colegas sobre como a análise de mapas pode auxiliar na compreensão das sociedades africanas.

2 | Realize outra pesquisa sobre a região conhecida como cratera de Ngorongoro. Procure saber, principalmente, por que essa parte da Tanzânia é conhecida como "Arca de Noé" e como vive o povo Masai que habita a região.

Fronteiras artificiais

Os governos europeus que dominaram o continente africano não tiveram a menor preocupação de respeitar as diversidades culturais das diferentes etnias que habitavam a África. Os colonizadores sabiam que havia rivalidades entre os grupos étnicos africanos. Para melhor governar, provocaram ainda mais as desavenças entre eles.

Na partilha da África, as divisões territoriais feitas pelos europeus tinham o objetivo de encontrar a melhor forma de explorar as riquezas da região. As fronteiras entre as colônias foram, portanto, determinadas sem considerar os povos que ali viviam. Desse modo, surgiram colônias africanas com fronteiras artificiais. Povos com interesses em comum foram separados em países diferentes. E povos com sérias rivalidades foram unidos em um único país.

OUTRAS HISTÓRIAS EPISÓDIOS

Massacre de Ruanda

Um exemplo da problemática divisão territorial foi Ruanda, país localizado na África Central. As fronteiras territoriais traçadas pelos europeus não respeitaram a diversidade dos povos que ali viviam. A maioria, da etnia hutu, e a minoria, da etnia tutsi, foram reunidas em uma mesma colônia. Eles eram povos com antigas rivalidades.

Ruanda tornou-se independente em 1962. Em 1994, a guerra eclodiu entre hutus e tutsis. Calcula-se que de 800 mil a 1 milhão de tutsis foram mortos. O que ocorreu em Ruanda foi um dos mais graves genocídios do século XX.

Ulli Michel/Ip Archive/Glow Images

Refugiados de Ruanda carregam caixas com suprimentos de comida em Kibumba, Congo. Fotografia de 28 de julho de 1994.

- A fotografia não é uma cópia fiel dos acontecimentos. Vale lembrar que o fotógrafo decide o que vai fotografar, escolhe as pessoas ou as paisagens que serão fotografadas, bem como de que maneira serão fotografadas. O fotógrafo faz uma série de escolhas e nos passa uma mensagem. Observe a fotografia acima e reflita: que mensagem o fotógrafo quis transmitir com essa imagem? Qual é a sensação e a opinião que passamos a ter do conflito em Ruanda a partir dessa imagem?

As independências e os novos países

O movimento pan-africanista se difundiu na África. Durante a Segunda Guerra Mundial, os povos africanos perceberam que os colonizadores europeus tinham divisões e antagonismos entre si e que poderiam ser derrotados.

Os movimentos africanos que lutavam pela independência cresceram principalmente nos anos 1950. Os governantes ingleses perceberam que a independência das colônias era inevitável e resolveram aceitá-la. Seria melhor manter boas relações diplomáticas e comerciais com as ex-colônias do que longas guerras que certamente resultariam em fracasso.

Desse modo, a maioria das colônias inglesas obteve sua independência nos anos 1950 e 1960. Foi o caso da Líbia (1951), do Sudão (1956), da Nigéria (1960), da Somália (1960), da Tanzânia (1961), de Uganda (1962), do Quênia (1963), de Gâmbia (1965), entre outros.

A França também tinha várias colônias na África. Diante dos movimentos de independência em suas colônias, os franceses agiram como os ingleses, embora se mostrassem extremamente intolerantes em alguns casos, como na Argélia. Várias de suas colônias africanas se tornaram independentes nos anos 1950 e 1960, como Marrocos e Tunísia, em 1956, e Senegal, Madagascar, Congo, Gabão e Mauritânia, em 1960.

Independência da África (até a década de 1990)

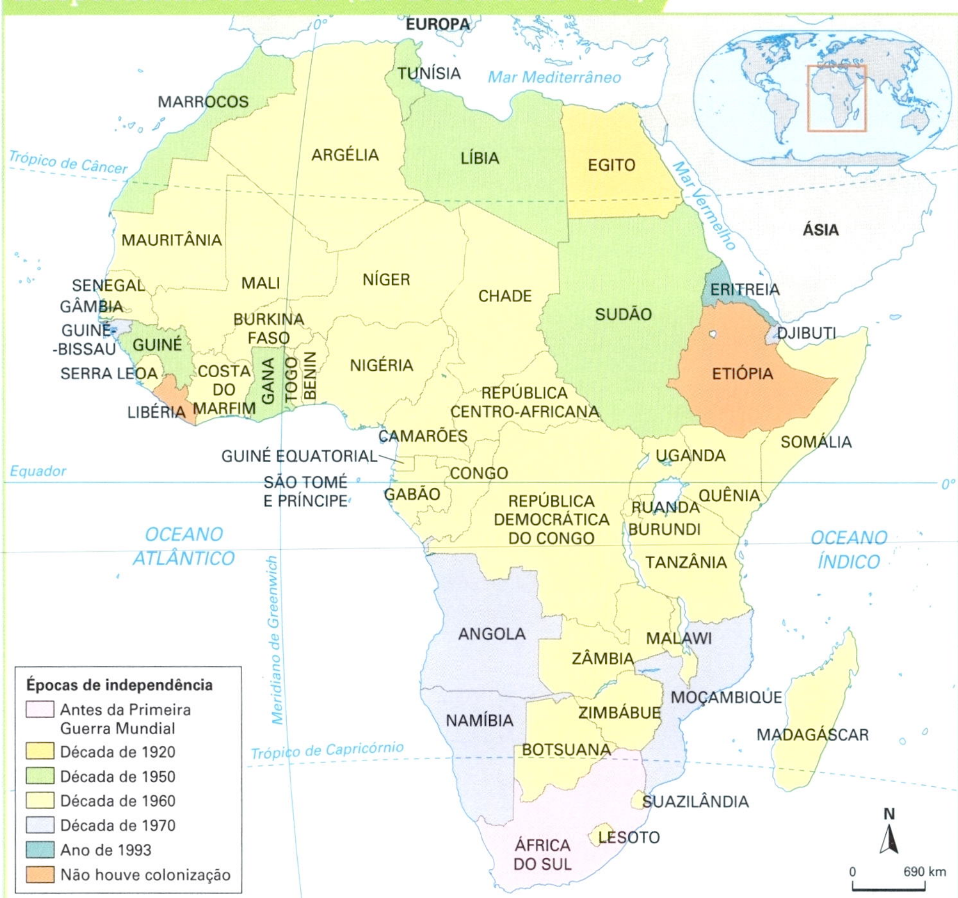

Eric G. Luciano/Arquivo da editora

Fonte: elaborado com base em ARRUDA, José Jobson de. *Atlas histórico básico*. São Paulo: Ática, 2009. p. 29; HISTORICAL atlas of the world. Bath: Parragon Books, 2010. p. 306.

FIQUE DE OLHO

Uma lição de vida (Reino Unido). Direção de Justin Chadwick, 2014. 2 h.

Filme baseado na vida do queniano Kimani Maruge. Após lutar pela independência de seu país, ele vai para a escola se alfabetizar aos 84 anos de idade. Kimani tem que enfrentar resistências, mas conta com o apoio da professora.

Hotel Ruanda (EUA, Itália, África do Sul). Direção de Terry George, 2004. 128 min.

Filme baseado em fatos reais. Um gerente de hotel em Ruanda abrigou centenas de tutsis para salvá-los do massacre comandado pelo exército hutu.

1956: Independência do Sudão, do Marrocos e da Tunísia.

1960: Massacre de Shaperville. Independência de Nigéria, Senegal, Madagascar, Congo, Gabão, Mauritânia e Somália.

Independência e pobreza

A grande maioria dos países africanos alcançou a independência nos anos 1950 e 1960 com grandes esperanças no futuro. Contudo, a dominação e a exploração dos países europeus durante décadas de colonialismo criaram grande pobreza nos países recém-independentes. Os conflitos entre etnias e as fronteiras artificiais agravaram o problema.

Os países independentes que surgiram na África tinham poucas indústrias. Durante a dominação colonial, não era permitida a formação de indústrias locais. O objetivo era forçar a população a comprar produtos industrializados das fábricas europeias.

Os territórios africanos dominados pelas potências europeias foram economicamente estruturados para produzir alimentos e matérias-primas para as suas metrópoles. A Tanzânia especializou-se na produção de café, e a Nigéria tinha 80% de sua exportação baseada no petróleo. E assim continuaram após a independência.

Tratava-se de algo prejudicial à economia desses países, que ficavam dependentes de um produto para exportação. Os novos governos não tinham capacidade financeira para fazer investimentos, obrigando os novos países a pedir empréstimos externos. Isso os tornava dependentes dos países europeus e dos Estados Unidos. Faltavam engenheiros, médicos, professores.

Outra questão que agravou a situação dos países africanos foi a Guerra Fria. Muitos governantes africanos tomaram partido: uns dos Estados Unidos, outros da União Soviética.

Guerras civis prejudicaram ainda mais a população daquele continente. Atualmente, milhões de africanos sofrem com ditaduras cruéis, guerras civis, miséria, fome e doenças.

CÁ ENTRE NÓS

Alguns países africanos tiveram pouco contato com o colonizador europeu ou alcançaram a independência rapidamente. A Etiópia, por exemplo, não sofreu com a colonização europeia. A África do Sul alcançou a independência ainda antes da Primeira Guerra Mundial, em 1910. O Egito alcançou a independência da Inglaterra em 1922.

FIQUE DE OLHO

Mafro – Museu Afro-Brasileiro-UFBA, com sede na cidade de Salvador, BA. Pertencente à Universidade Federal da Bahia, o Mafro conta com acervo da cultura material africana e afro-brasileira. Endereço eletrônico: <www.museuafrodigital.ufba.br/>. Acesso em: 14 jun. 2018.

Robert Harding Images/Masterfile/Latinstock

Na cidade de Lomé, capital de Togo, na África, a professora incentiva os alunos a participar da aula. Em vários países africanos, a educação atualmente tem sido prioridade de muitos governos, por vezes com ajuda de organizações internacionais e organizações não governamentais. Fotografia de 2011.

As lutas africanas contra o colonialismo português

Enquanto diversos governos europeus se convenceram de que a independência de suas colônias na África e na Ásia era um processo inevitável, a ditadura portuguesa tomou o caminho oposto.

Os portugueses viviam sob o governo autoritário de António de Oliveira Salazar desde 1932. E ele não admitia a independência das colônias portuguesas: Angola, Moçambique, Guiné-Bissau, as ilhas de São Tomé e Príncipe e o arquipélago de Cabo Verde.

Nos anos 1960, a repressão militar contra as manifestações de angolanos, moçambicanos e das outras colônias pela independência era violenta. Vários países condenaram o governo português por sua brutalidade. A Assembleia Geral da Organização das Nações Unidas reprovou a ditadura de Salazar pela insistência em manter colônias na África.

Diante da posição intransigente do governo português, os africanos se armaram. Em Cabo Verde, o líder comunista Amílcar Cabral organizou a luta armada contra os portugueses. Em Moçambique, o também comunista Samora Machel fundou a Frente de Libertação de Moçambique (Frelimo). Em Angola surgiram três organizações que lutaram contra o domínio português. A mais conhecida foi a dos comunistas do Movimento Popular de Libertação de Angola (MPLA). Em São Tomé e Príncipe também houve movimentos de luta armada.

Portugal entrou nos anos 1970 enviando soldados para combater a guerrilha em suas colônias. Os gastos militares eram enormes.

Em 1974, um grupo de militares portugueses derrubou a ditadura. Era a chamada **Revolução dos Cravos**. Portugal passou a viver sob o regime de liberdade democrática. O novo governo reconheceu a independência de Guiné-Bissau no mesmo ano e de Angola, Moçambique, Cabo Verde e São Tomé e Príncipe no ano seguinte.

VOCÊ JÁ OUVIU FALAR

... da Guerra da Argélia? Em 1954, argelinos que queriam a independência fundaram a Frente de Libertação Nacional (FLN). Mas os franceses que moravam na Argélia e o exército francês não aceitavam o movimento de independência. A repressão foi enorme, inclusive com o uso da tortura, o que aumentou o ódio do povo argelino contra o colonizador francês. O presidente francês Charles de Gaulle abriu negociações com a FLN e, em 1962, a Argélia conquistou sua independência.

STF/BTA/Agência France-Presse

Mulheres oferecem flores aos soldados da Frelimo logo após a proclamação de independência de Moçambique, em 25 de junho de 1975.

AO MESMO TEMPO

Revolução dos Cravos

Desde 1932, Portugal vivia sob a ditadura de António de Oliveira Salazar. Em 1968, Salazar, adoentado, foi substituído por Marcelo Caetano, que também não abria mão das colônias portuguesas na África. A grande insatisfação da população e da oficialidade das Forças Armadas resultou na chamada **Revolução dos Cravos**, em 25 de abril de 1974. Os militares deram fim à ditadura, instituíram o regime democrático e negociaram as independências com os líderes de suas colônias africanas. A Revolução dos Cravos ganhou esse nome porque as vendedoras de flores de Lisboa distribuíam cravos aos soldados.

Herve Gloaguen/Gamma-Legends/Getty Images

Após derrubar a ditadura, as Forças Armadas portuguesas levam seus soldados para desfilar pelas ruas de Lisboa. Em confraternização com o povo, eles recebem cravos e os colocam nos fuzis. Era a Revolução dos Cravos. Fotografia de 1º de maio de 1974.

- Por que os militares portugueses aceitaram negociar com os guerrilheiros africanos e aceitar as independências das colônias?

A difícil independência

As independências dos países africanos que sofreram com a colonização portuguesa foram seguidas por guerras civis.

Era a época da Guerra Fria, da rivalidade entre Estados Unidos e União Soviética. Em Angola e Moçambique assumiram o poder governos comunistas. Os grupos políticos anticomunistas passaram a lutar contra os novos governantes. O governo de Angola recebeu ajuda militar da União Soviética e de Cuba, mas a guerrilha adversária foi apoiada pelo governo da África do Sul, da Inglaterra e dos Estados Unidos.

Durante anos a guerra civil causou grande sofrimento à população das ex-colônias portuguesas. O uso de minas terrestres mutilou e matou milhares de civis. Em Angola, a guerra civil terminou em 2002, resultando em um país com uma população vivendo em grande pobreza.

OUTRAS HISTÓRIAS ARTES

Arte africana

Wikipedia/Wikimedia Commons/Museu Metropolitano de Arte, Nova York, EUA.

Máscara africana feita de marfim, século XVI. Museu Metropolitano de Arte de Nova York, EUA.

A produção artística africana é rica e diversificada. Duas modalidades se destacaram ao longo do tempo: a escultura e a confecção de máscaras. Enquanto as esculturas são feitas de ouro, bronze, marfim e, especialmente, madeira, as máscaras – utilizadas em rituais, como casamentos, e em ritos funerários – são feitas de barro, metais diversos, madeira e marfim.

A riqueza e a pluralidade cultural da arte produzida pelos povos africanos se estendem também à dança, à pintura, à música e à confecção de tecidos. Não há, entretanto, uma única arte africana. Há diferenciações, por exemplo, na produção artística dos povos da África ocidental e central, bem como do norte do continente. No entanto, é comum encontrar estilo artístico de uma nação em outras. Nas várias modalidades de arte, as influências entre os povos africanos são mútuas.

Em 1905, um dos mais importantes artistas plásticos do século XX, o espanhol Pablo Picasso, visitou a exposição de Arte Africana, em Paris. Picasso ficou muito impressionado com as máscaras. Ele descobriu a escultura africana na casa de outro importante artista plástico, o francês Henri Matisse.

- Forme um grupo com os colegas e pesquisem a influência da arte africana sobre Picasso e o surgimento de um estilo artístico marcante no século XX: o Cubismo.

A volta de Nelson Mandela

A África do Sul, durante décadas, foi um país isolado de boa parte do resto do mundo. A maioria dos governantes mundiais repudiava a política racista do *apartheid*. Nelson Mandela continuava preso e vários líderes do Congresso Nacional Africano haviam sido assassinados na prisão.

Em fins dos anos 1980, as tensões sociais e raciais na África do Sul eram tão grandes que a minoria governante branca percebeu que não poderia mais continuar com o *apartheid*.

Em 1990, após 27 anos na prisão, Nelson Mandela foi libertado. Ele já estava com 72 anos. No mesmo ano, o presidente Frederik de Klerk declarou o fim do regime racista do *apartheid*. Nas eleições de 1994, Nelson Mandela foi eleito presidente da África do Sul.

FIQUE DE OLHO

Museu Afro Brasil, com sede na cidade de São Paulo, SP. O acervo do museu destaca a contribuição africana na formação do patrimônio, da identidade e da cultura brasileira. Endereço eletrônico: <www.museuafrobrasil.org.br>. Acesso em: 14 jun. 2018.

1994: Guerra civil em Ruanda.
Nelson Mandela é eleito presidente da África do Sul.

A África do Sul vivia uma situação tensa, e uma guerra civil entre brancos e negros poderia acontecer a qualquer momento. Nelson Mandela, porém, tinha a proposta de construir no país uma democracia multirracial. Ele garantiu segurança à minoria branca, mas mandou apurar as atrocidades cometidas contra os negros.

Mandela ganhou muitos prêmios por liderar a transição pacífica na África do Sul: do odioso *apartheid* à convivência pacífica entre brancos e negros. Em 1993, ele e o ex-presidente Frederik de Klerk compartilharam o Prêmio Nobel da Paz.

FIQUE DE OLHO

Invictus (EUA). Direção de Clint Eastwood, 2009. 133 min.

Com o objetivo de unir brancos e negros na África do Sul, o presidente Nelson Mandela, recém-empossado, os incentiva a formar uma única torcida pela seleção nacional de seu país na Copa do Mundo de Rúgbi.

Walter Dhladhla/Agência France-Presse

Em 13 de fevereiro de 1990, dois dias após sair da prisão, Nelson Mandela discursa em comício organizado pelo Congresso Nacional Africano. Ele falou para cerca de 10 mil pessoas reunidas em um estádio de futebol, em Soweto, África do Sul.

DOCUMENTO

O argumento de Nelson Mandela contra o racismo

O objetivo de Mandela era construir no país uma democracia multirracial. Em suas memórias, ele escreveu:

> Ninguém nasce odiando outra pessoa por causa da cor de sua pele, da sua origem ou ainda da sua religião. Para odiar, é preciso aprender. E, se podem aprender a odiar, as pessoas também podem aprender a amar.
>
> MANDELA, Nelson. *Long walk to freedom*. África do Sul: Macdonald Purnell, 1995. (Tradução livre dos autores).

- Interprete a afirmação de Nelson Mandela, sobretudo sua ideia de que ninguém nasce com ódio, mas aprende a ter ódio.

O Terceiro Mundo

As antigas colônias europeias na África e na Ásia, como a Índia e o Vietnã, se tornaram países pobres que herdaram dos colonizadores europeus muitos problemas. Não eram países de capitalismo avançado, como os Estados Unidos, os países da Europa ocidental e o Japão – chamados de **Primeiro Mundo**. Mas também não eram países socialistas, como os do Leste Europeu, liderados pela União Soviética – conhecidos como **Segundo Mundo**.

Foi nesse contexto da Guerra Fria que surgiu a expressão **Terceiro Mundo**, uma maneira de identificar e caracterizar as antigas colônias africanas e asiáticas, bem como os países da América Latina.

A expressão Terceiro Mundo surgiu a partir da Conferência de Bandung, ocorrida na Indonésia, em 1955. Nessa reunião, representantes de 29 países africanos e asiáticos – entre eles a China, o Marrocos, o Egito, a Índia e o Paquistão – declararam-se independentes em relação aos Estados Unidos e à União Soviética. Eles se definiram como "países não alinhados" às duas potências em conflito. Também condenaram o colonialismo, o uso de armas atômicas e o racismo.

Os países do Terceiro Mundo tinham em comum a grande pobreza e as desigualdades sociais.

Embora a expressão Terceiro Mundo seja ainda utilizada, trata-se de uma definição que pode trazer problemas. Afinal, o conceito de Terceiro Mundo pode abranger países muito diferentes, do ponto de vista econômico, social ou cultural, como Brasil e Egito, México e China, África do Sul e Índia.

Roger-Viollet/Agência France-Presse

Líderes de diversos países africanos e asiáticos se reuniram na Conferência de Bandung, na Indonésia, em 1955. À esquerda, o presidente do Egito, Gamal Abdel Nasser; à direita, o primeiro-ministro indiano Jawaharlal Nehru.

PUXANDO PELA MEMÓRIA

Após o estudo do capítulo, você manteria sua resposta à pergunta da página 166?

Créditos das imagens de baixo para cima: STF/BTA/Agência France-Presse; Dennis Lee Royle/Associated Press/Glow Images; Ludovic Marin/Pool Photo/Associated Press/Glow Images; Herve Gloaguen/Gamma-Legends/Getty Images; Wikipedia/Wikimedia Commons/Museu Metropolitano de Arte, Nova York, EUA.; Seb Oliver/Cultura Exclusive/Getty Images; Coleção particular/Spaarnestad Photo/The Bridgeman Art Library/Easypix; STF/BTA/Agência France-Presse

Photo12/Glow Images

ROTEIRO DE ESTUDOS

O QUE APRENDEMOS?

1 | "A África para os africanos." Como essa frase se relaciona com os objetivos e propostas do pan-africanismo?

2 | "O *apartheid* era um poderoso instrumento de dominação das elites brancas sobre a maioria da população sul-africana." Desenvolva essa frase vinculando-a aos fundamentos daquela política de segregação.

3 | Associe o significado da expressão "fronteiras artificiais" com a situação das populações africanas atualmente.

4 | Os países africanos conquistaram a independência, mas surgiram países de economia dependente e com muita pobreza. Quais as razões que motivaram essa situação?

5 | "Portugal foi o último país a manter colônias na África." Estabeleça ligações entre essa afirmação e o papel histórico de António Salazar.

6 | De que maneira o contexto internacional da Guerra Fria atuou nos países africanos, particularmente no incentivo a conflitos internos, como as guerras civis?

7 | Compare o conceito de Terceiro Mundo aos conceitos de Primeiro e Segundo Mundo. Em seguida, explique: como, atualmente, esse conceito é criticado?

8 | Qual a importância de Nelson Mandela na luta contra o *apartheid*?

9 | Por que a frase a seguir não é verdadeira?

Os mais importantes líderes e intelectuais do pan-africanismo afirmavam que os povos que viviam na África não eram organizados em Estados e, por isso, eram destituídos de história própria.

10 | Por que a Revolução dos Cravos em Portugal foi importante para a independência de países africanos, como Angola, Moçambique, Guiné-Bissau, as ilhas de São Tomé e Príncipe e o arquipélago de Cabo Verde?

PESQUISA

Angola conquistou sua independência de Portugal em 1975. Mas logo a seguir a população angolana viveu os horrores da guerra civil. O grupo político que assumiu o poder no país foi o Movimento Popular de Libertação de Angola (MPLA), de orientação socialista. Duas organizações combateram o MPLA: a Frente Nacional de Libertação de Angola (FNLA) e a União Nacional para a Independência Total de Angola (Unita). O conflito somente chegou ao fim em 2002.

Além da destruição do país e da morte de milhares de angolanos, a guerra civil deixou, até hoje, uma herança mortífera: as minas terrestres. Homens da FNLA e da Unita espalharam minas terrestres por todo o país. Enterradas rente ao solo, são acionadas ao serem pisadas, mutilando ou matando as vítimas. Cálculos estimam que, atualmente, há 15 milhões de minas enterradas em solo angolano.

- Faça uma pesquisa sobre esse problema em Angola. Como o governo do país tem tentado resolver o problema? Quantos angolanos foram vítimas das explosões das minas? Quais as maiores dificuldades em encontrar as minas e desarmá-las? O que dizem os órgãos internacionais sobre as minas terrestres?

IMAGENS CONTAM A HISTÓRIA

Em vários países, movimentos políticos denunciavam a discriminação racial na África do Sul e a prisão de líderes negros, como Nelson Mandela.

Na Europa e nos Estados Unidos, organizações sociais protestavam contra o *apartheid* na África do Sul.

O cartaz ao lado, produzido na França em 1976, exigia que o governo não comprasse laranjas da África do Sul.

1 | De que maneira a laranja é representada no cartaz?

2 | Você consegue identificar quem está dentro dela?

3 | A partir desses elementos da imagem, responda: por que os manifestantes franceses queriam que o governo da França proibisse a importação de laranjas da África do Sul?

Roger-Viollet/Agência France-Presse

Cartaz produzido na França, em 1976, em protesto contra a importação de laranjas da África do Sul. O objetivo era boicotar produtos importados daquele país para pressionar o governo sul-africano a pôr fim à política do *apartheid*.

O PASSADO PRESENTE

Entre o início do século XVI e fins do século XIX, durante quatro séculos, portanto, aproximadamente 12 milhões de africanos foram retirados à força de suas terras, reduzidos à condição de escravos e levados, contra sua vontade, para trabalhar em diversas partes do continente americano. O Brasil recebeu 40% deles, cerca de 4,5 milhões de seres humanos escravizados. O processo ficou conhecido como Diáspora africana ou Diáspora negra.

No início de 2017, a Organização das Nações Unidas denunciou que migrantes da África Ocidental estavam sendo comprados e vendidos na Líbia. O comércio de humanos era realizado publicamente. Fugindo da fome e das guerras, homens e mulheres de países africanos pagavam agentes para levá-los até a Europa, pelo Mar Mediterrâneo. No entanto, no caminho, eles eram aprisionados e vendidos como escravos. Em prisões, eles trabalhavam em troca de uma espécie de ração. Muitos deles morrem devido a doenças, fome e maus-tratos.

- Atualmente, a escravidão é considerada crime contra a humanidade. No caso dos homens e mulheres africanos aprisionados na Líbia, por que podemos afirmar que se trata de um atentado aos direitos humanos?

Mural representando o líder palestino Yasser Arafat, na barreira que separa a cidade de Jerusalém. Fotografia de Frederic Soltan, 2011.

Frederic Soltan/Getty Images

CAPÍTULO 11

CONFLITOS NO ORIENTE MÉDIO

Neste capítulo, falaremos de dois povos que enfrentam grandes dificuldades para conviver em paz: israelenses e palestinos. Israel está localizado na região conhecida como Palestina, no Oriente Médio. À sua volta situam-se vários países árabes. Israelenses e árabes vivem em confronto permanente e ocorreram guerras entre eles.

Os interesses no petróleo da região e os conflitos da Guerra Fria também alimentaram o conflito. Os árabes que vivem na Palestina, os palestinos, sofrem mais diretamente as consequências dos embates e enfrentamentos.

Falaremos também de outros povos da região que conheceram revoluções – como a Revolução Iraniana – e também guerras destrutivas – como aquela entre o Irã e o Iraque.

Outra guerra destrutiva foi entre os Estados Unidos e o Iraque. Quando os Estados Unidos estabeleceram bases militares em diversas regiões do Oriente Médio, as tensões aumentaram ainda mais.

PUXANDO PELA MEMÓRIA

Na barreira construída pelos israelenses no entorno da cidade de Jerusalém, um artista fez o mural. Em inglês, *Free Palestine* significa "Palestina livre". Você já ouviu falar na Palestina? Sabe por que o artista pede que a Palestina seja livre?

Créditos das imagens de baixo para cima: Andy Clark/Reuters/Fotoarena; GPO/Agência France-Presse; Mohammed Abed/Agência France-Presse; Mohammed Abed/Agência France-Presse; Gabriel Duval/Agência France-Presse; Christine Spengler/Sygma/Getty Images

Dois povos e um grande conflito

Em 2009 estreou nos cinemas o filme *Lemon Tree* (*Limoeiros*, em tradução livre). O filme conta a história de Salma, mulher palestina que vivia sozinha em uma casa modesta. Ela cuidava do pequeno sítio com 300 limoeiros, herança de seu pai. Seu marido havia falecido dez anos atrás. Salma vivia do cultivo dos limões com a ajuda do idoso Abu Hussam. Suas terras estavam na Cisjordânia, território onde viviam os palestinos, mas exatamente na fronteira com Israel.

Havia uma bela casa em frente aos limoeiros, em território israelense. Um dia, chegou um caminhão de mudança protegido por soldados israelenses. A casa seria ocupada pelo Ministro da Defesa de Israel. Salma percebeu que sua vida não seria a mesma.

Para compreender o conflito que surgiu entre a palestina Salma e o Ministro da Defesa de Israel, vamos, inicialmente, conhecer quem são os palestinos e os israelenses.

Desde muitos séculos atrás, os **árabes** vivem na península Arábica. De origem semita, esses povos viviam dispersos, mas conseguiram se unificar em torno da religião pregada por Maomé. No século VII, Maomé afirmou que existia uma única divindade: Alá. O nome da religião fundada por ele chama-se **islamismo**. Um dos significados da palavra Islã é "submeter-se totalmente à vontade de Alá". Quem é adepto do Islã é chamado **muçulmano** ou **islamita**.

Ser árabe significa partilhar de valores, crenças e costumes comuns. A culinária, por exemplo, é um desses costumes. Ser árabe é ter uma mesma origem, como a história dos ancestrais que viveram na península Arábica. Ser árabe é também falar a língua árabe.

A maioria dos árabes segue a religião islâmica. Mas há árabes cristãos, especialmente no Líbano. E há os iranianos que professam o islamismo, mas são persas, e não árabes.

E o que é ser israelense? Muitos séculos antes do nascimento de Jesus, onde hoje é o Oriente Médio, viviam os **hebreus**. Eles professavam uma religião chamada **judaísmo** – daí serem conhecidos como **judeus**. Eles acreditavam que existia uma única divindade: Yahvé.

Após viverem em uma região chamada Canaã, onde hoje é Israel, eles foram expulsos pelo Império Romano. A partir daí, eles se dispersaram pelo mundo. Durante quase 20 séculos, os judeus foram um povo sem território.

Ser judeu é ter uma mesma história, é partilhar de crenças e costumes próprios. Ser judeu é também ter uma origem cultural comum, professar a religião judaica e, na época contemporânea, falar a mesma língua: o hebraico.

Árabes e judeus têm histórias diferentes, mas, em princípio, não teriam motivo para brigar. Eles têm a mesma origem étnica – são semitas. Na Antiguidade, falavam línguas semíticas como o hebraico, o aramaico e o árabe. Suas religiões não pregam o ódio, defendendo a crença em um único Deus. Como, então, começou o conflito entre esses povos no Oriente Médio?

CÁ ENTRE NÓS

O islamismo, o judaísmo e o cristianismo são as três grandes religiões professadas no Oriente Médio. As três são monoteístas, isto é, acreditam em um único deus.

Semita: povo cuja língua pertence à mesma família linguística; no caso, hebreus, assírios, aramaicos, fenícios e árabes. Observe que judeus e árabes têm origem étnica comum.

FIQUE DE OLHO

Lemon Tree (Israel, Alemanha, França). Direção e produção de Eric Ricklis, 2008. 106 min.

Salma, uma viúva palestina, vê seu pomar de limões ser ameaçado quando um novo vizinho, o Ministro da Defesa de Israel, se muda para a casa próxima a sua. O serviço de segurança israelense decide derrubar os limoeiros, que punham em risco a segurança do ministro. Salma luta para preservar seu único bem e sua cultura.

As independências árabes e a fundação de Israel

Ao final da Primeira Guerra Mundial, em 1918, o Império Otomano se desfez. Todas as extensas regiões do Oriente Médio sob seu domínio passaram para o domínio da Grã-Bretanha e da França.

Sionismo

Com o final da Primeira Guerra Mundial, os árabes tinham o projeto de formar um grande país independente no Oriente Médio. Mas algo prejudicou o projeto. No final do século XIX, na Europa, surgiu um movimento conhecido como **sionismo**, que defendia a volta dos judeus para a Palestina. Judeus europeus queriam fundar seu próprio país onde, na Antiguidade, seus antepassados foram expulsos pelos romanos.

Oriente Médio

Ericson G. Luciano/Arquivo da editora

Fonte: elaborado com base em CALDINI, Vera; ÍSOLA, Leda. *Atlas geográfico Saraiva*. São Paulo: Saraiva, 2013. p. 134.

Uma terra para dois povos

O movimento sionista conseguiu que, em fins do século XIX, muitos judeus que viviam em diversos países da Europa fossem morar na Palestina. Para os árabes que lá viviam havia muitos séculos, chamados de **palestinos**, os judeus eram estrangeiros que estavam invadindo suas terras. O conjunto dos povos árabes protestou contra o governo da Inglaterra por permitir a entrada de judeus na Palestina, mas sem resultados.

1948-1949: Primeira guerra árabe-israelense. **1956:** Guerra do canal de Suez.

Os judeus argumentavam que estavam retornando à terra dos seus ancestrais, os hebreus. Mas os palestinos diziam que isso ocorrera vinte séculos atrás e que muitos outros povos já tinham vivido ali.

Quando os nazistas chegaram ao poder na Alemanha, em 1933, e começaram a perseguir os judeus, milhares deles saíram do país e se refugiaram na Palestina. Com o fim da Segunda Guerra Mundial, em 1945, outros milhares de judeus também rumaram para a Palestina.

Em novembro de 1947, a Organização das Nações Unidas (ONU) apresentou uma alternativa para os conflitos entre judeus e palestinos: dois países seriam formados na Palestina. Um deles seria Israel, constituído pelos judeus que se estabeleceram na região. O outro seria um Estado palestino, formado pelos árabes que lá viviam. A cidade de Jerusalém seria considerada território internacional.

Partilha da Palestina proposta pela ONU em 1947

Ericson G. Luciano/Arquivo da editora

Fonte: elaborado com base em DUBY, Georges. *Atlas Historique Mondial*. Paris: Larousse, 2006. p. 181.

FIQUE DE OLHO

Kedma (Israel, Itália, França). Direção e produção de Amos Gitaï, 2002. 100 min.

Maio de 1948. Enquanto milícias israelitas e árabes se enfrentam, um grupo de judeus refugiados da Europa é despejado em uma praia qualquer na Palestina. Agora eles estão encurralados, sob o fogo cruzado do Exército britânico, que pretende mandá-los de volta, e da polícia secreta judaica, que veio acolhê-los.

OZ, Amos. *Sumri*. São Paulo: Ática, 2005.

Sumri é uma história sobre a ocupação de Israel e o colonialismo. É uma história de Jerusalém. Mas, sobretudo, é a história de um garoto que ganha sua primeira bicicleta e declara seu amor a Esti, tudo no mesmo dia.

A reação dos palestinos

Os judeus aceitaram a proposta da ONU, mas os palestinos se sentiram injustiçados. Afinal, eles representavam dois terços da população da Palestina e, de acordo com a proposta da ONU, ficariam com apenas 43% do território.

Em 14 de maio de 1948, o líder judeu David Ben Gurión proclamou a fundação do Estado de Israel. Vários países árabes se uniram e declararam guerra ao novo país. Com um exército bem preparado, os israelenses não apenas venceram a guerra, mas tomaram terras dos palestinos – além daquelas indicadas pela ONU. Milhares de palestinos foram expulsos de suas terras e casas, que passaram a ser habitadas por famílias de imigrantes judeus.

A Palestina em 1949

Ericson G. Luciano/Arquivo da editora

Fonte: elaborado com base em DUBY, Georges. *Atlas Historique Mondial*. Paris: Larousse, 2006. p. 181.

No fim da guerra (1949), quase um milhão de palestinos ficaram sem ter onde morar e passaram a viver em campos de refugiados estabelecidos pela ONU. Os Estados Unidos apoiaram Israel. A partir daí, o ódio entre israelenses e árabes apenas aumentou.

AFP/Agência France-Presse

Árabes deixam suas terras na Palestina e fogem para o Líbano após os conflitos vencidos pelos judeus, entre 1948 e 1949.

VOCÊ JÁ OUVIU FALAR

... que foi o diplomata brasileiro Oswaldo Aranha quem presidiu a Sessão Especial da Assembleia Geral da ONU, em 29 de novembro de 1947, que votou e aprovou a partição da Palestina, resultando na criação do Estado de Israel?

A união dos árabes

Em 1952, Gamal Abdel Nasser assumiu o poder no Egito. Ele realizou a reforma agrária, promoveu o crescimento econômico do país e melhorou a vida da população mais pobre.

Nasser defendeu o nacionalismo árabe. Tratava-se de unir os países árabes na defesa de seus interesses políticos, econômicos e culturais.

Nasser contrariou os interesses da Inglaterra e da França. Tropas inglesas e francesas invadiram o Egito e tomaram o canal de Suez. Israel, por sua vez, invadiu a península do Sinai.

Estados Unidos e União Soviética não concordaram com a agressão militar ao Egito. Os governos da França, da Inglaterra e de Israel deixaram a zona do canal de Suez.

A partir daí, o Oriente Médio entrou na tensa conjuntura da Guerra Fria. Os Estados Unidos apoiavam Israel; a União Soviética defendeu os países árabes.

A HISTÓRIA NÃO ESTÁ SOZINHA

Geografia

Para compreender como homens e mulheres viveram em épocas anteriores à nossa, o historiador necessita estudar o espaço geográfico em que eles viveram e como, ao longo do tempo, alteraram, reorganizaram e transformaram esse mesmo espaço. Um exemplo importante de como o historiador necessita recorrer aos estudos geográficos é o canal de Suez e a guerra que esse lugar motivou. O canal é resultado da ação humana sobre a natureza, que abriu na região de Suez um canal artificial, navegável, de 163 quilômetros de extensão, o qual possibilitou a navegação marítima entre o mar Vermelho e o mar Mediterrâneo.

Dean Conger/Corbis Documentary/Getty Images

Em 1965, navios cargueiros vão da Ásia à Europa pelo canal de Suez, Egito.

- Se você tiver acesso à internet, utilize o Google Maps e localize o canal de Suez. Inicialmente, veja a imagem com a "Altitude do Ponto de Visão" em 10 km (conferir na parte inferior direita do monitor). Comece em Port Said, no mar Mediterrâneo, e acompanhe o canal até Suez, no mar Vermelho. A seguir, aumente a "Altitude do Ponto de Visão" para 1 000 km. Observe a imagem e avalie a importância do canal de Suez para o comércio internacional. Como seria a navegação comercial entre a Índia e a Espanha, caso o capitão do navio não utilizasse o canal?

VOCÊ JÁ OUVIU FALAR

... que os palestinos se organizaram para lutar contra Israel? Em 1964, Yasser Arafat fundou a Organização para a Libertação da Palestina (OLP), cuja estratégia era a luta armada. A OLP, com o apoio dos países árabes, queria expulsar os israelenses da Palestina pelas armas.

FIQUE DE OLHO

Lawrence da Arábia (Reino Unido, EUA). Direção de David Lean, 1962. 216 min.

Autobiografia de T. E. Lawrence, aventureiro, arqueólogo e oficial do Exército britânico durante a 1ª Guerra Mundial, que, insatisfeito em colorir mapas, aceita uma missão como observador na atual Arábia Saudita e acaba colaborando de forma decisiva para a união das tribos árabes contra os turcos.

1973: Guerra do Yom Kippur. Países da Opep aumentam o preço do petróleo.

Wagdi Eshtayah/Apaimages/ZUMA Press/Fotoarena

Em 2011, durante manifestação política na Cisjordânia, menino palestino levanta cartaz com imagem de Yasser Arafat, que, ainda jovem, fundou a Organização para a Libertação da Palestina.

A Guerra dos Seis Dias

A fundação da OLP, o nacionalismo de Nasser e a união de vários países árabes contra Israel provocou a reação do governo daquele país. Assim, em junho de 1967, Israel atacou de surpresa vários países árabes: destruiu toda a aviação militar do Egito e imobilizou as forças militares da Síria e da Jordânia. Além disso, tomou as colinas de Golan, na Síria, e invadiu novamente a península do Sinai, no Egito. As forças militares israelenses também ocuparam a Faixa de Gaza, a cidade de Jerusalém e a Cisjordânia. O ataque israelense ficou conhecido como a **Guerra dos Seis Dias**.

Com a vitória militar, Israel ampliou ainda mais seu território. Outros milhares de palestinos foram expulsos de suas terras. O drama vivido por milhares de famílias palestinas parecia ser infindável. O ódio dos árabes contra os israelenses crescia.

Para os países árabes, Israel tornou-se o grande inimigo e deveria ser destruído. O governo israelense, por sua vez, não admitia que os palestinos tivessem seu próprio país. Sem possibilidade de diálogo, grupos árabes recorreram a atentados terroristas, sequestros e assassinatos de israelenses.

É o conflito entre árabes e israelenses que afeta a vida de Salma, a personagem do filme *Lemon Tree*. Os limoeiros formavam uma bela vista na frente da casa do Ministro da Defesa. Mas o serviço secreto israelense avaliou que as árvores poderiam facilitar atentados contra a residência. A solução foi cortar todas as 300 árvores. Salma resistiu. Os limoeiros foram plantados por seu pai. Neles estava sua própria vida. Com a ajuda de um advogado, ela recorreu à Administração Civil de Israel e, depois, à Corte Militar. Salma perdeu nas duas instâncias. Resolveu, então, recorrer à Corte Suprema de Israel.

FIQUE DE OLHO

Promessas de um novo mundo (EUA). Direção e produção de Justine Shapiro, Carlos Bolado e B. Z. Goldberg, 2001. 106 min.

No documentário, sete crianças israelenses e palestinas que moram em Jerusalém falam da vida delas e do medo permanente do estado de guerra. O filme foi produzido no contexto das negociações de paz entre o governo de Israel e a OLP, entre 1995 e 2000.

Mohammed Abed/Agência France-Presse

Apoiadores da Organização para a Libertação da Palestina (OLP) na cidade de Gaza. Até os dias atuais, a OLP é a principal, mas não a única, organização política na luta dos palestinos pelo direito de formar seu próprio país. A maior organização dentro da OLP é a Fatah. Fotografia de 2007.

A Guerra do Yom Kippur

Com o objetivo de encontrar uma saída pacífica para o conflito, a ONU aprovou resolução exigindo que o governo de Israel retirasse suas tropas militares dos territórios ocupados na Guerra dos Seis Dias e retornasse aos limites territoriais estabelecidos pela organização em 1947. O governo israelense, no entanto, encontrou o apoio dos Estados Unidos para não acatar as determinações da ONU.

Em outubro de 1973, durante o feriado religioso israelense do Yom Kippur (o Dia do Perdão), tropas militares do Egito e da Síria atacaram Israel de surpresa. O objetivo era recuperar seus territórios ocupados por Israel na Guerra dos Seis Dias: as colinas de Golan e o Sinai.

Inicialmente, Egito e Síria obtiveram grandes vitórias. Mas os Estados Unidos rapidamente ajudaram Israel. Em poucos dias, os israelenses, com o apoio estadunidense, reverteram o curso da guerra e venceram os árabes mais uma vez.

A Palestina após 1967

Ericson G. Luciano/Arquivo da editora

Fonte: elaborado com base em DUBY, Georges. *Atlas historique:* toute l'historie du monde em 300 cartes. Paris: Larousse, 2016. p. 311.

O SEU LUGAR NA HISTÓRIA

A maioria dos brasileiros professa religiões com base no cristianismo. Há também os que não seguem nenhuma religião. O judaísmo e o islamismo são religiões adotadas por grupos pouco numerosos. O templo religioso judaico chama-se sinagoga e o muçulmano é a mesquita. Na cidade onde você mora há alguma sinagoga e/ou mesquita? Pesquise imagens do interior dessas construções e compare-as com o interior de alguma igreja cristã do município onde você mora, percebendo as semelhanças e as diferenças entre as três.

GPO/Agência France-Presse

Soldados sírios se rendem às tropas israelenses na região de Golan, em 10 de outubro de 1973.

OUTRAS HISTÓRIAS LUGARES

miszaszym/Shutterstock

Vista de Jerusalém; à direita, o Muro das Lamentações, Israel. Fotografia de 2018.

Jerusalém

A cidade de Jerusalém tornou-se um problema difícil de ser resolvido no conflito entre árabes e israelenses. Quando a ONU autorizou a fundação de Israel, ficou estabelecido que Jerusalém teria administração internacional. Mas, na guerra de 1948-1949, Israel tomou a parte ocidental da cidade e, na Guerra dos Seis Dias, se apoderou de toda a cidade. A disputa por Jerusalém tem razão de ser: a cidade tem lugares sagrados para judeus, muçulmanos e cristãos.

Em 1980, o parlamento israelense aprovou lei que tornava Jerusalém capital do país. A atitude foi condenada pela ONU e decepcionou palestinos e até israelenses que acreditavam na possibilidade de paz na região. Donald Trump agravou o conflito quando, em 2018, transferiu a embaixada de seu país em Israel para Jerusalém.

- **A partir do texto acima, responda: por que a atitude de Israel com relação a Jerusalém foi mal recebida pela comunidade internacional e até mesmo por israelenses que acreditavam na possibilidade de paz na região?**

O petróleo como arma

Alguns governos árabes tomaram a decisão de utilizar o petróleo como instrumento de luta. A Organização dos Países Exportadores de Petróleo (Opep), ao final de 1973, aumentou drasticamente o preço do petróleo em 400%.

A economia mundial não estava preparada para o enorme aumento dos preços do petróleo.

O uso do petróleo como arma política deu resultados. Os governos estadunidenses mudaram sua política em relação ao conflito no Oriente Médio. Embora apoiassem Israel, passaram a estimular negociações de paz entre árabes e israelenses.

O filme *Lemon Tree* demonstra que existem possibilidades de entendimentos entre israelenses e palestinos. A mulher do Ministro da Defesa, a israelense Mira, compreendeu o sofrimento da palestina Salma. Inconformada com aquela injustiça, Mira argumentou várias vezes com o marido no sentido de preservar os limoeiros. Decepcionada com a intransigência dele, Mira preferiu se divorciar. Mira, mulher israelense, foi solidária com Salma, mulher palestina.

1987: Primeira Intifada.

Entre a guerra e a paz

O presidente estadunidense Jimmy Carter conseguiu que Egito e Israel chegassem a um acordo de paz. As negociações entre os dois países ficaram conhecidas como Acordos de Camp David, concluídos em 1979.

A partir dos anos 1980, palestinos e israelenses caminharam em duas direções: grupos políticos apoiavam a paz, mas outros queriam a continuação da guerra.

A construção de moradias pelo governo de Israel na Cisjordânia para seus cidadãos impediu o avanço nas negociações para a paz.

Em 1987, jovens palestinos passaram a atacar os soldados israelenses com paus e pedras. Esse movimento ficou conhecido como **Intifada** – palavra árabe que pode ser traduzida como "revolta" ou "insurreição".

Menahem Kahana/Agência France-Presse

Jovens palestinos jogam pedras nos soldados israelenses naquela que ficou conhecida como Primeira Intifada, em 1987.

Acordos de Oslo

Em 1993, foram assinados os Acordos de Oslo: a OLP reconheceu o Estado de Israel; o governo israelense aceitou a formação da Autoridade Nacional Palestina – embrião de um futuro país na Cisjordânia e na Faixa de Gaza.

Aumentam os conflitos

Lideranças importantes em Israel e na Palestina foram contra os acordos de paz assinados em Oslo, preferindo continuar a guerra.

Portanto, se existem palestinos e israelenses dispostos a encontrar a paz e a conviver de maneira pacífica, há também aqueles que apostam na guerra e no confronto.

E Salma na luta pelos limoeiros? Durante o julgamento na Suprema Corte de Israel, o velho Abu Hussam falou aos juízes. Para ele, "as árvores são pessoas. Têm almas. Têm sentimentos. É preciso falar com elas. Necessitam ser tratadas com carinho". Os juízes, no entanto, decidiram que metade dos limoeiros, 150 árvores, deveriam ser cortados.

Ao final, todos perderam. Salma, muito triste, não se conformou com a terra árida sem as árvores. O Ministro da Defesa, solitário sem sua mulher, também perdeu a bela vista que tinha dos limoeiros. O Muro da Cisjordânia chegou à região. Sua vista, agora, era um imenso muro de concreto.

Adel Hana/Associated Press/Glow Images

Manifestação do grupo Hamas, em 1994, na Faixa de Gaza. Na frente da passeata, um menino carrega um fuzil.

VOCÊ JÁ OUVIU FALAR

... no Muro da Cisjordânia? Trata-se de um muro de concreto com cerca de 760 km de extensão e, em algumas partes, com 8 metros de altura. O muro visa separar Israel da Cisjordânia, mas a maior parte dele foi construída dentro da própria Cisjordânia. O governo israelense alega que o muro visa impedir ataques terroristas, enquanto a Autoridade Nacional Palestina afirma que o objetivo é tomar terras dos palestinos.

DOCUMENTO

Jornalista narra drama de refugiados palestinos

Uma das questões mais dramáticas dos conflitos na região é a ocupação das terras e aldeias originalmente habitadas por palestinos para a construção de assentamentos israelenses. A seguir, você vai ler o depoimento da jornalista Beatriz Bissio, publicado pela primeira vez em 1988, sobre o drama dos refugiados palestinos com os quais ela conversou.

"Não posso morrer sem voltar a Haifa e ver a casa em que nasci". Essa frase, dita com lágrimas nos olhos por Lamia – senhora idosa, que vive com sua filha e netos no campo de refugiados de Burj-el-Barajne, em Beirute – ao lhe perguntarmos sobre o maior desejo de sua vida, resume o drama palestino: todo um povo condenado ao desterro ou viver sem identidade sob o jugo militar de Israel, vendo sua cultura, seu mundo, suas casas ancestrais serem confiscadas.

A maioria das crianças e jovens palestinos de hoje não nasceu em sua pátria, mas no exílio, como os netos de Lamia, ou nos territórios ocupados por Israel. [...]

"Atiramos pedras neles porque não temos armas", disse Kassam, de 18 anos, ao explicar a razão pela qual arrisca a sua vida, enfrentando desarmado as patrulhas israelenses. Kassam nasceu no campo de refugiados de Jebalya, em Gaza, mas seu pai já o levou várias vezes, junto com seus irmãos, ao alto de um morro, em Israel, para mostrar-lhe o lugar em que ficava a aldeia onde ele nasceu e sua família viveu durante gerações, até ser arrasada pelas autoridades israelenses que já destruíram, e literalmente apagaram do mapa, mais de mil antigos povoados palestinos.

MARQUES, Adhemar; BERUTTI, Flávio; FARIA, Ricardo. *História do tempo presente*. São Paulo: Contexto, 2007. p. 173. (Col. Textos e Documentos, 7).

Intercontinentale/Agência France-Presse

Desde as guerras de 1948-1949 e de 1967, continuando nos dias atuais, árabes que vivem na Palestina têm perdido suas terras para os israelenses. Milhares de palestinos foram obrigados a se mudar para outros países ou a viver em campos de refugiados. Na imagem, palestinos são obrigados a abandonar suas terras, em setembro de 1948.

1 | São muitos os dramas vividos pelos palestinos. Entre eles, o que mais incomoda Lamia e o pai de Kassam?

2 | Qual é um dos possíveis motivos, que pode ser apontado no texto, pelo qual Kassam arrisca sua vida, atirando pedras nas patrulhas israelenses por não possuir uma arma?

1990: Iraque invade o Kuwait.

A Revolução Iraniana

O Irã é um país cuja população professa a religião muçulmana. Mas sua população não é árabe, mas persa. Além disso, a maioria é muçulmana da linha xiita.

Com apoio dos Estados Unidos, o xá Mohamed Reza Pahlevi governava o país como um ditador. Seu objetivo era adotar os costumes ocidentais. O país cresceu economicamente, mas somente uma minoria enriqueceu. A maioria do povo permanecia na pobreza.

No final de 1978, milhares de pessoas foram para as ruas exigir a saída do xá do poder. Em janeiro de 1979, com o apoio da população, cuja maioria era xiita, o aiatolá Ruhollah Khomeini proclamou a República Islâmica do Irã. O país passou a ser governado pelos religiosos xiitas e as leis seguiram os preceitos da religião islâmica.

A Revolução Iraniana resultou em profunda aversão e rancor aos Estados Unidos. O motivo era o apoio estadunidense a Israel.

Xá: no Irã, título equivalente ao de rei ou monarca.

Aiatolá: maior cargo entre os muçulmanos xiitas. É o doutor nas leis do Islã. A palavra "aiatolá" pode ser traduzida como "sinais de Alá".

Gabriel Duval/Agência France-Presse

O aiatolá Khomeini chega a Teerã, Irã, vindo do exílio na França, em 5 de fevereiro de 1979.

Christine Spengler/Sygma/Getty Images

Propaganda da Revolução Iraniana produzida logo após a revolução, em 1979. O governo dos aiatolás reintroduziu no Irã práticas tradicionais, incentivando, por exemplo, as mulheres a usar o xador, traje que cobre todo o corpo, deixando apenas o rosto à mostra.

VOCÊ JÁ OUVIU FALAR

... em **sunitas** e **xiitas**? O islamismo tem duas grandes vertentes: cerca de 80% são sunitas e 20% são xiitas. As diferenças entre eles são muitas, mas o que importa para nosso estudo neste momento é que, para os sunitas, os clérigos se responsabilizam apenas pela religião, enquanto os xiitas acreditam que os chefes religiosos também podem interferir na política do país.

OUTRAS HISTÓRIAS EPISÓDIOS

Invasão da embaixada dos Estados Unidos

Gabriel Duval/Agência France-Presse

Manifestação em apoio ao aiatolá Khomeini. Teerã, Irã, fevereiro de 1979.

Em 1979, seguidores do aiatolá Khomeini invadiram a embaixada dos Estados Unidos em Teerã. Durante 444 dias, 52 funcionários estadunidenses foram feitos reféns. O presidente dos Estados Unidos, Jimmy Carter, enviou uma tropa militar, mas o resultado foi um fracasso. Seu sucessor na presidência, Ronald Reagan, conseguiu libertar os prisioneiros após negociações secretas com o governo de Khomeini.

- **Em um parágrafo, escreva os possíveis motivos que podem ser relacionados com a invasão à embaixada dos Estados Unidos pelos seguidores do aiatolá Khomeini.**

Duas guerras

Com receio de que a Revolução Iraniana se espalhasse pelo Oriente Médio, o governo dos Estados Unidos apoiou o governo do ditador do Iraque, Saddam Hussein, adversário do governo iraniano.

Saddam Hussein era sunita e seu receio era de que o povo iraquiano seguisse o exemplo dos iranianos: derrubasse-o do poder e instituísse no país um governo islâmico xiita.

Em setembro de 1980, as forças militares iraquianas avançaram sobre o território do Irã. Os iranianos, no entanto, reagiram.

Soldados do Irã comemoram vitória sobre tropas do Iraque em uma batalha, Ahvaz, Irã. Fotografia de abril de 1982.

Françoise De Mulder/Roger-Viollet/Agência France-Presse

FIQUE DE OLHO

Argo (EUA). Direção de Ben Affleck, 2012. 120 min.

Durante a tomada da embaixada dos Estados Unidos pelos seguidores do aiatolá Khomeini, seis diplomatas estadunidenses fogem e se refugiam na embaixada do Canadá. Com o objetivo de resgatá-los, agentes da CIA alegam ao governo iraniano que necessitavam de locações desérticas para um filme de ficção científica.

Em agosto de 1988, a guerra chegou ao fim sem vencedores. Morreram cerca de 1 milhão de iranianos e aproximadamente 400 mil iraquianos. O Irã saiu fortalecido da guerra, enquanto o Iraque teve grande parte de suas instalações industriais destruídas.

Ao final da guerra, o governo de Saddam Hussein estava em difícil situação financeira. Ele, então, decidiu invadir um país pequeno, mas grande produtor de petróleo: o Kuwait. Em agosto de 1990, tropas militares do Iraque tomaram o território do Kuwait. A ONU exigiu a retirada militar iraquiana do país invadido.

O governo dos Estados Unidos apoiara Saddam Hussein na guerra contra o Irã. Contudo, o Kuwait era grande fornecedor de petróleo para os estadunidenses, europeus e japoneses. Assim, de amigo, Saddam Hussein passou a ser inimigo dos Estados Unidos.

O presidente dos Estados Unidos, George Bush, com o apoio da ONU, deu início a outra guerra, conhecida como Primeira Guerra do Golfo, em janeiro de 1991.

As tropas iraquianas foram derrotadas, mas, antes de partir do Kuwait, incendiaram cerca de 300 poços de petróleo, causando enorme catástrofe ecológica.

O Iraque sofreu sanções econômicas internacionais que prejudicaram a população do país. Além disso, os Estados Unidos criaram várias bases militares no Oriente Médio, o que causou muita revolta entre os árabes. Entre eles estava um líder radical, chamado Osama Bin Laden.

O golfo Pérsico

Eric G. Lucianos/Arquivo da editora

Fonte: elaborado com base em CALDINI, Vera; ÍSOLA, Leda. *Atlas geográfico Saraiva*. São Paulo: Saraiva, 2013. p. 134.

PUXANDO PELA MEMÓRIA

Após o estudo do capítulo, você manteria sua resposta à pergunta da página 182?

Créditos das imagens de baixo para cima: Adel Hana/Associated Press/Glow Images; Roger-Viollet/Agência France-Presse; Andy Clark/Reuters/Fotoarena; GPO/Agência France-Presse; Mohammed Abed/Agência France-Presse; Mohammed Abed/Agência France-Presse; Gabriel Duval/Agência France-Presse; Christine Spengler/Sygma/Getty Images

ROTEIRO DE ESTUDOS

O QUE APRENDEMOS?

1 | Por que os árabes não aceitaram a chegada de judeus à Palestina, nem a fundação do Estado de Israel em 1948, resultando em guerra entre os dois povos?

2 | A Guerra dos Seis Dias, em 1967, teve relação com a OLP e com o egípcio Nasser. Desenvolva essa afirmação, levando em conta os motivos alegados e as consequências do ataque realizado pelos israelenses.

3 | De que modo os árabes utilizaram o petróleo como arma política contra os Estados Unidos?

4 | O que foram os chamados Acordos de Camp David e o que ficou estabelecido entre Egito e Israel?

5 | Explique como a eclosão da Revolução Iraniana pode ser vinculada às crenças xiitas.

6 | A chamada Primeira Guerra do Golfo ocorreu em 1991. Uma grande coalizão militar, liderada pelos Estados Unidos, atacou o Iraque, governado por Saddam Hussein. Por que o líder iraquiano tornou-se inimigo dos Estados Unidos se, pouco tempo antes, ele era apoiado pelo governo estadunidense?

7 | Como podemos associar o brasileiro Oswaldo Aranha com a fundação do Estado de Israel?

8 | Qual é a relação entre a Organização para a Libertação da Palestina (OLP) e a Autoridade Nacional Palestina?

9 | Por que a frase a seguir é falsa?

O líder do Iraque, Saddam Hussein, durante seu governo, esforçou-se para alcançar a paz na região, estabelecendo tratados de não agressão com o Irã e o Kuwait.

10 | Por que o canal de Suez foi importante nos conflitos árabes-israelenses?

PESQUISA

Vivendo sob ocupação militar do exército israelense, os palestinos iniciaram uma grande revolta em dezembro de 1987. Palestinos, sobretudo jovens, atacaram soldados israelenses com pedras e pedaços de pau. A revolta, que foi chamada de Guerra das Pedras, tornou-se mais conhecida como Primeira Intifada. Em setembro de 2000 ocorreu a Segunda Intifada.

- Forme um grupo com os colegas e, juntos, façam uma pesquisa sobre a Primeira e a Segunda Intifadas. Se tiverem acesso à internet, entrem em um *site* de busca de imagens e digitem: "intifada". Surgirão dezenas de imagens sobre o tema. Selecionem algumas. Em programa de edição de *slides*, montem uma apresentação contendo textos curtos e imagens para mostrar para a classe o resultado da pesquisa do grupo.

Jaafar Ashtieh/Agência France-Presse

Jovem palestino atira pedras em direção a soldados israelenses que estavam protegendo um assentamento judaico na Faixa de Gaza. Fotografia de 2011.

Photo12/Glow Images

IMAGENS CONTAM A HISTÓRIA

Antes mesmo da vitória da Revolução Iraniana, havia entre a população grande antipatia pelos Estados Unidos. O apoio ao governo do xá e a Israel eram os principais motivos.

Após a vitória da revolução, os líderes religiosos iranianos deram continuidade à pregação contra os Estados Unidos.

Observe com atenção a imagem abaixo. Em seguida, responda às perguntas.

Henri Bureau/Sygma/Corbis/Getty Images

Cartaz colado em muros de Teerã, capital do Irã, em 1979, no auge das manifestações contra os Estados Unidos.

1 | De que forma os Estados Unidos são apresentados nesse cartaz?

2 | Como é possível interpretar a situação representada na imagem?

O PASSADO PRESENTE

Em 2010, o diretor de uma escola em Israel resolveu inovar. Adotou um livro didático diferente. Até então, os livros didáticos israelenses apresentavam apenas o ponto de vista e os argumentos de Israel, desqualificando os palestinos no que se refere aos conflitos entre israelenses e palestinos.

No novo livro, cada folha estava dividida em três partes. Em uma delas era apresentada a versão dos israelenses para o conflito; na outra, a versão dos palestinos. A terceira parte estava em branco, reservada para o estudante escrever suas próprias conclusões, após conhecer as versões de cada lado do conflito.

Mas o livro teve vida curta. O diretor da escola foi repreendido pelo Ministro da Educação israelense, e o livro foi retirado da escola.

- Qual é a sua avaliação sobre o livro didático adotado pelo diretor da escola israelense?

COMPANHEIRO SANTO
COMPANHEIRO SANTO, A LUTA CONTINUA!
POR UM GOVERNO DOS
TODOS EM DEFESA DAS

Juca Martins/Olhar Imagem

UNIDADE 4

AMÉRICA LATINA E BRASIL: DEMOCRACIA, DITADURA E REVOLUÇÃO

VAMOS ESTUDAR

- O MODELO AGROEXPORTADOR LATINO-AMERICANO
- O GOVERNO PERONISTA E A DITADURA ARGENTINA
- A REVOLUÇÃO CUBANA
- O GOVERNO EURICO GASPAR DUTRA
- GETÚLIO VARGAS E A CRISE DE 1954
- JUSCELINO KUBITSCHEK E O DESENVOLVIMENTISMO
- JÂNIO QUADROS E A CRISE DA RENÚNCIA
- JOÃO GOULART E O GOLPE CIVIL-MILITAR DE 1964
- A DITADURA MILITAR: AUTORITARISMO, REPRESSÃO E CRESCIMENTO ECONÔMICO

Créditos das imagens de cima para baixo: Eduardo Di Baia/Associated Press/Glow Images ; World History Archive/Alamy/Fotoarena; Reprodução/Correio Braziliense/D.A Press.

Manifestação por ocasião de um ano da morte do operário Santo Dias, ocorrida em 30 de outubro de 1979. São Paulo, SP. Fotografia de 1980.

Os países da América Latina entraram no século XX com economias pobres e sociedades desiguais.

Mas em alguns deles surgiram projetos de desenvolvimento. Alguns desses projetos foram interrompidos por violentos golpes militares.

O Brasil, a partir de 1946, conheceu sua primeira experiência de democracia ampliada. Porém, em 1964, ocorreu um golpe civil-militar e durante 21 anos o país viveu sob a ditadura das Forças Armadas.

Barry Lewis/In Pictures/Getty Images

Retrato pregado na parede de uma casa junto da bandeira cubana, aldeia de Pico Turquino, Sierra Maestra, Cuba. Fotografia de 1984.

CAPÍTULO 12

ARGENTINA E CUBA: DITADURA E REVOLUÇÃO NA AMÉRICA LATINA

Na segunda metade do século XX, Argentina e Cuba conheceram diferentes projetos de desenvolvimento econômico e social.

Na Argentina, o governo de Juan Domingo Perón promoveu reformas para desenvolver o capitalismo e beneficiar socialmente os trabalhadores. Golpes militares, entretanto, resultaram em ditaduras conhecidas pelo autoritarismo, pela violência e pelas mortes que provocaram. A ditadura militar imposta em 1976 assassinou cerca de 30 mil pessoas.

Em Cuba, a revolução, inicialmente nacionalista, avançou para o socialismo. O governo cubano enfrentou muitas dificuldades para criar uma ordem econômica e social mais justa na ilha. Embora apresente muitos problemas em sua economia, os sistemas de educação e saúde em Cuba atendem a todos os seus cidadãos.

As repercussões da ditadura argentina e da revolução cubana na América Latina ainda estão presentes nos dias atuais.

PUXANDO PELA MEMÓRIA

O retrato foi colocado por um cidadão cubano na parede de sua casa, em 1984, na aldeia em que vivia, perto de Sierra Maestra. Você saberia dizer o nome do líder revolucionário na fotografia?

Créditos das imagens de cima para baixo: World History Archive/Alamy/Fotoarena; Granger/Fotoarena; Eduardo Di Baia/Associated Press/Glow Images; The Bridgeman Art Library/Easypix; Rue des Archives/Granger/Fotoarena; Bettmann/Getty Images.

Um menino chamado Ernesto

Em 2012, estreou nos cinemas brasileiros o filme *Infância clandestina*. O diretor do filme, o argentino Benjamín Ávila, baseou-se em fatos que ocorreram na Argentina em fins dos anos 1970.

O filme é sobre um período da vida de Juan, um menino argentino de 12 anos de idade que vivia clandestinamente no Brasil. Os pais de Juan estavam em Cuba e participavam de um grupo de esquerda chamado Montoneros. O objetivo deles era retornar à Argentina e, pela luta armada, derrubar a ditadura militar.

Montoneros: organização de esquerda revolucionária Movimento Peronista Montonero. Eles defendiam o peronismo e o socialismo.

FIQUE DE OLHO

Infância clandestina (Argentina/Espanha/Brasil). Direção de Benjamín Ávila, 2011. 112 min.

Durante o regime militar argentino, casal de guerrilheiros, com dois filhos, luta contra a ditadura. Um dos filhos, o menino Juan, tenta levar uma vida como a dos outros garotos de sua idade, mas não consegue devido às atividades políticas de seus pais.

A dura realidade

Em 1979, Juan, sob os cuidados de um casal brasileiro, foi levado ao encontro dos pais, que haviam retornado para Buenos Aires. O garoto ficou muito feliz por voltar a viver com sua família e por saber que tinha uma irmã, ainda bebê. Com eles morava o tio Beto.

Juan queria levar uma vida como a dos garotos de sua idade, mas logo percebeu que não poderia. Quando se apaixonou por uma colega da turma, por exemplo, sua mãe não autorizou o namoro, pois poderia pôr em perigo a segurança da família. Reuniões clandestinas eram realizadas dentro de casa com militantes dos Montoneros.

Inicialmente, Juan não entendeu por que tinha de decorar uma história de vida inventada por seus pais. Até seu próprio nome foi mudado. Em homenagem a Ernesto "Che" Guevara, Juan passou a se chamar Ernesto.

Aos 12 anos de idade, Juan, ou Ernesto, era obrigado a ter uma vida clandestina, como a dos pais. Milhares de meninos e meninas como ele sofreram durante as ditaduras militares na América Latina. Neste capítulo, você conhecerá a ditadura na Argentina e compreenderá por que Juan teve de viver daquela maneira.

Historias Cinematograficas Cinemania/Archives Du 7eme Art/Photo12/Agência France-Presse

Cena do filme *Infância clandestina, de 2011*. Juan tinha os mesmos desejos e interesses que os colegas de sua idade. No entanto, o contexto político do país e a orientação política de seus pais o impediam de realizar algumas vontades comuns, como namorar uma garota.

Projetos de desenvolvimento

Durante o século XIX e o início do XX, cada país latino-americano havia se especializado na exportação de determinados produtos agrícolas ou minerais. A economia brasileira era voltada para a exportação do café; o Chile extraía e exportava cobre; Cuba exportava açúcar; a Argentina, trigo e carne.

Os países latino-americanos produziam e exportavam produtos agrícolas e minerais para a Europa e os Estados Unidos e compravam deles produtos industrializados de que necessitavam. Os estudiosos chamam esse modelo econômico de **agroexportador**.

O modelo agroexportador enriquecia um pequeno grupo de fazendeiros e empresários de mineração, que formavam a **oligarquia** que dominava o país. Os trabalhadores das cidades e do campo viviam em grande pobreza. Praticamente todos os produtos manufaturados eram importados.

Empresa estatal: empresa que pertence ao Estado. Em alguns países da América Latina, determinados setores são considerados tão importantes economicamente que são gerenciados por empresas estatais, como é o caso do petróleo no Brasil (Petrobras), na Venezuela (PDVSA) e no México (Petromex).

Estatismo: orientação política do Estado que prioriza a atuação de empresas estatais em diversos setores da economia.

Críticas ao modelo agroexportador

No século XX surgiram políticos reformistas que passaram a criticar o modelo agroexportador. Para eles, um país não se desenvolveria apenas exportando produtos agrícolas e minerais.

As oligarquias tradicionais se enfraqueceram. Os novos grupos sociais adotaram programa de modernização da economia, cujo objetivo era a industrialização. O projeto era o **desenvolvimentismo**.

Os políticos reformistas queriam industrializar seus países, o que exigia reformas na economia. Para eles, o Estado deveria abandonar o liberalismo econômico e intervir na economia, promovendo a industrialização do país. Alguns defendiam a criação de empresas estatais e o nacionalismo, ou seja, a proteção das indústrias nacionais contra a concorrência estrangeira.

No Brasil, após a Revolução de 1930, foram adotadas políticas nacionalistas e estatistas. Neste capítulo, vamos conhecer projetos de desenvolvimento ocorridos na Argentina. Vamos saber, também, como esse projeto foi interrompido por uma brutal ditadura militar.

Acervo Iconographia/Reminiscências

Interior da Fábrica Nacional de Motores (FNM), empresa estatal fundada em 1942 no governo de Getúlio Vargas. A sede da fábrica era na cidade de Duque de Caxias, estado do Rio de Janeiro. Empresas estatais, como a FNM, eram instrumentos a que governos latino-americanos recorreram para industrializar e modernizar seus países. Fotografia de 1943.

Argentina: do peronismo ao terrorismo militar

Durante o século XIX e o início do século XX, a Argentina viveu um período de grande prosperidade econômica. As exportações de trigo e de carne permitiram o crescimento econômico do país, incentivando a criação de indústrias.

O país era dominado pelas oligarquias, formadas por grandes fazendeiros de trigo e criadores de gado, que monopolizavam o governo por meio de eleições fraudulentas.

Muitos imigrantes europeus foram para a Argentina. A região da Grande Buenos Aires concentrava a população do país, e se formou uma classe operária combativa e uma classe média com grande influência.

O surgimento do peronismo

Em 1943, por meio de um golpe, militares da organização Grupo de Oficiais Unidos (GOU) assumiram o poder na Argentina. Durante o governo militar do GOU, o Ministro do Trabalho e da Previdência Social, o coronel do Exército Juan Domingo Perón, passou a dialogar com os sindicalistas. Em sua gestão no Ministério do Trabalho, promulgou diversas leis trabalhistas a fim de atender às reivindicações dos trabalhadores, como férias e aposentadoria.

Os militares do GOU eram simpáticos ao fascismo europeu. Por esse motivo, o governo dos Estados Unidos fez séria oposição ao regime militar argentino. As oligarquias do país também não apoiavam a ditadura. Assim, eleições presidenciais foram convocadas. Os sindicalistas formaram o Partido Trabalhista e lançaram Perón como candidato à presidente da República, nas eleições presidenciais de 1946. Vencedor, no ano seguinte Perón fundaria o Partido Justicialista.

Justicialismo: expressão criada por Perón; refere-se à justiça social. Justicialismo e peronismo são usados como expressões sinônimas.

Bettmann/Getty Images

Em 10 de junho de 1946, Juan Domingo Perón, com uniforme de general de brigada, desfila em carro aberto após tomar posse na Presidência da República, Buenos Aires, Argentina.

OUTRAS HISTÓRIAS EPISÓDIOS

Data peronista

Quando ainda era ministro do trabalho, a popularidade de Perón era enorme entre os trabalhadores. Os benefícios sociais, contudo, desagradaram a tradicional elite, que pressionou o governo e setores conservadores das Forças Armadas. Perón foi forçado a se demitir no dia 9 de outubro de 1945, sendo preso logo em seguida.

No dia 17 de outubro, ocorreu algo que ninguém esperava. Sindicalistas mobilizaram os trabalhadores pela libertação de Perón. A multidão tomou a Plaza de Mayo, em frente da Casa Rosada, sede do governo argentino. Pressionado pelo povo, o governo militar o libertou. No mesmo dia, ele falou à multidão na sacada da Casa Rosada. O evento ocorrido em 17 de outubro é comemorado pelos partidários de Perón até os dias atuais.

Associated Press/Glow Images

Em 17 de outubro de 1945, milhares de trabalhadores em frente à Casa Rosada exigem a libertação de Juan Domingo Perón, Buenos Aires, Argentina.

- Em sua opinião, por que Perón obteve todo esse apoio popular ao ser preso?

O governo de Perón

Perón adotou modelo de desenvolvimento nacionalista e estatizante, semelhante ao modelo mexicano e brasileiro. Com capitais acumulados durante a Segunda Guerra, o governo peronista estatizou empresas estrangeiras, como as de telefonia, de energia e ferroviária, criou outras empresas estatais e apoiou as empresas privadas do país.

Com o crescimento econômico, os trabalhadores tiveram ganhos salariais, o que aumentou sua capacidade de consumo e estimulou ainda mais a economia do país. Novas leis sociais beneficiaram os trabalhadores, contribuindo para que seus filhos frequentassem escolas e universidades.

Nas eleições para o Congresso Nacional, os trabalhadores votaram majoritariamente nos justicialistas, que passaram a ter a maioria absoluta no parlamento. As oposições quase desapareceram, permitindo que Perón tomasse medidas autoritárias: controlou os meios de comunicação e perseguiu adversários políticos.

Reeleição e golpe

Perón foi reeleito em 1951, mas enfrentou grandes problemas. Faltava moeda estrangeira para importar produtos necessários para a indústria argentina e as secas prejudicaram as colheitas. Como resultado, os preços subiram, trabalhadores entraram em greve, os empresários ficaram insatisfeitos e a Igreja católica passou para a oposição.

Em outubro de 1955, um golpe militar depôs Perón da Presidência da República, e ele acabou se exilando na Espanha.

DOCUMENTO

Eva Perón, a Evita

Casada com Perón, Evita atuava no governo dialogando com o movimento sindical e era muito querida pelos trabalhadores. Discursando para um grupo de sindicalistas, explicou como seu marido definia justicialismo.

World History Archive/Alamy/Fotoarena/Arquivo Geral da Nação, Buenos Aires, Argentina

Retrato oficial de Eva Perón, óleo sobre tela de Numa Ayrinhac, 1948. Evita criou a Fundação Eva Perón com o objetivo de ajudar os pobres, órfãos, doentes e idosos abandonados. Ela tornou-se muito popular por suas obras de caridade. Até hoje é lembrada pelos argentinos. Arquivo Geral da Nação, Buenos Aires, Argentina.

> O objetivo fundamental do Justicialismo [...] é fazer desaparecer a luta de classes e substituí-la pela cooperação entre capital e trabalho. O capitalismo, por dar tudo ao capital, explora os trabalhadores. O comunismo [...] idealizou um sistema de luta que não terminará enquanto não houver somente uma classe social; mas esse estágio será alcançado pela destruição, de grande luta sem trégua, entre capital e trabalho.
>
> O Justicialismo quer também chegar a uma só classe de homens: os que trabalham. Esta é uma das verdades fundamentais do Peronismo. Mas não quer chegar pela luta, senão pela cooperação. Não queremos uma só classe proletária, senão uma só classe de homens desproletarizados que vivam e trabalhem dignamente.
>
> [...] Quase sempre para mim a justiça está um pouco mais além da metade do caminho... Mais próxima dos trabalhadores do que dos patrões!
>
> É que para chegar à única classe de argentinos que quer Perón, os operários devem subir um pouco mais, mas os patrões têm muito que descer. [...]

Discurso: Una sola classe de hombres. In: PERÓN, Eva. *La razon de mi vida.* Buenos Aires: Ediciones Peuser, 1951. (Tradução dos autores).

- Segundo Eva Perón, como Juan Domingo Perón diferia o justicialismo do capitalismo e do comunismo? Ela concordava plenamente com a definição de Perón? Justifique sua resposta.

VOCÊ JÁ OUVIU FALAR...

... de suspeitas sobre a Copa do Mundo de Futebol de 1978? Sediada na Argentina, o governo militar não admitia a derrota de seu país. Brasil ou Argentina seria finalista. O Brasil dependia do resultado do jogo entre Argentina e Peru.

Os argentinos precisavam vencer a seleção peruana por quatro gols de diferença. Venceram por 6 × 0, tirando o Brasil da final. Boatos, nunca confirmados, sugerem que os peruanos foram subornados. No jogo final, a Argentina venceu a Holanda.

FIQUE DE OLHO

A história oficial (Argentina). Direção de Luis Puenzo, 1985. 112 min.

Mulher casada com oficial do Exército argentino desconfia de que a filha adotiva que o marido trouxe para casa foi, na realidade, sequestrada de seus verdadeiros pais pelos órgãos de repressão. Depois de investigar, ela conhece os horrores praticados pelo regime militar.

Peronistas e antiperonistas

A partir de 1955, a Argentina viveu situação política muito difícil. Os antiperonistas que governavam o país: empresários, latifundiários, oficiais das Forças Armadas e amplos setores das classes médias. Apesar de o peronismo ter sido declarado ilegal, trabalhadores, sindicalistas e parte da classe média queriam a volta de Perón. O país estava dividido entre peronistas e antiperonistas.

Dois presidentes foram eleitos, mas ambos foram derrubados por golpes militares. Em 1966, as Forças Armadas tomaram o poder e impuseram uma ditadura militar. Surgiram organizações armadas de esquerda, que pretendiam acabar com a ditadura e implantar o socialismo. Outras lutavam pelo retorno de Perón, mas todas criticavam a dominação econômica dos Estados Unidos sobre a Argentina.

A volta de Perón

As Forças Armadas concluíram que não adiantava proibir o peronismo, pois não haviam conseguido apagar a lembrança de Perón entre os trabalhadores. O melhor a fazer seria permitir seu retorno ao país.

Perón voltou para a Argentina casado com uma mulher que conheceu no Panamá: Maria Estela Martínes de Perón, a Isabelita. Apesar de não ter o carisma de Evita, Isabelita tornou-se vice-presidente em 1973, junto de Perón, que se elegeu presidente da República.

Os militares deixaram para Perón uma situação econômica problemática: inflação alta, desemprego e baixa produção das empresas. Perón propôs um acordo entre empresários e trabalhadores e realizou investimentos no setor produtivo. Em pouco tempo, a inflação baixou e o país conheceu crescimento econômico.

O QUE HÁ NA IMAGEM?

Quando governou a Argentina, entre 1946 e 1955, Perón não se declarou socialista. No entanto, vários grupos de esquerda nos anos 1970 interpretaram o peronismo como socialista. Quais foram as medidas que Perón tomou em seu governo que permitiram aos jovens de esquerda, anos depois, compreender o peronismo dessa maneira?

Bettmann/Getty Images

Nos anos 1960 e no início dos anos 1970, muitos jovens de esquerda interpretaram o peronismo como uma via para alcançar o socialismo. O muro, na Argentina, está pichado com a frase: "Perón, Evita... a pátria socialista!!". Fotografia de Vicente Lopez, 1972.

1960: Governo cubano nacionaliza empresas dos Estados Unidos. Embargo econômico estadunidense a Cuba.

Do crescimento ao caos

No ano seguinte, Perón faleceu, e Isabelita assumiu a Presidência da República. O tempo revelou que ela não tinha nenhum preparo para o cargo. A inflação voltou a subir e a produção industrial caiu, conduzindo o país ao caos econômico.

As esquerdas armadas voltaram a praticar atentados. Os militares, com apoio de Isabelita, passaram a praticar violenta repressão contra os militantes de esquerda. Em 1976, as Forças Armadas depuseram Isabelita do poder. Começava uma nova ditadura militar, mas que não seria como a anterior.

Associated Press/Glow Images

Dois soldados se informam sobre o golpe militar de 24 de março de 1976, em Buenos Aires, Argentina, quando as Forças Armadas tomaram o poder na Argentina e instauraram uma ditadura que assassinou milhares de pessoas.

O terrorismo de Estado

Os meios de comunicação foram censurados e as eleições, suspensas. Qualquer pessoa poderia ser presa, torturada e morta. Como os corpos não eram encontrados, eles se tornaram "desaparecidos"; calcula-se que foram mortas cerca de 30 mil pessoas. Isso criou um terror generalizado na sociedade. Por essa razão, muitos chamam a ditadura militar argentina de 1976 de "terrorismo de Estado".

A ditadura argentina privatizou empresas estatais e abriu o país ao capital estrangeiro. Os grandes beneficiados foram os banqueiros e os proprietários rurais exportadores de trigo e carne, mas a Argentina perdeu inúmeras indústrias.

Daniel Garcia/Agência France-Presse

Ditadura: regime político baseado no autoritarismo de uma pessoa, um grupo de pessoas ou uma instituição, como as Forças Armadas. Nas ditaduras, os cidadãos perdem seus direitos básicos.

Privatizar: vender empresas e instituições estatais, transformando-as em empresas privadas. Privatizar é o oposto de estatizar.

Soldados do Exército e agentes da Polícia Federal da Argentina prendem cidadãos que, mais tarde, seriam considerados "desaparecidos", Buenos Aires, Argentina. Fotografia de 1982.

FIQUE DE OLHO

Kamchatka (Espanha/Argentina). Direção de Marcelo Piñeyro, 2002. 104 min.

A vida de Harry, um menino de 10 anos de idade, muda completamente quando, após o golpe militar de 1976, seus pais são perseguidos pelos militares. Junto com eles, Harry é obrigado a deixar a casa e a se mudar para o interior do país. Surpreso, ele tem de mudar de nome e seguir regras de uma vida clandestina.

CÁ ENTRE NÓS

Tornou-se comum os militares argentinos tomarem os bebês das guerrilheiras que eles assassinavam. Eles os criavam como se fossem seus filhos. Anos mais tarde, milhares de jovens ficaram confusos e desorientados ao descobrir o que aconteceu: aquele homem que dizia ser seu pai poderia ser o assassino de sua verdadeira mãe.

A crise da ditadura

Em certo momento do filme *Infância clandestina*, comentado no início do capítulo, a avó de Juan visita a família. Ao saber que sua filha e o genro queriam derrubar a ditadura pelas armas, ela avisa quanto aquilo seria perigoso. Chega a pedir que a deixem cuidar de Juan e do bebê, mas não é ouvida.

Logo depois, a polícia mata o tio de Juan. A seguir, seu pai. Por fim, sua mãe. Juan é levado por policiais e deixado na porta da casa da avó, sem saber para onde levaram a irmã. Sua avó tinha razão sobre os perigos que corriam.

As mães da Plaza de Mayo

A mãe de Juan tornou-se uma "desaparecida". E foram as mães de milhares de rapazes e moças "desaparecidos" que, em 1981, foram para a Plaza de Mayo (Praça de Maio), em frente à Casa Rosada, exigir do governo militar notícias sobre o paradeiro de seus filhos. Com lenços na cabeça, elas se reuniam naquela praça para protestar.

Os militares ficaram sem saber o que fazer, pois não podiam matar mulheres que apenas pediam notícias de seus filhos. Elas mostraram a outros setores da sociedade argentina que era preciso perder o medo. A partir daí, sindicalistas, líderes de partidos políticos, estudantes, entre outros, foram para as ruas protestar contra a ditadura.

Gaborbasch/Getty Images

Com lenços brancos na cabeça, mães de "desaparecidos" exigiram, na Plaza de Mayo, satisfações da junta militar que governava a Argentina. Elas desafiaram a repressão militar e exigiram saber onde estavam seus filhos. Buenos Aires, Argentina. Fotografia de 2009.

1962: Crise dos mísseis em Cuba. Expulsão de Cuba da Organização dos Estados Americanos (OEA).

AO MESMO TEMPO

A Operação Condor

Em 1975, militares das ditaduras do Brasil, Argentina, Uruguai, Paraguai e Chile se associaram com o objetivo de praticar sequestros, atentados e assassinatos de opositores ou apenas de suspeitos. Assim, policiais e militares do Brasil poderiam sequestrar brasileiros exilados no Chile; agentes de repressão da Argentina poderiam entrar livremente no território uruguaio para assassinar membros da oposição argentina, etc. O acordo que permitia livre trânsito de militares a serviço da perseguição política naqueles países ficou conhecido como Operação Condor.

Eduardo Di Baia/Associated Press/Glow Images

O general Jorge Rafael Videla tornou-se presidente da República durante a ditadura militar. Ele é responsável pela morte de milhares de cidadãos argentinos. Fotografia de 1977.

- Sequestros e assassinatos são crimes. Mas por que, além disso, o livre trânsito de agentes policiais entre os países é considerado atividade ilegal?

A guerra das Malvinas

Em 1982, os argentinos foram para as ruas exigir o fim da ditadura. Com o objetivo de se manter no poder, os comandantes militares determinaram a invasão e a conquista das ilhas Malvinas (ou Falklands, para os ingleses). Acreditavam que a conquista lhes traria enorme prestígio.

As ilhas estão a cerca de 800 quilômetros do litoral argentino, mas a milhares de quilômetros da Inglaterra. Apesar disso, pertencem à Inglaterra desde os tempos coloniais, mas a Argentina reivindica sua posse de tempo em tempo.

A população argentina foi às ruas comemorar a tomada das ilhas e apoiar o regime militar. O que a ditadura não esperava era a reação do governo inglês. A primeira-ministra britânica Margareth Thatcher enviou navios de guerra para a região. Após várias batalhas, os britânicos recuperaram as ilhas, derrotando os argentinos.

Eduardo Farre/Reuters/Fotoarena

Soldados argentinos leem jornais em Port Santley, nas ilhas Malvinas, enquanto aguardam a chegada das tropas inglesas. A guerra entre Argentina e Inglaterra ocorreu entre 2 de abril e 14 de junho de 1982. Morreram 649 soldados argentinos e 255 britânicos. Fotografia de abril de 1982.

O SEU LUGAR NA HISTÓRIA

O regime democrático garante as liberdades fundamentais do ser humano. Basta estudar o que ocorreu durante a ditadura militar na Argentina e no Chile. A democracia permite que os conflitos sociais sejam resolvidos de maneira pacífica. Também garante a participação popular nas decisões que afetam toda a comunidade e a sociedade.

Conheça mais a história de sua cidade. Converse com seus familiares e professores. Houve alguma situação no passado em que o prefeito da cidade agiu de maneira autoritária, desconhecendo as práticas democráticas? Se sim, de que forma a democracia foi desrespeitada?

Discuta, em classe, esses episódios e, em seguida, escreva um breve texto comentando a importância da democracia para a política de sua cidade.

O fim da ditadura

A ditadura militar havia perdido qualquer apoio, e o país iniciava o processo de transição à democracia. Em 1983, Raúl Alfonsín foi eleito presidente da República. A Argentina começava uma nova fase em sua vida política.

Os militares que cometeram crimes foram processados, julgados e condenados, fortalecendo a democracia argentina. O general Jorge Rafael Videla, líder da ditadura militar, foi condenado à prisão perpétua.

O diretor de *Infância clandestina*, Benjamín Ávila, conta no filme a sua própria história de vida. Ele foi Juan. O filme é uma homenagem à sua mãe, presa e "desaparecida" pela ditadura militar argentina.

A Revolução Cubana

Ernesto Guevara de la Serna nasceu na Argentina em 1928 e ficou conhecido no mundo todo por Che Guevara. Decidiu estudar Medicina, provavelmente para minimizar os efeitos da asma, de que sofria desde quando era bebê.

Ernesto formou-se médico, mas não quis exercer a profissão. Em 1952, com um amigo, visitou cinco países da América Latina em uma motocicleta. Com essa viagem, ficou sensibilizado com a pobreza e as injustiças que encontrou pelo caminho.

Aos 25 anos, partiu novamente para visitar outros países latino-americanos, e nunca mais retornaria para a Argentina. Ao presenciar as revoluções na Guatemala e na Bolívia, passou a alimentar um sentimento contra as injustiças sociais e a interferência do governo dos Estados Unidos na América Latina. Em 1955, na Cidade do México, depois de conhecer um jovem chamado Fidel Castro, "Che" mudaria sua vida.

Emiliano Rodriguez/Alamy/Fotoarena

Fotografia de Ernesto "Che" Guevara, em 1951, quando era estudante de Medicina na Argentina.

A luta contra a ditadura

Desde 1952, com apoio do exército, Fulgêncio Batista governava Cuba como ditador. O país era grande exportador de açúcar, o que beneficiava grandes proprietários rurais, empresários, políticos e a alta oficialidade do exército.

Na Universidade de Havana, estudantes planejaram derrubá-lo do poder. Entre eles estava o estudante de Direito Fidel Castro. Em 26 de julho de 1953, com 26 anos de idade, ele liderou um grupo de estudantes que atacou o quartel de Moncada, na cidade de Santiago de Cuba. Todos foram presos.

Fidel Castro passou dois anos no presídio. Em 1955, Fidel e um grupo de opositores foram para o México. O objetivo era retornar a Cuba e lutar contra o governo ditatorial de Batista. Na capital mexicana, Fidel conheceu Che Guevara.

FIQUE DE OLHO

Diários de motocicleta (Brasil). Direção de Walter Salles, 2004. 126 min.

O filme é baseado em episódios da vida de Che Guevara. Em 1952, ele e um amigo viajam por países da América Latina em uma motocicleta, conhecendo os povos do continente e presenciando injustiças sociais.

No caminho da revolução

No México, Fidel Castro fundou o Movimento 26 de Julho (M-26), homenagem à data em que o ataque ao quartel de Moncada foi realizado. O M-26 defendia o fim da ditadura, o nacionalismo, reformas sociais e a instituição de um regime liberal-democrático com eleições livres.

No início de dezembro de 1956, ele e 82 homens, incluindo Che Guevara, partiram em direção a Cuba em um iate, o Granma. Esperavam desembarcar em uma praia e começar a luta contra a ditadura.

O plano de Fidel deu errado. O exército atacou e a maioria morreu ou foi presa. Sobraram 12 homens, que escaparam subindo uma montanha, chamada Sierra Maestra.

CÁ ENTRE NÓS

Durante seu julgamento, Fidel Castro dispensou o advogado. Ele mesmo preferiu se defender. Em certo momento, afirmou: "Condenem-me, não importa, a História me absolverá".

Bettmann/Getty Images

A fotografia, provavelmente de julho de 1957, mostra Fidel Castro com o grupo guerrilheiro em Sierra Maestra, Cuba. Ajoelhado, em frente a Fidel, está seu irmão, Raúl Castro.

1973: Golpe militar no Chile. Perón é eleito presidente da Argentina.

De Sierra Maestra a Santiago

Protegidos pela floresta, os guerrilheiros estabeleceram contatos com várias organizações dispostas a apoiar o M-26, como partidos políticos, sindicatos de trabalhadores e movimentos estudantis. O M-26 passou a receber deles mantimentos, remédios, roupas e armas e cresceu com a participação de camponeses da região.

Em agosto de 1958, os guerrilheiros desceram a montanha. Sindicatos de trabalhadores e a Federação de Estudantes Universitários declararam greve; vários partidos políticos, entre eles o Partido Comunista e o Partido Socialista, juntaram-se ao conjunto das oposições. A população apoiou o movimento contra a ditadura. Em 2 de janeiro de 1959, na cidade de Santiago, Fidel fez o primeiro discurso como líder da revolução vitoriosa.

Fidel Castro discursa em frente ao Palácio Presidencial, em Havana, Cuba, para mais de cem mil pessoas, em janeiro de 1959, logo após a vitória da revolução.

Harold Valentine/Associated Press/Glow Images

Tempos revolucionários

Logo após a vitória do M-26, homens da polícia de Fulgêncio Batista foram presos e fuzilados. Várias medidas foram tomadas pelo governo de Fidel Castro: fechamento de cassinos e bordéis; redução do aluguel residencial; controle das tarifas de telefonia e de energia elétrica; aumento do salário dos cortadores de cana-de-açúcar; reforma agrária; programa de alfabetização em massa e construção de milhares de escolas.

O governo dos Estados Unidos manteve relações cordiais com o novo regime cubano. No entanto, expressou sua insatisfação com o decreto que garantia a posse da terra somente a cidadãos cubanos, pois prejudicava os estadunidenses. A insatisfação foi ainda maior quando o governo cubano assinou acordos comerciais com o bloco socialista.

The Bridgeman Art Library/Easypix

No dia 5 de março de 1960, passeata em Havana, Cuba, homenageou os mortos no atentado ocorrido no dia anterior no porto de Havana. À frente da passeata estão Fidel Castro e Che Guevara.

Relações tensas

A partir do início de 1960, o governo estadunidense tomou a decisão de derrubar Fidel Castro do poder. A CIA (*Central Intelligence Agency*), agência de espionagem dos Estados Unidos, sabotou refinarias de açúcar e chegou a cometer um atentado no porto de Havana, matando 300 pessoas. A União Soviética ofereceu apoio a Fidel Castro, que o aceitou.

Em agosto de 1960, o governo cubano nacionalizou todas as propriedades de cidadãos estadunidenses, incluindo plantações e usinas de açúcar. Também nacionalizou refinarias de petróleo, redes telefônicas, usinas de energia elétrica, bancos, ferrovias, hotéis, cinemas e outras empresas estadunidenses, sem indenizações. Todas se tornaram empresas estatais cubanas.

Em setembro de 1960, Fidel Castro criticou a exploração do imperialismo estadunidense sobre os países da América Latina. Ele ainda não era comunista, e sim um nacionalista. Pretendia conquistar mais independência a Cuba, bem como realizar reformas econômicas e sociais em seu país.

Nacionalizar: decisão política em que o governo de um país, rompendo acordos preestabelecidos, toma posse de empresa estrangeira, tornando-a estatal sem pagamento de indenizações. Na América Latina, estatizar e encampar empresas estrangeiras são expressões sinônimas de nacionalizar.

Dificuldades econômicas

O governo estadunidense decretou o embargo econômico a Cuba, medida que proibia qualquer empresa estadunidense de comercializar ou exportar produtos para Cuba, com exceção de alimentos e remédios.

Che queria industrializar Cuba, substituindo as máquinas e equipamentos estadunidenses pelos soviéticos. Mas ele logo percebeu que, para tal, seria preciso muito tempo e muitos investimentos. Além disso, os engenheiros soviéticos afirmavam que era inviável industrializar o país. Com o embargo econômico imposto pelos Estados Unidos, em pouco tempo a população cubana conheceu o racionamento de produtos.

Da baía dos Porcos ao socialismo

Surgiram opositores cubanos ao regime. Alguns eram ricos que perderam seus privilégios, outros achavam que Cuba estava pagando um preço alto por entrar na disputa da Guerra Fria entre Estados Unidos e União Soviética. O embargo econômico era prova disso.

Com o apoio do governo dos Estados Unidos, em abril de 1961, cerca de 1 500 cubanos anticomunistas exilados naquele país planejaram desembarcar na baía dos Porcos, em Cuba.

Em 17 abril de 1961, um dia depois de Fidel declarar que a Revolução Cubana era uma revolução socialista, os cubanos anticomunistas chegaram à baía dos Porcos. Porém, foram derrotados pelas forças militares cubanas. Fidel Castro saiu prestigiado do episódio e governos de diversos países apoiaram Cuba pela agressão sofrida. Além disso, o governo cubano, a partir daí, aproximou-se ainda mais da União Soviética.

Ernesto Che Guevara, um dos líderes da Revolução Cubana, durante discurso em Punta del Este, Uruguai, em 1961.

Bettmann/Getty Images

FIQUE DE OLHO

Viva Cuba (Cuba). Direção de Juan Carlos C. Malberti e Iraida Malberti Cabrera, 2005. 80 min.

O menino Jorgito e a menina Malu vivem em Havana e mantêm uma amizade romântica. No entanto, suas famílias não se gostam e têm sérias diferenças políticas. Quando a mãe de Malu toma a decisão de sair de Cuba, os dois viajam pelo país em busca de uma solução para o problema.

A crise dos mísseis: o mundo em perigo

Receoso de uma invasão militar estadunidense, Fidel Castro pediu apoio militar à União Soviética.

Em outubro de 1962, navios militares soviéticos levaram para Cuba mísseis com bombas nucleares. Quando as ogivas nucleares chegaram à ilha, o governo cubano ficou assustado. O país tornara-se uma base militar soviética.

Aviões de espionagem dos Estados Unidos descobriram todo o arsenal nuclear soviético. Em outubro de 1962, o presidente dos Estados Unidos, John Kennedy, na televisão, denunciou o que seria a mais grave crise ocorrida durante a Guerra Fria. Muitos acreditaram que a guerra nuclear era inevitável.

Cuba fora das negociações

Kennedy ordenou o bloqueio naval de Cuba, posicionando navios de guerra dos Estados Unidos ao redor da ilha. Para evitar a guerra nuclear – sabendo que, nesse tipo de conflito, não haveria vencedores –, Kennedy e Kruschev logo entraram em acordo: os mísseis soviéticos seriam retirados de Cuba e o presidente estadunidense não promoveria novas invasões ao país.

Ao final da crise dos mísseis, os governos estadunidense e soviético ficaram satisfeitos, ao contrário do governo cubano, que não participou das negociações. Além disso, Cuba foi expulsa da Organização dos Estados Americanos (OEA) por pressão dos Estados Unidos. Somente tinha como parceiro comercial a União Soviética e os países do bloco socialista.

Em 29 de outubro de 1962, o presidente dos Estados Unidos John Kennedy assina a declaração de bloqueio naval a Cuba.

Rue des Archives/Granger/Fotoarena

Dos Estados Unidos para a União Soviética

O modelo econômico de Cuba gerou desentendimentos entre Che Guevara e Fidel Castro.

Che propunha industrializar o país, diversificando sua economia e livrando-a da dependência da produção e exportação de açúcar.

Fidel Castro, contudo, seguiu os conselhos de Nikita Kruschev: Cuba continuou produzindo açúcar e o vendendo para a União Soviética. Em troca, comprava da União Soviética os produtos industrializados de que necessitasse.

Cuba pretendia superar a dependência de exportação de açúcar para os Estados Unidos. No entanto, o máximo que conseguiu foi continuar exportando cana-de-açúcar, mas agora dependente da União Soviética.

FIQUE DE OLHO

Guantanamera (Alemanha/Cuba/Espanha). Direção de Tomás Gutiérrez Alea/Juan Carlos Tabío, 1995. 105 min.

O filme conta a história de uma mulher que falece na cidade de Guantánamo e deve ser enterrada em Havana. Seus parentes terão de enfrentar o novo sistema de transporte funerário elaborado por um burocrata do regime para economizar combustível, conhecendo situações absurdas.

Exportando a revolução

Todos os países da América Latina romperam relações com Cuba, com exceção do México.

Che Guevara acreditava que a solução seria derrubar os governos latino-americanos por meio de revoluções. A proposta, portanto, era "exportar" o modelo de revolução cubana para a América Latina.

Che Guevara estava insatisfeito com os rumos adotados pela revolução cubana, principalmente com a dependência em relação à União Soviética.

Em 1967, partiu com um grupo de guerrilheiros cubanos para a Bolívia, com o objetivo de desencadear uma revolução. Ficaram isolados nas montanhas. Em outubro daquele ano, Che Guevara foi preso e assassinado por militares bolivianos. Ele se tornou um mito. A partir daí, o governo cubano passou a cuidar de seus próprios problemas.

Cuba e a incerteza do futuro

O governo cubano adotou o modelo de socialismo soviético: partido único, estatização de empresas, fazendas estatais e o controle dos meios de comunicação.

Fidel Castro tornou-se cultuado pela propaganda política estatal.

As exportações de açúcar para a União Soviética e o bloco socialista sustentavam a economia da ilha. Os produtos industrializados vinham da União Soviética.

Por outro lado, o governo cubano criou uma vasta rede de educação e saúde pública. A taxa de mortalidade infantil tornou-se muito baixa e os índices de alfabetização da população eram altos.

Como os preços das mercadorias que chegavam da União Soviética eram baratos, a população tinha acesso a bens de consumo.

1982: Guerra entre Argentina e Inglaterra pelas ilhas Malvinas (ou Falklands).

Crise com o fim da Guerra Fria

Patrick Frilet/Hemis/Agência France-Presse

Após cerimônia de casamento, casal passeia pelo Malecón, avenida litorânea de Havana, capital de Cuba, em automóvel dos anos 1950. Fotografia de 2006.

A situação mudou quando, no final dos anos 1980, a União Soviética entrou em colapso. Sem ter como vender açúcar e sem acesso ao petróleo e a bens de consumo, a população cubana, nos anos 1990, viveu uma situação dramática.

Carroças substituíram caminhões. A comida foi racionada e houve cortes de água e de eletricidade. A crise foi chamada pelo governo cubano de "Período Especial em Tempos de Paz".

Mudança de planos

Uma das alternativas encontradas para enfrentar a crise foi o investimento no turismo. Relações comerciais foram restabelecidas com a China e com os países da América Latina e da União Europeia.

Nesse período, o presidente da Venezuela, Hugo Chávez, tornou-se importante aliado político. Vendia para Cuba petróleo a preços abaixo do mercado internacional. Em troca, Cuba enviava médicos para a Venezuela.

A revolução em novos rumos

Em 2008, Fidel Castro, doente, entregou o poder ao seu irmão, Raúl Castro. Fidel faleceu em 2016. Atualmente, Cuba comercializa e mantém relações diplomáticas com praticamente todos os países do mundo. Em 2014, o governo dos Estados Unidos retomou relações diplomáticas com o governo cubano.

CÁ ENTRE NÓS

O governo cubano ainda defende a revolução socialista, mas a abertura do país ao capital estrangeiro entra em contradição com a retórica revolucionária. A pobreza da população, os problemas econômicos e a intolerância do governo com qualquer oposição são problemas que ainda esperam solução.

Chico Sanchez/Alamy/Fotoarena

Fidel Castro e Hugo Chávez durante a recepção do líder cubano na capital venezuelana, Caracas, em 2001.

1988: Plebiscito no Chile nega a continuidade de Pinochet no poder.

OUTRAS HISTÓRIAS LUTAS SOCIAIS

A Revolução Mexicana

Outra revolução, no início do século, alterou a vida social no México. Em 1910, o país vivia sob uma ditadura e imensa injustiça social. Poucos proprietários tinham muitas terras. Naquele ano, líderes de camponeses lutaram contra o governo e pela reforma agrária. Entre eles se destacaram Emiliano Zapata e Pancho Villa. O México conheceu uma longa guerra civil. Em 1917, um grupo político liderado por Venustiano Carranza derrotou o governo ditatorial e, para ganhar apoio dos operários e camponeses, promulgou leis sociais e deu início à reforma agrária. Naquele ano, uma nova Constituição garantiu os direitos dos trabalhadores do campo e da cidade. Em 1934, o presidente Lázaro Cárdenas aprofundou a reforma agrária, estatizou as ferrovias, investiu em indústrias e nacionalizou a extração do petróleo, fundando a empresa Petróleos Mexicanos.

Omar Torres/Agência France-Presse

Estatueta representando Pancho Villa (à esquerda) e Emiliano Zapata. Museu de Arte Popular, Cidade do México, México.

- A estatueta que vemos na imagem acima é produto da cultura popular mexicana e expressa ideias e crenças sobre personagens de sua história: Pancho Villa e Emiliano Zapata. De que forma eles são rememorados nessa obra: de maneira positiva ou negativa? Justifique e, em seguida, reflita com os colegas: por que esses dois personagens, após tantos anos, ainda permanecem tão presentes na memória do povo mexicano?

PUXANDO PELA MEMÓRIA

Após o estudo do capítulo, você manteria sua resposta à pergunta da página 200?

Créditos das imagens de cima para baixo: World History Archive/Alamy/Fotoarena; Granger/Fotoarena; Eduardo Di Baia/Associated Press/Glow Images; The Bridgeman Art Library/Easypix; Rue des Archives/Granger/Fotoarena; Bettmann/Getty Images; Patrick Frilet/Hemis/Agência France-Presse; Omar Torres/Agência France-Presse.

Alberto Korda/Museu Che Guevara, Havana. Cuba.

ROTEIRO DE ESTUDOS

O QUE APRENDEMOS?

1 | Explique os fundamentos do modelo econômico "agroexportador" vigente na América Latina até as primeiras décadas do século XX.

2 | Avalie o primeiro governo de Juan Domingo Perón em duas áreas: econômica e social.

3 | Em 1976, os militares argentinos deram um golpe de Estado e impuseram a ditadura no país. Qual foi o programa político e econômico da ditadura argentina?

4 | Muitos historiadores chamam o regime militar argentino de "terrorismo de Estado". Por quê?

5 | Qual é a relação entre o movimento das Mães da Plaza de Mayo e a crise da ditadura militar argentina?

6 | Por que as ilhas Malvinas, ou Falklands, foram importantes para o final da ditadura militar argentina?

7 | Qual foi o principal motivo que possibilitou aos revolucionários do M-26, liderados por Fidel Castro, sobreviver em Sierra Maestra?

8 | Quais foram as principais medidas tomadas no início do governo de Fidel Castro que levaram os Estados Unidos a romper com Cuba e a impor o embargo econômico ao país?

9 | Explique o que foi a "crise dos mísseis" em Cuba.

10 | Há alguma ligação entre a consolidação da Revolução Cubana e a União Soviética? Explique.

PESQUISA

A fotografia de Che Guevara, abaixo, é considerada uma das mais famosas do século XX. Está impressa em camisetas de milhões de jovens em diversos países. Seu autor é o fotógrafo Alberto Korda.

- Faça uma pesquisa sobre a fotografia, investigando quando e onde Che foi fotografado e identificando o evento em que a fotografia foi tirada. Se possível, encontre o depoimento do próprio Alberto Korda comentando o momento da fotografia.

Alberto Korda/Museu Che Guevara, Havana. Cuba.

Fotografia de Che Guevara tirada por Alberto Korda, em 1960. Museu Che Guevara, Havana, Cuba.

IMAGENS CONTAM A HISTÓRIA

As imagens abaixo se referem a dois eventos políticos distantes no tempo e no espaço: o nazismo alemão (1933-1945) e a ditadura militar chilena (1973-1990). Ambos os regimes tiveram a prática de queimar livros.

Bettmann/Getty Images

Logo após Hitler alcançar o poder na Alemanha, grupos nazistas organizaram queima de livros em diversas cidades. Entre 10 de maio e 21 de junho de 1933, cerca de 200 mil livros desaprovados pelos nazistas foram retirados de bibliotecas públicas e queimados em praça pública. Fotografia de maio de 1933.

Radiophoto/Agência France-Presse

Durante a ditadura militar chilena, soldados do Exército queimam livros considerados "subversivos" em plena rua, Santiago, Chile. Fotografia de setembro de 1973.

- Por que os livros incomodaram tanto essas ditaduras a ponto de serem queimados em praças e ruas?

O PASSADO PRESENTE

Quando falamos em cidadania, uma das principais modalidades de direitos são os direitos civis, direitos básicos de todo ser humano: à vida, à liberdade, à integridade e a um julgamento justo no caso de ser acusado de ter cometido um crime.

Também inclui o direito à informação, de expressar livremente o pensamento, inclusive de criticar governantes, de escolher sua religião, bem como os direitos à privacidade e de ir para onde quiser.

Os direitos civis surgiram na Europa nos séculos XVII e XVIII. A burguesia liberal conquistou os direitos civis na sua luta contra as monarquias absolutistas e os privilégios da nobreza e do clero na sociedade do Antigo Regime.

Nos séculos XIX e XX, outros setores sociais, como os trabalhadores, também conquistaram os direitos civis.

Nas ditaduras, os direitos civis são suspensos. Os cidadãos perdem suas garantias constitucionais. Assim ocorreu nas ditaduras militares do Chile e da Argentina, como também na ditadura brasileira.

1 | Reúna alguns amigos da turma. Com eles, imaginem uma pessoa vivendo sob uma ditadura e, portanto, sem garantia de nenhum dos direitos civis.

2 | Em seguida, pesquisem situações vividas pelas pessoas na ditadura argentina, nas quais esses direitos não foram respeitados. A partir dessas informações, escreva um texto desenvolvendo a seguinte questão: como seria viver sem garantias de direitos civis?

Marcel Gautherot/Acervo do Instituto Moreira Salles

Fotografia de Marcel Gautherot, 1958. Acervo do Instituto Moreira Salles, São Paulo, SP.

CAPÍTULO 13

DEMOCRACIA E DESENVOLVIMENTISMO NO BRASIL (1946-1964)

PUXANDO PELA MEMÓRIA

A fotografia é de um canteiro de obras em 1958. Observando os dois prédios e a cúpula à direita, responda: que prédios são esses e em qual cidade se encontram?

Entre 1946 e 1964, o Brasil conheceu a sua primeira experiência democrática. O regime liberal-democrático regido pela Constituição de 1946 garantiu aos brasileiros seus direitos civis, políticos e sociais. As leis trabalhistas foram mantidas e ampliadas, beneficiando os trabalhadores, enquanto as eleições eram periódicas com os eleitos tomando posse de seus cargos.

Durante esse período, o Brasil cresceu economicamente e a sociedade brasileira participou ativamente da vida política do país. Trabalhadores do campo e da cidade, junto de estudantes, estiveram à frente de grandes mobilizações por reformas econômicas e sociais. Artistas e intelectuais renovaram a produção cultural.

A sociedade brasileira queria um país desenvolvido, mas também com democracia e justiça social. Não foi o que ocorreu. O golpe civil-militar de 1964 pôs fim ao regime democrático no país.

Créditos das imagens de cima para baixo: Arquivo do jornal O Estado de S. Paulo/Agência Estado; Reprodução/O2 Filmes/Globo Filmes; Reprodução/Fundação da Bilbioteca Nacional, Rio de Janeiro, RJ; Arquivo do Jornal do Brasil/Folhapress; Fundação Getúlio Vargas/CPDOC; Reprodução/Correio Braziliense/D.A Press

1946: Promulgada a 5ª Constituição brasileira.

Riani na luta por direitos

Clodesmidt Riani nasceu em 1920, em uma cidade do interior de Minas Gerais. Seu pai era operário e participava do movimento sindical. Aos 13 anos, começou a trabalhar em uma fábrica de tecidos. Aos 16 foi admitido na Companhia Mineira de Eletricidade como aprendiz.

Em 1941, ainda durante o Estado Novo, Riani foi morar na cidade mineira de Juiz de Fora. Durante aqueles anos, ele aprendeu o que eram direitos sociais e leis trabalhistas.

Entre 1946 e 1964, a sociedade brasileira conheceu, pela primeira vez, o que era viver sob um regime democrático. Com o fim da ditadura do Estado Novo, a eleição presidencial em dezembro de 1945 iniciou o processo de democratização do país, sendo vitorioso o candidato do Partido Social Democrático (PSD), general Eurico Gaspar Dutra. Também foram eleitos deputados federais e senadores.

Depois, foi instalada a Assembleia Nacional Constituinte para elaborar a nova Constituição do país, que foi promulgada em 18 de setembro de 1946. Pela primeira vez em sua história, o Brasil viveria sob um regime de **democracia representativa**. Os novos tempos, portanto, eram de democracia, e Clodesmidt Riani estava determinado a participar dela.

VOCÊ JÁ OUVIU FALAR

... de democracia representativa ou democracia liberal? No regime democrático vale a vontade da maioria, mas as opiniões minoritárias devem ser respeitadas. O tipo de democracia adotado no Brasil é chamado de democracia liberal ou também de democracia representativa. Por meio de eleições, o povo escolhe seus representantes.

O governo de Dutra

Eurico Dutra abandonou as políticas de incentivo econômico de Vargas e adotou o liberalismo econômico.

As importações foram liberadas e muitos produtos supérfluos foram comprados.

O resultado foi uma grave crise econômica. Dutra, então, retomou as políticas de intervenção econômica da época de Vargas. Ele lançou o chamado Plano Salte (Saúde, Alimentação, Transportes e Energia). Mas pouco realizou além da construção da rodovia que liga o Rio de Janeiro a São Paulo.

Na política externa, Dutra alinhou o Brasil com os interesses dos Estados Unidos. O presidente acreditava em grandes investimentos no Brasil. Os investimentos estadunidenses, contudo, não vieram.

O governo Dutra perseguiu comunistas e o movimento sindical. Apesar da repressão governamental ao movimento sindical, Clodesmidt Riani, em 1949, com 29 anos de idade, começou a participar das atividades de seu sindicato.

Com grande popularidade, Luís Carlos Prestes também participou da campanha eleitoral de 1945 como candidato a senador pelo Partido Comunista do Brasil. Foi eleito senador pelo Distrito Federal. Fotografia de 1945, em São Paulo.

Acervo Iconographia/Reminiscências

CÁ ENTRE NÓS

As tensões internacionais da Guerra Fria atingiram o Brasil. Ao julgar uma ação judicial contra o Partido Comunista do Brasil, em 1947, o Superior Tribunal Eleitoral cassou o registro eleitoral do partido, tornando-o ilegal. Em 1950, os comunistas reagiram convocando a população a pegar em armas e derrubar o governo. Mas os trabalhadores não ficaram motivados com isso, e muitos filiados deixaram o PCB.

Eleições de 1950

Nas eleições que ocorreram em outubro de 1950, Getúlio Vargas se candidatou à Presidência da República pelo Partido Trabalhista Brasileiro (PTB) em aliança com o Partido Social Progressista (PSP).

A União Democrática Nacional (UDN) voltou a disputar as eleições com o brigadeiro Eduardo Gomes. O Partido Social Democrático (PSD) lançou o nome de Cristiano Machado, mas o abandonou no meio da campanha para apoiar Getúlio.

A imprensa e as estações de rádio, em sua grande maioria, apoiaram o candidato udenista. Mas, no final, Getúlio Vargas foi eleito presidente da República com 48,7% dos votos.

QUE HÁ NA IMAGEM?

Com base no que você já estudou, responda: por que o panfleto afirma que "ele voltará", referindo-se a Getúlio Vargas?

Fundação Getúlio Vargas/CPDOC

Panfleto de propaganda eleitoral da campanha de Getúlio Vargas à Presidência da República, em 1950. Fundação Getúlio Vargas, Rio de Janeiro, RJ.

O governo Vargas

Vargas assumiu a Presidência da República em janeiro de 1951. O país se encontrava em grave crise econômica: os preços das mercadorias aumentando e os salários dos trabalhadores sem reajustes. Além disso, empresas estadunidenses fizeram campanha contra o café exportado pelo Brasil, prejudicando a economia do país.

Vargas retomou o projeto nacionalista, estatista e desenvolvimentista, mas em um contexto democrático. Técnicos governamentais planejaram a instalação da indústria automobilística e de tratores no Brasil. Vargas também deu início ao reaparelhamento dos portos e ferrovias, bem como ao financiamento para a construção de rodovias.

A principal iniciativa de seu governo foi a criação de uma empresa brasileira de petróleo. Grupos que defendiam o liberalismo econômico eram contra a criação de uma empresa estatal de petróleo. Mas ter o controle sobre o petróleo era fundamental para o desenvolvimento do país.

OUTRAS HISTÓRIAS LUTAS SOCIAIS

Campanha "O Petróleo é Nosso"

Na luta para a criação de uma empresa estatal de petróleo, uniram-se milhares de pessoas em comícios e passeatas, mobilização que resultou na campanha "O Petróleo é Nosso". Vargas fundou a Petrobras em 3 de outubro de 1953.

Acervo Iconographia/Reminiscências

Estudantes do Centro Acadêmico XI de Agosto, na cidade de São Paulo, participaram da campanha "O Petróleo é Nosso". Fotografia de 1947.

- O projeto nacionalista presente no segundo governo de Getúlio Vargas (1951-1954) assemelha-se ao nacionalismo de Lázaro Cárdenas, que governou o México entre 1934 e 1940? Justifique sua resposta.

Oposição a Vargas

Os salários dos trabalhadores estavam muito baixos. Em 1953, eclodiu, na cidade de São Paulo, a chamada "greve dos 300 mil". Vargas nomeou João Goulart, conhecido como Jango, para o ministério do Trabalho. Goulart apoiou as reivindicações dos trabalhadores, o que fez aumentar a oposição ao governo.

Em 1954, Clodesmidt Riani fundou o Sindicato dos Trabalhadores de Energia Elétrica de Juiz de Fora. Nesse mesmo ano, ele concorreu como candidato nas eleições para deputado estadual pelo PTB, sendo eleito. Sindicalista e deputado, as atividades de Riani mostram que os trabalhadores participavam das lutas por melhores condições de vida democrática.

O governo Vargas enfrentava um grande problema: a oposição. Os comunistas atacavam o presidente. Os udenistas, no Congresso Nacional, tudo fizeram para prejudicar o governo. O seu maior crítico era o jornalista e deputado Carlos Lacerda.

FIQUE DE OLHO

Getúlio (Brasil). Direção de João Jardim, 2014. 140 min.

Filme sobre a crise de agosto de 1954 que resultou no suicídio de Getúlio Vargas.

CÁ ENTRE NÓS

No regime democrático, pode-se ganhar ou perder as eleições, mas é preciso respeitar a decisão dos eleitores. Nas eleições de 1950, udenistas não souberam admitir sua derrota nas urnas e tentaram impedir a posse de Getúlio Vargas na Presidência da República. Alegaram que Vargas não havia obtido a maioria absoluta dos votos, o que equivale a 50% mais um voto. Porém, a Constituição determinava que o vitorioso tivesse apenas a maioria simples, ou seja, o maior número de votos.

A crise de agosto de 1954

Carlos Lacerda atacava Vargas de maneira muito agressiva. Sem que Vargas soubesse, o chefe da guarda pessoal do presidente cometeu um grave erro: contratou um pistoleiro para matar Lacerda. O tiro, no entanto, matou um major da Força Aérea Brasileira (FAB), guarda-costas de Lacerda.

Mesmo sendo inocente, Vargas foi acusado pelo crime. Um grupo político formado principalmente por udenistas e por setores minoritários das Forças Armadas, com forte apoio da imprensa, uniu-se com o objetivo de destituir Vargas da Presidência da República.

Tudo indicava que um golpe, com a participação de políticos udenistas e militares da FAB e da Marinha de Guerra, destituiria Vargas do poder. Os maiores prejudicados seriam os trabalhadores.

Reviravolta

Vargas, para surpresa geral, inverteu a situação. Na manhã do dia 24 de agosto, ele disparou um tiro contra o próprio peito. Deixou uma carta, que se tornou conhecida como "Carta Testamento".

Os trabalhadores perceberam que o presidente havia sido vítima de uma grande injustiça e foram para as ruas. No Rio de Janeiro e em Porto Alegre, o povo tomou as ruas e protestou por três dias seguidos. Em São Paulo, ocorreram várias greves. Em diversas outras capitais, populares foram para as ruas chorar pela morte do presidente.

Se havia algum golpe em andamento, ele foi impedido com o suicídio de Vargas e com a fúria popular nas ruas.

F. Campanella Neto/Fundação Getúlio Vargas/CPDOC

Mulher chora no cortejo fúnebre de Getúlio Vargas, Rio de Janeiro, RJ. Durante o cortejo fúnebre, do Palácio do Catete ao aeroporto Santos Dumont, milhares de pessoas se despediram de Vargas. O povo manifestou sua tristeza e revolta com a morte de Vargas. Fotografia de 1954.

DOCUMENTO

Carta Testamento de Getúlio Vargas

A Carta Testamento de Getúlio Vargas é um dos documentos mais importantes da história política brasileira contemporânea.

Mais uma vez, as forças e os interesses contra o povo coordenaram-se novamente e se desencadeiam sobre mim.

Não me acusam, insultam; não me combatem, caluniam, e não me dão o direito de defesa. [...] A campanha subterrânea dos grupos internacionais aliou-se à dos grupos nacionais revoltados contra o regime de garantia do trabalho. A lei de lucros extraordinários foi detida no Congresso. Contra a justiça da revisão do salário mínimo se desencadearam os ódios. Quis criar a liberdade nacional na potencialização das nossas riquezas através da Petrobras e, mal começa esta a funcionar, a onda de agitação se avoluma. A Eletrobras foi obstaculada até o desespero. Não querem que o trabalhador seja livre. Não querem que o povo seja independente.

[...] Se as aves de rapina querem o sangue de alguém, querem continuar sugando o povo brasileiro, eu ofereço em holocausto a minha vida. Escolho este meio de estar sempre convosco. Quando vos humilharem, sentireis minha alma sofrendo ao vosso lado. Quando a fome bater à vossa porta, sentireis em vosso peito a energia para a luta por vós e vossos filhos. Quando vos vilipendiarem, sentireis no pensamento a força para a reação. Meu sacrifício vos manterá unidos e meu nome será a vossa bandeira de luta. Cada gota de meu sangue será uma chama imortal na vossa consciência e manterá a vibração sagrada para a resistência. Ao ódio respondo com o perdão. E aos que pensam que me derrotaram respondo com a minha vitória. Era escravo do povo e hoje me liberto para a vida eterna. Mas esse povo de quem fui escravo não mais será escravo de ninguém. Meu sacrifício ficará para sempre em sua alma e meu sangue será o preço do seu resgate.

Lutei contra a espoliação do Brasil. Lutei contra a espoliação do povo. Tenho lutado de peito aberto. O ódio, as infâmias, a calúnia não abateram meu ânimo. Eu vos dei a minha vida. Agora vos ofereço a minha morte. Nada receio. Serenamente dou o primeiro passo no caminho da eternidade e saio da vida para entrar na História.

VARGAS, Getúlio. Carta Testamento. Disponível em: <www0.rio.rj.gov.br/memorialgetuliovargas/conteudo/expo8.html>. Acesso em: 16 jun. 2018.

Acervo Iconographia/Reminiscências

Homenagem a Vargas em 24 de agosto de 1954. Nesse dia, milhares de trabalhadores foram para as ruas das principais capitais do país homenagear Getúlio Vargas.

- Na Carta Testamento, Vargas denunciou as atividades de grupos nacionais e estrangeiros contra o desenvolvimento do país. Quais foram as principais denúncias?

1955: Juscelino Kubitschek é eleito presidente da República. General Henrique Lott garante legalidade democrática.

A crise da sucessão

Com a morte de Vargas, o vice-presidente Café Filho tomou posse na Presidência da República. Nas eleições presidenciais de outubro de 1955, o PSD lançou a candidatura de Juscelino Kubitschek – JK, como era conhecido. João Goulart, líder do PTB, foi candidato a vice-presidente. A união PTB-PSD parecia ser muito forte para a sucessão presidencial. O próprio Partido Comunista do Brasil, embora na ilegalidade, apoiou a chapa JK-Jango.

A UDN lançou como candidato o general Juarez Távora. Mas Carlos Lacerda atuou de maneira antidemocrática. Prevendo a derrota da UDN, ele defendeu um golpe militar para impedir as eleições presidenciais, mas estas ocorreram normalmente em outubro de 1955.

A legalidade democrática

JK foi vitorioso com 35,6% dos votos, enquanto o candidato da UDN alcançou 30,2%. Entretanto, grupos políticos e militares, insatisfeitos com os resultados das eleições, tentaram dar um golpe e impedir a posse de Juscelino na Presidência da República. Carlos Lacerda foi o maior incentivador do movimento golpista.

No entanto, o general Henrique Lott, ministro da Guerra (então ministro do Exército), acionou as tropas militares e garantiu a legalidade democrática. Juscelino tomou posse, conforme a vontade popular.

O governo Juscelino Kubitschek

Em janeiro de 1956, Juscelino Kubitschek tomou posse como presidente democraticamente eleito do Brasil. O lema de governo de JK era fazer o Brasil crescer "50 anos em 5". Ele tinha como projeto desenvolver o país.

Com as bases lançadas por Vargas, Juscelino deu continuidade ao processo de industrialização, apresentando ao país o seu **Plano de Metas**. O governo JK investiu fortemente no setor de energia elétrica, aumentando sua produção em 82%, a produção de aço em 60%, a de petróleo em 76% e a de cimento em 62%.

Juscelino também facilitou e estimulou a entrada das empresas estrangeiras no país. Muitas empresas estadunidenses e europeias, além das brasileiras, começaram a produzir eletrodomésticos e automóveis no país.

Bettmann/Getty Images

O candidato à Presidência da República pelo PSD, Juscelino Kubitschek (à direita), e seu candidato à Vice-Presidência pelo PTB, João Goulart (no centro), visitam o comitê feminino da campanha eleitoral no segundo semestre de 1955. A aliança entre o PSD e o PTB foi fundamental para a vitória eleitoral de Juscelino.

Construção de Brasília

No Plano de Metas, um de seus objetivos era muito ambicioso: a construção da nova capital do país, Brasília. Nessa época, a maioria das grandes cidades brasileiras estava no litoral. Para JK, a capital no centro do país atrairia milhões de pessoas, com novas cidades, empresas e oportunidades de emprego.

O arquiteto Oscar Niemeyer e o urbanista Lúcio Costa planejaram Brasília. Para interiorizar o país, o governo Juscelino abriu uma série de estradas partindo de Brasília: para Belém, para Rio Branco, para Belo Horizonte, para Fortaleza e para Goiânia. Também foram construídos mil quilômetros de ferrovias. A partir de então, o Brasil começou de fato a se interiorizar.

Acervo Iconographia/Reminiscências

O presidente Juscelino Kubitschek, na janela do caminhão, percorre trecho da recém-inaugurada rodovia ligando Belém a Brasília. Fotografia de 1959.

061 Filmes/Shutterstock

Vista da Praça dos Três Poderes, em Brasília, DF. Ela abriga o Poder Legislativo, com o prédio do Congresso Nacional (ao centro); o Poder Executivo, com o Palácio do Planalto (à esquerda); e o Poder Judiciário, com o prédio do Supremo Tribunal Federal (à direita). Em 21 de abril de 1960, Juscelino Kubitschek inaugurou a nova capital do país, Brasília. O Plano Piloto, um projeto bastante ousado, foi elaborado pelo urbanista Lúcio Costa, enquanto a arquitetura dos prédios foi responsabilidade de Oscar Niemeyer. O plano urbanístico é em forma de um "avião". Em 1987, a cidade recebeu da Unesco o título de Patrimônio Histórico e Cultural da Humanidade. Fotografia de 2018.

1961: Jânio Quadros renuncia à Presidência da República. Campanha da Legalidade. Instituição do parlamentarismo. Posse de João Goulart.

A HISTÓRIA NÃO ESTÁ SOZINHA

Música

Os músicos brasileiros compunham e cantavam principalmente sambas e boleros. Na época do governo Juscelino Kubitschek, grupos de jovens se reuniam para ouvir músicas de vários tipos, sobretudo o *jazz* estadunidense. Um deles, João Gilberto, inventou uma nova batida de samba no violão com a música "Chega de saudade". A batida diferente ficou conhecida como Bossa Nova. Muitos músicos participaram do novo movimento musical, como Tom Jobim, Vinicius de Moraes e Nara Leão. Da Bossa Nova ficaram músicas até hoje conhecidas mundialmente, como "Garota de Ipanema".

- Pesquise as letras de três músicas bastante representativas da Bossa Nova: "Chega de saudade", "Desafinado" e "Garota de Ipanema". Depois, faça a seguinte avaliação: quais são os temas presentes nas letras dessas músicas?

FIQUE DE OLHO

Os anos JK – Uma trajetória política (Brasil). Direção de Sílvio Tendler, 1980. 110 min.

Documentário sobre a trajetória política de Juscelino Kubitscheck, seu projeto desenvolvimentista e as perseguições que sofreu durante a ditadura militar.

Crise em fim de mandato

Durante o governo de Juscelino Kubitschek, o Brasil conheceu um período de importante crescimento econômico com democracia. Muitos escritores chamam essa época de "anos dourados".

Mas nem tudo corria tranquilamente em seu governo. No nordeste brasileiro, os trabalhadores rurais eram duramente explorados pelos grandes proprietários de terras. Em Pernambuco, eles se organizaram nas Ligas Camponesas, exigindo melhores condições de vida e terra para trabalhar.

Reprodução/Fundação da Biblioteca Nacional, Rio de Janeiro, RJ.

Nas revistas, os humoristas criticavam a alta dos preços, que prejudicava os trabalhadores. Na charge de 1960, do cartunista Théo, publicada na *Revista Careta*, Juscelino diz para o Jeca: "Tenho apelado para o patriotismo dos dois, Jeca, eles porém não se entendem!". Fundação Biblioteca Nacional, Rio de Janeiro, RJ.

No último ano de seu governo, em 1959, surgiram graves problemas financeiros. Para construir hidrelétricas, estradas, siderúrgicas, ferrovias e a nova capital, JK obteve empréstimos externos.

Ao final do governo, JK encontrou dificuldades para saldar o pagamento das parcelas da dívida. O governo também enfrentava o aumento da inflação.

Juscelino preferiu ignorar os problemas econômicos e financeiros. Ele estava em final de mandato. Caberia ao seu sucessor enfrentar e resolver os problemas deixados por ele.

Inflação: palavra usada pelos economistas para definir a alta geral dos preços das mercadorias. Quando o país vive um processo inflacionário, os salários perdem seu poder de compra. Cada vez é preciso mais dinheiro para comprar os mesmos produtos. Quando ocorre a inflação dos preços, os maiores prejudicados são os trabalhadores que vivem dos seus salários.

A sucessão presidencial

Nas eleições presidenciais de outubro de 1960, o PSD e o PTB lançaram como candidato à Presidência da República o marechal Henrique Teixeira Lott. Ele defendia a legalidade democrática e o nacionalismo. O candidato a vice-presidente era novamente João Goulart.

As esquerdas cresceram nessa época e apoiaram a candidatura de Lott. Sindicalistas do PCB e do PTB atuaram juntos na direção de sindicatos. Em 1962, fundaram o Comando Geral dos Trabalhadores (CGT). Os estudantes se organizaram na União Nacional dos Estudantes (UNE).

O ex-governador de São Paulo, Jânio Quadros, lançou-se candidato às eleições presidenciais por um pequeno partido. A UDN resolveu apoiar sua candidatura.

Jânio Quadros criticava o governo de Juscelino pela inflação e corrupção. Nas eleições, Jânio foi vitorioso; recebeu 48% do total dos votos, o maior percentual que um candidato a presidente, até então, recebera do eleitorado. Para vice-presidente, foi eleito João Goulart.

Acervo Iconographia/Reminiscências

Durante comício na campanha à Presidência da República, Henrique Lott, de chapéu, ouve o discurso do candidato a vice-presidente João Goulart. Fotografia de maio de 1960.

1964: Comício da Central do Brasil. Marcha da Família com Deus pela Liberdade. Revolta dos Marinheiros. Golpe militar.

Reprodução/Correio Braziliense/D.A Press

Seguindo a Política Externa Independente, o presidente Jânio Quadros recebeu o ministro da Indústria e Comércio de Cuba, Ernesto Che Guevara, no Palácio do Planalto, Brasília, DF, e o condecorou com a Grã-Cruz da Ordem Nacional do Cruzeiro do Sul, a mais importante comenda do país, o que contrariou grupos políticos conservadores. Fotografia de 19 de agosto de 1961.

O governo Jânio Quadros

Jânio Quadros assumiu a Presidência diante de grave crise econômica. O país cresceu com Juscelino, mas as contas públicas estavam descontroladas e a inflação aumentava. Jânio fez um acordo com o Fundo Monetário Internacional (FMI), cujas exigências gerariam a redução do crescimento econômico e o desemprego.

Na política externa o governo era avançado para os padrões da época. Jânio Quadros instituiu a chamada Política Externa Independente, em que o Brasil não ficaria mais subordinado aos interesses dos Estados Unidos. Jânio reatou relações comerciais com a União Soviética e com os países do bloco socialista, além da China comunista.

Jânio, no entanto, tinha um relacionamento difícil com o Congresso Nacional. Ele instituiu comissões de inquérito que descobriram envolvimento de deputados e senadores em atos de corrupção. Além disso, a UDN estava insatisfeita com a Política Externa Independente.

OUTRAS HISTÓRIAS MODOS DE VIVER

A política indigenista

Durante a Presidência de Getúlio Vargas, o governo adotou as propostas de política indigenista defendidas pelos irmãos Villas Bôas: os indígenas teriam garantidas grandes extensões de terras em reservas fechadas. Somente os funcionários do governo, médicos e assistentes sociais teriam acesso às reservas indígenas.

Em 1952, Vargas criou o Parque Nacional do Xingu, um território do tamanho da Bélgica. As resistências foram muitas, sobretudo de fazendeiros. Mas, em 1961, no governo de Jânio Quadros, o Congresso Nacional aprovou o decreto de Vargas. Os resultados foram muito positivos: a população indígena da região, que até então apresentava queda demográfica, voltou a crescer.

Mato Grosso: Parque Indígena do Xingu (2010)

Fonte: elaborado com base em FUNAI. Terras indígenas. Disponível em: <http://cmr.funai.gov.br/mapa>. Acesso em: 17 jul. 2018.

- Em sua opinião, o que melhorou na vida dos povos indígenas com a criação do Parque Indígena do Xingu?

A crise da renúncia

No dia 25 de agosto de 1961, sete meses após sua eleição, inesperadamente Jânio Quadros enviou uma carta ao Congresso Nacional renunciando ao cargo de presidente da República. A notícia chocou o país, pois era difícil encontrar uma justificativa para essa decisão.

Tudo indica que Jânio queria dar um golpe de Estado e governar o Brasil como um ditador. Ele sabia que muitos militares não aceitariam a posse do vice-presidente João Goulart e esperava que as Forças Armadas e o povo saíssem às ruas para defender sua continuidade no poder.

Nada disso aconteceu. O Congresso Nacional acatou imediatamente a renúncia. A Constituição dizia que, nesse caso, o vice-presidente deveria tomar posse, mas os três ministros militares (da Guerra, da Marinha e da Aeronáutica) não aceitaram. Exigiram que o Congresso votasse seu *impeachment*.

Tratava-se, portanto, de um golpe militar e de um desrespeito à Constituição do país. O Congresso Nacional não aceitou a imposição dos ministros militares. O governador do estado do Rio Grande do Sul, Leonel Brizola, defendeu o cumprimento da Constituição e a posse de Goulart na Presidência da República.

CÁ ENTRE NÓS

A Constituição de 1946 permitia que o eleitor escolhesse o presidente de um partido político e o vice-presidente de outro. Por isso, João Goulart, candidato a vice-presidente de Henrique Lott, foi eleito vice de Jânio.

***Impeachment*:** palavra inglesa cuja tradução literal é "impugnação". Trata-se, no caso, da impugnação do mandato do presidente da República pelo Congresso Nacional, ou seja, de impedi-lo de continuar o mandato.

Campanha da Legalidade

O movimento que defendia a posse de João Goulart ficou conhecido como Campanha da Legalidade e recebeu apoio inicial da população do Rio Grande do Sul e depois de todo o país. A União Nacional dos Estudantes, a Ordem dos Advogados do Brasil, a Conferência Nacional dos Bispos do Brasil, o movimento sindical, jornais e partidos políticos exigiam o cumprimento da Constituição.

A maioria da sociedade brasileira não queria golpes de Estado, e sim o cumprimento da Constituição e a continuidade da democracia. Líderes de vários partidos políticos e ministros militares chegaram a um acordo: seria instituído no Brasil o regime parlamentarista. João Goulart tomaria posse, mas não governaria o país. João Goulart aceitou o regime parlamentarista porque o país estava muito dividido. No dia 7 de setembro de 1961, ele assumiu o cargo de presidente da República.

Antonio Ronek/O Cruzeiro/EM/Correio Braziliense/D.A Press

O governador do Rio Grande do Sul, Leonel Brizola (à esquerda), recebe João Goulart (à direita) em Porto Alegre, RS, após a vitória da Campanha da Legalidade, em 1961.

O governo João Goulart

O objetivo do governo de João Goulart era conseguir aprovar as chamadas "reformas de base". As principais reformas eram: a agrária, a urbana, a fiscal, a administrativa, a bancária e a universitária. Também estavam contemplados o direito de voto aos analfabetos, o controle do capital estrangeiro e a estatização de empresas importantes para o desenvolvimento do Brasil.

Goulart viajou aos Estados Unidos e encontrou-se com o presidente estadunidense John Kennedy. O governo dos Estados Unidos e o FMI exigiram que Goulart adotasse uma política econômica similar à de Jânio Quadros, que resultaria em falências de empresas e desemprego no Brasil. O presidente Goulart não aceitou as imposições.

Em pouco tempo, líderes de partidos políticos, sindicalistas e militares ficaram insatisfeitos com o regime parlamentarista. O Congresso Nacional aprovou uma medida que convocava um plebiscito para saber se o povo queria a continuidade do regime parlamentarista. A maioria votou pelo retorno do regime presidencialista. Em janeiro de 1963, João Goulart começou efetivamente a governar o Brasil.

VOCÊ JÁ OUVIU FALAR...

... em regime parlamentarista? Nesse regime, o partido político que tiver maioria no Congresso indica o primeiro-ministro, que será o chefe do governo do país. O presidente da República também é eleito, mas não governa. Ele é o chefe do Estado: quando há conflitos entre partidos políticos ou quando o primeiro-ministro perde maioria no Parlamento, o presidente da República dissolve o Congresso Nacional e convoca novas eleições. Assim, os partidos políticos mais votados indicam ao Congresso um candidato para ser primeiro-ministro.

Retorno do presidencialismo

No início de 1963, a situação econômica brasileira era de total descontrole. Os preços aumentavam, faltavam produtos nos mercados e várias categorias de trabalhadores declaravam greves para manter o valor de seus salários. Para responder a essa situação, o presidente elaborou um plano: o Plano Trienal.

O Plano Trienal começaria com medidas conservadoras para controlar a inflação: cortes nos gastos públicos e limitações nos aumentos salariais. Quando a inflação fosse reduzida, o plano previa a aprovação das reformas de base. A reforma agrária, por exemplo, criaria amplo mercado consumidor e permitiria o crescimento ordenado do país.

Arquivo do jornal O Estado de S. Paulo/Agência Estado

O presidente João Goulart discursa na solenidade de assinatura do decreto que criou a Eletrobras, Rio de Janeiro, RJ. Fotografia de junho de 1962.

O presidente encontrou o apoio de muitos empresários, particularmente de São Paulo, mas o setor sindical foi contra. Clodesmidt Riani, a UNE e lideranças importantes de esquerda, como Leonel Brizola, Miguel Arraes e Luís Carlos Prestes, foram contra o Plano Trienal. Sem apoio, Goulart abandonou o plano.

A radicalização política

A partir de meados de 1963, cresceu a radicalização política. As esquerdas queriam aprovar a reforma agrária "na lei ou na marra", como se dizia na época. Na "lei" era com a aprovação do Congresso Nacional. Na "marra" era ignorando o próprio Poder Legislativo.

Ao mesmo tempo, atuavam várias organizações de direita. O Instituto de Pesquisas e Estudos Sociais (Ipes) e o Instituto Brasileiro de Ação Democrática (Ibad) atacavam o governo e denunciavam a ameaça do comunismo para o país.

Goulart tentou aprovar a reforma agrária se esforçando para unir o PTB com o PSD no Congresso Nacional, mas os dois partidos não chegaram a um acordo. Segundo a Constituição, o proprietário das terras tinha de ser indenizado em dinheiro. O PTB não aceitava as indenizações. O PSD insistia nelas, mesmo que fossem reduzidas.

FIQUE DE OLHO

Jango (Brasil). Direção de Silvio Tendler, 1984. 117 min.

Documentário sobre a trajetória política de João Goulart, centrado sobretudo em seu governo e no golpe que o destituiu da Presidência da República.

Acervo Iconographia/Reminiscências

No I Congresso Nacional de Lavradores e Trabalhadores Agrícolas, ocorrido em Belo Horizonte, MG, a maior exigência era a realização imediata da reforma agrária. Fotografia de novembro de 1961.

A oposição da direita

> **Estado de sítio:** instrumento político utilizado pelos governos em casos de grave crise política, guerras ou catástrofes naturais. Quando decretado, com autorização do Congresso Nacional, o Poder Legislativo e o Poder Judiciário ficam submissos ao presidente da República. Todas as garantias constitucionais dos cidadãos são suspensas: liberdade de informação, de imprensa, de reunião e de livre expressão da opinião. O cidadão pode ser preso sem acusação formal, sua casa pode ser invadida e sua correspondência pode ser violada.

A crise política avançou em fins de 1963. Em setembro, sargentos de esquerda tomaram Brasília, a capital do país. Em outubro, Carlos Lacerda ofendeu o presidente. Goulart, com o apoio dos ministros militares, pediu ao Congresso Nacional o estado de sítio. Esquerdas e direitas se uniram contra o presidente. Ele ficou isolado.

No início de 1964, Goulart tomou a decisão de governar somente com as esquerdas. Para isso, ele convocou um grande comício na praça da Central do Brasil, estação ferroviária no Rio de Janeiro, no dia 13 de março de 1964. Em seu discurso, Goulart defendeu as reformas de base, em particular a reforma agrária.

Os diversos grupos de direita e os setores conservadores da sociedade, entretanto, reagiram. Em 19 de março, ocorreu na cidade de São Paulo a Marcha da Família com Deus pela Liberdade. O objetivo era criticar João Goulart, Leonel Brizola e os comunistas. Em várias outras cidades, marchas também foram realizadas. A partir do comício da Central do Brasil, as organizações de direita estavam decididas a derrubar João Goulart da Presidência da República

Após caminharem pelas ruas centrais da cidade de São Paulo, cerca de 500 mil pessoas que participaram da Marcha da Família com Deus pela Liberdade ouviram os oradores no palanque montado na praça da Sé, em São Paulo, SP. A marcha foi uma reação dos setores conservadores ao comício da Central do Brasil, em 1964.

DOCUMENTO

Discurso de João Goulart

O texto abaixo é a transcrição de parte do discurso do presidente João Goulart no comício da Central do Brasil. Leia o texto e responda à questão.

A reforma agrária não é capricho de um governo ou programa de um partido. É produto da inadiável necessidade de todos os povos do mundo. Aqui no Brasil, constitui a legenda mais viva da reivindicação do nosso povo, sobretudo daqueles que labutam no campo.

No palanque, ao lado de Maria Tereza Goulart, sua esposa, o presidente João Goulart anunciou as reformas que pretendia realizar, Rio de Janeiro, RJ. Fotografia de março de 1964.

A reforma agrária é também uma imposição progressista do mercado interno, que necessita aumentar a sua produção para sobreviver.

Os tecidos e os sapatos sobram nas prateleiras das lojas e as nossas fábricas estão produzindo muito abaixo de sua capacidade. Ao mesmo tempo em que isso acontece, as nossas populações mais pobres vestem farrapos e andam descalças, porque não têm dinheiro para comprar.

Assim, a reforma agrária é indispensável não só para aumentar o nível de vida do homem do campo, mas também para dar mais trabalho às indústrias e melhor remuneração ao trabalhador urbano.

Interessa, por isso, também a todos os industriais e aos comerciantes. A reforma agrária é necessária, enfim, à nossa vida social e econômica, para que o país possa progredir, em sua indústria e no bem-estar do seu povo.

Como garantir o direito de propriedade autêntico, quando dos quinze milhões de brasileiros que trabalham a terra, no Brasil, apenas dois milhões e meio são proprietários?

O que estamos pretendendo fazer no Brasil, pelo caminho da reforma agrária, não é diferente, pois, do que se fez em todos os países desenvolvidos do mundo. É uma etapa de progresso que precisamos conquistar e que haveremos de conquistar.

CORREIO DA MANHÃ. Rio de Janeiro, 14 mar. 1964, p. 3. Disponível em: <http://memoria.bn.br/DocReader/docmulti.aspx?bib=089842&pesq=>. Acesso em: 16 jun. 2018.

- Quais são os argumentos usados pelo presidente João Goulart em seu discurso em defesa da reforma agrária?

VOCÊ JÁ OUVIU FALAR

... da operação Brother Sam? O governador de Minas Gerais, Magalhães Pinto, pediu apoio ao embaixador dos Estados Unidos no Brasil, Lincoln Gordon, para derrubar o presidente João Goulart. Navios de guerra dos Estados Unidos dirigiram-se para a costa brasileira com combustível, armas e munições. O apoio estadunidense ocorreria no caso de resistência ao golpe.

O SEU LUGAR NA HISTÓRIA

Neste capítulo, você conheceu nomes de diversos presidentes da República, entre eles Eurico Dutra, Getúlio Vargas, Juscelino Kubitschek, Jânio Quadros e João Goulart. Você também conheceu políticos importantes na história política brasileira, como Luís Carlos Prestes, Carlos Lacerda e Leonel Brizola. Alguns desses personagens se tornaram nomes de avenidas, ruas ou praças em sua cidade? Em sua opinião, por que eles receberam essa homenagem?

Crise nas Forças Armadas

A radicalização entre a direita e a esquerda deixou o governo muito enfraquecido, e um episódio foi suficiente para desestabilizar o governo de vez. No dia 25 de março, marinheiros e fuzileiros navais se revoltaram contra o ministro da Marinha, exigindo melhorias nas condições de trabalho.

João Goulart anistiou todos os revoltosos, o que desagradou as Forças Armadas. Para complicar a situação, no dia 30 de março, o presidente ainda foi a uma solenidade de sargentos com a presença dos marinheiros anistiados. Para os oficiais das três Forças Armadas, mesmo os que apoiavam o regime democrático, novamente o presidente estava quebrando as regras militares básicas: a hierarquia e a disciplina.

A caminho do Rio de Janeiro

Na manhã do dia 31 de março, o general Mourão Filho, junto a seus recrutas, partiu da cidade mineira de Juiz de Fora para o Rio de Janeiro. Seu objetivo era derrubar João Goulart da Presidência da República. O general era apoiado pelo governador de Minas Gerais, Magalhães Pinto. A imprensa, empresários e amplos setores das classes médias apoiaram a deposição de Goulart.

A marcha de Mourão foi apoiada, inclusive, pelos governadores dos estados mais importantes do país. Todos eles colocaram suas polícias militares e civis à disposição para depor Goulart da Presidência. Além disso, o presidente do Senado Federal também apoiou o golpe. O presidente do Supremo Tribunal Federal não se pronunciou.

Goulart sabia de tudo isso. Mas soube de algo muito mais grave: uma frota de guerra dos Estados Unidos estava se dirigindo para a costa brasileira. O objetivo era apoiar, com armamentos e combustíveis, o movimento golpista.

Associated Press/Glow Images

Tropas militares partiram da cidade de Juiz de Fora, MG, com destino ao Rio de Janeiro, RJ, no dia 31 de março de 1964, para depor o presidente João Goulart.

O golpe militar

Diante da possibilidade de guerra civil e de uma intervenção militar dos Estados Unidos no Brasil, o que resultaria em milhares de mortos, Goulart preferiu evitar a resistência. No dia 1º de abril, ele deixou o Rio de Janeiro e foi para Brasília e, no mesmo dia, para Porto Alegre. Foi nesse dia, 1º de abril, que a maioria dos comandos militares aderiu ao golpe iniciado no dia anterior.

Jango ainda permanecia em território brasileiro, mas o presidente do Senado Federal declarou que estava vago o cargo de presidente da República, legitimando o golpe militar. No dia seguinte, o presidente da Câmara dos Deputados assumiu provisoriamente a Presidência da República.

O golpe civil e militar destituiu o presidente da República, mas nem os derrotados nem os vitoriosos sabiam que haveria uma ditadura militar que duraria 21 anos. Ninguém conhecia como seria o futuro. Clodesmidt Riani tentou organizar uma greve geral de trabalhadores em defesa de Goulart e da legalidade democrática, mas não obteve sucesso. Foi preso pelos militares e condenado a 17 anos de prisão.

Guerra civil: conflito armado que ocorre dentro do próprio país entre grupos políticos e sociais divergentes. Uma das partes, ou ambas, podem contar com apoio militar. Em geral, as guerras civis resultam na destruição das bases econômicas do país e toda a população sofre, em particular os trabalhadores e as parcelas mais pobres do povo.

Ana Maria da Costa Evangelista/Acervo da fotógrafa

Atualmente Clodesmidt Riani vive em Juiz de Fora, MG, onde guarda importante acervo documental sobre a história política brasileira da época. Fotografia de 2014.

PUXANDO PELA MEMÓRIA

Após o estudo do capítulo, você manteria sua resposta à pergunta da página 220?

Créditos das imagens de cima para baixo: Arquivo do jornal O Estado de S. Paulo/Agência Estado; Reprodução/O2 Filmes/Globo Filmes; Reprodução/Fundação da Bilbioteca Nacional, Rio de Janeiro, RJ; Arquivo do Jornal do Brasil/Folhapress; Fundação Getúlio Vargas/CPDOC; Reprodução/Correio Braziliense/D.A Press; Acervo Iconographia/Reminiscências; Marcel Gautherot/Acervo do Instituto Moreira Salles

Alberto Korda/Museu Che Guevara, Havana, Cuba.

ROTEIRO DE ESTUDOS

O QUE APRENDEMOS?

1 | Como foi a atuação do governo de Eurico Dutra na economia e suas relações com o movimento sindical?

2 | Na Presidência da República, Getúlio Vargas adotou medidas para desenvolver o país, mas enfrentou muitas dificuldades. Comente essa afirmação.

3 | Por que a crise política de agosto de 1954 é considerada um dos episódios mais dramáticos da história política brasileira no século XX?

4 | O governo Juscelino Kubitschek adotou uma política desenvolvimentista. Comente algumas realizações de seu Plano de Metas.

5 | Quais foram as principais realizações do breve governo de Jânio Quadros na economia e nas relações internacionais?

6 | A radicalização política prejudicou o governo do presidente João Goulart. Quais eram as forças políticas de esquerda e de direita em conflito nessa época?

7 | O que Leonel Brizola tem a ver com a posse de João Goulart na Presidência da República?

8 | Qual a relação entre o comício de 13 de março de 1964 na Central do Brasil e o golpe civil-militar que ocorreu no final daquele mês?

9 | Por que a frase seguinte é falsa?

Para evitar que os ministros militares dessem um golpe de Estado, o presidente Jânio Quadros convocou o Congresso Nacional para resistir à tentativa golpista.

10 | Por que a construção de Brasília foi importante para o desenvolvimento econômico do Brasil?

PESQUISA

Em 1940, o presidente Getúlio Vargas visitou a aldeia dos indígenas Karajá, localizada na ilha do Bananal. Foi o primeiro presidente da República a visitar uma aldeia indígena. Em 1943, os irmãos Villas Bôas sugeriram a formação de reservas para os grupos indígenas. Como vimos neste capítulo, em 1952, Vargas criou o Parque Nacional do Xingu; em 1961, no governo de Jânio Quadros, o Congresso Nacional aprovou o decreto de Vargas.

Reprodução/O2 Filmes/Globo Filmes

Capa do DVD do filme *Xingu*, de Cao Hamburger, 2012.

- Em conjunto com outros colegas, faça uma pesquisa sobre a criação do Parque Indígena do Xingu, seu nome atual. Assista ao filme *Xingu* (Brasil, direção de Cao Hamburger, 2012, 102 min.) e conheça o *site* da Fundação Nacional do Índio (Funai). Cada um dos grupos deverá preparar uma apresentação criativa. Em seguida, deve ser combinado com o professor um dia para que todos possam se apresentar.

IMAGENS CONTAM A HISTÓRIA

As imagens abaixo mostram duas manifestações políticas. A fotografia à esquerda é do comício de 13 de março de 1964, com a presença do presidente João Goulart. A imagem à direita é da chamada Marcha da Vitória, ocorrida no dia 2 de abril daquele ano, comemorando a vitória do golpe militar que destituiu Goulart da Presidência.

As duas imagens expressam o contexto de radicalização política da época entre esquerda e direita. Observe nas fotografias os lemas que aparecem nas faixas.

Acervo Iconographia/Reminiscências

Manifestação durante o Comício da Central do Brasil, Rio de Janeiro, RJ, em 13 de março de 1964.

Acervo Iconographia/Reminiscências

Marcha da Vitória, na cidade do Rio de Janeiro, RJ, em 2 de abril de 1964.

- Identifique o que os dizeres expressavam no processo de radicalização vivido pela sociedade brasileira naqueles dias e o significado deles.

O PASSADO PRESENTE

Em março de 2014, o golpe civil-militar que derrubou o presidente João Goulart fez 50 anos.

Ao longo daquele ano, ocorreram congressos em diversas universidades e instituições de pesquisa, livros foram publicados e historiadores avaliaram o golpe e suas repercussões nas páginas dos jornais.

Passado meio século, o golpe civil-militar foi bastante discutido, debatido e avaliado criticamente, o que demonstra que aquele acontecimento ainda incomoda a sociedade brasileira.

- Forme um grupo com três ou quatro colegas. Debata com eles a seguinte questão: por que o golpe civil-militar de 1964, ocorrido há mais de 50 anos, ainda recebe tanta atenção da sociedade brasileira?

Reprodução/Folhapress

Policiais da Força Pública organizam em fila os 920 estudantes presos durante congresso clandestino da União Nacional dos Estudantes (UNE), Ibiúna, São Paulo. Fotografia de 1968.

CAPÍTULO 14

BRASIL: A REPÚBLICA DOS GENERAIS

Nos dias 1º de abril e 31 de março de 1964, as Forças Armadas deram um golpe de Estado e derrubaram do poder o presidente João Goulart. Os militares contaram com o apoio da imprensa, das classes médias, de políticos, empresários, latifundiários, igrejas conservadoras, entre outros.

Em nome da democracia, os militares impuseram um regime autoritário, perseguindo opositores, prendendo sindicalistas, cassando mandatos parlamentares de opositores. Protestos contra o autoritarismo do governo militar não eram aceitos e a polícia, nas ruas, espancava os manifestantes.

Os estudantes realizavam passeatas, manifestações e comícios contra a ditadura.

A União Nacional dos Estudantes (UNE) tentou realizar um congresso clandestino em um sítio, na pequena cidade de Ibiúna, no estado de São Paulo, em 12 de outubro de 1968. A polícia chegou e prendeu todas as lideranças e cerca de mil jovens. Dois meses depois, em 13 de dezembro, os militares impuseram o Ato Institucional número 5, impedindo qualquer oposição.

PUXANDO PELA MEMÓRIA

Entre 1964 e 1985 a sociedade brasileira viveu sob a ditadura militar. Você poderia comentar algumas práticas das ditaduras?

Créditos das imagens de cima para baixo: Arquivo do jornal O Estado de S. Paulo/Agência Estado; Acervo do autor/Arquivo da editora; Evandro Teixeira/Tyba; Juca Martins/Olhar Imagem; Arquivo do jornal Folha de S.Paulo/Folhapress; Arquivo do jornal O Estado de S. Paulo/Agência Estado.

Angel mãe

Zuleika Angel Jones ficou conhecida no Rio de Janeiro nos anos 1950 como Zuzu Angel. Antes de se mudar para o Rio de Janeiro, viveu em Minas Gerais e na Bahia. Tornou-se uma costureira bastante criativa, sendo influenciada pelo folclore carioca, mineiro e baiano. Criou vestidos coloridos com imagens de papagaios e borboletas, além de acessórios com conchas e bambus.

Zuzu Angel ficou famosa no mundo da moda. Nos anos 1970, abriu uma loja em Ipanema, bairro sofisticado no Rio de Janeiro. Chegou a apresentar desfiles nos Estados Unidos. De seu relacionamento com um estadunidense nasceu o filho Stuart Angel Jones.

Na década de 1970, o Brasil era governado sob o autoritarismo da ditadura dos militares. O sucesso profissional era muito gratificante para Zuzu, que vivia feliz junto do filho. Os militares não a incomodavam, e ela não se importava muito com a ditadura.

Arquivo do jornal Folha de S.Paulo/Folhapress

Zuzu Angel em seu ateliê no bairro de Ipanema, no Rio de Janeiro, RJ, nos anos 1970.

Ditadura em primeiro movimento: ser ou não ser uma ditadura?

Os militares derrubaram João Goulart da presidência da República entre os dias 31 de março e 1º de abril de 1964. Contaram com amplo apoio dos empresários, setores das classes médias, meios de comunicação, de vários governadores de Estado e do governo dos Estados Unidos.

Um dos principais líderes dos militares golpistas foi o general Humberto de Alencar Castelo Branco, eleito pelo Congresso Nacional para terminar o mandato do presidente deposto, que se encerraria em 1966. No entanto, prorrogou seu mandato até março de 1967.

Os militares que apoiavam o general Castelo Branco e os parlamentares da União Democrática Nacional (UDN) e do Partido Social Democrático (PSD) entraram em um acordo e decidiram que haveria uma "operação limpeza", que consistia em punir políticos, sindicalistas, líderes estudantis e ativistas de esquerda, como os trabalhistas e os comunistas. Depois disso, ao final do mandato presidencial de Castelo Branco, o Brasil retornaria à normalidade democrática.

Ato Institucional: decreto que dava ao presidente da República poderes que não constavam na Constituição de 1946. O Ato Institucional foi o meio encontrado para dar alguma justificativa jurídica à repressão política do regime militar. O primeiro Ato Institucional não tinha número. Os militares acreditavam que bastaria um único Ato para punir os opositores. Quando resolveram emitir outros Atos, eles passaram a ser numerados.

Asilo político: concessão dada por um país a um cidadão de outro país que, entre outras situações, sofre perseguições políticas.

O Ato Institucional

O ministro do Exército, o general Arthur da Costa e Silva, liderava um grupo de militares chamados de "linha dura", que ansiava por mais punições. No dia 9 de abril, o governo militar editou um Ato Institucional, concedendo ao presidente da República poderes ditatoriais e diminuindo os poderes da Câmara de Deputados e do Senado.

Com o Ato Institucional, o presidente ampliou seu poder. Podia, por exemplo, impedir que qualquer cidadão exercesse seus direitos políticos por dez anos, punir deputados e senadores com a cassação do mandato e demitir quaisquer funcionários públicos civis e militares.

Nesse momento, a sociedade brasileira já vivia sob uma ditadura. Quem detinha o poder político não era mais o Congresso Nacional, mas as Forças Armadas – o Exército, a Marinha e a Aeronáutica.

Começam as violências

Com o Ato Institucional, as principais lideranças políticas, sindicais, estudantis e de esquerda do país foram punidas, enquanto outras pessoas eram presas sem acusação formal. Muitos eram espancados e torturados. Greves de trabalhadores foram proibidas. Para escapar das perseguições, muitos pediram asilo político em outros países.

O governo criou o Serviço Nacional de Informações (SNI). Agentes disfarçados se infiltravam nas universidades e repartições públicas, delatando quem fosse contra o governo. Peças de teatro foram censuradas e políticos, intelectuais e artistas enfrentaram Inquéritos Policiais Militares (IPMs) apenas porque defendiam a democracia.

O governo militar afirmava que havia dado o golpe para salvar a democracia, mas se mostrava cada vez mais autoritário e ditatorial.

A Polícia Militar reprimia duramente manifestações estudantis contra o governo militar, espancando e prendendo quem protestasse contra a ditadura. A violência contra a manifestação que vemos na imagem foi tão grande, que o episódio ficou conhecido como sexta-feira sangrenta. Fotografia de 21 de junho de 1968. Rio de Janeiro, RJ.

Evandro Teixeira/Tyba

Modificações no processo eleitoral

O regime militar impôs medidas antidemocráticas. Em 1965, emitiu o Ato Institucional nº 2, que acabava com os partidos políticos existentes. Permitiu a criação de apenas dois: a Aliança Renovadora Nacional (Arena), partido do governo, e o Movimento Democrático Brasileiro (MDB), partido da oposição.

O presidente não seria mais eleito pelo povo, e sim pelo Congresso Nacional. O AI-2 permitia também a Castelo Branco fechar o Congresso Nacional, punir parlamentares com a perda do mandato e intervir no Poder Judiciário.

Em 1966, com o Ato Institucional nº 3, as eleições para governadores de estado e para prefeitos das capitais não seriam mais diretas. O governador seria eleito pela Assembleia Legislativa do estado e os prefeitos seriam nomeados pelos governadores.

Castelo Branco enviou projeto de Constituição ao Congresso Nacional. Em janeiro de 1967, o Congresso promulgou a nova Constituição do país.

CÁ ENTRE NÓS

A partir do AI-2, a sociedade não elegeria o presidente da República, os governadores de estados e os prefeitos das capitais. Os parlamentares poderiam perder o mandato se criticassem o governo militar. O sistema político não mais representava a vontade do povo. A partir daí, cresceu o voto nulo e em branco.

A hora do arrocho

Quando ocorreu o golpe militar, a economia do país estava em estado de descontrole. A inflação, no ano de 1963, tinha sido de 78%. A resposta do governo prejudicou não só o conjunto dos trabalhadores, mas também muitos empresários. Para reduzir a inflação, o governo praticou o "arrocho" salarial. Os salários valiam cada vez menos.

Desemprego, falência de empresas, redução do poder de compra dos trabalhadores, repressão política. A ditadura militar começou a se tornar impopular.

Ao final do governo de Castelo Branco, o general Costa e Silva se impôs como candidato oficial à sucessão presidencial. Liderando a "linha dura" militar e civil, foi eleito pelo Congresso Nacional em março de 1967.

Oposição no governo Costa e Silva

Em fins de 1966, surgiu uma oposição ao governo militar: a união dos líderes dos partidos políticos extintos pela ditadura. Carlos Lacerda, da UDN, Juscelino Kubitschek, do PSD, e João Goulart, do PTB, formaram a Frente Ampla.

Na sociedade brasileira, muitos ainda apoiavam o regime militar, mas muitos outros eram contra. A maioria dos artistas, em especial cantores e atores de teatro, criticava a ditadura com suas músicas e peças teatrais. Intelectuais e escritores também faziam oposição.

Tornaram-se comuns conflitos entre estudantes e a Polícia Militar.

No dia 28 de março de 1968, a Polícia Militar matou um estudante: Edson Luís de Lima Souto, de apenas 18 anos, gerando mais protestos.

Fernando Pimentel/O Cruzeiro/EM/D.A Press

No dia 29 de março de 1968, cerca de 60 mil pessoas acompanharam o cortejo fúnebre do estudante Edson Luís, protestando contra a violência da ditadura militar. Rio de Janeiro, RJ.

Os estudantes, junto com artistas e intelectuais, realizavam passeatas, apesar de a Polícia Militar reprimi-las com violência. A mais conhecida foi a "Passeata dos 100 mil", no Rio de Janeiro, em junho de 1968.

CÁ ENTRE NÓS

A ditadura militar perseguiu o movimento negro e desarticulou suas lutas. Para os militares, não havia racismo no Brasil. Logo, as lideranças negras estariam "criando tumulto" na sociedade. Perseguidos e isolados, os integrantes do movimento negro encontraram formas de luta na arte e na cultura. Em São Paulo surgiu o Centro de Cultura e Arte Negra e no Rio de Janeiro o movimento Black Rio, de música *Soul*. Somente em fins dos anos 1970 o movimento negro pôde voltar a atuar politicamente.

A. Ferreira/Agência Jornal do Brasil

Em 26 de junho de 1968, milhares de pessoas promoveram ato de protesto contra a ditadura no evento que ficou conhecido como "Passeata dos 100 mil". Estudantes, trabalhadores, artistas, jornalistas e intelectuais caminharam pela avenida Rio Branco, no Rio de Janeiro, RJ, exigindo o fim da repressão policial e da ditadura militar.

O aumento da repressão

O governo do marechal Costa e Silva derrotou as duas oposições: a da Frente Ampla e a dos estudantes. Em 1968, declarou a Frente Ampla ilegal. Depois, prendeu centenas de estudantes que participavam de um congresso no município de Ibiúna, interior de São Paulo.

Após derrotar seus opositores, o marechal presidente Costa e Silva impôs ao país, no mesmo ano, o Ato Institucional nº 5, também conhecido como AI-5. O presidente podia fechar o Congresso Nacional, e o direito ao *habeas corpus* foi suspenso para crimes considerados políticos. Assim, ninguém podia ser libertado até o final do julgamento.

O AI-5 proibiu o direito de as pessoas expressarem livremente sua opinião. Jornais, revistas, rádios e canais de televisão ficaram sob severa censura. Com o AI-5, o regime deixou de ser uma ditadura disfarçada e assumiu abertamente que se tratava de um regime autoritário.

Habeas corpus: é expressão em latim cuja tradução literal é "que tenhas o corpo". É instrumento constitucional que garante a liberdade ao cidadão durante o andamento de um processo e seu julgamento.

OUTRAS HISTÓRIAS ARTES

Movimentos musicais

A primeira fase da ditadura, entre a vitória do golpe militar em abril de 1964 e a imposição do AI-5, em dezembro de 1968, foi um período de grande produção e inovação artística no Brasil. Canais de televisão promoviam festivais de música, que revelaram nomes que depois ficaram consagrados na música brasileira, como Chico Buarque de Hollanda, Elis Regina, Caetano Veloso, Gilberto Gil e Geraldo Vandré. Muitas canções continham mensagens com protestos políticos e sociais.

Também nessa época surgiu a Tropicália, que propôs juntar a música brasileira com o movimento de contracultura e o *rock* internacional. Os nomes mais conhecidos do tropicalismo eram os de Caetano Veloso e Gilberto Gil.

Arquivo do jornal O Estado de S. Paulo/Agência Estado

Marília Medalha e Edu Lobo se apresentam no 3º Festival de Música Popular Brasileira, no Teatro Record, em São Paulo, SP. Eles apresentaram a música "Ponteio", de Edu Lobo e Capinam, e conquistaram o primeiro lugar. Fotografia de 1967.

- Uma das canções de protesto mais conhecidas é "Apesar de você", de Chico Buarque de Hollanda, lançada em 1970. Considerando que a canção tinha como objetivo denunciar a situação política do país, pesquise sua letra na internet e explique o significado do pronome **você** na canção.

Ditadura em segundo movimento: segurança e desenvolvimento

Em 1969, o marechal-presidente Costa e Silva adoeceu e faleceu. Os generais do Exército indicaram para a presidência do Brasil outro representante da "linha dura", o general Emílio Garrastazu Médici.

Havia nos mercados financeiros internacionais muito dinheiro disponível para empréstimos a juros baixos. Desde 1968, os economistas do governo militar usaram esse dinheiro para realizar grandes investimentos no país. Começava o que, mais tarde, seria conhecido como "milagre econômico brasileiro".

FIQUE DE OLHO

Uma noite em 67 (Brasil). Direção de Ricardo Calil e Renato Terra, 2010. 93 min.

Documentário sobre o III Festival da Música Popular Brasileira, da TV Record, de 1967. O filme reconstitui, com imagens de arquivo, o ambiente musical da época, com apresentações de Chico Buarque de Hollanda, Caetano Veloso, Gilberto Gil, Edu Lobo, Sérgio Ricardo e Mutantes.

O "milagre econômico"

A ditadura investiu fortemente em várias áreas da economia. No setor de telecomunicações, modernizou a telefonia interurbana e internacional, bem como a televisão via satélite.

Na área de energia, construiu várias hidrelétricas e a usina nuclear de Angra dos Reis. Outra obra de grande porte foi a ponte Rio-Niterói. Muitas estradas foram abertas, sendo a maior delas a Transamazônica.

Grandes proprietários de terras receberam financiamentos para plantar e exportar soja, laranja, milho e outros produtos consumidos nos Estados Unidos e na Europa.

O governo militar criou várias empresas estatais e apoiou empresários brasileiros. Também facilitou a entrada no país de empresas estrangeiras, principalmente as que produziam bens de consumo, como automóveis e eletrodomésticos. Para facilitar o consumo da população, foi criado o sistema de compras por crédito.

O período de 1968 a 1973 foi o auge da ditadura militar. A economia cresceu nessa época. Os empresários tinham lucros em seus negócios, as classes médias compravam apartamentos e automóveis, seus filhos estudavam em universidades federais e havia empregos disponíveis para os trabalhadores.

Os militares tinham planos de ocupar a Amazônia para explorar economicamente a região. A estrada Transamazônica, ainda em construção na imagem, tinha esse objetivo. Fotografia de c. 1974.

Arquivo do jornal O Estado de S. Paulo/Agência Estado

O outro lado

Aproveitando a conjuntura favorável, o governo militar realizou vasta propaganda política. Nas estações de rádio, canais de televisão, jornais e revistas apareciam mensagens elogiosas ao governo.

Nesse período, contudo, milhões de pessoas empobreceram. Nas periferias das grandes cidades, começaram a surgir favelas e loteamentos clandestinos onde viviam trabalhadores em situação de grande miséria.

Pequenos proprietários rurais perderam suas terras e foram obrigados a trabalhar nas grandes fazendas, cuja produção era voltada para a exportação. Surgiu a figura miserável do boia-fria.

Outro aspecto negativo da ditadura militar foi a degradação da escola e da saúde públicas. Até aquele momento, as escolas e os hospitais públicos eram conhecidos pelo alto padrão de qualidade. Contudo, o governo passou a privilegiar as escolas e os planos de saúde privados.

Boia-fria: trabalhador rural temporário nas grandes fazendas, empregado na época da semeadura e da colheita. A expressão surgiu porque a comida que levavam para o trabalho, chamada de boia, estava fria na hora do almoço. Atualmente, eles são chamados de trabalhadores rurais.

O aspecto mais negativo do milagre econômico foi a concentração de riqueza do país. Os ricos ficaram mais ricos, enquanto os pobres empobreceram mais ainda. Começavam a aparecer crianças vendendo mercadorias nos cruzamentos das ruas. O Brasil tornou-se a 8ª maior economia do mundo, mas o povo estava empobrecido.

CÁ ENTRE NÓS

Na Copa do Mundo de Futebol de 1970, no México, o Brasil venceu o campeonato, tornando-se tricampeão e ganhando a Taça Jules Rimet. Pelé, Tostão, Rivelino, Gérson e muitos outros craques fizeram uma campanha que empolgou o povo brasileiro. A ditadura tentou tirar proveito do título da seleção brasileira de futebol, apresentando a Copa do Mundo como se fosse uma conquista do regime militar.

Arquivo do jornal O Estado de S. Paulo/Agência Estado

Em dezembro de 1970, mulher lava roupa em frente de sua moradia, um barraco construído na periferia da cidade de São Paulo, SP.

A esquerda armada

Surgiu uma oposição cujo objetivo era atacar a ditadura recorrendo à luta armada. Eram organizações de esquerda, que pretendiam implantar o regime socialista no Brasil. A mais conhecida foi a Ação Libertadora Nacional (ALN), liderada por Carlos Marighella. Mas havia outras. Para conseguir recursos que financiassem suas atividades, os guerrilheiros começaram a assaltar bancos.

Fotografia de Stuart Angel, c. 1967.

Enquanto isso, a vida seguia tranquila para Zuzu Angel. Sua grife tornou-se conhecida internacionalmente e sua loja em Ipanema fazia grande sucesso. O que ela não sabia era que seu filho, Stuart Angel, estudante de Economia, tinha aderido à luta armada. Ele integrava o Movimento Revolucionário Oito de Outubro, o MR-8. Em 1971, aos 25 anos de idade, Stuart foi preso pelos militares. A mãe, desesperada, soube de sua prisão, mas não sabia onde o filho estava.

Anos de chumbo

Os militantes de esquerda acreditavam que a luta armada teria sucesso e que o povo iria aderir à luta, mas isso não aconteceu. Sem apoio popular, eles não tinham como enfrentar as Forças Armadas.

A ditadura militar criou um sistema repressivo brutal para perseguir os grupos de esquerda armada. Quando prendiam um guerrilheiro, os agentes da repressão o torturavam barbaramente, forçando-o a delatar seus colegas. Muitos guerrilheiros presos, depois de torturados, eram condenados por tribunais militares a longas penas de prisão. Outros eram assassinados.

Uma mãe contra a ditadura

Segundo o relato de um colega de cela, Stuart Jones foi torturado e amarrado com a boca em um cano de descarga de um jipe. Arrastado pelo pátio da Base Aérea do Galeão, ele morreu sufocado e esfolado.

Zuzu Angel ficou desesperada com o sumiço do filho. Nesse momento ela percebeu o que era a ditadura militar. Percorreu corajosamente quartéis militares perguntando pelo filho, mas os comandantes nada diziam.

Revoltada, Zuzu enfrentou a ditadura militar. Criou vestidos com estampas de protesto político, com manchas de sangue, pássaros presos em gaiolas ou um anjo ferido. Denunciou a morte do filho a artistas de cinema de Hollywood e chegou mesmo a entregar um dossiê com denúncias de tortura no Brasil ao Secretário de Estado dos Estados Unidos.

Algumas organizações guerrilheiras resolveram sequestrar diplomatas estrangeiros no Brasil. O objetivo era trocar o diplomata sequestrado pelos companheiros detidos. Presos políticos foram libertados das prisões da ditadura e banidos do Brasil.

Os grupos revolucionários de esquerda armada não tiveram apoio da sociedade e ainda enfrentaram a violência de militares e policiais. Os guerrilheiros foram derrotados e a luta armada de esquerda acabou em 1973.

FIQUE DE OLHO

O que é isso, companheiro? (Brasil). Direção de Bruno Barreto, 1997. 110 min.

O filme reconstitui o sequestro do embaixador dos Estados Unidos no Brasil, Charles Burke Elbrick, por um grupo de guerrilheiros. O objetivo deles era libertar companheiros presos pela ditadura.

Ditadura em terceiro movimento: a abertura

Em 1974, os comandantes do Exército concordaram que o próximo presidente seria o general Ernesto Geisel. Geisel assumiu a Presidência com o compromisso de realizar uma "abertura lenta, gradual e segura". Não se tratava da redemocratização plena do Brasil, e sim da criação de um regime menos repressivo, aceito pela população e sob o controle dos militares.

Crise econômica

Ernesto Geisel começou seu governo com planos grandiosos de crescimento econômico, mas naquele momento o Brasil foi atingido diretamente pela crise do petróleo. O país importava 80% do petróleo que consumia. Em 1973, os países produtores de petróleo haviam aumentado o preço do barril em 70%. Depois, aumentaram ainda mais os preços.

Como resultado da crise econômica internacional, provocada pelo aumento dos preços do petróleo, os bancos estrangeiros elevaram os juros, o que fez a dívida externa do Brasil subir rapidamente. A inflação também aumentou. A partir daí, o país viveu grave crise econômica.

O ESTADO DE S. PAULO

Crise do petróleo altera aspecto das cidades

Os automóveis belgas também estão parando

EUA, da era do desperdício ao futuro da quase escassez

Londres, à meia-luz

Na Alemanha, a preocupação é o custo de vida

Arquivo do jornal O Estado de S. Paulo/Agência Estado

Primeira página do jornal *O Estado de S. Paulo* com manchete sobre a crise do petróleo, 17 de novembro de 1973.

FIQUE DE OLHO

O ano em que meus pais saíram de férias (Brasil). Direção de Cao Hamburger, 2006. 110 min.

O filme mostra um menino de 11 anos, que gosta muito de futebol e é filho de um casal de guerrilheiros. Junto com a vizinhança do bairro, o menino acompanha a seleção brasileira de futebol na Copa de 1970, esperando a volta dos pais.

O SEU LUGAR NA HISTÓRIA

A ditadura militar prejudicou a vida de muitas pessoas. Milhares de homens e mulheres foram injustamente perseguidos e muitos deles sofreram violências físicas e psicológicas. Converse com seus familiares e familiares de seus amigos. Converse também com seus professores. Procure saber o que ocorreu na sua cidade durante o período da ditadura.

A HISTÓRIA NÃO ESTÁ SOZINHA

Matemática

Na Matemática, é comum o uso de tabelas. Para o historiador, as tabelas podem ajudar a compreender fenômenos ao longo de vários anos. É o caso da tabela abaixo.

Observe, entre 1961 e 1978, a evolução, na economia brasileira, do Produto Interno Bruto, da inflação e da dívida externa, considerando a conjuntura política de cada época.

Evolução da economia brasileira (1961-1978)

Governos	Ano	Crescimento do PIB	Inflação	Dívida externa (bilhões de dólares)
João Goulart	1961	9	35	3,8
	1962	7	50	4,0
	1963	1	78	4,0
Castelo Branco	1964	3	90	3,9
	1965	2	58	4,8
	1966	7	38	5,3
Costa e Silva e Médici	1967	4	27	3,3
	1968	10	27	3,8
	1969	10	20	4,4
	1970	10	16	5,3
	1971	11	20	6,6
	1972	12	20	9,5
	1973	14	23	12,6
Geisel	1974	8	35	17,2
	1975	5	34	21,2
	1976	10	48	26,0
	1977	5	46	32,0
	1978	5	39	43,5

(O general Geisel governou o país de 15 de março de 1974 a 15 de março de 1979).
Fontes: ATLAS histórico do Brasil. Rio de Janeiro: FGV/CPDOC, 2016. Disponível em: <https://atlas.fgv.br>;
IBGE: séries históricas e estatísticas. Disponível em: <https://seriesestatisticas.ibge.gov.br>. Acesso em: 15 nov. 2018.

- **Analise as quatro conjunturas econômicas vividas pelo país considerando o crescimento do Produto Interno Bruto (PIB), da inflação (aumento dos preços) e da dívida externa.**

Diminuição do apoio político

A ditadura com Ernesto Geisel enfrentou muitas dificuldades. O governo dos Estados Unidos deixou de apoiar os regimes ditatoriais na América Latina. Em 1974, o MDB foi vitorioso nas eleições para deputados e senadores. O presidente do MDB, deputado Ulysses Guimarães, liderou a luta contra a ditadura.

Os militares da "linha dura" continuaram assassinando pessoas inocentes. Em 1975, na cidade de São Paulo, foi morto o jornalista Wladimir Herzog.

No ano seguinte, Zuzu Angel sofreu grave acidente com seu carro, que resultou na sua morte. Embora sem provas, é provável que ela tenha sido vítima de um atentado. Zuzu Angel estava incomodando os militares com seus protestos.

FIQUE DE OLHO

Zuzu Angel (Brasil). Direção de Sergio Resende, 2006. 108 min.

Durante a ditadura militar, uma famosa estilista de moda, Zuzu Angel, descobre que seu filho, Stuart Angel, foi preso por militares, barbaramente torturado e morto. Ela passa a acusar a ditadura de prática de tortura.

Arquivo do jornal O Estado de S. Paulo/Agência Estado

O deputado Ulysses Guimarães assumiu a liderança na oposição à ditadura militar, Brasília, DF. Fotografia de 1976.

Oposição e repressão

Depois da morte de Wladimir Herzog, diversas organizações da sociedade civil se declararam em oposição à ditadura, como a Conferência Nacional dos Bispos do Brasil (CNBB), a Ordem dos Advogados do Brasil (OAB) e a Associação Brasileira de Imprensa (ABI). Começou, também, ampla campanha pela anistia a todos os punidos pela ditadura, como os presos políticos e os exilados.

Em 1977, os estudantes voltaram às ruas para protestar contra a ditadura e, no ano seguinte, sindicatos de trabalhadores da região metropolitana de São Paulo entraram em greve. Donas de casa também protestaram contra a alta dos preços. O regime militar respondia com repressão policial.

Anistia: palavra de origem grega que significa "esquecimento". Em determinadas situações, o Poder Legislativo declara nulas as punições para delitos cometidos por cidadãos. Há vários tipos de anistia, sendo a mais conhecida a que revoga punições para crimes considerados políticos.

DOCUMENTO

Trecho da Carta aos Brasileiros

No dia 8 de agosto de 1977, o jurista Goffredo da Silva Telles Jr. leu a Carta aos Brasileiros. Ela foi assinada por diversas pessoas, incluindo juristas e professores universitários. A Carta foi lida na Faculdade de Direito da Universidade de São Paulo e teve grande repercussão política.

Chamamos de Ditadura o regime em que o Governo está separado da Sociedade Civil. Ditadura é o regime em que a Sociedade Civil não elege seus governantes e não participa do Governo. Ditadura é o regime em que o Governo governa sem o Povo. Ditadura é o regime em que o Poder não vem do Povo. Ditadura é o regime que castiga seus adversários e proíbe a contestação das razões em que ela se procura fundar. Ditadura é o regime que governa para nós, mas sem nós. Como cultores da Ciência do Direito e do Estado, nós nos recusamos, de uma vez por todas, a aceitar a falsificação dos conceitos. Para nós a Ditadura se chama Ditadura, e a Democracia se chama Democracia. Sustentamos que um Estado será tanto mais evoluído quanto mais a ordem reinante consagre e garanta o direito dos cidadãos [...]; o direito de escolher em pleitos democráticos seus governantes e legisladores, o direito de ser eleito governante ou legislador [...]; o direito à liberdade justa, que é o direito de fazer ou de não fazer o que a lei não proíbe; o direito à igualdade perante a lei, que é o direito de cada um de receber o que a cada um pertence; o direito à intimidade e à inviolabilidade do domicílio; o direito a propriedade e o de conservá-la; o direito de organizar livremente sindicatos de trabalhadores, para que estes possam lutar em defesa de seus interesses; [...] o direito de imediata e ampla defesa dos que forem acusados de ter praticado ato ilícito; [...] o direito de nunca ser submetido a tortura, nem a tratamento desumano ou degradante; [...] o direito de ter uma imprensa livre; o direito de fruir das obras de arte e cultura, sem cortes ou restrições; o direito de exprimir o pensamento [...]; o direito de resposta; o direito de reunião e associação.

Carta aos brasileiros. *Folha de S.Paulo*. São Paulo, 9 ago. 1977.

- Ao ler a "Carta aos Brasileiros", o professor Goffredo expõe dois regimes opostos: a ditadura e a democracia. Justifique essa afirmação, apresentando definições e, também, exemplos de direitos num regime democrático.

Esperança e frustração

Ao final de seu mandato, Geisel revogou o AI-5. Indicou como seu sucessor o general João Baptista Figueiredo, que assumiu em 1979. Nesse momento, o Brasil vivia uma grave crise econômica: queda da atividade industrial, desemprego e descontrole dos preços. A inflação aumentava a cada ano. A insatisfação social com o governo militar era muito grande.

Enquanto isso, o MDB crescia a cada eleição e aumentava a luta pela anistia política, fortalecida por grandes mobilizações populares. Muitas esposas e mães de presos políticos exigiam sua libertação. Em 1979, o general Figueiredo obteve do Congresso Nacional uma anistia limitada. Mesmo assim, os prisioneiros políticos foram libertos e os exilados puderam retornar ao país.

Partidos políticos e anistia

Novos partidos políticos surgiram, entre eles o PT (Partido dos Trabalhadores), liderado por Luiz Inácio da Silva, o Lula, e o PDT (Partido Democrático Trabalhista), de Leonel Brizola. O MDB transformou-se em PMDB (Partido do Movimento Democrático Brasileiro). A Arena mudou de nome, tornando-se o PDS (Partido Democrático Social).

A anistia proposta pelo governo e aprovada pelo Congresso Nacional em 1979 beneficiou a maioria dos presos políticos, mas beneficiou também os torturadores. Foi "recíproca". Até hoje essa questão é debatida e motivo de muitas polêmicas. Os críticos dessa anistia argumentam que torturadores não podem ser anistiados, pois a tortura é considerada "crime contra a humanidade". Para os defensores da ditadura, o melhor é "esquecer o passado", anistiando também aqueles que praticaram a tortura.

Juca Martins/Olhar Imagem

Passeata pelas ruas da cidade de São Paulo, SP, em 1979, exigia que a anistia fosse ampla, geral e irrestrita.

OUTRAS HISTÓRIAS EPISÓDIOS

Atentado no Riocentro

A "linha dura" militar estava insatisfeita. Muitos militares queriam a continuação da ditadura. Eles passaram a pôr bombas em bancas de jornais e a enviar cartas-bombas pelos correios, matando e ferindo pessoas inocentes. Eles estavam praticando atos de terrorismo.

Um dos episódios mais graves durante a ditadura militar ocorreu na noite de 30 de abril de 1981. No pavilhão do Riocentro, no Rio de Janeiro, milhares de jovens assistiam a um *show*. Agentes da "linha dura" do governo militar planejaram desativar a energia elétrica e, em plena escuridão, pôr uma bomba no meio da multidão.

Trancados no pavilhão e sem luz, os agentes esperavam que milhares de jovens morressem. No entanto, enquanto os dois agentes preparavam a bomba dentro do carro, ela acidentalmente explodiu. O sargento Guilherme Pereira do Rosário morreu na hora, enquanto o tenente Wilson Machado ficou gravemente ferido. Ninguém foi punido.

Ricardo Chaves/Arquivo da editora

Carro utilizado no atentado do Riocentro, em abril de 1981. A bomba que estava sendo montada pelo sargento Guilherme Pereira do Rosário explodiu em seu colo. Se esse plano terrorista militar tivesse dado certo, muitos jovens poderiam ter morrido.

- Como você interpreta o fato de ninguém ter sido punido nesse acontecimento?

Foi nesse contexto que surgiu a campanha das Diretas Já, em 1983. Tratava-se de proposta apresentada ao Congresso Nacional para que a eleição para presidente da República voltasse a ser direta, ou seja, que o povo elegesse o presidente.

Imensos comícios foram realizados nas capitais dos estados, mas o Congresso Nacional recusou a proposta. O sentimento de frustração tomou a sociedade brasileira.

Pela porta dos fundos: o fim da ditadura

O presidente da República seguinte seria eleito pelo Colégio Eleitoral, formado por senadores e deputados. A ditadura militar não tinha mais como continuar. Líderes políticos do MDB decidiram concorrer no próprio Colégio Eleitoral. Tancredo Neves foi o candidato da oposição. José Sarney, que até então presidia o partido que apoiava a ditadura, rompeu com o governo militar e tornou-se candidato a vice-presidente de Tancredo Neves.

As Forças Armadas estavam muito malvistas na sociedade. No dia 15 de janeiro de 1985, o Colégio Eleitoral elegeu Tancredo Neves, mas quem assumiu foi o candidato a vice-presidente José Sarney. Tancredo Neves estava gravemente doente, falecendo no dia 21 de abril. A ditadura militar acabou naquele dia. Começava a Nova República.

Fundação Getúlio Vargas/CPDOC

Cartaz de propaganda eleitoral de Tancredo Neves à presidência da República. O *slogan* "Muda Brasil" expressava a vontade da sociedade por mudanças.

Cynthia Brito/Olhar Imagem

Manifestação de mulheres em frente ao Congresso Nacional por eleições diretas para presidente da República, Brasília, DF. Fotografia de 1984.

PUXANDO PELA MEMÓRIA

Após o estudo do capítulo, você manteria sua resposta à pergunta da página 240?

Créditos das imagens de cima para baixo: Arquivo do jornal O Estado de S. Paulo/Agência Estado; Acervo do autor/Arquivo da editora; Evandro Teixeira/Tyba; Juca Martins/Olhar Imagem; Arquivo do jornal Folha de S.Paulo/Folhapress; Arquivo do jornal O Estado de S. Paulo/Agência Estado; Arquivo do jornal O Estado de S. Paulo/Agência Estado

ROTEIRO DE ESTUDOS

O QUE APRENDEMOS?

1 | Por meio de Atos Institucionais, os governos Castelo Branco e Costa e Silva estabeleceram a ditadura no Brasil. Quais foram as principais medidas impostas por eles para acabar com a democracia no país?

2 | Indique os aspectos positivos e negativos do "milagre econômico brasileiro".

3 | Por que muitos jovens aderiram à luta armada contra a ditadura e como foram derrotados?

4 | Quais foram os principais problemas enfrentados por Ernesto Geisel?

5 | O que foi a campanha das Diretas Já?

6 | Como a "linha dura" militar reagiu diante da crise da ditadura e do avanço das oposições?

7 | O que o deputado federal Ulysses Guimarães tem a ver com a ditadura militar?

8 | A anistia política de 1979 até hoje é debatida e questionada por diversas organizações democráticas. O que de mais importante é criticado na lei da anistia?

9 | Por que a seguinte frase é falsa?

Com a imposição do Ato Institucional nº 5 teve início a fase de democratização do Brasil.

10 | Por que a região amazônica foi importante para os planos econômicos da ditadura militar?

PESQUISA

Forme um grupo com quatro ou cinco colegas. A seguir, acessem dois *sites*. O primeiro é o Memórias da Ditadura, disponível no endereço: <http://memoriasdaditadura.org.br/> (acesso em: 16 jun. 2018). O segundo é o Memórias Reveladas, que pode ser acessado no endereço: <www.memoriasreveladas.gov.br> (acesso em: 16 jun. 2018). Nesses dois *sites*, vocês terão acesso a textos que versam sobre diferentes temas a respeito da ditadura: arte e cultura, repressão política a trabalhadores e movimentos sociais, mortos e desaparecidos, etc. Escolham um tema e façam um trabalho sob a orientação do professor.

Juca Martins/Olhar Imagem

Manifestação do Movimento contra a Carestia é vigiada pela Polícia Militar, na praça da Sé, em São Paulo, SP, em agosto de 1979.

Alberto Korda/Museu Che Guevara, Havana, Cuba.

IMAGENS CONTAM A HISTÓRIA

Na época do "milagre econômico brasileiro", a ditadura militar produziu propaganda política elogiosa ao governo. A propaganda política estava nas estações de rádio, emissoras de televisão e jornais. Era comum, também, a distribuição de adesivos para colar nos vidros dos automóveis.

Algumas mensagens produzidas pela propaganda oficial afirmavam: "Esse é um país que vai pra frente", "Brasil: ame-o ou deixe-o", "Pra frente Brasil", "Ninguém mais segura esse país". Na propaganda política dos militares, amar o seu país ou ser patriota era o mesmo que apoiar o governo militar.

Acervo do autor/Arquivo da editora

Reprodução/Arquivo da editora

Acima e ao lado, cartazes produzidos pelo governo durante a ditadura. Algumas revistas que apoiavam o regime também valorizavam as conquistas do povo brasileiro, como a Copa do Mundo de Futebol.

- Como você criticaria essas mensagens contidas na propaganda política da ditadura?

O PASSADO PRESENTE

No dia 10 de dezembro de 2014, a Comissão Nacional da Verdade (CNV) entregou o relatório final de suas atividades à presidente Dilma Rousseff. Após dois anos e sete meses de trabalho sistemático, a CNV produziu relatório de mais de 4 mil páginas.

No relatório, os presidentes do regime militar são acusados de responsabilidade pelas torturas. São apontados 377 agentes que atuaram diretamente na repressão, na tortura e na morte de guerrilheiros. O relatório revelou que foram 434 pessoas mortas e desaparecidas com a repressão.

A CNV também denunciou os métodos de tortura e as perseguições a religiosos, indígenas, *gays* e aos próprios militares. Entre outras recomendações, propôs a revisão da Lei da Anistia, que beneficiou agentes da repressão e torturados. Segundo o relatório, a tortura, as execuções e a ocultação de cadáveres são crimes contra a humanidade e não podem receber anistia.

Existem aqueles que são contra a revisão da Lei da Anistia. Alegam que os agentes da repressão combatiam guerrilheiros que assaltaram bancos, sequestraram embaixadores e mataram militares.

Os guerrilheiros afirmam, no entanto, que sofreram punições: foram torturados e ficaram anos na prisão. Lembram que outros foram mortos. Argumentam, também, que os policiais e militares eram funcionários públicos e que poderiam agir de acordo com a lei e não de maneira cruel e desumana.

- Forme um grupo com os colegas de turma e debatam a questão: a Lei da Anistia deve ser mantida como está ou deve ser revisada, permitindo a punição dos torturadores?

Michael Nagle/Getty Images/AFP

Créditos das imagens de baixo para cima: Patrick Hertzog/Agência France-Presse; Goran Tomasevic/Reuters/Fotoarena; Juca Martins/Olhar Imagem.

VAMOS ESTUDAR

- JOSÉ SARNEY, A TRANSIÇÃO DEMOCRÁTICA E O PLANO CRUZADO
- FERNANDO COLLOR DE MELLO E A CRISE POLÍTICA
- ITAMAR FRANCO E O PLANO REAL
- FERNANDO HENRIQUE CARDOSO E AS POLÍTICAS NEOLIBERAIS
- OS GOVERNOS LULA E DILMA: DESENVOLVIMENTO E DIREITOS SOCIAIS
- A CRISE DOS ANOS 1970 E A REVOLUÇÃO TÉCNICO-CIENTÍFICA
- A ERA DO NEOLIBERALISMO
- A SEGUNDA GUERRA FRIA
- A DESAGREGAÇÃO DO BLOCO SOVIÉTICO
- A NOVA ORDEM MUNDIAL E A GLOBALIZAÇÃO
- 2001: ATAQUE A NOVA YORK
- GUERRA NO AFEGANISTÃO E NO IRAQUE
- A CRISE ECONÔMICA DE 2007
- A REVOLTA ÁRABE

Em setembro de 2011, no centro financeiro de Nova York, Estados Unidos, começaram protestos contra o modelo neoliberal que gerou grave crise econômica. O movimento *Occupy Wall Street* (Ocupe Wall Street) teve início com esses protestos.

5

UNIDADE

PASSAGEM DE SÉCULO: CRISES E MUDANÇAS GLOBAIS

A partir de 1985, com o fim da ditadura militar, os brasileiros voltaram a conviver em um regime democrático. Contudo, a crise econômica e as injustiças sociais permaneceram.

Nas últimas décadas do século XX, os regimes comunistas deixaram de existir e o neoliberalismo e a globalização geraram a Nova Ordem Mundial.

Os Estados Unidos invadiram países árabes e, em 2007, o capitalismo conheceu uma das mais graves crises de sua história.

O povo foi para as ruas. Estados Unidos, Espanha, Brasil e muitos países árabes tornaram-se palco de grandes manifestações.

Jovens se pintam com as cores da bandeira brasileira durante manifestação pedindo a saída do presidente Fernando Collor de Mello, na cidade de São Paulo, SP. Fotografia de 1992.

CAPÍTULO 15

O BRASIL RECENTE ENTRE CONQUISTAS E DESILUSÕES

PUXANDO PELA MEMÓRIA

Em 1992, milhares de jovens protestaram contra a corrupção, exigindo que o presidente da República deixasse o poder. O movimento de protesto recebeu um nome bastante conhecido. Você saberia dizer que movimento foi esse?

Em 1985, após 21 anos vivendo sob uma ditadura militar, a sociedade brasileira retornou à vida democrática. A concentração de renda fazia do Brasil um dos países mais injustos do mundo. Os mais pobres sofriam ainda com o aumento acelerado dos preços das mercadorias, resultado do descontrole da economia.

Desde então, o Brasil conheceu muitos avanços, sobretudo nas áreas da economia e dos direitos sociais, mas ainda convive com graves problemas, como a violência e a corrupção.

Nesta segunda década do século XXI, os brasileiros ainda procuram soluções para os problemas do país, participando de sua vida política.

O regime democrático permite o livre debate e a convivência com diferentes opiniões.

A consolidação da democracia no Brasil é o caminho para a construção de um país melhor.

Créditos das imagens de cima para baixo: Rodrigo Lobo/JC Imagem/Agência Estado; Jorge Cardoso/Correio Braziliense/D.A. Press; Reuters/Fotoarena; Juca Martins/Olhar Imagem; Renato dos Anjos/Agência Estado; Rogerio Carneiro/Folhapress.

Chico Mendes

Reuters/Fotoarena

Chico Mendes em frente ao Sindicato dos Trabalhadores Rurais de Xapuri, no Acre. Fotografia de 1988.

Francisco Alves Mendes Filho, conhecido como Chico Mendes, nasceu no município de Xapuri, no Acre, em 1944. Ainda criança, aprendeu o ofício de seringueiro com o pai e, aos 9 anos, já trabalhava na floresta. Como os proprietários dos seringais não permitiam a existência de escolas em suas terras, Chico Mendes aprendeu a ler somente aos 20 anos de idade.

Chico Mendes começou a enfrentar problemas durante a ditadura militar. Grandes proprietários dos seringais exploravam os trabalhadores e desmatavam a floresta. Além de cometer crime ambiental, deixavam milhares de habitantes da floresta sem emprego.

Em 1975, Chico Mendes participou da luta sindical. Junto a outros seringueiros, impediu o desmatamento, realizando os chamados "empates": os seringueiros usavam seus próprios corpos para defender as árvores. Pretendiam impedir a continuidade do desmatamento da floresta.

Perseguições e ameaças

Em 1979, Chico Mendes reuniu sindicalistas, religiosos e trabalhadores rurais para discutir os conflitos com os grandes fazendeiros. Foi preso pelos militares e recebeu ameaças de morte dos proprietários de seringais, fazendeiros de gado e madeireiros.

Mesmo com as perseguições, Chico Mendes continuou sua luta pela preservação da Floresta Amazônica. Em 1982, assumiu a Presidência do Sindicato dos Trabalhadores Rurais de Xapuri. As ameaças de morte continuaram.

FIQUE DE OLHO

Instituto Chico Mendes de Conservação da Biodiversidade

Disponível em: <www.icmbio.gov.br/portal/>. Acesso em: 17 jun. 2018.

Ricardo Azoury/Pulsar Imagens

Vista aérea de grande área desmatada da Floresta Amazônica no município de São Félix do Xingu, Pará. Na imagem, é possível verificar a fumaça gerada por queimadas para preparo de pasto. Fotografia de 2016.

CÁ ENTRE NÓS

Ao final do ano de 1985, a inflação acumulada foi de 225,16%. Isso significa que, se no começo de janeiro de 1985 um produto custava 100, em dezembro seu preço era de 325,16. Quem mais sofria com o aumento dos preços eram as pessoas pobres. Seus salários não acompanhavam o aumento dos preços.

A Nova República

Com a morte de Tancredo Neves, quem assumiu o cargo de presidente da República foi José Sarney. Por decisão do Congresso Nacional, as leis autoritárias da ditadura foram revogadas. Algumas das medidas foram:

» fim da censura aos meios de comunicação;

» direito de realizar greves;

» liberdade para a criação de partidos políticos;

» liberdade de expressão, inclusive de opiniões contrárias ao governo.

Sarney recebeu dos militares um país falido. A dívida externa era enorme, alcançando 100 bilhões de dólares. O país não tinha como pagar nem mesmo as parcelas da dívida. A inflação entrou em descontrole.

O Plano Cruzado

Em fevereiro de 1986, José Sarney anunciou um plano econômico chamado Plano Cruzado. De acordo com esse plano, todos os preços das mercadorias, salários, aluguéis e tarifas públicas estavam congelados – não poderiam aumentar.

A sociedade brasileira apoiou com entusiasmo o Plano Cruzado. O governo emitiu tabelas de preços de todos os produtos e convocou a população a fiscalizá-los e a denunciar os comerciantes que não respeitassem as tabelas. Nos supermercados, pessoas se declaravam "fiscais do Sarney". Policiais e cidadãos prendiam comerciantes que alteravam os preços. O país foi tomado por verdadeira euforia.

Fiscais da Superintendência Nacional de Abastecimento (Sunab) fecham casa comercial no centro do Rio de Janeiro por não respeitar o tabelamento dos preços. Fotografia de julho de 1986.

Rogerio Carneiro/Folhapress

A euforia não durou muito

Os economistas do governo alertaram que o congelamento dos preços não podia durar muito tempo, mas Sarney insistiu em mantê-lo até as eleições que ocorreriam em novembro de 1986. As mercadorias começaram a desaparecer das prateleiras. Os preços estavam congelados, mas não havia produtos para comprar.

Dias depois das eleições, Sarney liberou os preços. A população, que havia acreditado no fim da inflação, se sentiu traída. Os índices de popularidade de Sarney caíram imediatamente. Além disso, surgiram escândalos de corrupção no governo, o que decepcionou ainda mais a sociedade brasileira.

Wilson Melo/Folhapress

Consumidores observam a falta de mercadorias em supermercado de São Paulo, SP. Fotografia de 1986.

OUTRAS HISTÓRIAS PERSONAGENS

Mário Juruna, o indígena deputado

Mário Juruna nasceu em uma aldeia de indígenas xavantes, no estado do Mato Grosso, e teve contato com pessoas de fora de sua aldeia somente aos 17 anos.

Nos anos 1970, ele percorreu vários escritórios da Fundação Nacional do Índio exigindo a demarcação das terras indígenas. Comprou um gravador de fita K-7 para gravar todas as conversas com autoridades públicas, comprovando como os indígenas eram enganados com promessas nunca cumpridas.

Juruna resolveu lutar pela causa dos indígenas candidatando-se a deputado federal pelo estado do Rio de Janeiro, sendo eleito para o período de 1983 a 1987. Foi o primeiro indígena a ser eleito para o Congresso Nacional. Morreu em 2002, muito pobre.

Jorge Cardoso/Correio Braziliense/D.A Press

O então deputado Mário Juruna, em seu gabinete no Congresso Nacional, fala acompanhado de seu gravador. Fotografia de 1986.

- Em um de seus pronunciamentos na Câmara dos Deputados, Mário Juruna disse: "Eu nasci para morrer, eu nasci para brigar. Não nasci para ser expulso. Porque estou dentro do Brasil que é do índio... Eu nasci para isso" (disponível em: <http://educacao.uol.com.br/biografias/mario-juruna.htm>, acesso em: 17 jun. 2018). De que forma você pode relacionar essa declaração com as informações sobre Juruna contidas nesta seção?

Os povos da floresta

A luta de Chico Mendes continuava. Ele organizou o 1º Encontro Nacional dos Seringueiros em outubro de 1985, em que apresentou a proposta de União dos Povos da Floresta, composta de indígenas, seringueiros, pescadores, quebradeiras de coco de babaçu, entre muitos outros.

A proposta de Chico Mendes era criar reservas extrativistas que preservassem a floresta e as áreas onde os indígenas residiam. Desse modo, os "povos da floresta" viveriam em harmonia com a própria floresta, preservando-a da destruição.

Repercussão internacional

Convidado a discursar no Congresso dos Estados Unidos, Chico Mendes denunciou a devastação da Floresta Amazônica. Além disso, revelou que bancos internacionais financiavam o desmatamento para a formação de grandes fazendas, expulsando os seringueiros.

Diante das denúncias, os bancos internacionais suspenderam os financiamentos. Chico Mendes foi acusado pelos fazendeiros de "impedir o progresso do estado do Acre". Sua luta em defesa da Floresta Amazônica foi reconhecida internacionalmente, e ele ganhou vários prêmios, inclusive da ONU.

As populações indígenas se mobilizaram na luta por seus direitos. Grupo vindo do norte do Pará acompanha votação sobre demarcação de terras indígenas no plenário da Câmara dos Deputados. Brasília, DF. Fotografia de 1988.

Claudio Versiani/Arquivo da editora

1992: Congresso Nacional declara *impeachment* de Collor. Itamar Franco assume a Presidência da República.

A transição democrática

Deputados e senadores que formaram a Assembleia Nacional Constituinte promulgaram, em 1988, a Constituição em vigor atualmente. A Constituição incluiu uma série de direitos políticos, direitos sociais e garantias fundamentais do cidadão. Ulysses Guimarães, presidente da Câmara Federal, chamou-a de "Constituição cidadã".

Hiperinflação

Com a nova Constituição, o país avançava para a democracia, mas também para a hiperinflação. Os ricos e a classe média conseguiam se defender da inflação com investimentos financeiros. Os trabalhadores foram os mais prejudicados, pois não tinham acesso ao sistema bancário. Sarney deixou o problema da inflação para o seu sucessor resolver.

João Remid/Arquivo da editora

O deputado Ulysses Guimarães, ao centro, durante ato de promulgação da nova Constituição, Brasília, DF. Fotografia de 5 de outubro de 1988.

A HISTÓRIA NÃO ESTÁ SOZINHA

Matemática

A Matemática pode auxiliar o historiador a conhecer processos sociais do passado. Vejamos a situação do Brasil durante a hiperinflação de 1989.

- Se, em janeiro daquele ano, uma camisa custasse 100, quanto custaria a mesma camisa em dezembro, sabendo que a hiperinflação anual era de 1 968,87%?

1994: Plano Real. Vitória de Fernando Henrique Cardoso nas eleições presidenciais.

Fim de um líder

Chico Mendes não teve tempo para ver completada a transição democrática do Brasil. Sua luta em defesa da Floresta Amazônica provocou o ódio de muitos fazendeiros que queriam o desmatamento.

Em dezembro de 1988, dois meses depois de promulgada a Constituição, um fazendeiro e seu filho mataram Chico Mendes com tiros de escopeta. Sua morte teve repercussão internacional. Os assassinos foram julgados e condenados a vários anos de prisão.

DOCUMENTO

Newton Aguiar/Agência Estado

Movimento pelos direitos dos negros contou a sua versão sobre a escravidão no Brasil, São Paulo, SP. Fotografia de maio de 1988.

Constituição de 1988

Durante a ditadura militar, a falta de liberdade impedia que os brasileiros reivindicassem seus direitos. Quando o Brasil retornou ao regime democrático, muitas categorias profissionais declararam greves, pleiteando melhores salários. Os negros exigiram o fim da discriminação e punição para o racismo. As mulheres reivindicaram direitos iguais aos dos homens. Foram muitas as demandas da sociedade brasileira por trabalho, moradia, saneamento básico, escolas, hospitais e respeito pela dignidade humana. Leia dois incisos do artigo 5º da Constituição Federal:

Capítulo I
Dos direitos e deveres individuais e coletivos

Art. 5º Todos são iguais perante a lei, sem distinção de qualquer natureza, garantindo-se aos brasileiros e aos estrangeiros residentes no País a inviolabilidade do direito à vida, à liberdade, à igualdade, à segurança e à propriedade, nos termos seguintes:

I – homens e mulheres são iguais em direitos e obrigações, nos termos desta Constituição; [...]

XLII – a prática do racismo constitui crime inafiançável e imprescritível, sujeito à pena de reclusão, nos termos da lei; [...].

BRASIL. Constituição Federal de 1988. Disponível em: <http://www2.camara.leg.br/legin/fed/consti/1988/constituicao-1988-5-outubro-1988-322142-publicacaooriginal-1-pl.html> Acesso em: 17 jun. 2018.

- Explique o significado desse texto constitucional.

Votando para presidente da República

Em 1989, os brasileiros puderam eleger seu presidente. O eleitor tinha à disposição vários candidatos com programas políticos definidos, mas quem se destacou foi o então pouco conhecido Fernando Collor de Mello.

Fernando Collor declarava-se o "novo" na política; também prometeu acabar com a inflação e a corrupção no país.

Collor soube expressar o desejo de mudança da sociedade brasileira. Quando subiu nas pesquisas e mostrou-se capaz de derrotar Lula e Brizola, recebeu apoio de poderosos grupos econômicos e de comunicação.

No primeiro turno, Collor ficou em primeiro lugar e Lula em segundo. No segundo turno, o resultado foi 42,75% dos votos para Collor e 37,86% para Lula. Muitas esperanças foram depositadas em Collor.

FIQUE DE OLHO

Museu Afro Digital Rio de Janeiro. Disponível em: <http://museuafrodigitalrio.org/>. Acesso em: 17 jun. 2018.

O *site* do Museu Afro Digital disponibiliza exposições, imagens, vídeos e outras mídias sobre a arte e a cultura afro-brasileira.

Renato dos Anjos/Agência Estado

No segundo turno das eleições presidenciais, Mário Covas (PSDB), à esquerda, e Leonel Brizola (PDT), à direita, apoiaram a candidatura de Luiz Inácio Lula da Silva, ao centro. Eles participaram de comício no Rio de Janeiro, RJ. Fotografia de 1989.

O governo Collor

Quando Collor assumiu a Presidência da República, em março de 1990, a inflação daquele mês tinha sido de 80%. Para responder ao descontrole da economia, o governo Collor recorreu ao congelamento de preços e salários, aumentou as tarifas públicas, abriu o país para importações e demitiu milhares de funcionários públicos.

A medida mais drástica, contudo, foi a de impedir que as pessoas sacassem o próprio dinheiro depositado nos bancos, nas contas correntes e nas cadernetas de poupança. Cada correntista poderia sacar uma quantia limitada, enquanto todo o restante ficaria indisponível por 18 meses. Sem dinheiro em circulação, os preços não tinham como subir.

CÁ ENTRE NÓS

Em 1991, Brasil, Argentina, Uruguai e Paraguai assinaram o Tratado de Assunção e formaram o Mercosul, ampliando tratados comerciais anteriores. O objetivo era integrar as economias dos quatro países, estabelecendo regras comerciais comuns e o fim das barreiras alfandegárias. A Venezuela foi admitida no Mercosul em 2012. A Bolívia e o Chile preferiram ficar na condição de membros associados.

Luis Eduardo Tostes/Arquivo da editora

Fernando Collor de Mello durante a cerimônia de posse da Presidência da República em 15 de março de 1990, Brasília, DF. Collor prometeu acabar com a inflação e a corrupção.

Recessão e crise

Durante o governo Collor, o país entrou em recessão, com falência de empresas, desemprego e baixos salários, sacrificando enormemente a população brasileira. Infelizmente, o sacrifício foi inútil. Logo a inflação voltou e os preços tornaram a subir. Para piorar, surgiram notícias de que Collor estava envolvido em grave esquema de corrupção.

Com os rostos pintados de verde e amarelo, os jovens foram para as ruas exigir a saída de Collor da Presidência. Os protestos ficaram conhecidos como movimento dos "caras-pintadas". Começava, ali, a luta da sociedade brasileira pela ética na política.

Em decorrência das graves acusações de corrupção, o Senado Federal aprovou o *impeachment* de Collor. Quem assumiu foi o vice-presidente Itamar Franco.

***Impeachment*:** palavra de origem inglesa, cuja tradução é impedimento. Com a comprovação de crimes ou abuso de poder pelo presidente da República, governador de estado ou prefeito, eles perdem o mandato após decisão do Poder Legislativo.

Juca Martins/Olhar Imagem

Estudantes realizam manifestação exigindo o *impeachment* de Collor, em São Paulo, SP. Eles formavam o movimento conhecido como "caras-pintadas". Fotografia de 1992.

O governo Itamar Franco no caminho da estabilidade

Itamar Franco era um político respeitado e havia se destacado na oposição ao regime militar. Seu ministro da Fazenda era Fernando Henrique Cardoso, do PSDB. Com o apoio de vários economistas, Fernando Henrique implantou o Plano Real, no início de 1994. Tratava-se de um plano de estabilização econômica para acabar com a inflação.

Inicialmente, os economistas criaram a Unidade Real de Valor (URV). Uma URV era igual a 1 dólar. O país, então, conviveu com dois padrões monetários: o primeiro era a URV, cujo valor era 1 dólar; o segundo era o papel-moeda, o cruzeiro real. Enquanto a URV tinha o dólar como uma referência estável, o cruzeiro real era desvalorizado pela inflação.

Sergio Amaral/Agência Estado

Logo após o Senado Federal confirmar o *impeachment* do presidente Fernando Collor, o vice-presidente Itamar Franco recebe documento do Congresso Nacional investindo-o no cargo de presidente da República, Brasília, DF. Fotografia de 1992.

A criação do Real

Os preços das mercadorias, salários, serviços, etc. passaram a ser avaliados pela URV. Em determinado momento, o governo transformou a URV em uma moeda: o real, atual moeda brasileira. Como a referência do real era o dólar, tratava-se de uma moeda valorizada.

Os preços pararam de subir, mas foram necessários muitos sacrifícios. O governo aumentou os impostos e cortou gastos, sobretudo nas áreas da saúde e da educação, e aumentou a taxa de juros. Com os juros altos, o Brasil viveu um período de queda da produção industrial e desemprego. A sociedade brasileira suportou os sacrifícios para que houvesse o fim da hiperinflação.

O ministro da Fazenda do presidente Itamar Franco, Fernando Henrique Cardoso, obteve muito prestígio com o Plano Real. Nas eleições presidenciais de 1994, ele candidatou-se à Presidência da República pelo PSDB, concorrendo com Lula, do PT. Com o sucesso do Plano Real, Fernando Henrique foi eleito no primeiro turno.

CÁ ENTRE NÓS

Normalmente, sabemos que o valor de uma dúzia de bananas é menor do que o de uma impressora. Mas essa referência se torna inútil quando a inflação chega a 2000% ao ano; não fica bem definido o que é caro e o que é barato. Com a hiperinflação, perde-se a noção da referência entre os preços das mercadorias. Torna-se difícil avaliar se o produto está muito caro ou se poderia ser mais barato.

CÁ ENTRE NÓS

O governo FHC adotou políticas neoliberais, inauguradas nos anos 1980 pela primeira-ministra britânica Margaret Thatcher e também adotadas pelo presidente dos Estados Unidos, Ronald Reagan, e por outros países nos anos 1990.

O governo Fernando Henrique Cardoso

Fernando Henrique teve ampla maioria no Congresso Nacional durante todo o seu mandato. Os economistas do governo afirmavam que eram necessárias reformas para manter o equilíbrio financeiro do país.

Antonio Scroza/Agência France-Presse

Fernando Henrique Cardoso toma posse na Presidência da República e recebe a faixa presidencial de Itamar Franco, Brasília, DF. Fotografia de 1º de janeiro de 1995.

Privatizações

Fernando Henrique deu início a um vasto programa de privatizações: bancos estaduais, empresas siderúrgicas e do setor elétrico, ferrovias e rodovias foram privatizados.

Algumas das privatizações mais importantes foram as da Companhia Vale do Rio Doce e da Embraer. Contudo, o setor que rendeu mais lucro ao governo com as privatizações foi o telefônico. A privatização do sistema Telebras, em 1998, rendeu 22 bilhões de dólares ao governo.

Importações e gastos públicos

Abrir o país para empresas estrangeiras e liberar as importações foram outras medidas tomadas pelo governo FHC. O objetivo era baratear os produtos para os consumidores e obrigar a indústria nacional a se modernizar para poder competir com as empresas estrangeiras.

Para controlar os gastos públicos, o governo diminuiu suas despesas e aumentou os impostos. Gastos nos setores sociais, como saúde e educação, foram reduzidos. Com a reforma da previdência, a idade para os trabalhadores se aposentarem aumentou.

2003: Incentivo à construção de Institutos Federais de Educação, Ciência e Tecnologia e de Universidades Federais. Escândalo do "Mensalão".

Avanços políticos e sociais

O governo de Fernando Henrique também buscou alterar práticas políticas e sociais no Brasil. Com a Lei de Responsabilidade Fiscal, por exemplo, prefeitos, governadores e presidentes da República não poderiam criar dívidas além de determinado patamar. Com o novo Código Brasileiro de Trânsito, que entrou em vigor em 1998, as leis tornaram-se mais severas contra infrações no trânsito.

Na área da saúde, o governo de Fernando Henrique quebrou as patentes de remédios de combate à aids e incentivou a comercialização dos medicamentos conhecidos como genéricos. Em ambos os casos, o resultado foi o barateamento dos preços dos remédios.

Reeleição

Em 1997, Fernando Henrique foi beneficiado com a aprovação de uma emenda à Constituição, que permitia a reeleição para cargos do Poder Executivo: presidente da República, governadores de estados e prefeitos.

Em outubro de 1998, Fernando Henrique concorreu à reeleição. Seu principal adversário foi novamente Luiz Inácio Lula da Silva. Fernando Henrique venceu as eleições no primeiro turno com 53% dos votos.

Os problemas do primeiro mandato de Fernando Henrique foram os altos juros, o baixo crescimento econômico e o desemprego. Mesmo assim, a população brasileira, depois de décadas sofrendo com a inflação dos preços, queria manter as conquistas do Plano Real.

CÁ ENTRE NÓS

Para atrair investidores e capitais especulativos, o governo brasileiro tomou a decisão de aumentar a taxa de juros.

Os juros altos provocaram o aumento da dívida do governo. Parte do dinheiro arrecadado com as privatizações foi utilizada para pagar esses juros. Além disso, os juros também provocaram falências de empresas e queda da produção industrial, resultando no desemprego de trabalhadores.

O QUE HÁ NA IMAGEM?

A charge ao lado satiriza as comemorações dos 500 anos de descobrimento do Brasil. Analise-a criticamente.

© Samuca/Acervo do Cartunista

Charge do cartunista Samuca sobre os 500 anos do descobrimento, publicada no jornal *Diário de Pernambuco*, em 2000.

VOCÊ JÁ OUVIU FALAR...

... em apagão elétrico? A falta de investimentos no setor elétrico e uma grande seca resultaram na diminuição do nível de água dos reservatórios das usinas hidrelétricas. Em 2001, o país foi obrigado a racionar energia elétrica.

Novo mandato

No segundo mandato presidencial de Fernando Henrique, nenhuma reforma importante foi aprovada. Os juros altos, o aumento da dívida pública, o baixo crescimento econômico e o desemprego dos trabalhadores continuaram. Fernando Henrique limitava-se a administrar as crises.

No mesmo ano, o governo criou três programas que beneficiaram as pessoas mais pobres. O Bolsa Alimentação auxiliava mulheres pobres na alimentação de seus filhos. O Bolsa Escola incentivava os pais a manterem os filhos estudando. O Auxílio Gás ajudava os mais pobres a comprar gás de cozinha.

Em busca de mudanças

Em outubro de 2002, ocorreram eleições presidenciais no Brasil. Luiz Inácio Lula da Silva concorreu pelo PT, disputando com o candidato do PSDB, e venceu as eleições.

A sociedade brasileira queria manter a estabilidade dos preços conquistada com o Plano Real, mas também queria mudanças. A vitória da oposição demonstrou a insatisfação social com o baixo crescimento econômico e o desemprego.

Roberto Castro/Agência Estado

O presidente eleito Luiz Inácio Lula da Silva sobe a rampa do Palácio do Planalto na solenidade de posse. De costas, o então presidente Fernando Henrique Cardoso o recebe com a faixa presidencial. O regime democrático consolidava-se no Brasil. Brasília, DF. Fotografia de 1º de janeiro de 2003.

O governo Luiz Inácio Lula da Silva

Na Presidência da República, Luiz Inácio Lula da Silva deu continuidade ao Plano Real, mas inovou ao incentivar as exportações das empresas nacionais. Com a economia apresentando números positivos e a inflação sob controle, o governo suspendeu as privatizações das empresas estatais, incentivou o aumento da produção industrial e reajustou o salário mínimo acima dos índices da inflação.

Com maior poder de consumo, os trabalhadores compraram mais mercadorias, aquecendo as vendas do comércio e, consequentemente, a produção da indústria. O resultado mais imediato foi o aumento do número de empregos. O país cresceu em média 4% ao ano.

Programas sociais

O governo Lula deu ênfase ao crescimento econômico e aos programas sociais. Uma das principais medidas foi o Bolsa Família, que reuniu programas sociais anteriores (Bolsa Escola, Bolsa Alimentação e Auxílio Gás) em um único programa, aumentando o valor do auxílio e ampliando o número de beneficiados.

As famílias beneficiadas pelo Bolsa Família são obrigadas a manter os filhos na escola. Jornais estrangeiros consideraram o programa Bolsa Família uma das mais importantes iniciativas para a erradicação da miséria.

Educação e política externa

O ensino público recebeu grandes investimentos. Foram construídos vários Institutos Federais de Educação, Ciência e Tecnologia, bem como criadas novas universidades federais.

Na política externa, o governo mudou a orientação adotada anteriormente, que privilegiava o alinhamento político com os Estados Unidos. Sem desprezar as boas relações com os Estados Unidos, o governo Lula voltou suas atenções para o Mercosul e para novos mercados, como a União Europeia, a Ásia e os países africanos.

Sérgio Lima/Folhapress

Em solenidade no Palácio do Planalto, o presidente Luiz Inácio Lula da Silva anuncia a Rede Pública de Fiscalização do Programa Bolsa Família, assinando convênios com o Tribunal de Contas da União e a Controladoria Geral da União. Uma família presente na solenidade representou milhares de outras que passaram a receber o Bolsa Família. Brasília, DF. Fotografia de janeiro de 2005.

VOCÊ JÁ OUVIU FALAR

... nas jornadas de julho de 2013? Naquele mês, na cidade de São Paulo, manifestantes protestaram contra o aumento das passagens do transporte público. A violência policial gerou ondas de protestos em todo o país. Milhares de pessoas tomaram as ruas das grandes capitais protestando também contra a má qualidade dos serviços públicos, a corrupção, entre outras reivindicações.

Mensalão e reeleição

O bom desempenho do governo foi abalado em meados de 2005. Dirigentes do Partido dos Trabalhadores foram acusados de usar dinheiro de empresas para obter apoio de deputados federais de outros partidos para projetos do governo. O escândalo ficou conhecido como "mensalão". Mesmo assim, o presidente Lula terminou seu mandato com altos índices de aprovação ao seu governo, por causa do controle da inflação, do crescimento econômico e dos programas de combate à pobreza.

Em outubro de 2006, Luiz Inácio Lula da Silva disputou a reeleição à Presidência da República. Foi vitorioso no segundo turno das eleições, com 60% dos votos válidos.

Segundo mandato de Lula

Lula iniciou o segundo mandato no primeiro dia de 2007, anunciando um ambicioso plano de investimentos em diversas áreas da economia, chamado de Plano de Aceleração do Crescimento (PAC). A economia do país continuou a crescer.

Com o aumento do salário mínimo, do número de pessoas empregadas e da oferta de crédito, o consumo das famílias cresceu, em particular das mais pobres, impedindo que a economia brasileira fosse afetada pela crise econômica mundial que abalou os Estados Unidos e a Europa em 2007.

Durante os dois mandatos de Lula (2003-2010), a inflação e o desemprego caíram, enquanto a economia crescia. Ao final de oito anos de governo, pesquisa do Datafolha apontava que 83% dos brasileiros consideravam seu governo como bom ou ótimo.

Wilton Junior/Agência Estado

Após receber a faixa presidencial do ex-presidente Luiz Inácio Lula da Silva, a presidente Dilma Rousseff sobe a rampa do Palácio do Planalto, Brasília, DF. Fotografia de 1º de janeiro de 2011.

De Lula a Dilma

Na sucessão presidencial, Lula indicou Dilma Rousseff como sua candidata. Concorrendo pelo Partido dos Trabalhadores, Dilma disputou as eleições presidenciais de outubro de 2010 com o candidato do PSDB, saindo-se vitoriosa. Era a primeira vez que uma mulher se tornava presidente da República Federativa do Brasil.

OUTRAS HISTÓRIAS LUTAS SOCIAIS

Lei Maria da Penha

Maria da Penha Maia Fernandes nasceu em 1945, em Fortaleza, capital do estado do Ceará. Durante os seis anos de casamento, o marido a espancou. Como Maria da Penha não denunciava as agressões, o marido mostrou-se cada vez mais violento, tentando matá-la duas vezes. Em consequência das agressões, Maria da Penha ficou paraplégica. Hoje locomove-se em uma cadeira de rodas.

Quando teve consciência de que corria risco de morte, Maria da Penha decidiu denunciar o marido. Ele foi julgado, mas somente foi preso em 2002 – 19 anos após cometer os crimes. Dois anos depois, ele estava livre.

A revolta de Maria da Penha foi muito grande. O governo brasileiro foi acusado pela Organização dos Estados Americanos (OEA) de negligência e omissão em casos de violência doméstica.

Após aprovação no Congresso Nacional, o presidente da República, em agosto de 2006, sancionou a lei número 11 340, conhecida como "Lei Maria da Penha". Com a mudança na legislação, o autor de violência doméstica não pode mais escapar do crime pagando multa ou doando cestas básicas, como ocorria até então.

Rodrigo Lobo/Jc Imagem/Agência Estado

Maria da Penha participa da cerimônia de lançamento do selo comemorativo dos dois anos da lei que leva seu nome, no auditório da Ordem dos Advogados do Brasil, na cidade do Recife, Pernambuco. Fotografia de 2008.

- No texto acima, é informado que o caso de Maria da Penha chegou à Organização dos Estados Americanos (OEA). Faça uma breve pesquisa e responda: qual era a relação entre esse caso e os direitos humanos?

Governo Dilma Rousseff

A eleição de Dilma Rousseff foi um passo a mais na consolidação da democracia no Brasil. Era a sexta eleição presidencial consecutiva desde o fim da ditadura militar e era a primeira vez que uma mulher era eleita para o cargo de presidente do Brasil.

A presidente Dilma deu continuidade aos programas do governo anterior, como o controle da inflação, o incentivo ao crescimento econômico, a distribuição de renda e a construção de casas populares e de novas escolas técnicas e universidades federais.

O SEU LUGAR NA HISTÓRIA

Atualmente, você vive o que os historiadores chamam de Tempo Presente. É o seu tempo. Avalie mudanças que possam ter ocorrido na História do Brasil no tempo atual. Você avalia essas mudanças de maneira positiva ou negativa? Projetos sociais do governo beneficiaram você e sua família? Você tem participado de movimentos sociais ou de mobilizações de protestos? Afinal, como você tem vivido a História do seu Tempo Presente?

VOCÊ JÁ OUVIU FALAR...

... da Operação Lava-Jato?
Trata-se da maior operação contra a corrupção até então desenvolvida no país. Membros do Poder Judiciário e do Ministério Público desvendaram vasta rede de corrupção envolvendo empresas estatais, políticos, empresários e integrantes do governo federal. A condenação do ex-presidente Lula gerou muitas controvérsias.

A nova classe média

Com a ascensão social de milhões de brasileiros, surgiu uma nova classe média, com pessoas que deixaram o estado de pobreza. A mudança começou a ocorrer com o Plano Real. Na sequência, vieram as políticas de crescimento econômico e de distribuição de renda. Por fim, o aumento real do salário mínimo e a criação de 15 milhões de novos empregos. Muitos brasileiros passaram a ter acesso a bens de consumo, e perceberam a importância da educação para o futuro dos filhos.

Eduardo Zappia/Pulsar Imagens

Homem acessa a internet em sua casa, que fica na zona rural do município de Lençóis, na Bahia. Fotografia de outubro de 2014.

A reeleição de Dilma e a crise política de 2016

Dilma Rousseff concorreu à reeleição e venceu por pequena margem de votos, 51,64%. Ela tomou posse na Presidência da República em 1º de janeiro de 2015. As oposições não se conformaram com a derrota e logo começou um grande movimento contra seu governo.

Na campanha eleitoral, ela havia prometido continuar com o crescimento econômico. No entanto, ao final de seu governo, os gastos públicos eram maiores do que a arrecadação, resultando na alta da inflação. Ao assumir o segundo mandato, a presidente adotou política contrária, com corte nos investimentos e juros altos. As oposições aproveitaram a crise econômica e as medidas tomadas por Dilma para criticar duramente seu governo.

Um grupo de advogados impetrou pedido de *impeachment* contra a presidente, alegando crime de responsabilidade – as chamadas pedaladas fiscais. O presidente da Câmara dos Deputados, adversário político de Dilma, aceitou a denúncia e deu início ao processo de *impeachment*.

Pedalada fiscal: prática do governo de atrasar o repasse de financiamento a órgãos públicos, resultando em *superavit* provisório nas contas do governo.

Outro tema aproveitado pelas oposições foi o da corrupção. A atuação conjunta de juízes e Ministério Público na **Operação Lava-Jato** resultou no indiciamento de diretores de empresas estatais, empresários e parlamentares, tanto de partidos políticos que apoiavam o governo quanto de oposição.

Manifestações nas grandes cidades, sobretudo de setores das classes médias, exigiam o *impeachment* de Dilma. Grupos empresariais também apoiaram a campanha das oposições.

Em 31 de agosto de 2016, o Senado Federal votou favoravelmente o *impeachment*. Assumiu a Presidência seu vice, Michel Temer.

O *impeachment* de Dilma Rousseff dividiu a sociedade brasileira. Para muitos, tratou-se de um processo que obedeceu estritamente ao que diz a Constituição. Para outros, foi um golpe parlamentar com o apoio da mídia. Todos os opositores ao governo Dilma se uniram para retirá-la do poder.

Temer presidente

Na Presidência da República, Michel Temer aprofundou a recessão econômica, resultando em aumento do desemprego e da pobreza. Também levou adiante reformas, como a trabalhista, retirando direitos sociais dos trabalhadores.

Denúncias de corrupção em seu governo criaram ainda mais problemas. Ele mesmo foi denunciado pelo Supremo Tribunal Federal por corrupção.

O Brasil continua muito marcado pela desigualdade social, pela desvalorização da educação e por baixos investimentos em saúde. A corrupção é um grave problema, contribuindo para o descrédito da população brasileira nos partidos políticos – o que pode ameaçar a própria democracia. Caberá aos próprios brasileiros construir um país mais justo e democrático.

O legado de Chico Mendes

Os governos de Fernando Collor e de Itamar Franco adotaram a proposta de Chico Mendes de criar reservas extrativistas, as chamadas Resex (Reservas Extrativistas). Foram criadas 43 Resex, que garantem a sobrevivência de 40 mil famílias.

Em 2007, foi criada uma autarquia federal chamada Instituto Chico Mendes de Conservação da Biodiversidade (ICMBio). Essa autarquia é responsável pelas Resex, bem como pela pesquisa, proteção e conservação da biodiversidade no território nacional.

PUXANDO PELA MEMÓRIA

Após o estudo do capítulo, você manteria sua resposta à pergunta da página 260?

Créditos das imagens de cima para baixo: Rodrigo Lobo/JC Imagem/Agência Estado; Jorge Cardoso/Correio Braziliense/D.A. Press; Reuters/Fotoarena; Juca Martins/Olhar Imagem; Renato dos Anjos/Agência Estado; Rogerio Carneiro/Folhapress; Michael Nagle/Getty Images/AFP; Eduardo Zappia/Pulsar Imagens.

Patrick Hertzog/Agência France-Presse

ROTEIRO DE ESTUDOS

O QUE APRENDEMOS?

1 | A política econômica do governo Sarney chamou-se Plano Cruzado. Quais foram seus fundamentos e por que resultou em fracasso?

2 | O plano de estabilização econômica do governo Collor chamou-se Plano Brasil Novo. Ele também fracassou. Com base nas informações do capítulo, explique quais foram seus fundamentos.

3 | O plano de estabilização econômica do governo de Itamar Franco chamou-se Plano Real. Quais foram seus fundamentos? Quais foram as vantagens e os custos do Plano Real para a sociedade?

4 | Quais as principais reformas no Estado brasileiro promovidas pelo governo de Fernando Henrique Cardoso?

5 | Que medidas foram tomadas no governo de Luiz Inácio Lula da Silva para promover o desenvolvimento econômico e a distribuição de renda?

6 | Por que as medidas implementadas nos governos de Fernando Henrique Cardoso, Luiz Inácio Lula da Silva e Dilma Rousseff permitiram a ascensão social de milhões de pessoas, surgindo uma nova classe média no país?

7 | O que Fernando Henrique Cardoso tem a ver com o Plano Real?

8 | Qual é a relação entre a Constituição de 1988 e a instauração do regime democrático no Brasil?

9 | Explique o que é a Operação Lava-Jato.

10 | A partir do que foi estudado no capítulo, responda: por que o município de Xapuri, no Acre, tornou-se referência para a história da defesa da Floresta Amazônica e do meio ambiente no Brasil?

PESQUISA

Após ser eleito presidente da República, Fernando Henrique Cardoso declarou aos meios de comunicação que a "Era Vargas acabou".

As reformas neoliberais realizadas em seu governo tinham realmente o propósito de mudar o modelo de Estado construído na época de Vargas.

A principal característica da política de Fernando Henrique foi a substituição do estatismo pelas privatizações.

No governo de Fernando Henrique Cardoso, várias empresas estatais foram privatizadas, ou seja, vendidas a empresários nacionais ou estrangeiros.

A questão é polêmica.

Até os dias atuais, há os que defendem a necessidade de manter empresas estatais e os que afirmam a necessidade de que elas sejam vendidas para empresários privados.

São duas fortes tradições políticas no Brasil: o estatismo e o privatismo.

- Converse com seus professores, seus familiares (pais, avós, tios) e também com familiares de seus amigos.

  Procure conhecer os argumentos dos que são a favor de preservar as empresas estatais e os daqueles que defendem as privatizações. Ouça os dois lados e chegue a suas próprias conclusões.

IMAGENS CONTAM A HISTÓRIA

As duas fotografias abaixo são da campanha eleitoral de 1994 para presidente da República. Na fotografia da esquerda, o candidato Fernando Henrique Cardoso. Na fotografia da direita, o candidato Luiz Inácio Lula da Silva.

- As eleições são momentos fundamentais para a continuidade do regime democrático. Desse modo, como podemos interpretar a visita dos então candidatos Fernando Henrique Cardoso e Luiz Inácio Lula da Silva a municípios do interior do país?

José Varella/Estadão Conteúdo

FHC na cidade de Delmiro Gouveia, em Alagoas.

Luludi/Agência Estado

Lula na cidade de Madalena, no Ceará.

O PASSADO PRESENTE

Muitos anos se passaram desde que o cartaz ao lado foi produzido, mas parece que a sua mensagem ainda é muito atual.

- Você concorda sobre a atualidade do cartaz? Justifique sua resposta.

Sergio Amaral/Agência Estado

O cartaz "Não somos palhaços" foi produzido em 1992 pelo Movimento Ética na Política e exibido durante as manifestações pelo *impeachment* do presidente Fernando Collor de Mello.

Peter Zimmermann/DPA-Zentralbild/DPA Picture-Alliance/AFP

População comemora a queda do Muro de Berlim, na Alemanha. Construído em 1961 no auge da Guerra Fria, esse longo muro dividia a população de Berlim, importante cidade europeia. Mas o Muro de Berlim, como ficou conhecido, também separava dois sistemas políticos, econômicos e ideológicos. Fotografia de 10 de novembro de 1989.

CAPÍTULO 16

A NOVA ORDEM MUNDIAL, NEOLIBERALISMO E GLOBALIZAÇÃO

PUXANDO PELA MEMÓRIA

Que sistemas econômicos e sociais o Muro de Berlim separava?

O mundo conheceu muitas mudanças nas décadas de 1970 e 1980. Crise econômica nos anos 1970, avanço rápido das tecnologias de informática, mudanças no processo produtivo das fábricas, retorno da Guerra Fria, fim dos regimes comunistas, globalização da economia mundial e muitos países adotando políticas neoliberais.

Entre o início dos anos 1970 e o fim dos anos 1980, o mundo tinha mudado tanto que estudiosos inventaram uma expressão para nomear essas alterações: Nova Ordem Mundial.

Créditos das imagens de cima para baixo: Simon Kwong/Reuters/Fotoarena; Richard Melloul/Agência France-Presse; Sadayuki Mikami/Associated Press/Glow Images; United Artists/Courtesy Everett Collection/Fotoarena; Gerard Malie/Agência France-Presse; J. Scott Applewhite/Associated Press/Glow Images.

1971: Richard Nixon desvincula o valor do dólar do valor do ouro.

O cinema e a História

Em 1976, um ator pouco conhecido surgiu nas telas de cinema com filme de roteiro simples, mas elogiado pelo público. O ator era Silvester Stallone e o filme chamava-se *Rocky: um lutador.*

A crise econômica dos anos 1970, que atingiu gravemente os países capitalistas, é o pano de fundo do filme. Nos Estados Unidos, as cidades empobreceram, o desemprego aumentou, as mercadorias e os serviços passaram a custar mais, a criminalidade tornou as ruas perigosas e o tráfico de drogas cresceu enormemente.

Rocky Balboa mora em um bairro pobre da Filadélfia, não conseguiu estudar nem alcançar empregos estáveis. Sempre aparentando tristeza, Rocky trabalha carregando carnes em um frigorífico e para um agiota. Nas horas vagas, treina boxe em uma academia.

Sem perspectivas, Rocky tem a oportunidade de participar de uma luta de boxe com o campeão mundial, Apollo Creed. Apesar de ser uma luta de exibição, Rocky levou a sério, pois entendia que era uma grande oportunidade em sua vida e não queria perdê-la. O amor pela namorada, Adrian, o estimula a treinar com dedicação.

A crise econômica dos anos 1970

A crise econômica dos anos 1970 tem origem nos grandes gastos do governo dos Estados Unidos em programas sociais, na Guerra do Vietnã e na corrida espacial. O governo estadunidense passou a imprimir mais dólares do que frequentemente fazia.

A decisão do governo estadunidense começou a gerar desconfiança nos mercados financeiros em relação ao real valor do dólar. Em diversos países surgiram problemas, como o aumento dos preços, a especulação financeira, a desordem na emissão de moeda e os gastos excessivos do governo.

United Artists/Courtesy Everett Collection/Fotoarena

Rocky Balboa, interpretado por Silvester Stallone (à esquerda), e Apollo Creed, personagem de Carl Weathers (à direita), no filme *Rocky: um lutador*, de 1976.

1973: Organização dos Países Exportadores de Petróleo (Opep) aumenta em quatro vezes o preço do petróleo.

FIQUE DE OLHO

Rocky: um lutador (EUA). Direção de John G. Avildsen, 1976. 119 min.

Em meio à crise econômica dos Estados Unidos dos anos 1970, Rocky Balboa, um estadunidense que vive de empregos temporários e informais, treina boxe em seu tempo livre. Surge uma oportunidade de Rocky enfrentar o campeão mundial de boxe, Apollo Creed, em uma luta. Ele se prepara com dedicação para a luta, que acredita ser uma grande chance para melhorar sua vida.

O preço do petróleo

O preço do barril de petróleo estava baixo até o início da década de 1970. O apoio dos Estados Unidos a Israel durante a Guerra de 1973, contudo, mudou o rumo dos acontecimentos. Os países árabes, membros da Organização dos Países Exportadores de Petróleo (Opep), tomaram a decisão de usar o petróleo como arma política contra o governo estadunidense.

O preço do barril de petróleo que custava cerca de 3 dólares foi reajustado, naquele ano, para 12 dólares, um aumento de quatro vezes. Depois, houve um aumento ainda maior. Os efeitos do aumento do preço do petróleo foram imediatos nos Estados Unidos, no Japão e nos países da Europa ocidental, que dependiam enormemente da importação de petróleo.

Nos países capitalistas desenvolvidos, a produção industrial caiu, aumentando o desemprego. Países mais pobres, como o Brasil e o México, também foram afetados pela crise.

Rocky Balboa, personagem central do filme de 1976, viveu nessa época de grave crise econômica. No filme, ele não quer fazer uma luta de exibição, mas entrar no ringue para vencer. Era o meio que encontrou para escapar da pobreza em que vivia. Três anos depois, em 1979, Silvester Stallone retornou ao cinema, continuando a viver o personagem Rocky Balboa. Era o filme *Rocky 2 – A revanche*. Ele continua passando por dificuldades: sem emprego, com uma lesão em um dos olhos resultante da luta anterior e com a gravidez de risco de Adrian, com quem se casou. Sem muitas opções, ele aceita o desafio de Apollo para uma luta de revanche. Rocky Balboa, vivendo em um mundo em crise econômica e social, tem que lutar para viver.

Associated Press/Glow Images

Dono de posto de gasolina avisa que não há gasolina nas bombas em Persakie, Pensilvânia, Estados Unidos. Com a crise do petróleo, os preços dos combustíveis aumentaram várias vezes e os consumidores sofriam com a falta do produto. Fotografia de 1973.

A Revolução Técnico-Científica

O capitalismo vivia grave crise. Os trabalhadores reagiam com protestos e greves. As primeiras respostas a essa situação vieram da indústria. O sistema produtivo sofreu transformações profundas com a utilização de novas tecnologias baseadas na informática. O processo de desenvolvimento das novas tecnologias ficou conhecido como Revolução Técnico-Científica.

A Revolução Técnico-Científica, também chamada de Terceira Revolução Industrial, começou em fins dos anos 1950, tomou impulso nas décadas de 1960 e 1970 e não parou de avançar até os dias atuais. Os fundamentos da Revolução Tecnológica são a eletrônica, a informática, a telemática e a robótica.

Telemática: transmissão de dados a longa distância por rede de telecomunicações.

AO MESMO TEMPO

A era da informática

O computador e a transmissão de dados e mensagens são alguns dos principais exemplos do desenvolvimento de novas tecnologias. O primeiro computador foi construído em 1946. A gigantesca máquina usava 27 mil válvulas, que geravam forte calor e queimavam constantemente. O uso do primeiro computador era militar e em nada se parecia com um computador atual.

Em 1971, quando o circuito integrado foi transformado em microprocessador, foi possível fabricar o computador como conhecemos hoje. Em 1977, a Apple e a IBM criaram os primeiros computadores para uso doméstico. Daquele ano em diante, a sofisticação tecnológica somente aumentou. Quando a informática, junto do restante dos fundamentos da Revolução Técnico-Científica, foi introduzida nas fábricas, o sistema produtivo sofreu uma grande transformação: o toyotismo.

Bettmann/Getty Images

As programadoras Frances Bilas e Bety Jean Jeunings operam o Eniac, o primeiro computador, na cidade da Filadélfia, Pensilvânia, Estados Unidos. Fotografia de 1946.

- As tecnologias de informática avançam muito rapidamente. Atualmente, é possível adquirir um *notebook* com 16 GB de memória RAM e disco rígido de 1 TB. Mas há 40 anos, em 1969, astronautas chegaram à Lua com um computador com capacidade muito modesta. Pesquise sobre esse computador e compare com as tecnologias de hoje.

CÁ ENTRE NÓS

O toyotismo mostrou-se bem flexível e ágil para enfrentar a crise dos anos 1970 e as mudanças do mercado consumidor. As indústrias dos Estados Unidos, da Europa ocidental e do Japão substituíram os rígidos métodos de produção industrial do taylorismo pela agilidade oferecida pelo toyotismo. No entanto, com a informatização trazida pelo toyotismo, milhares de operários foram demitidos, gerando desemprego.

Do taylorismo ao toyotismo

Desde o início do século XX, o taylorismo orientava a produção industrial. Os operários, especializados em uma única atividade, eram dispostos ao longo de uma esteira móvel e montavam o produto. O trabalho era repetitivo e cansativo, mas a esteira de produção não podia parar. A produção era em massa e os produtos eram padronizados.

Nos anos 1970, a crise do capitalismo exigiu a criação de novos métodos de produção. A inovação surgiu na fábrica de automóveis Toyota. O novo método de trabalho, conhecido como toyotismo, exigia um operário bastante qualificado, exercendo várias funções e responsável pela qualidade do produto que fazia. A fábrica não produzia em grandes quantidades padronizadas, mas de acordo com as encomendas.

A Revolução Técnico-Científica foi fundamental para o toyotismo, oferecendo máquinas sofisticadas, sistemas de computadores e o uso de robôs industriais para aumentar a capacidade produtiva em menor tempo possível e com menor número de operários trabalhando nas fábricas.

O QUE HÁ NA IMAGEM?

A introdução dos robôs nas fábricas provocou duas importantes consequências: a primeira, o aumento da produtividade industrial porque o robô produz mais em menor tempo; a segunda, o crescimento do desemprego, sobretudo no setor industrial. Qual a relação entre o uso da robótica nas fábricas e o desemprego dos operários?

Itsuo Inouye/Associated Press/Glow Images

Fábrica japonesa de automóveis introduz robôs industriais no processo produtivo. Fotografia de 1981.

Nos tempos do neoliberalismo

Durante a década de 1970, alguns políticos e economistas passaram a criticar as ideias do economista britânico John Maynard Keynes e a defender uma doutrina política e econômica praticamente oposta, chamada de neoliberalismo. Algumas de suas propostas eram:

» não intervenção do Estado na economia – as atividades industriais, comerciais e financeiras e as relações entre patrões e empregados não deveriam ser regulamentadas pelo Estado;

» privatização das empresas estatais (pertencentes ao Estado) – as empresas estatais deveriam ser vendidas para os empresários;

» redução da cobrança de impostos sobre lucro e riqueza – empresas e pessoas ricas investiriam mais na economia se pagassem menos impostos;

» equilíbrio do orçamento do país – os gastos sociais com saúde e educação deveriam ser reduzidos para equilibrar as contas públicas.

Foi nessa época que defensores das ideias neoliberais e representantes da chamada Nova Direita assumiram o poder no Reino Unido e nos Estados Unidos: Margareth Thatcher e Ronald Reagan.

Nova Direita: expressão que define as ideias defendidas por Ronald Reagan e Margareth Thatcher, em particular as políticas neoliberais, a supressão dos benefícios sociais aos trabalhadores, a intransigência diante do movimento sindical e o anticomunismo.

OUTRAS HISTÓRIAS ECONOMIA

Keynesianismo

John Maynard Keynes defendia que o Estado deveria intervir na economia, tanto para estimular o crescimento econômico como para evitar a queda da produção e o aumento do desemprego. Os vários setores da economia lucrariam mais com os trabalhadores empregados e ganhando bons salários. Para Keynes, altos impostos deveriam ser cobrados das empresas e investidos em políticas sociais que beneficiassem os trabalhadores, como saúde e educação.

J. Scott Applewhite/Associated Press/Glow Images

Ronald Reagan recebe a primeira-ministra britânica Margareth Thatcher na Casa Branca, em Washington, D.C. As políticas neoliberais de Reagan e Thatcher foram no sentido oposto ao do keynesianismo, recusando a intervenção do Estado na economia, diminuindo impostos das empresas e reduzindo benefícios sociais dos trabalhadores. Fotografia de 1985.

- **Pesquise quais são as principais características da política econômica liberal e compare-as com as ideias de Keynes.**

FIQUE DE OLHO

A dama de ferro (França/Reino Unido). Direção de Phyllida Lloyd, 2011. 105 min.

O filme narra a trajetória política de Margareth Thatcher até sua ascensão ao cargo de primeira-ministra britânica, as medidas impopulares que tomou e sua determinação durante a guerra com a Argentina.

Margareth Thatcher

Em 1979, no Reino Unido, Margareth Thatcher, líder do Partido Conservador, tornou-se primeira-ministra. Thatcher determinou a privatização de empresas estatais, eliminou benefícios sociais, em particular os recursos para a educação, e aboliu o salário mínimo. Seu objetivo era reduzir drasticamente os gastos públicos para diminuir a inflação.

Thatcher obteve do Parlamento a aprovação de leis que diminuíram o poder do sindicalismo inglês. Por esse motivo, recebeu o apelido de Dama de Ferro.

Ronald Reagan

Ronald Reagan, político do Partido Republicano, assumiu a Presidência dos Estados Unidos em 1980. Como Thatcher, ele adotou o modelo neoliberal: reduziu impostos das empresas e das pessoas ricas, aboliu leis que regulavam a atuação das empresas, cortou verbas para programas sociais e privatizou todo o serviço de saúde do país. Contudo, Reagan não conseguiu equilibrar as contas do governo porque investiu bilhões de dólares em armas nucleares e nas forças militares de seu país.

Com incentivo de Reagan, a propaganda anticomunista voltou forte aos meios de comunicação. Sob sua Presidência, o governo dos Estados Unidos combateu movimentos de esquerda em vários países do mundo.

Fala do então presidente estadunidense Ronald Reagan no Portão de Brandemburgo, Berlim, Alemanha. Fotografia de 1987.

Segunda Guerra Fria

O presidente dos Estados Unidos retomou o discurso agressivo contra a União Soviética e liberou grandes recursos financeiros para a fabricação de armas nucleares.

Ronald Reagan também anunciou um programa que custaria bilhões de dólares: a construção de uma espécie de escudo que protegeria os Estados Unidos de ataques de mísseis nucleares. O programa de militarização do espaço ficou conhecido como **Guerra nas Estrelas**.

Chris Bjornberg/Science Source/Getty Images

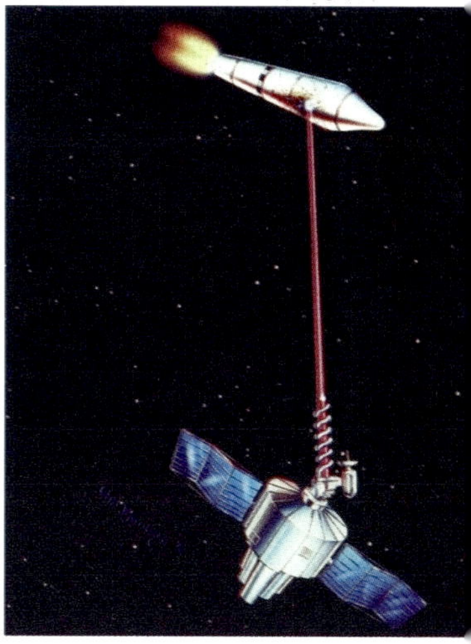

O projeto, conhecido como Guerra nas Estrelas, chamava-se Iniciativa Estratégica de Defesa. Consistia em uma rede de sistemas em órbita da Terra, capaz de destruir inimigos intercontinentais ainda no espaço. Na figura, vemos a representação de um artefato destruindo um míssil.

OUTRAS HISTÓRIAS ARTES

O elogio e a crítica pela arte

O cinema estadunidense não ficou indiferente à Segunda Guerra Fria nos anos 1980, ora apoiando Ronald Reagan e sua política externa anticomunista, ora denunciando a possibilidade de destruição da humanidade por causa de uma guerra nuclear.

Em 1985, Silvester Stallone apoiou a política agressiva de Reagan contra a União Soviética em *Rocky IV*. No filme, Rocky Balboa vai a Moscou vingar a morte do amigo Apollo Creed. Rocky Balboa, representando os Estados Unidos, aparece no filme como homem com valores morais. Ao contrário, Drago, boxeador da União Soviética, é apresentado como perverso, cruel e impiedoso.

MGM/Courtesy Everett Collection/Fotoarena

Em *Rocky IV*, de 1985, as mensagens anticomunistas são bem definidas: o estadunidense Rocky é honesto e leal, enquanto o lutador soviético é cruel e arrogante.

Muito diferente é o caso de *O exterminador do futuro*, de 1984, estrelado por Arnold Schwarzenegger. O filme denuncia o que poderia acontecer com a humanidade se ocorresse uma guerra nuclear. Apesar de conter cenas de violência, o filme tem mensagens pacifistas.

- Assista aos filmes *Rocky IV* e *O exterminador do futuro I*. Em *Rocky IV*, observe as mensagens anticomunistas. Anote as principais cenas em que os soviéticos são apresentados como pessoas perversas, e os estadunidenses, como pessoas íntegras. No caso de *O exterminador do futuro I*, anote os momentos em que o filme defende propostas pacifistas. Em seguida, utilize essas informações para criar uma espécie de crítica cinematográfica a respeito dos dois filmes. Os textos devem explorar o tema da Guerra Fria relacionado às obras cinematográficas. Combine um dia com o professor para que todos possam compartilhar as descobertas realizadas com base nos filmes.

A desagregação do bloco soviético

Enquanto os países capitalistas da Europa Ocidental, Estados Unidos e Japão passavam pelo processo conhecido como Revolução Técnico-Científica, a União Soviética e os países da Europa Oriental atravessavam um período de estagnação em suas economias. As fábricas dos países socialistas ainda produziam segundo os antigos métodos de trabalho do taylorismo, perdendo a capacidade de competir com as indústrias capitalistas.

Lea Goodman/Hulton Archive/Getty Images

Venda improvisada de vegetais em um pequeno mercado no subúrbio de Moscou, Rússia, que abastecia a população com alimentos. Fotografia de 1983.

União Soviética: das reformas à desagregação

As indústrias da União Soviética eram antiquadas, os métodos de produção não se modernizavam e faltavam tecnologias inovadoras. A estagnação também ocorria na agricultura.

Nessa mesma época, o governo Reagan voltou a investir em armas nucleares. Com o país em crise, os governantes da União Soviética não conseguiam competir militarmente com os Estados Unidos.

O objetivo de Reagan, com o programa Guerra nas Estrelas, era quebrar financeiramente a União Soviética.

A nova liderança soviética: Mikhail Gorbachev

Em 1985, Mikhail Gorbachev assumiu o poder no país. Ele fez uma proposta surpreendente a Reagan: eliminar todas as armas nucleares do mundo até o ano 2000.

Perestroika e *glasnost*

Mikhail Gorbachev lançou dois programas para modernizar a União Soviética: a *perestroika* e a *glasnost*. Em língua russa, *perestroika* pode ser traduzida como "reestruturação". Gorbachev propunha reestruturar a economia, modernizando a indústria.

Com a *glasnost*, que significava "transparência" em russo, Gorbachev pretendia instaurar a liberdade de expressão no país.

A *perestroika*, contudo, não apresentava resultados enquanto a *glasnost* avançou além do esperado. Com o fim da censura aos meios de comunicação, a população soviética passou a criticar a corrupção, os privilégios das elites do país e a falta de produtos nos mercados.

No Partido Comunista, setores conservadores ficaram insatisfeitos com a *glasnost*. Para eles, Gorbachev tinha ido longe demais.

CÁ ENTRE NÓS

A indústria da União Soviética produziu tecnologia e inovou na área científica somente em dois setores: na produção de armas (convencionais e atômicas) e na corrida espacial.

1986: Explosão do reator 4 na usina atômica de Chernobyl.

Europa oriental rumo à democracia liberal

A abertura democrática iniciada por Gorbachev com a *glasnost* abriu perspectivas de mudanças profundas para os países do Leste Europeu. A Hungria, a Tchecoslováquia, a Bulgária e a Romênia abandonaram o regime comunista e adotaram a democracia representativa.

Na Polônia, o regime comunista chegou ao fim após muitas lutas dos trabalhadores organizados em um sindicato independente, o Solidariedade.

Na Alemanha comunista, em 1989, milhares de pessoas da parte oriental de Berlim exigiram livre acesso para entrar na parte ocidental da cidade. O governo comunista alemão, sem alternativas, liberou a passagem no muro em 9 de novembro de 1989. O maior símbolo da Guerra Fria foi derrubado pelo povo.

O fim do regime comunista na Iugoslávia resultou em sangrenta guerra civil e na formação de vários pequenos países.

O fim da União Soviética

Com o fracasso da *perestroika* e com a *glasnost* indo além do planejado, Gorbachev ainda teve de enfrentar o nacionalismo nas repúblicas soviéticas. Em 1990, os parlamentos de várias repúblicas declararam independência.

Vários países surgiram no lugar dessas repúblicas e, em dezembro de 1991, a União Soviética foi oficialmente extinta.

VOCÊ JÁ OUVIU FALAR...

... em Chernobyl? Trata-se de uma usina nuclear localizada na Ucrânia. Em 1986, o reator explodiu. O material radioativo liberado na atmosfera foi imenso, espalhando-se por vastas regiões da União Soviética, países da Europa oriental, Escandinávia e Reino Unido. Cálculos apontam para 56 mortos, 4 mil pessoas contaminadas pela radiação e 200 mil obrigadas a sair de suas casas. A região encontra-se altamente contaminada por material radioativo.

Gerard Malie/Agência France-Presse

A queda do Muro de Berlim foi um dos episódios mais significativos da história do século XX. Fotografia de 11 de novembro de 1989.

O SEU LUGAR NA HISTÓRIA

A homogeneização dos gostos, costumes e comportamentos é uma tendência da globalização. Inúmeras coletividades resistem a essa tendência mantendo características culturais próprias.

No Brasil, podemos citar o Festival de Parintins, no Amazonas, a Semana Farroupilha, no Rio Grande do Sul, as festas de bumba meu boi, no Norte e Nordeste do país, as Congadas e as festas de São João e de Folia de Reis.

E na sua cidade? Que festejos e costumes foram preservados? Faça uma breve pesquisa sobre os eventos que você conseguiu selecionar e combine um dia com o professor para que todos possam compartilhar os trabalhos em sala de aula.

China: comunista com capitalismo

A China era uma potência militar e nuclear, mas até os anos 1970 era um país pobre, abastecido por uma agricultura pouco produtiva. As experiências de Mao Tsé-tung com o Grande Salto Para a Frente e a Revolução Cultural Proletária haviam conduzido o país ao fracasso econômico e à repressão política.

Depois da morte de Mao Tsé-tung em 1976, um grupo político liderado por Deng Xiao Ping assumiu a direção do Partido Comunista Chinês, dando início a grandes mudanças no país. Inicialmente, acabou com as fazendas coletivas e permitiu que famílias camponesas fossem proprietárias das terras. Em poucos anos, a renda dos camponeses aumentou, tornando-os capazes de consumir produtos industriais.

Abertura de mercado e globalização

Em seguida, empresas estatais chinesas foram privatizadas, copiando tecnologias de fábricas estrangeiras. Empresas estadunidenses e europeias foram atraídas para se instalarem no país, aproveitando a farta mão de obra, os salários baixíssimos e a ausência de leis trabalhistas. Rapidamente a China tornou-se grande exportadora de todo tipo de mercadorias manufaturadas.

O governo chinês manteve o modelo socialista soviético. Há um único partido (o Partido Comunista Chinês), os meios de comunicação são severamente controlados e nenhuma oposição é tolerada. Os governantes afirmam que o regime é comunista, mas adotam o capitalismo, tendo o país ingressado na economia globalizada.

Richard Melloul/Agência France-Presse

Ganhando baixos salários e sem leis que garantam certos direitos sociais, operárias em uma fábrica de Shangai, na China, produzem rádios e televisores que serão exportados e vendidos a preços baixos. Fotografia de 1980.

1990: Eleições democráticas na Polônia. Fim do regime comunista na Bulgária.

OUTRAS HISTÓRIAS LUTAS SOCIAIS

Praça da Paz Celestial

Em abril de 1989, estudantes universitários, intelectuais e trabalhadores se reuniram na Praça da Paz Celestial, em Pequim, para exigir a democratização do país, denunciar a repressão policial, criticar a corrupção e protestar contra a inflação. Estima-se que o número de manifestantes tenha alcançado os cem mil.

Um mês depois, os dirigentes do Partido Comunista Chinês enviaram tropas do exército e tanques de guerra para reprimir a manifestação. Acredita-se que cerca de mil pessoas teriam morrido e entre 10 mil a 30 mil teriam sido presas. O episódio ficou conhecido como o "Massacre da Praça da Paz Celestial".

Sadayuki Mikami/Associated Press/Glow Images

Na Praça da Paz Celestial, milhares de pessoas, sobretudo estudantes universitários, exigiram liberdade de expressão e democratização do país. Fotografia de abril de 1989.

- As menções a esse acontecimento na Praça da Paz Celestial permanecem proibidas na China. Em sua opinião, por que o governo chinês age dessa forma?

A Nova Ordem Mundial

Quando a União Soviética foi extinta, o mundo passou por profunda reorganização econômica e política, resultando no que ficou conhecido como Nova Ordem Mundial.

A Nova Ordem Mundial estabeleceu o domínio dos Estados Unidos sobre o mundo. Da bipolaridade dos tempos da Guerra Fria, o mundo conheceu a unipolaridade, com a hegemonia política, econômica e militar estadunidense.

Globalização e neoliberalismo

Os países capitalistas, ricos ou pobres, mantinham intenso comércio, mas até o final dos anos 1980 muitos setores de suas economias eram fechados para empresas estrangeiras com o objetivo de proteger as indústrias nacionais.

Com o colapso da União Soviética, os Estados Unidos pressionaram os antigos países socialistas e os países capitalistas pobres a abrir suas economias para a entrada de capitais especulativos.

Com a globalização, o comércio entre os países aumentou consideravelmente e a movimentação de capitais ficou livre de regulamentos. Bilhões de dólares podiam ser investidos em países que ofereciam vantagens, mas logo transferidos para outras regiões. O objetivo não era investir na produção, mas na especulação financeira.

VOCÊ JÁ OUVIU FALAR?

... que a União das Repúblicas Socialistas Soviéticas era um país formado por várias repúblicas? As diversas repúblicas eram formadas por povos de culturas e línguas diferentes. O forte nacionalismo das repúblicas era controlado e frequentemente reprimido pelo Partido Comunista da União Soviética. A república mais importante em termos econômicos e políticos e que exercia domínio sobre as outras era a República da Rússia.

1991: Início da guerra civil da Iugoslávia. Tentativa de golpe contra Mikhail Gorbachev. Extinção da União Soviética. Fundação do Mercosul.

CÁ ENTRE NÓS

Organizações internacionais, como o Fundo Monetário Internacional (FMI) e o Banco Mundial, impunham a vários governos que pediam empréstimos a adoção de medidas neoliberais, como a privatização de empresas estatais, cortes nos gastos com saúde e educação, redução de impostos para ricos e empresas e abertura do país para empresas estrangeiras.

A globalização é um fenômeno político e econômico mundial. Um tênis de famosa grife dos Estados Unidos é fabricado no Vietnã com matéria-prima retirada de Angola e distribuído pelo mundo por empresa holandesa a preços baixos. Empresa da Itália se associa a outra da Espanha, estabelece uma fábrica no Brasil e seus reais donos são alemães em sociedade com franceses.

Problemas econômicos, entretanto, surgiram com a globalização, como a exploração dos trabalhadores dos países pobres, a falta de empregos, o aumento da pobreza no mundo, a alta lucratividade das empresas multinacionais e a concentração da riqueza em uma minoria de pessoas.

Os tempos da globalização não foram bons para Rocky Balboa. No filme *Rocky V*, de 1990, ele perdeu toda sua fortuna devido à especulação financeira. Em 2006, Silvester Stallone ressurgiu com o último filme da série, intitulado apenas de *Rocky Balboa*. Com mais de 50 anos, Rocky tornou-se dono de restaurante. Como ocorre nos tempos da globalização, a fama e o sucesso podem durar pouco tempo: ele tornou-se ignorado e esquecido pelo público, apenas um nome no passado.

Questões culturais e sociais

Novas questões culturais também surgiram com a globalização, como sua tendência em padronizar os gostos e as preferências, identificados com os padrões vigentes nos Estados Unidos. Cadeias de lanchonetes produzem os mesmos sanduíches, jornais e televisões apresentam as mesmas informações, aparelhos de informática, peças de vestuário, músicas e comportamentos podem ser os mesmos nos mais diversos países.

VOCÊ JÁ OUVIU FALAR

... do G7? Os Estados Unidos formaram com o Reino Unido, o Canadá, a França, a Alemanha, o Japão e a Itália um grupo de países chamado de G7, que passou a ditar as regras econômicas mundiais.

Simon Kwong/Reuters/Fotoarena

Em uma fábrica em Taiwan, China Nacionalista, especializada na produção de tênis e calçados caros, uma trabalhadora examina o produto em sua fase final. Toda a produção é exportada para diversos países do mundo, incluindo Estados Unidos e Brasil. Fotografia de 1997.

1992: Formação da União Europeia.

1993: Fundação da República Tcheca e da Eslováquia.

A globalização foi positiva em algumas questões sociais. Pessoas de diferentes nacionalidades foram aproximadas, sobretudo pela internet. Outra vantagem foi a democratização da informação. A internet e as redes sociais tornaram-se importantíssimos veículos de denúncia das injustiças sociais.

Frederic J. Brown/Agência France-Presse

Em Pequim, na China, chineses aderem aos *fast-foods*, tipo de comida muito popular nos Estados Unidos. Fotografia de 2006.

DOCUMENTO

Exploração do trabalho

Bangladesh é um país asiático que exporta produtos a preços muito baixos, resultado da exploração dos trabalhadores. O desabamento de um prédio que causou a morte de 1 100 trabalhadores obrigou o governo a reconhecer as péssimas condições de trabalho no país.

> O Ministério dos Têxteis de Bangladesh informou hoje que aumentará o salário mínimo dos funcionários das confecções e autorizará a criação de sindicatos [...]. As medidas são reveladas 19 dias após o desabamento de um prédio na cidade de Savar, que deixou mais de 1.100 mortos.
>
> No local, funcionavam cinco confecções com mais de 3.500 funcionários, que faziam peças para empresas europeias e americanas. [...]
>
> Atualmente, o salário médio dos operários de confecções de Bangladesh é de R$ 76 mensais. De acordo com fontes do governo, os trabalhadores pedem um aumento para R$ 204, e não sabem se serão atendidos.
>
> [...]
>
> A decisão sobre o aumento do salário mínimo sai dias após o aumento da pressão da União Europeia contra o governo de Bangladesh para melhorar as condições de trabalho no setor têxtil. [...]
>
> Após tragédia, Bangladesh sobe salário e permite sindicato em fábricas. Disponível em: <www1.folha.uol.com.br/mundo/2013/05/1277711-apos-tragedia-bangladesh-sobe-salario-e-permite-sindicato-em-fabricas.shtml>. Acesso em: 17 jun. 2018.

- Por que o custo de produção de roupas em Bangladesh, para grifes europeias e estadunidenses, é tão baixo?

PUXANDO PELA MEMÓRIA

Após o estudo do capítulo, você manteria sua resposta à pergunta da página 280?

Créditos das imagens de cima para baixo: Simon Kwong/Reuters/Fotoarena; Richard Melloul/Agência France-Presse; Sadayuki Mikami/Associated Press/Glow Images; United Artists/Courtesy Everett Collection/Fotoarena; Gerard Malie/Agência France-Presse; J. Scott Applewhite/Associated Press/Glow Images; Itsuo Inouye/Associated Press/Glow Images; Associated Press/Glow Images.

Patrick Hertzog/Agência France-Presse

ROTEIRO DE ESTUDOS

O QUE APRENDEMOS?

1 | Comente dois episódios que afetaram os países capitalistas nos anos 1970 e que resultaram em grave crise econômica. O primeiro diz respeito ao valor do dólar. Já o segundo episódio está relacionado à crise do petróleo.

2 | Quais foram os quatro elementos que fundamentaram a Revolução Técnico-Científica? Explique como os novos métodos de trabalho na indústria permitiram que os Estados Unidos, o Japão e os países da Europa Ocidental superassem a crise dos anos 1970.

3 | A crise dos anos 1970 abriu caminho para a ascensão, na década de 1980, de uma doutrina política e econômica conhecida como neoliberalismo. Quais são os fundamentos das políticas neoliberais?

4 | O líder soviético Mikhail Gorbachev, ao assumir a liderança política na União Soviética, lançou a *perestroika*. Qual era o objetivo da *perestroika*?

5 | O governo comunista da China promoveu reformas na economia, mas preservou o sistema político. Explique essa afirmação.

6 | Comente algumas características do processo de globalização da economia mundial.

7 | O que Ronald Reagan tem a ver com a chamada Segunda Guerra Fria?

8 | Qual a relação entre a globalização e os baixos salários pagos a trabalhadores de países asiáticos?

9 | Por que a frase seguinte é falsa?

O presidente dos Estados Unidos, Ronald Reagan, e a primeira-ministra britânica, Margareth Thatcher, aplicaram políticas econômicas com base no keynesianismo, cobrando altos impostos das empresas para aplicá-los na expansão da rede de saúde e educação públicas.

10 | Por que os acontecimentos na Praça da Paz Celestial, em 1989, foram importantes para a história recente da China?

PESQUISA

Em artigo publicado em revista sobre economia, lemos o seguinte:

> Tome qualquer lista das principais companhias chinesas [...]. Essas empresas têm se destacado graças a um diferencial competitivo devastador: a capacidade de vender por preços "chineses", ou seja, incompreensivelmente reduzidos. Não raro, um terço ou um quarto do preço universal de um produto. Há 20 anos, o fenômeno estava restrito a quinquilharias de baixa qualidade. Na última década, passou a incluir de computadores a pianos; de bens de capital a motocicletas. Agora, vale também para automóveis.
>
> "Existe um mistério por trás do preço chinês", afirma o economista Antônio Barros de Castro, assessor da presidência do BNDES e estudioso das empresas chinesas. "O mundo todo se pergunta: como é possível vender tão barato?"

O segredo dos preços chineses. *Época Negócios*. Disponível em: <http:/epocanegocios.globo.com/Revista/Epocanegocios/0,,EDR84198-8374,00.html>. Acesso em: 11 jul. 2018.

- Com o apoio do professor, realize uma pesquisa para responder à seguinte pergunta: como as empresas chinesas conseguem vender produtos a preços tão baixos?

IMAGENS CONTAM A HISTÓRIA

Margareth Thatcher esteve à frente do governo do Reino Unido entre 1979 e 1990. Mas as insatisfações contra sua política econômica continuaram. Em 2013, manifestantes protestaram contra a decisão do Partido Conservador, ao qual ela pertencia, de cortar recursos para o Serviço Nacional de Saúde. No cartaz, redigido em inglês, podemos ler: "Ela se foi, mas as políticas permanecem. Os conselhos. O desemprego. Os doentes. Os pobres. O setor público. O desemprego. Os inválidos. O serviço de saúde. Estudantes. Crianças".

Leon Neal/Agência France-Presse

Manifestante segura cartaz de protesto contra a decisão do Partido Conservador britânico, Manchester, Inglaterra. Fotografia de 2013.

- O movimento sindical no Reino Unido promoveu oposição sistemática à primeira-ministra britânica Margareth Thatcher e às suas políticas neoliberais. Por que as acusações no cartaz sobre o desemprego, o serviço de saúde e a pobreza estão associadas à sua imagem?

O PASSADO PRESENTE

Em abril de 1986, um dos reatores da usina nuclear de Chernobyl explodiu. A radiação espalhou-se pela atmosfera, atingindo várias repúblicas da União Soviética e países europeus. Milhares de pessoas adquiriram doenças devido à radiação e outras, que ainda nascerão, também ficarão doentes.

Em março de 2011, no Japão, aconteceu outro acidente nuclear: um terremoto provocou um *tsunami* que atingiu a Central Nuclear de Fukushima. De seus 6 reatores, 3 derreteram e se fundiram, liberando enormes quantidades de material radioativo que escoaram para o mar, contaminando todo o ecossistema da região.

A energia nuclear é motivo de controvérsias. Para os seus defensores, ela é capaz de produzir grande quantidade de energia elétrica. O movimento ecológico, por sua vez, condena o uso de usinas nucleares para geração de energia elétrica, lembrando os casos de Chernobyl e Fukushima.

- Informe-se sobre esse debate e conheça os argumentos favoráveis e contrários ao uso de usinas nucleares como fontes de energia elétrica. Em seguida, combine um dia com o professor para que um debate seja realizado em sala de aula.

Família escapa de bombardeio estadunidense em Baçorá, Iraque. Fotografia de 2003.

Chris Helgren/Reuters/Fotoarena

CAPÍTULO 17

GUERRAS SEM FRONTEIRAS E CRISE DA ECONOMIA MUNDIAL

Cronologicamente, o século XXI começou no dia 1º de janeiro de 2001. Mas o marco da mudança do século ocorreu no dia 11 de setembro, em Nova York, quando dois aviões de passageiros se chocaram contra as duas torres do World Trade Center, um complexo de escritórios, ícone do capitalismo praticado pelos Estados Unidos.

O mundo mudou a partir daí.

Os Estados Unidos voltaram a invadir países no Oriente Médio, intensificando os conflitos. Uma grave crise econômica atingiu a economia mundial em 2007, provocando grandes manifestações. Em vários países árabes, revoltas populares derrubaram ditaduras. No mundo, cresceu a consciência de que o aquecimento global atinge todos os habitantes do planeta.

PUXANDO PELA MEMÓRIA

Em março de 2003, família foge para não ser atingida pelos bombardeios dos exércitos dos Estados Unidos e do Reino Unido. Você sabe qual foi o país invadido por tropas militares estadunidenses e inglesas naquele ano?

Créditos das imagens de cima para baixo: Goran Tomasevic/Reuters/Fotoarena; Russell Boyce/Reuters/Fotoarena; Davids Camera Craft/citizenside.com; Zahid Hussein/Reuters/Fotoarena; Christophe Ena/Associated Press/Glow Images; Darren Whiteside/Reuters/Fotoarena.

Cronologia do capítulo

2001: Ataques terroristas ao World Trade Center em Nova York. Estados Unidos e aliados iniciam uma campanha militar contra os talibãs no Afeganistão.

Uma revolta explosiva

Mohamed Bouazizi era um jovem que vivia na Tunísia, país árabe do norte da África – cuja maioria da população é de religião muçulmana. O governo da Tunísia era uma ditadura que oprimia o povo, e seu presidente, o militar Ben Ali, estava há 24 anos no poder.

Órfão de pai desde os 10 anos de idade, Mohamed vendia produtos nas ruas após sair da escola. Em dezembro de 2010, aos 26 anos, ele trabalhava nas ruas vendendo frutas e legumes. Sustentava sua família com pouco, o equivalente a 150 dólares por mês. Aos 26 anos, o jovem tinha um sonho: se livrar do carrinho de mão onde colocava os produtos que vendia e comprar uma pequena caminhonete.

Em 17 de dezembro de 2010, Mohamed saiu cedo de casa para mais um dia de trabalho. Tudo daria errado. Ele foi abordado por três fiscais do governo. Eles queriam que Mohamed desse dinheiro para eles. Tratava-se de corrupção.

Indignação

Mohamed negou. Não era justo. Ele trabalhava e os fiscais ficavam com seu dinheiro. Os agentes do governo reagiram com violência: confiscaram todos os produtos de Mohamed, incluindo as balanças que usava para vender as mercadorias. O rapaz resistiu. Ele foi espancado e testemunhas afirmam que um dos fiscais cuspiu em seu rosto.

Indignado com a injustiça que estava sofrendo, Mohamed foi até a sede do governo. Ele queria recuperar seus produtos. Não foi recebido por ninguém. Revoltado e sem ter a quem recorrer, ele resolveu protestar. Comprou gasolina, jogou o combustível em suas roupas e ateou fogo em si mesmo. Mohamed foi levado para o hospital em estado gravíssimo.

Mohamed não chegou a saber, mas sua atitude alterou a história de povos de diversos países do norte da África e do Oriente Médio.

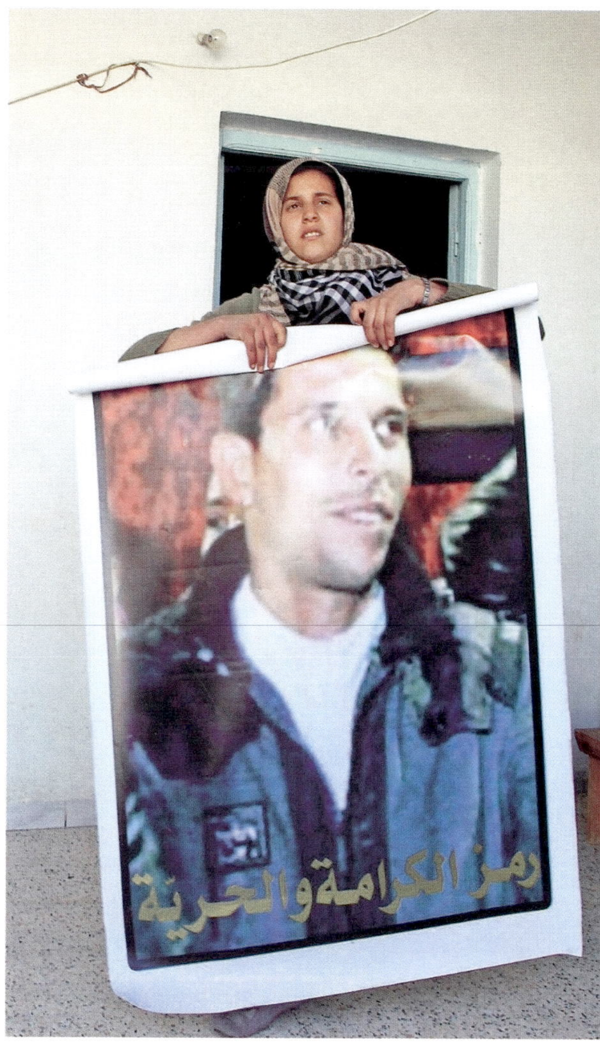

Louafi Larbi/Reuters/Fotoarena

Bessema Bouazizi desenrola pôster com a imagem de Mohamed Bouazizi em sua casa, na cidade de Sidi Bouzid, Tunísia. O gesto extremo de seu irmão provocou protestos generalizados na Tunísia e em outros países. Fotografia de 2011.

FIQUE DE OLHO

Voo United 93. (EUA/França/Reino Unido). Direção de Paul Greengrass, 2006. 105 min.

O filme reconstitui os acontecimentos durante voo da United Airlines no dia 11 de setembro, quando passageiros descobrem que o avião foi sequestrado por terroristas.

Vivendo sob a Nova Ordem Mundial

Durante os anos 1980, o mundo viveu duas experiências marcantes. A primeira, logo no início da década, foram as políticas neoliberais inauguradas por Margareth Thatcher no Reino Unido e por Ronald Reagan nos Estados Unidos. A segunda, no final daqueles anos, foi o colapso do mundo comunista.

Nos anos 1990, o mundo conheceu o período que muitos chamaram de Nova Ordem Mundial: o domínio político, econômico e militar de uma única potência mundial, os Estados Unidos da América; a formação do grupo de países conhecidos como G7, que impunha políticas econômicas ao restante do mundo; a adoção das políticas neoliberais por diversos países diante das pressões do Fundo Monetário Internacional (FMI) e do Banco Mundial. O resultado foi um movimento político, econômico e cultural conhecido como globalização.

O mundo entrou no século XXI relativamente em paz. O domínio econômico dos Estados Unidos e do G7, além da globalização e das políticas neoliberais, parecia que se manteria por muito tempo. Não foi o que aconteceu. Havia um componente a mais na nova ordem do mundo: o **terrorismo**.

Ataque aos Estados Unidos

O dia 11 de setembro de 2001 parecia normal em Nova York. Mas às 8 h 46 da manhã um grande avião de passageiros atingiu a Torre Norte do World Trade Center. A princípio, ninguém entendeu o que estava acontecendo. Pouco tempo depois, às 9 h 03, outro avião atingiu a Torre Sul. O pânico tomou conta dos moradores de Nova York. Tratava-se de um ataque terrorista.

Descobriu-se que aviões tinham sido sequestrados em pleno voo por grupos terroristas e usados como armas. Às 9 h 37, outro avião de passageiros atingiu o Pentágono, sede do Departamento de Defesa dos Estados Unidos, em Washington, capital do país.

Um quarto avião, também sequestrado, tinha o objetivo de atingir o Capitólio, sede do Poder Legislativo. No entanto, versões afirmam que os passageiros, sabendo dos outros três atentados, tentaram desarmar os sequestradores, resultando na queda do avião.

O saldo dos ataques terroristas foi trágico. As duas torres desabaram. O total de vítimas fatais nas torres e nos aviões foi de quase três mil pessoas além dos bombeiros que tentavam salvar vidas.

O desafio ao poder

O objetivo dos ataques era atingir símbolos do poderio estadunidense: o poder financeiro nas Torres Gêmeas, o militar no Pentágono, o político no Capitólio. Era um desafio direto à maior potência política, econômica e militar do planeta.

A ação dos terroristas atemorizou não apenas a população dos Estados Unidos. Visto nos canais de televisão do mundo inteiro, o recado era claro: ninguém estava seguro no mundo.

A população dos Estados Unidos ficou indignada. O presidente do país naquela época, George W. Bush, aproveitando o grande apoio popular para combater o terrorismo, assinou decretos que cerceavam os direitos fundamentais dos cidadãos. Essas medidas permitiam, por exemplo, que órgãos policiais vigiassem a privacidade das pessoas.

Mas quem eram os terroristas que planejaram e executaram os ataques aos Estados Unidos?

O QUE HÁ NA IMAGEM?

Eventos muito marcantes ou traumáticos na história de um povo, de uma nação ou mesmo no plano internacional dificilmente são esquecidos. O ataque às Torres Gêmeas é um exemplo. Procure cinco pessoas que, em 2001, tinham mais de 20 anos. Pergunte sobre o ataque terrorista, como foi, onde a pessoa estava, o que estava fazendo, se estava acompanhada, o que sentiu naquele momento. Relate suas conclusões ao professor e aos colegas.

DPA/Picture-Alliance/Agência-France Presse

Fotografia das torres do World Trade Center atingidas por aviões na cidade de Nova York, Estados Unidos, em 11 de setembro de 2001.

De volta ao Oriente Médio

O Afeganistão, país muito pobre na Ásia, foi invadido pelo exército da União Soviética em 1978. O governo marxista afegão não conseguia controlar a oposição e, então, pediu ajuda ao governo soviético.

Como resultado da rivalidade entre as duas superpotências, a guerrilha de oposição, os *mujahidins*, recebeu dinheiro e armas do governo dos Estados Unidos. Dez anos depois, em 1989, sem ter como derrotar os *mujahidins*, o exército soviético deixou o país.

VOCÊ JÁ OUVIU FALAR

... em terrorismo? Trata-se de uma expressão polêmica. Em termos gerais, é aceita a definição de que terrorismo é um ato de violência física ou psicológica, voltado de maneira indiscriminada contra a população. O objetivo é provocar o medo e o terror generalizados. Não é considerado terrorismo quando grupos armados enfrentam as forças militares de um governo. É o caso das esquerdas armadas no Brasil que, nos anos 1960 e 1970, tinham o propósito de derrubar a ditadura militar. Nesse caso, dá-se o nome de guerrilha – urbana ou rural.

FIQUE DE OLHO

As Torres Gêmeas (EUA). Direção de Oliver Stone, 2006. 129 min.

Dois policiais, cujo objetivo era salvar vidas durante o ataque às torres do World Trade Center, têm de lutar também por suas próprias vidas.

2007: Início da crise econômica nos Estados Unidos.

O talibã e a perseguição às mulheres

Dos vários grupos políticos que formavam os *mujahidins*, havia um que tomou o poder no Afeganistão: o talibã. Tratava-se de um pequeno grupo político que seguia a religião islâmica de maneira extremamente rigorosa e radical. O governo talibã proibiu ver televisão, ir ao cinema, usar computadores e máquinas fotográficas. Música e dança também foram proibidas. Os talibãs impuseram o poder pela força e pela violência. Todos deviam obedecê-los e seguir sua interpretação intolerante da religião islâmica.

Talibã: em tradução literal, "estudantes".

As mulheres foram as que mais sofreram com o governo talibã. Tratadas de maneira cruel, elas eram consideradas seres inferiores. Foram proibidas de trabalhar e de estudar. Diversos serviços médicos lhes foram negados; muitas foram vítimas da falta de atendimento hospitalar. Elas foram obrigadas a vestir a burca, traje que cobre o corpo da cabeça aos pés, escondendo também o rosto. Milhares de mulheres morreram devido à crueldade dos talibãs.

CÁ ENTRE NÓS

Não apenas os talibãs tinham ódio dos Estados Unidos. Milhões de árabes que vivem no Oriente Médio revoltam-se contra o apoio estadunidense a Israel, enquanto o povo palestino vive sem território próprio. Nascido na Arábia Saudita e de família rica, Osama bin Laden fundou o grupo terrorista Al-Qaeda (A Base, em língua árabe). Com apoio dos talibãs, a Al-Qaeda planejou, financiou e executou os ataques aos Estados Unidos em 2001.

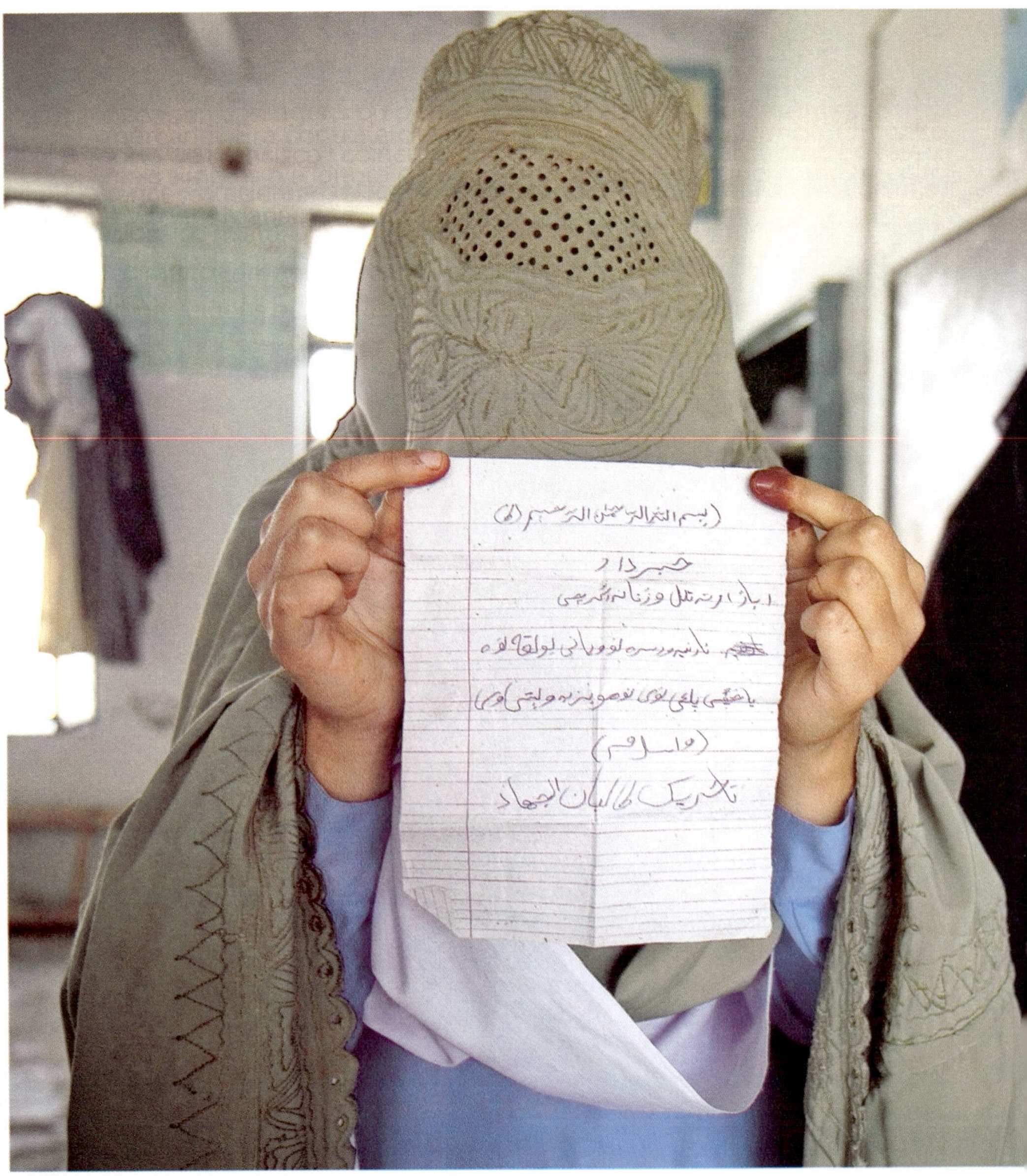

Veronique de Viguerie/Getty Images

Mulher afegã refugiada em Mardan, Paquistão, mostra ordens impostas pelos talibãs em 2009: a burca deixou de ser uma opção de vestuário e tornou-se obrigatória para todas as meninas e mulheres. Nenhuma mulher podia sair de casa sem autorização do marido. E, se saísse, deveria estar acompanhada por algum homem adulto da família. Fotografia de 2009.

Guerra ao Terror

Após o ataque às Torres Gêmeas, o presidente dos Estados Unidos, George W. Bush, lançou a seguinte palavra de ordem: Guerra ao Terror.

Bush, com grande apoio popular em seu país, ordenou a invasão do Afeganistão em outubro de 2001, menos de um mês após o ataque às Torres Gêmeas. O presidente dos Estados Unidos alegou que os talibãs apoiavam a Al-Qaeda e não respeitavam os direitos humanos. Em pouco tempo, o governo talibã foi destituído, mas seus guerrilheiros passaram a lutar nas montanhas do país.

Russell Boyce/Reuters/Fotoarena

Cartazes espalhados pelos Estados Unidos com a foto de Osama bin Laden diziam: "Procurado morto ou vivo. Osama bin Laden. Por assassinato em massa na cidade de Nova York". Fotografia de 2001.

Zahid Hussein/Reuters/Fotoarena

Jovens muçulmanos cultuam Osama bin Laden e protestam contra a invasão de tropas militares estadunidenses ao Afeganistão em Carachi, Paquistão. Fotografia de 1998.

A invasão do Iraque

George W. Bush também ordenou que tropas dos Estados Unidos invadissem o Iraque no início de 2003.

Após a invasão militar, o Iraque passou a viver uma situação de caos. Ódio entre muçulmanos sunitas e xiitas provocou atentados e mortes. Grupos armados passaram a atacar soldados estadunidenses com emboscadas, tiros de fuzil e bombas.

Em 2001, quando ocorreram os ataques às Torres Gêmeas, a popularidade de George W. Bush chegou a 90%. Após seis anos, os estadunidenses estavam desiludidos. O número de mortos ou mutilados era muito alto. Em 2007, Bush tinha apenas 29% de aprovação, tornando-se um dos presidentes estadunidenses mais impopulares da história do país.

FIQUE DE OLHO

Guerra ao terror (EUA). Direção de Kathryn Bigelow, 2010. 131 min.

O trabalho perigoso no esquadrão antibombas no exército dos Estados Unidos no Iraque gera conflitos entre seus integrantes.

Fahrenheit, 11 de setembro (EUA). Direção de Michael Moore, 2004. 116 min.

O diretor, crítico dos ex-presidentes dos Estados Unidos George Bush e George W. Bush, tenta comprovar ligações dos Bush com Osama bin Laden.

CÁ ENTRE NÓS

Em sua estratégia de Guerra ao Terror, George W. Bush determinou que suspeitos de terrorismo fossem levados para a base militar dos Estados Unidos em Guantánamo, em Cuba. Sob jurisdição militar, os prisioneiros, sem direito à defesa, sofreram torturas físicas e psicológicas.

A crise econômica de 2007

Na década de 1990, as políticas neoliberais de Thatcher e Reagan tornaram-se regra para vários governos do mundo: o Estado deixou de regulamentar as relações econômicas, permitindo que as empresas agissem livremente no mercado. Empresas estatais foram privatizadas. Os governos controlavam as suas despesas para evitar aumento de gastos, reduzindo investimentos nas áreas de saúde e educação. Estas foram algumas regras econômicas que se tornaram dominantes na Nova Ordem Mundial.

Ocorre que, em 2007, a Nova Ordem Mundial chegou ao fim. Era a crise do projeto neoliberal. Naquele ano, muitas empresas estadunidenses anunciavam prejuízos, particularmente os bancos. A crise começou em 2007, quando bancos especializados em financiamento de imóveis quebraram. Em setembro do ano seguinte, um dos mais importantes bancos dos Estados Unidos, o Lehman Brothers, declarou falência. Diversos outros bancos e empresas de seguros também declararam falência.

A crise era gravíssima. Bancos, seguradoras e empresas, que até então haviam mostrado solidez no mercado, estavam falindo. A Bolsa de Valores de Nova York teve violenta queda – uma das maiores de sua história.

Os governos de George W. Bush e de seu sucessor Barack Obama tomaram medidas que, até então, eram consideradas negativas para a economia: emprestaram milhões de dólares para que bancos, seguradoras e empresas não fechassem as portas. A seguradora AIG e a fábrica de automóveis General Motors foram estatizadas para evitar a falência.

O QUE HÁ NA IMAGEM?

A charge ao lado está relacionada à crise nos Estados Unidos. Explique qual é a ironia criada pelo cartunista.

Na charge de Ben Sargent, de 2009, um homem rico no iate Wall Street encontra casa afundando, com família americana pedindo socorro.

2011: Movimento "Ocupe Wall Street" em Nova York.
Revoltas na Tunísia, no Egito, no Marrocos, na Jordânia e na Líbia. Estados Unidos retiram suas tropas do Iraque.

Os efeitos da crise

Com a economia globalizada, a crise logo chegou aos países europeus. Falências de empresas geravam o desemprego de trabalhadores. Sem salários, não havia como comprar mercadorias. Os que estavam empregados não gastavam seu dinheiro. Isso provocava queda no consumo e, por consequência, mais falências de empresas e mais trabalhadores desempregados.

No Brasil, o governo reduziu impostos sobre produtos industrializados e, com o aumento da renda da população brasileira, o consumo interno cresceu. Com a economia aquecida, o Brasil foi pouco atingido pela crise de 2007.

O avanço da crise: União Europeia

A crise econômica começou nos Estados Unidos e logo chegou à Europa. Mas alguns países que integram a União Europeia já estavam com grandes problemas antes da crise de 2007. Grécia, Portugal, Espanha e Irlanda tinham dívidas elevadíssimas.

VOCÊ JÁ OUVIU FALAR...

... em Brics? Juntando as iniciais dos nomes de Brasil, Rússia, Índia, China e África do Sul (o S de *South Africa*), surgiu a sigla Brics. Os países do Brics não formam uma aliança comercial, mas são potências emergentes e têm defendido interesses comuns.

OUTRAS HISTÓRIAS LUTAS SOCIAIS

Ocupe Wall Street

Nos Estados Unidos e em vários países europeus, jovens, trabalhadores, sindicalistas e movimentos sociais se mobilizaram em atos de protestos contra a ganância, a corrupção e a desigualdade social. O primeiro deles ocorreu em Nova York, em 17 de setembro de 2011, em um movimento chamado Ocupe Wall Street (Occupy Wall Street).

A partir de então, milhares de jovens passaram a protestar em apoio ao movimento, em várias cidades dos Estados Unidos e da Europa. O lema dos manifestantes era "Nós somos 99%" – eles afirmavam que faziam parte da maioria do povo que sofria com a crise econômica provocada pelo 1% que ganhou muito dinheiro no mercado financeiro.

Spencer Platt/Getty Images

No dia 17 de novembro de 2011, manifestantes do movimento Occupy Wall Street avançaram pelas ruas de Nova York, Estados Unidos, e bloquearam o tráfego de veículos.

- Em manifestações como as do Ocupe Wall Street, os ativistas utilizaram redes sociais para divulgar seus atos. Discuta com seus colegas qual é a importância das redes sociais para a articulação de movimentos de contestação em nossos dias.

As medidas de austeridade

O resultado foi uma grave crise econômica e social, que levou a um altíssimo número de desempregados. Em 2013, a taxa de desemprego entre a população de 15 a 40 anos chegou a 27,2% na Grécia.

Para solucionar a crise, o Fundo Monetário Internacional (FMI) e o Banco Central Europeu (BCE) fizeram novos empréstimos aos países com problemas. Em troca, exigiram a redução de direitos e benefícios sociais dos trabalhadores, o reajuste dos impostos e dos preços da energia elétrica e combustíveis e, por fim, o aumento do tempo de trabalho para obter aposentadoria.

Na Grécia, na Espanha e em Portugal ocorreram grandes protestos contra as medidas impopulares impostas pela União Europeia, pelo FMI e pelo BCE – chamados pelos manifestantes de "Troika". Em 2012, surgiu em Portugal o movimento "Que se lixe a Troika! Queremos as nossas vidas!". Uma das manifestações reuniu um milhão de portugueses.

O SEU LUGAR NA HISTÓRIA

Nos regimes democráticos é comum setores da sociedade reivindicarem seus direitos e promoverem atos de protestos. Exemplos disso são demandas por melhorias nos serviços públicos por moradores de uma rua ou bairro ou quando trabalhadores reivindicam aumentos salariais. Você tem conhecimento de protestos recentes que ocorreram em seu bairro ou em sua cidade? Se não conhece, procure se informar sobre algum movimento que aconteceu no passado. Descreva como ocorreram os protestos e quais foram os motivos que levaram a população a reclamar seus direitos. Apresente os resultados ao professor. Com o apoio dele, exponha o texto que você escreveu no mural da escola.

DOCUMENTO

Marchando contra a crise

Leia o texto abaixo e responda à questão.

> Milhares de manifestantes vindos de toda a Espanha, alguns a pé, realizavam uma grande passeata neste sábado (22 [mar. 2015]) em Madri para denunciar a "emergência social" gerada pelo desemprego recorde de 26% e os cortes orçamentários do governo.
>
> "A ideia é unir todas as forças em um plano: ou nossas reivindicações são atendidas, ou o governo terá que arrumar as malas", ameaçou Diego Cañamero, porta-voz do Sindicato Andaluz de Trabalhadores, uma das 300 organizações participantes. [...]
>
> O texto [do manifesto dos organizadores da passeata] reclama que as políticas de austeridade beneficiaram apenas os privilegiados, enquanto "centenas de milhares de famílias ficaram sem casa".
>
> "Esta é uma crise capitalista sem precedentes, para a qual os governos, que representam banqueiros e empresários, uns e outros corrompidos até a espinha, não têm proposta alguma que não seja tirar de nós auxílios, pensões e serviços públicos", denunciam.
>
> Milhares fazem protesto em Madri contra cortes do governo da Espanha. Disponível em: <http://g1.globo.com/mundo/noticia/2014/03/milhares-fazem-protesto-em-madri-contra-cortes-do-governo-da-espanha.html>. Acesso em: 17 jun. 2018.

- Quais os principais argumentos que Diego Cañamero utiliza em seu protesto contra o governo espanhol?

A Revolta Árabe

Mohamed Bouazizi foi internado no hospital em estado gravíssimo. Sua atitude gerou uma onda de grandes protestos na Tunísia contra o autoritarismo do governo, a corrupção, o desemprego, os baixos salários e o descaso com a saúde e a educação públicas.

A dura repressão policial fez com que multidões ainda maiores fossem para as ruas. Quando Bouazizi faleceu, o ditador Ben Ali fugiu do país. A Tunísia, a partir daí, conheceu a transição para o regime democrático.

Eleições foram realizadas e uma Assembleia Nacional Constituinte redigiu uma nova Constituição. A democratização da Tunísia foi o início de um processo conhecido como Primavera Árabe ou Revolta Árabe.

Christophe Ena/Associated Press/Glow Images

As mulheres tunisianas participaram ativamente da democratização do país. Na capital, Túnis, elas realizaram manifestação durante primeira reunião da Assembleia Nacional Constituinte. As mulheres apoiaram a elaboração de uma Constituição democrática e foram contra a intervenção estrangeira no país, sobretudo dos Estados Unidos. No cartaz à direita pode-se ler: "Saia agora". Fotografia de janeiro de 2011.

Até janeiro de 2011, muitos países árabes de religião muçulmana no norte da África e no Oriente Médio eram governados por ditadores. Os países capitalistas do Ocidente, como Estados Unidos, Inglaterra e França, tradicionalmente apoiavam essas ditaduras.

A Revolução da Praça Tahrir

Onze dias depois da fuga do ditador da Tunísia, no dia 25 de janeiro, a população da cidade do Cairo, capital do Egito, participou de grande manifestação contra o autoritário presidente Hosni Mubarak. Ele estava há 30 anos no poder.

A manifestação popular se direcionava contra a pobreza, o desemprego, o autoritarismo do governo e a má qualidade dos serviços públicos, como a saúde e a educação. O ditador caiu e a população comemorou na Praça Tahrir. Atualmente, o Egito é governado por um militar com o apoio das Forças Armadas.

Jeff J Mitchell/Getty Images

População do Cairo, capital do Egito, comemora um ano do início da revolta popular que levou à queda do ditador Hosni Mubarak. As mulheres tiveram participação ativa nas manifestações. Fotografia de 26 de janeiro de 2012.

VOCÊ JÁ OUVIU FALAR...

... nos atentados terroristas na Europa? Desde o início do século XXI, cidades europeias tornaram-se alvos do terrorismo. Episódio traumático foi a morte de 12 pessoas na redação do jornal *Charlie Hebdo*, em janeiro de 2015, em Paris. Os terroristas atacam a população com fuzis, bombas, carros-bomba e veículos para atropelar pessoas. Alguns atentados foram assumidos pelo Estado Islâmico.

CÁ ENTRE NÓS

Grupos terroristas do Iraque e da Síria formaram uma organização chamada Estado Islâmico. Para impor seu domínio, eles utilizaram o medo e o terror. Quem não obedecia era torturado e morto. Ofensiva militar do Estados Unidos e da Rússia enfraqueceu e desarticulou o Estado Islâmico.

As revoltas em outros países

Tunisianos e egípcios lutaram por democracia e melhores condições de vida – e não por razões religiosas. No Marrocos, milhares de pessoas saíram às ruas exigindo o fim da corrupção e mais liberdade política. O rei Mohamed VI concordou em reduzir seus poderes e convocou eleições para aprovar uma nova Constituição.

Na Líbia, os rebeldes, com a ajuda militar da Otan, foram vitoriosos contra o ditador Muammar al-Kadhafi. No entanto, o país passou a ser controlado por grupos políticos armados.

No caso da Síria, as manifestações resultaram em sangrenta guerra civil. O ditador Bashar al-Assad atacou o próprio povo. O país foi destruído e cerca de um milhão de sírios deixaram o país.

Em outros países, os protestos provocaram promessas de democratização, como na Argélia e na Jordânia.

O mundo no tempo presente

A crise migratória

Principalmente a partir de 2010, diversos países europeus tiveram de lidar com um sério problema: a chamada "crise migratória". Populações do Oriente Médio e da África, vítimas de guerras, extrema pobreza, fome e perseguições políticas, partiram rumo à Europa – por terra e, sobretudo, por mar. Eram sírios, líbios, iraquianos e afegãos que fugiam das guerras, mas também povos africanos da Nigéria, Senegal, Guiné, Somália, Eritréia, Gâmbia, entre outros. Em barcos superlotados, eles atravessavam o mar Mediterrâneo com o objetivo de encontrar vida melhor na França, Alemanha e Grã-Bretanha. Calcula-se que, até 2015, tenham entrado na Europa cerca de um milhão de refugiados. Na perigosa travessia marítima, acredita-se que mais de 20 mil pessoas morreram.

Guillaume Pinon/NurPhoto/Agência France-Presse

Embarcação espanhola chega ao porto de Málaga, na Espanha, com 96 pessoas resgatadas no mar Mediterrâneo, entre elas, 17 mulheres e 2 crianças. Fotografia de 2018.

OUTRAS HISTÓRIAS CRENÇAS

Um episódio de intolerância

O Brasil recebeu refugiados da guerra civil na Síria. Em agosto de 2017, um desses refugiados, Mohamed Ali, vendia esfirras em uma barraca em Copacabana, no Rio de Janeiro. Um homem irado surgiu e agrediu verbalmente Mohamed: "Saia do meu país! Eu sou brasileiro e estou vendo meu país ser invadido por esses homens-bomba miseráveis que mataram crianças, adolescentes. São miseráveis, vamos expulsar ele!". Mais tarde, Mohamed Ali alegou que ele e outros sírios vieram para o Brasil "porque os amigos sempre diziam que o Brasil aceita outras culturas e religiões e as pessoas são amáveis, e todos os refugiados procuram paz". Muitos brasileiros ficaram comovidos com as palavras de Mohamed e pediram desculpas pela agressão.

Em solidariedade a Mohamed Ali, foi marcado evento em uma rede social intitulado "Comer esfirra na barraca do Mohamed". Filas se formaram diante de sua barraca. Ele vendeu 3 mil esfirras. Várias pessoas manifestaram seu apoio a Mohamed com abraços. Muito emocionado, ele disse: "Agora meu coração está muito feliz com o Brasil. Muito obrigado a todo mundo".

Fontes das informações: Refugiado sírio é agredido enquanto vendia esfihas em Copacabana. *UOL*. Disponível em: <https://noticias.uol.com.br/internacional/ultimas-noticias/2017/08/03/refugiado-sirio-e-e-agredido-enquanto-vendia-esfihas-em-copacabana.htm>. Acesso em: 30 out. 2018; Cariocas formam fila em "esfirraço" em homenagem a refugiado agredido. *Folha de S.Paulo*. Disponível em: <http://www1.folha.uol.com.br/cotidiano/2017/08/1909497-cariocas-formam-fila-em-esfirraco-em-homenagem-a-refugiado-agredido.shtml>. Acesso em: 30 out. 2018.

Miguel Hijjar/Acervo do fotógrafo

No bairro de Copacabana, milhares de pessoas foram comer esfirras na barraca do sírio Mohamed Ali, Rio de Janeiro, RJ. Ele manifestou sua emoção e gratidão com o ato de solidariedade da população do bairro. Fotografia de agosto de 2017.

Intolerância é a incapacidade de compreender que as outras pessoas são diferentes. O intolerante não consegue aceitar a diversidade dos seres humanos, suas culturas, crenças, ideias, comportamentos e práticas religiosas. O resultado da intolerância é o desrespeito e a discriminação, podendo resultar em violência. O que ocorreu em Copacabana foi expressão de intolerância. Mas houve reação contrária, com milhares de pessoas demonstrando sua solidariedade ao refugiado sírio.

- **Com colegas de turma, discutam o significado da intolerância. Vocês, alguma vez, presenciaram práticas de intolerância? Como devemos agir diante de atitudes desse tipo?**

FIQUE DE OLHO

O invasor americano (EUA). Direção de Michael Moore, 2016. 120 min.

Michael Moore "invade" vários países em busca de exemplos de benefícios sociais e trabalhistas que possa levar para seu próprio país, os Estados Unidos.

Uma verdade inconveniente (EUA). Direção de Davis Guggenheim, 2006, 98 min.

O ex-vice-presidente dos Estados Unidos Al Gore analisa o problema do aquecimento global e alerta para as alterações climáticas que poderão causar catástrofes no futuro próximo.

O dia depois de amanhã (EUA). Direção de Roland Emmerich, 2004. 124 min.

Alterações climáticas rápidas e radicais modificam o clima do planeta, tornando inviável a vida no hemisfério Norte.

Estados Unidos em tempos de Trump

Nas eleições presidenciais de 2016 nos Estados Unidos, o eleito foi o multimilionário Donald Trump.

Seu programa de governo foi muito polêmico, mas conquistou a simpatia de muitos insatisfeitos no país. Umas das promessas era construir um muro separando os Estados Unidos do México para impedir a entrada de mexicanos no país. O custo do muro, segundo ele, seria pago pelo governo do México.

No governo, Trump tentou desmontar tudo o que seu antecessor, Barack Obama, realizou, a começar pelo programa de saúde. Retomou a produção do carvão, combustível altamente poluente. Também retirou os Estados Unidos do Acordo de Paris. Pelo acordo, países de todo o mundo se comprometeram a diminuir os gases que provocam o "efeito estufa", motivo para o aquecimento global.

Trump emitiu decreto proibindo que cidadãos de vários países de religião islâmica entrassem no país e reconheceu a cidade de Jerusalém como capital de Israel, insuflando o ressentimento dos árabes.

Suas relações com a imprensa são péssimas, por vezes insultando jornalistas.

Além desses problemas, Trump tem de lidar com o novo equilíbrio de poder no mundo. Os Estados Unidos não são mais a única potência mundial. A China é uma potência militar e comercial, a Rússia dispõe de poderio militar e a Coreia do Norte possui mísseis armados com ogivas nucleares capazes de alcançar o território estadunidense.

Saul Loeb/Agência France-Presse

Presidente Donald Trump discursa na Casa Branca, Washington, D.C., Estados Unidos. Fotografia de 2018.

A HISTÓRIA NÃO ESTÁ SOZINHA

Ciências da natureza

O aquecimento global é resultado do "efeito estufa". O efeito estufa é algo que ocorre naturalmente e garante a vida no planeta. O processo acontece da seguinte maneira: o Sol emite calor para a Terra, mas ele é refletido pelo solo do planeta e retorna ao espaço. Parte desse calor fica retida na atmosfera terrestre pela ação de gases que estão nas partes mais altas da atmosfera terrestre, como o dióxido de carbono (CO_2), o gás metano (CH_4) e o óxido nitroso (N_2O). É o efeito estufa que permite ao planeta Terra ter temperaturas amenas, abrigando a vida animal e vegetal. Sem o efeito estufa, a Terra seria um planeta muito frio. Desde a Revolução Industrial, no século XVIII, quantidades enormes de gases são produzidas pelas fábricas e jogadas na atmosfera terrestre. O uso de petróleo, carvão e gás como combustível resulta na produção de toneladas de CO_2 por ano. O que era benéfico tornou-se perigoso. Cada vez mais o calor emitido pelo Sol fica retido na atmosfera terrestre. O resultado é o aumento da temperatura do planeta.

Christian Peters/Getty Images

No Parque Nacional Los Glaciares, na Patagônia argentina, um bloco se desprende da geleira Perito Moreno. O aquecimento global é o responsável pelo derretimento de geleiras e por outras alterações ambientais. Fotografia de 2018.

1 | Por que o efeito estufa, em seu processo natural, é benéfico para a humanidade?

2 | O que contribui atualmente para o aquecimento global?

PUXANDO PELA MEMÓRIA

Após o estudo do capítulo, você manteria sua resposta à pergunta da página 296?

Créditos das imagens de cima para baixo: Goran Tomasevic/Reuters/Fotoarena; Russell Boyce/Reuters/Fotoarena; Zahid Hussein/Reuters/Fotoarena; Christophe Ena/Associated Press/Glow Images; Darren Whiteside/Reuters/Fotoarena; citizenside.com; © 2009 Ben Sargent/Dist. by Universal Uclick.

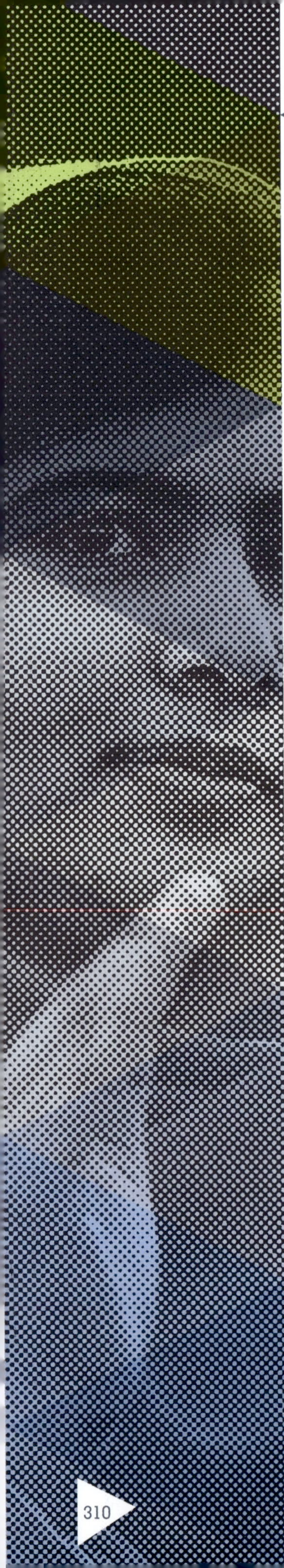

Patrick Hertzog/Agência France-Presse

ROTEIRO DE ESTUDOS

O QUE APRENDEMOS?

1 | "Guerra ao Terror" ou "guerra ao terrorismo" são expressões criadas pelo presidente estadunidense George W. Bush para nomear algumas medidas tomadas durante seu mandato. Que medidas foram essas?

2 | Quais foram as causas da crise econômica que eclodiu em 2007 nos Estados Unidos?

3 | Como a crise econômica estadunidense afetou os países europeus?

4 | Quais foram as motivações populares para a Revolta Árabe?

5 | Que países estão relacionados à sigla Brics e por que eles foram considerados importantes nas relações internacionais?

6 | Por que as ações do presidente dos Estado Unidos, Donald Trump, são tão criticadas?

7 | Relacione Mohamed Bouazizi à Revolta Árabe.

8 | Qual é a relação entre a crise econômica de 2007 e o fim da Nova Ordem Mundial?

9 | Por que a frase seguinte é falsa?

O ataque às Torres Gêmeas em 2001, em Nova York, não pode ser considerado ato de terrorismo porque foi um ato de defesa dos povos árabes contra o poder militar dos Estados Unidos.

10 | Por que o Afeganistão foi fundamental para o presidente George W. Bush justificar sua "Guerra ao Terror"?

PESQUISA

Malala Yousafzay vivia no Paquistão em uma área dominada pelas milícias talibãs. Em 2012, aos 15 anos de idade, seu ônibus escolar foi parado e um talibã deu um tiro em sua cabeça. O motivo: ela, uma menina, estava estudando. Ela sobreviveu ao ataque e, nove meses depois, ao discursar na Assembleia de Jovens da ONU, defendeu o direito de todas as crianças terem acesso às escolas: "Nossos livros e nossos lápis são nossas armas. A educação é a única solução, a educação em primeiro lugar", disse ela.

Patrick Hertzog/Agência France-Presse

Malala Yousafzay, durante a cerimônia em que recebeu o prêmio Sakharov, na França. Esse prêmio é entregue a pessoas que lutam pela defesa dos direitos humanos. Fotografia de 2013.

- Pesquise sobre a vida de Malala e procure saber por que, apesar de tão jovem, ela ganhou vários prêmios, entre eles o Prêmio Nobel da Paz de 2014.

IMAGENS CONTAM A HISTÓRIA

O ataque terrorista às Torres Gêmeas, em Nova York, ocorreu em 11 de setembro de 2001. Dias depois, em 28 de setembro, manifestantes muçulmanos em Jacarta, capital da Indonésia, protestaram contra os Estados Unidos.

Observe os cartazes registrados na fotografia ao lado. O primeiro à esquerda mostra o então primeiro-ministro israelense Ariel Sharom. Na parte de cima, em inglês, está escrito: "Procurado. Vivo ou morto". No cartaz do meio, também em inglês, está escrito: "Procurado o comandante da cruzada, George W. Bush, presidente dos Estados Unidos, por crimes contra Deus e a humanidade". O terceiro cartaz, igualmente em língua inglesa, afirma: "Quem são os verdadeiros grandes terroristas? Israel e Estados Unidos". Em todos eles está escrito Gaza, uma referência aos palestinos que vivem nessa região.

Darren Whiteside/Reuters/Fotoarena

Manifestantes muçulmanos protestam contra os Estados Unidos poucos dias após os atentados de 11 de setembro, em Jacarta, Indonésia. Fotografia de 2001.

- Com base neste capítulo e no capítulo 11, analise os dizeres dos três cartazes e responda: quais as razões que levam os muçulmanos a manifestar tanta repulsa aos governos dos Estados Unidos e de Israel?

O PASSADO PRESENTE

Em sua Guerra ao Terror, o governo de George W. Bush autorizou a *Central Intelligence Agency* (Agência Central de Inteligência, CIA) a criar prisões fora do território estadunidense, como a base militar de Guantánamo, em Cuba. Ali, entre as muitas formas de tortura, a vítima era impedida de dormir por 180 horas, obrigada a ficar em posição desconfortável, mantida isolada em cela escura com barulho em alto volume, passava por simulação de afogamento e sofria com banhos gelados e espancamentos.

Após cinco anos de investigações, uma comissão do Senado dos Estados Unidos apresentou, em dezembro de 2014, relatório denunciando os graves abusos contra os prisioneiros. O relatório também concluiu que o uso da tortura foi ineficaz para obter informações relevantes de combate ao terrorismo. O presidente dos Estados Unidos, Barack Obama, condenou o uso da tortura, ao declarar: "Esses métodos não apenas foram inconsistentes com nossos valores como nação, como não serviram aos nossos esforços gerais contra o terrorismo nem aos nossos interesses de segurança nacional. Eles prejudicaram significativamente a imagem da América e a sua posição no mundo".

- Por que Barack Obama afirmou que os métodos de interrogatório e tortura utilizados na prisão de Guantánamo são prejudiciais à imagem dos Estados Unidos da América perante o mundo?

BIBLIOGRAFIA

AZEVEDO, Lia Calabre. *A era do rádio*. Rio de Janeiro: Jorge Zahar, 2002.

BANDEIRA, Moniz. *O governo João Goulart*: as lutas sociais no Brasil – 1961-1964. 8. ed. São Paulo: Ed. da Unesp, 2010.

BARBOSA, Alexandre de Freitas. *O mundo globalizado*. Política, sociedade e economia. São Paulo: Contexto, 2001.

BATALHA, Claudio. *O movimento operário na Primeira República*. Rio de Janeiro: Jorge Zahar, 2000.

BERTONHA, J. Fábio. *A Segunda Guerra Mundial*. 3. ed. São Paulo: Atual, 2010.

BLINKHORN, Martin. *Mussolini e a Itália fascista*. Rio de Janeiro: Paz e Terra, 2009.

CARVALHO, José Murilo de. *A formação das almas*: o imaginário da República no Brasil. São Paulo: Companhia das Letras, 1990.

CHALENGER, Melanie; FILIPOVIC, Zlata (Org.). *Vozes roubadas*: diários de guerra. São Paulo: Companhia das Letras, 2008.

COX, Michael. *Elvis e sua pélvis*. São Paulo: Companhia das Letras, 2005.

D'ARAUJO, Maria Celina. *O Estado Novo*. Rio de Janeiro: Jorge Zahar, 2000.

FERRAZ, Francisco Cesar Alves. *Os brasileiros e a Segunda Guerra Mundial*. Rio de Janeiro: Jorge Zahar, 2005.

GAZIER, Bernard. *A crise de 1929*. Porto Alegre: L&PM, 2014.

GEARY, Dick. *Hitler e o nazismo*. Rio de Janeiro: Paz e Terra, 2010.

GELVIN, James L. *Israel × Palestina*. 100 anos de guerra. São Paulo: Edipro, 2017.

GOMES, Angela de Castro. *Cidadania e direitos do trabalho*. Rio de Janeiro: Jorge Zahar, 2002.

GOMES, Flávio dos Santos. *Negros e política (1888-1937)*. Rio de Janeiro: Jorge Zahar, 2005.

GOMES, Mércio Pereira. *Os índios e o Brasil*. Passado, presente e futuro. São Paulo: Contexto, 2012.

HOBSBAWM, Eric. *Era dos extremos*. O breve século XX: 1914-1991. São Paulo: Companhia das Letras, 1995.

HOWARD, Michael. *Primeira Guerra Mundial*. Porto Alegre: L&PM, 2013.

JANOTTI, Maria de Lourdes M. *Sociedade e política na Primeira República*. São Paulo: Atual, 1999.

LEVI, Primo. *É isto um homem?* 5. ed. Rio de Janeiro: Rocco, 2009.

MACEDO, José Rivair. *História da África*. São Paulo: Contexto, 2013.

MARQUES, Adhemar; BERUTTI, Flávio; FARIA, Ricardo. *História do tempo presente*. 2. ed. São Paulo: Contexto, 2007. (Col. Textos e Documentos, 7).

________. *História contemporânea através de textos*. 11. ed. São Paulo: Contexto, 2008. (Col. Textos e Documentos).

MEIRA, Béa. *Modernismo no Brasil*. São Paulo: Ática, 2007.

MITTER, Rana. *China moderna*. Porto Alegre: L&PM, 2011.

NAPOLITANO, Marcos. *1964:* história do regime militar brasileiro. São Paulo: Contexto, 2014.

NAVES, Santuza Cambraia. *Da bossa nova à Tropicália*. Rio de Janeiro: Jorge Zahar, 2001.

PARADA, Maurício; MEIHY, Murilo Sebe Bon; MATTOS, Pablo de Oliveira. *História da África contemporânea*. Rio de Janeiro: Ed. PUC-Rio/Pallas, 2013.

PINHEIRO, Leticia A. *Política externa brasileira*. Rio de Janeiro: Jorge Zahar, 2004.

PINSKY, Jaime et al. *História da América através de textos*. 9. ed. São Paulo: Contexto, 2004. (Col. Textos e Documentos, 4).

REIS FILHO, Daniel Aarão. *Ditadura militar, esquerdas e sociedade*. Rio de Janeiro: Jorge Zahar, 2000.

REMARQUE, Erich Maria. *Nada de novo no* front. Porto Alegre: L&PM, 2005.

VISCARDI, Cláudia Maria Ribeiro. *O teatro das oligarquias*. Uma revisão da "política do café com leite". 2. ed. Belo Horizonte: Fino Traço, 2012.

VISENTINI, Paulo F. *As revoluções africanas*. Angola, Moçambique e Etiópia. São Paulo: Ed. da Unesp, 2012.

SMITH, S. A. *Revolução Russa*. Porto Alegre: L&PM, 2013.

STRATHERN, Paul. *Oppenheimer e a bomba atômica em 90 minutos*. Rio de Janeiro: Jorge Zahar, 1998.